庆祝中国政法大学法律古籍整理研究所成立四十周年

马俊杰 主编

中国古代法律文献研究　第十九辑

中国政法大学法律古籍整理研究所 编

中西書局

目　录

张家山三三六号墓《功令》译注稿（上）

………………………… 张家山三三六号墓汉简读书班 / 001

张家山三三六号墓《功令》的编联

——兼谈简末干支 ………………………… 汪华龙 / 097

北魏"费羊皮卖女案"的法律适用与刑罚选取问题 ……… 张俊毅 / 121

简纸更替与中古时期授官文书的变迁 ……………… 赵帅淇 / 143

大谷 1075 文书为唐《兵部式》考释 ……………… 刘子凡 / 155

李征旧藏吐鲁番出土手印文书资料研究 ……………… 朱玉麒 / 165

试论唐与渤海关于大门艺的交涉 ……………… 景凯东 / 175

北宋特别法的收集与分析 ……………… ［日］青木敦 / 189

《四库全书》本《元史考证》所见《至正条格》佚文考

——兼论《永乐大典》"律""令"的分纂 ……………… 武文静 / 223

榜示法令与明代地方治理 ……………… 刘伟杰 / 241

《刑台法律》关于《大明律》注释的来源 ……………… 孙　旭 / 259

清代的女性疾病医疗与国家治理

——基于张李氏"烧香治病"案的分析 ……………… 郭瑞卿 / 277

治水共生：碑刻所见清代昭通府的水利社会 ……… 刘建超　梁　婷 / 295

祖先、酋长与"夷妇"：明清云南东川府的土主崇拜、女性土司与

跨族通婚 ……………… 黄　菲著　孙　烁译 / 309

刑案汇览的编辑、刊刻与资料来源 ……………………… 张　驰 / 337

从官代书到缮状处：近代缮状制度的变迁 ……………… 张昊鹏 / 351

中国古代"严禁私习天文"的再认识
　　——法律史与天学史交叉研究之一例 ……………… 郑　豪 / 369

法制史研究中的绝对与相对
　　——两部秦汉刑罚制度史著作的述评 ……………… 张　琦 / 389

评《文书之力：唐代奏敕研究》 ………………………… 李婧玉 / 409

李文良《契约与历史：清代台湾的垦荒与民番地权》评介
　　…………………………………………………………… 杨洁钫 / 421

2023 年度台湾地区中国法律史研究论著目录 ………… 吴景杰 / 437

2023 年度国外中国法律史研究论著目录 ……………［日］吉永匡史
　　［韩］金　珍　方金平　　［德］施可婷　　［法］梅凌寒 / 445

《中国古代法律文献研究》稿约 ………………………………… / 459

Journal of Chinese Ancient Legal Literature Studies ………………… / 460

《中国古代法律文献研究》撰稿凡例 ………………………… / 462

《中国古代法律文献研究》第十九辑

2024 年，第 001~096 页

张家山三三六号墓
《功令》译注稿（上）*

张家山三三六号墓汉简读书班

摘　要：本文是张家山三三六号墓出土《功令》译注稿的上篇，译注由简文、释文、语译、注释、解说五部分组成。简文采用通行繁体字，除严格迻录简文外，符号标识等均保留（并规范化）；释文亦采用通行繁体字，尝试进行标点，勾识符等保留，重文符转为汉字；语译部分，以白话文的形式呈现令文大意；注释部分，选择重点字词进行注解，为理解文意提供便利；解说部分，或揭示令文的结构层次，或叙说编联调整的依据，或阐发令文具有的制度史意义。通过这一系列的努力，为学界准确把握《功令》文本，贡献绵薄之力。

关键词：《功令》　功劳制度　功次　为吏及宦

---

* 按，《功令》译注初稿责任分工如下：刘自稳，简 1~11、39~54、129~147；汪华龙，简 71~85、107~128、169~184；张忠炜，简 55~70、86~106、148~168；简 12~38，由汪华龙、张忠炜合作完成。译注通校，由朱磊、沈菊承担。因为编联的问题，初稿改动较大；研读时，根据各位成员的意见，进行程度不等的修订；送刊时，责任者先各自修改，后又相互校改一番，召集人又通改数遍。又，本文是国家社会科学基金冷门绝学研究专项学术团队项目（23VJXT007）资助的阶段性成果之一。

前　言

2023 年 3 月，《张家山汉墓竹简〔三三六号墓〕》终于正式上市。①该竹简整理报告水平极高，图版清晰，释文精准，编联有据，注释简要，初读令人印象极深。因其内容重要，备受学界关注，成为当下秦汉史研究的焦点之一。2023 年 4 月，在完成《益阳兔子山七号井西汉简牍》选注修订稿研读后，中国人民大学历史系读简班决定展开《张家山汉墓竹简〔三三六号墓〕》的研读，拟以《功令》《汉律十六章》为重心，并于 2023 年 5 月 12 日开始第一次活动，至今仍以线上线下结合的方式持续进行。

《功令》是以各级官吏的迁转与任用规定为主体的令文集，而官吏迁转与任用主要的依据就是功劳制度。也就是说，《功令》文献的主要意义有二：其一，它是迄今为止所见到的最完整、条文最多的令文集，为学界研究令文的制定、编撰、删削提供了详实的观察资料，也为简册文本中如何进行简札替换提供了可供操作的实验范本；其二，大庭脩所谓"汉代官吏的晋升多通过积劳功次"的源头终于可以明了，②它不过是汉初以来所奉行的功劳制度之体现罢了（极可能当追溯至秦）。论者已勾勒出西汉后半期的官吏迁转路径（参图1），③那么，据《功令》展开西汉中前期的官吏迁转研究，此其时也。

《汉律十六章》起初被称为"汉律十五种"，④整理报告改作今题，是因为"贼律"篇名残损所致。《汉律十六章》的篇名均见兔子山律名木牍之"狱律"；之所以无"收律"，与文帝初除"收帑诸相坐律令"有关。⑤

---

① 荆州博物馆编，彭浩主编：《张家山汉墓竹简〔三三六号墓〕》，文物出版社，2022。按，实际上市时间是在次年 3 月。

② ［日］大庭脩：《秦汉法制史研究》，徐世虹等译，中西书局，2017，第 399 页。

③ 黄怡君：《西汉官吏的选任与迁转》，台大出版中心，2024，第 550~551 页。

④ 荆州地区博物馆（院文清执笔）：《江陵张家山两座汉墓出土大批竹简》，《文物》1992 年第 9 期。

⑤ 张忠炜、张春龙：《汉律体系新论——以益阳兔子山遗址所出汉律律名木牍为中心》，《历史研究》2020 年第 6 期；陈侃理主编：《重写秦汉史：出土文献的视野》，上海古籍出版社，2023，第 173~174 页。按，当初据发掘简报的墓葬年代断代，推定《汉律十六章》的年代，又据此进行诸批汉律令年代的推定。错一环，环环错，无可奈何。在《重写秦汉史：出土文献的视野》出版时，上述错误得以改正。

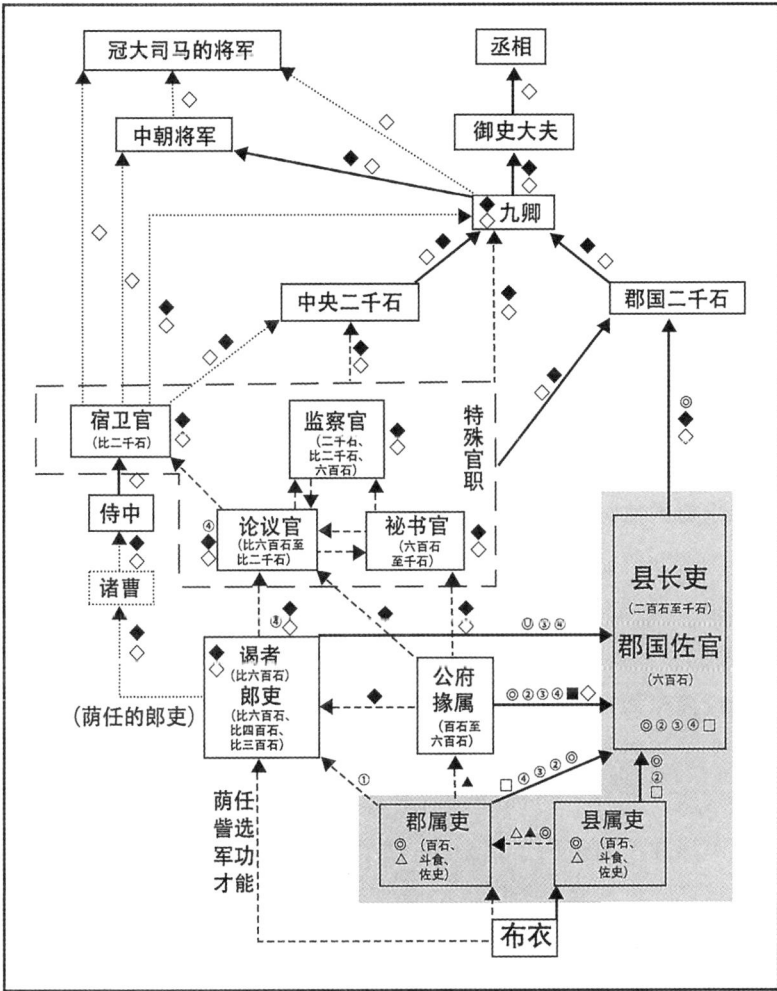

图例

→ 多数官吏的迁转路径
--→ 较稀有的迁转路径
……→ 不必然循此迁转的路径

┈┈ 表示此官职并非不可或缺的环节
▨ 地方政府的官职

升迁方式
符号说明

属吏的选任：△满足律令的除补规定　▲ 长官或官府自行辟除
◎功次迁升　察举制度：①孝廉 ②察廉 ③茂才 ④贤良方正
不定期发生的升迁管道：□捕盗尤异 ■举能治剧
最难得的升迁管道：　◆ 特选、公卿举荐 ◇皇帝拔擢
标示在框内的符号表示这群官职内部的升迁管道
标示在框外的符号表示可藉此除补这群官职的升迁管道

图 1　西汉后半期官吏迁转路径示意图（三公官改制前），黄怡君制

如此一来，其年代可大致判定，[1] 汉律演变的三个标本文献亦可确定：《二年律令》（约在吕后二年，前 186）、《汉律十六章》（约在文帝初，前 178）、胡家草场 M12 律令简（文帝十三年后，前 167 后）。今后若发现早于或晚于上述资料的，则汉律令标本文献的序列可继续延展。介于上述标本文献之间的，首次面世的篇目及条文，价值似乎最大，意义也最重要；同于此前所见者，校勘意义更突出。

研读首先面临的主要问题是，简册编联的依据是否可靠？与二四七号墓简的编联依据有别，三三六号墓发掘报告中未见揭剥图。据彭浩先生告知，当初确实绘制了简册揭剥图，但因数次人事变动而未能再找见。所以，就《功令》而言，既有的数字编号，是确定编联的"基本依据"；[2]就《汉律十六章》来说，整理者虽未明言，参照《二年律令》进行编联，大概是最重要的依据。两组资料虽均存在简背刻划线，但如整理者观察的那样，对于编联的意义较有限。整理报告所见多数编联可信从，但问题依旧存在。报告甫一面世，论者相继在网络发文，对编联提出异议，显现这一无法回避的问题。

就本读简班而言，编联问题委托汪华龙统一处理。他先将《功令》图版打印出来，将简影一一裁开，一方面是继续利用数字编号，后据文意与字形进行重缀，最后用 Photoshop 在计算机上编辑，于 2023 年 4 月 11 日完成初稿，稍后在读简班中正式公布（4 月 16 日），此后陆续又有微调，不赘。调整后的简册编联，大体以中间为界线，可清楚辨识书迹差异；重新制作的编联新图版，不知何时能呈现在读者面前。读简班以其调整的编联为基础，展开文本研读；但凡与网络上编联调整重复的，论述从简，仅保留与他者不同及存疑的。

编联之外，读简班对于文字书写与刮削亦极留意。为此，完成《张家山三三六号汉墓〈功令〉文字全编》《张家山三三六号汉墓〈汉律十六章〉文字全编》，并在"复旦大学出土文献与古文字研究中心"网站公布，以便学界使用，个别文字的改释即以此为基础。简面上的刮削痕迹，单看

---

① 汪华龙：《张家山 M336 汉律令年代问题初探》，《中国人民大学学报》2024 年第 1 期。按，此篇将《汉律十六章》的最后修订年代，定在文帝即位初至二年二月间。

② 荆州博物馆编，彭浩主编：《张家山汉墓竹简〔三三六号墓〕》，第 95 页。

图版，效果不佳。为了查看刮削痕迹，也为了检验编联顺序，读简班成员两次到荆州博物馆调研，先是采集脱水简与现有图版的比对图像，后逐一核验早期黑白负片的拍摄顺序，以期为刮削文字与编联调整提供更多证据支持。

不得不说，在现有证据面前，刮削文字与简序调整的依据仍是不充分的，理校色彩浓厚。胡家草场 M12 律令简，均有揭剥图，且篇目可与张家山三三六号墓互参，就等待胡家草场汉简及其他待刊资料的检验吧。

读简班由张忠炜召集，成员（按姓氏笔画）有：王忠铂、支强、牛昱尧、朱磊、刘自稳、刘庆、李岩峰、汪华龙、沈菊、罗沛滢、赵晶、董淑琦。部分参加的成员，恕不一一列名。

读简班设立的缘起，见上述文字编卷首。今不避其繁，援引如下，以结束本篇：

> 张家山三三六号墓汉简读书班的组建，是效法东邻"共同研究班"的优秀传统，也是效法古人的安身立命之举。就前者而言，志同道合者汇聚一起，心无旁骛，逐字逐句地阅读文献。在阅读中发现问题，提升解读能力，以收教学相长、薪火相传之效。就后者而言，一如《赠蒋秉南序》所论，"魏丘诸子，值明清嬗蜕之际，犹能兄弟戚友保聚一地，相与从容讲文论学于乾撼坤岌之际，不谓为天下之至乐大幸不可也"。效颦学步之举，可笑，终又无可奈何。读书偶有心得，或发表于书刊，或共享于网络，权作野人献曝。失误恐怕不少，敬请不吝指正。

（张忠炜执笔）

附记：

2023 年 11 月、2024 年 7 月，读简班成员两次到荆州博物馆调阅竹简实物、调查黑白负片，除得到荆州博物馆的大力支持外，彭浩先生协助调研，解疑答惑，给予帮助尤多，于此一并致谢！彭浩先生年过耄耋，依旧奋斗在最前线，加班加点整理印台汉简，期待这批新资料早日面世！

凡　例

译注稿由简文、释文、语译、注释、解说五部分组成。

简文用通行繁体字逐写简面文字，单独成行，符号标识保留（并规范化），末缀简号。

符合今人阅读习惯的繁体字释文，依据学界惯例，酌情使用下面的符号标识：

原有的符号标识，如•、∠、■等酌情保留；合文、重文等处，写出相应文字，不再保留；

通假字、异体字随文注出正字，写在（）号内；

误字随文注出正字，写在〈〉号内；

根据文例、残存笔迹、文意、文献可以确认或补出的字，写在【】号内；

不能辨识的字用□表示，一字一□。

注释以标注语义与用例为主，尽量避免繁琐；是否采用非考古发掘资料，尊重各自的选择。

解说以疏通文意为主，兼有疑义辨析，个别地方会以考证形式呈现。

简省起见，引用常见古籍及出土文献等，不再标注页码及版本信息；引用论文及网络资料时，标注作者及发表时间；称引著作时，或标注最初发表时间及论著出版时间，后附页码。相关参考资料，待推出译注全稿时附上，以便读者核验。

译　　注

〖简文〗

　　■功令 1 背

　　■功令 1

〖释文〗

　　■功令 1 背

　　■功令 1

〖解说〗

　　汉代"功令"之名，见于传世文献，《史记·儒林列传》："请选择其秩比二百石以上，及吏百石通一艺以上，补左右内史、大行卒史；……请著功令。"沈家本（1985：1723）认为《汉书·萧望之传》"治《齐诗》，……以令诣太常受业"与《汉书·匡衡传》"衡射策甲科，以不应令除为太常掌故"所涉之"令"皆是《功令》。张家山三三六号墓《功令》公布以前，《功令》篇名及条文已见于其他出土秦汉简牍。睡虎地秦简《秦律杂抄》的《中劳律》规定了不实增加劳绩的处罚，内容与《功令》以功劳置官相关。《岳麓书院藏秦简（肆）》所见《置吏律》："（上略）新啬夫弗能任，免之，县以攻（功）令任除有秩吏⊿ 245/2081"胡家草场汉简"令散甲"亦包含"功令"。居延汉简有多条编号为四十五的《功令》条文，完整者作："•功令第卌五：候长、士吏皆试射，射去埤帝，弩力如发弩发十二矢，中帶矢六为程，过六矢赐劳十五日。45·23"其内容为考核嘉奖的法令。肩水金关汉简中也有一条自名《功令》的令文："• 功令：诸自占功劳，皆讫其岁，与计俱。初视事若有物故后其等，不上功，来岁并数上。73EJT31：163"此外，秦汉简牍某些简文中虽未明确记载《功令》令名，其所涉之令也可能是《功令》。《岳麓书院藏秦简（叁）》所见《为狱等状四种》案例十"魏盗杀安、宜等案"载"彭沮、衷劳、年中令"，徐世虹（2019）认为此令或就是与《功令》相关的规定。邬文玲（2018）认为汉简功劳文书中常见的"应令"，很可能就是指《功令》。

　　关于《功令》的性质和内容，《史记索隐》"谓学者课功著之于令，即今学令是也"，《汉书》颜师古注"功令，篇名，若今选举令"，这大概是以唐《学令》或《选举令》为参考而得出的认知。高恒（1980/2008：139）认为"《功令》为多次颁发的有关选拔、考课官吏的诏令集，内容很多，绝非《索隐》所言'学令'一种，也不是仅由太常制定"。徐世虹（2019）认为《功令》是有关官吏功绩且具有普遍适用性的国家法令，而《北边挈令》第四条虽也与赐劳有关，但仅是适用特别地区的法令。张家山三三六号墓汉简整理者认为《功令》是"考核、任免官吏令文的汇编，核心内容是按照功劳考课决定官吏的选拔、递补、升迁和免职"。

〔简文〕

　　一　丞相行御史事言議以功勞置吏₂

〔释文〕

　　一　丞相、行[1]御史事言[2]，議：以功勞[3]置[4]吏。₂

〔语译〕

　　一　丞相、（某官）代行御史大夫之职上言，商议：按照功劳任用官吏。

〔注释〕

　　[1] 行：兼理。《史记・吕太后本纪》："八月庚申旦，平阳侯窋行御史大夫事，见相国产计事。"又参见《功令》简 70 注释 [2]。

　　[2] 丞相、行御史事：此处指丞相和某个代理御史大夫的它官（参"解说"）。

　　[3] 功劳：对官吏实际工作量的统计称为功劳，是官吏升迁的依据。劳主要是指勤务天数，也包含赐劳等奖励，一劳为一岁，功可来自军功，也可由劳折算而成。《功令》："（上略）劳盈岁为中劳，中劳四岁为一功。从军劳二岁，亦为一功。₁₂身斩首二级、若捕虏二人各为一功。（下略）₁₃"《史记・万石张叔列传》："其官至孝文时，积功劳至大中大夫。"

　　[4] 置：设置，置吏即安排官吏，《功令》所见"迁""补""调"皆为"置"的情形。秦汉律中《置吏律》律篇，目前最早见于睡虎地秦简，益阳兔子山 7 号井律名木牍、胡家草场 M12 出土律令等皆有此律篇。

〔解说〕

　　秦汉时期，职官前冠以"行"指兼任代理它官。简文中"丞相、行御史事"原作"丞相行御史事"，此处并非由丞相兼任御史大夫之职，而是由其他官吏兼任御史大夫，但兼任官职务及姓名在由诏令转化为律令之令的过程中已被省去。文献未见由丞相代行御史大夫上奏的情况，多见丞相与御史大夫共同上奏，其中就有它官代行御史大夫之职与丞相共同上奏的文书。例如，《史记·三王世家》"丞相臣青翟、太仆臣贺行御史大夫事、太常臣充、太子少傅臣安行宗正事昧死言……"；又如，《汉书·淮南厉王刘长传》"丞相张苍、典客冯敬行御史大夫事，与宗正、廷尉杂奏……"。《功令》令文源自诏书，而诏书中具体人名、兼任官信息以及议令细节都已被省去。《史记·高祖本纪》载高祖六年"急趣丞相、御史定功行封"，《汉书·高帝纪》记载此事在高祖六年三月。"定功行封"或与本简"议：以功劳置吏"有关。汉代官吏选任与升迁，在察举、征召和任子等制度外，积累功劳是更为普遍的方式。以功次升迁制度之考察，学者论述已详（大庭脩 1953/2017：386~399；廖伯源 1998/2005：3~46），不赘。"功劳制"中"功"和"劳"的折算关系，论者均推测一功等于四岁劳（胡平生 1995；佐藤达郎 2003），也明确见丁《功令》规定（详下）。从《功令》简 12~13 来看，担任行政官吏和从军皆可以任职时长积劳成功，战场杀敌和抓捕俘虏可折算为功，从军授爵也可折算为功。

〔简文〕

　•諸上功勞皆上爲漢以來功勞放式以二尺牒各爲將以尺三行皆參折好書以功多者爲右次編上屬所二=千=石=官=謹以　庚₃

　式案致上御史丞相常會十月朔日∠有物故不當遷者輒言除功牒₄

〔释文〕

　•諸上功勞皆上爲漢以來[1]功勞，放（仿）式[2]以二尺牒[3]，各爲將（狀）[4]以尺三行[5]，皆參折[6]好書[7]。以功多者爲右次編，上屬所二千石官，二千石官謹以　庚₃[8]式案致[9]，上御史、丞相，常會[10]十月朔日∠。有物故[11]不當遷者，輒言除功牒[12]。₄

〔语译〕

　上功劳都上汉朝建立以来积累的功劳，仿照范本用二尺长的牒（制作自占功劳），分别制作功将（状）以一尺长的三行简，皆三等分简面并认真书写。将积功数量多的人编在右侧，上报给所属的二千石官，二千石官按照范本审慎核查，上报御史大夫、丞相，定为每年十月初一（前）送达。有事故而不符合迁转的，应及时报告从功牒中删除。

【注释】

[1] 为汉以来：汉立国号以来，即刘邦立为汉王以后。"为汉以来功劳"实则指在汉国任职所积累的功劳，为秦和为楚等其他诸侯国皆不计入，主体是"那些跟随刘邦亡秦、灭楚、建立政权的将帅兵卒、文职属吏"（张忠炜 2012：46~49）。张家山二四七号汉墓《历谱》简 2 "☑新降为汉。九月☑"，张金光（2008）认为此简记高祖四年事，"新降为汉"之"汉"是楚汉之争期间的"汉王国"。《奏谳书》案例二和五的当事人供词皆有"楚时去亡，降为汉"类似表述。胡家草场汉简："以上，令赎。为汉以来，来入者为真∠。子产汉而为后者，不用此律。105/1584"

[2] 放（仿）式：仿照文书的范本。里耶秦简 8-768 "守府下四时献者上吏缺式曰：放（仿）式上"。邢义田（1998/2011A：450~472）指出汉简以"甲、乙、丙、丁……"或"某"代替特定个人和"若干"代替特定数字者是行政文书的范本，这类简牍称作"式"。

[3] 二尺牒：二尺长的简牍。簿籍常见书写于二尺长简牍，里耶秦简 9-2284："令曰：以二尺牒疏书见刍稾、茭石数，各别署积所上，会五月朔日廷。"

[4] 将（状）：宋华强（2023）认为"将"当释"捋"，并认为"如果把'捋'直接读为'阅'，那么《功令》5、6 号简和居延汉简'功捋'就是'功阅'"。

[5] 尺三行：一尺长且可纵向书写三列的简牍。整理者注"直书三行文字"。《岳麓书院藏秦简（伍）》："（上略）用牍者，一牍毋过五行，五行者，牍广一寸九分寸八，115/1718 四 行者，牍广一寸泰半寸，• 三行者，牍广一寸半寸。• 皆谨调䕶（护）好浮书之，尺二寸牍一行毋过廿六字。（下略）116/1729"

[6] 参折：参指三分之一。《秦律十八种·仓律》："免隶臣妾、隶臣妾垣及为它事与垣等者，食男子旦半夕参，女子参。仓59"参折或指以三分之一处为断，即将简面三等分后再书写。

[7] 好书：书写工整。《汉书·景十三王传》："从民得善书，必为好

写与之，留其真……"

[8] 庚：张家山三三六号墓《功令》简中，若干简的下端书写有干支标记。按，简文和释文保留干支标记，语译中均略去。

[9] 案致：审阅核查。《岳麓书院藏秦简（伍）》："• 监御史下劾郡守，县官已论，言夬（决）郡守，郡守谨案致之，不具者，辄却。（下略）048/0963"

[10] 会："会"加上具体的日期表示事项的截止时间。里耶秦简 8-62"令曰上葆缮牛车薄（簿），恒会四月朔日泰（太）守府"。

[11] 物故：事故、变故（王伟 2015）。《二年律令·盗律》："诸有叚（假）于县道官，（中略）其叚（假）别在它所，有（又）物故毋道归叚（假）者，自言在78 所县道官。（下略）79"

[12] 除功牒：去除功牒，即此前所上功牒作废。除，《说文解字》段注："殿陛谓之除。因之凡去旧更新皆曰除。"里耶秦简 9-700+9-1888"• 今□益出不定，更疏书牒北（背）上，谒除庚子书"。

【解说】

简文关于仿照"式"制作功劳簿籍的记载语义晦涩，故对其句读作如上调整。简 5 至简 11 提供了"功劳式""功将（状）式"两种簿籍之式，因而此处可能是对这两种簿籍所用简牍形制的规定。"放（仿）式以二尺牒"是指"某官某吏某爵某功劳"的自占功劳簿要仿照此式书写在二尺之牒上。"各为将（状）以尺三行"是指分别将"某官某吏某爵某功将（状）"制作在一尺长的三行简上。"皆参折"则指将简牍书写面三等分，后用以填写内容。

目前可见的秦汉自占功劳簿中，肩水金关简 73EJT26：88 下端有残断；居延新简 EPT4：87 长 23.5 厘米但只有两栏文字，不符合"皆参折"，可能下端还有残缺内容；悬泉汉简 IT0309③：49 也是一枚自占功劳的文书式，但简面大字标注"用二尺牒"，或是指正式文本需书于二尺之牍（参图 2）。迄今尚未见到书于二尺牍的功劳文书实物，制度规定与实物所见间的差异当如何解释，有待解答。至于功状簿，目前仅见居延新简 EPT50：l0"徐谭功将"（参图 3），该简确为一尺长且仅纵向书写三列。如果此处解读不误，"徐谭功将"又严格按照此条规定制作而成，可为"徐谭功将"简并无残断提供一新证。另外，如图所示，"徐谭功将"中第二栏的"应令"书于左侧且为半边字，似有其左侧残缺部分内容之嫌。

居延甲渠候官第十隧长公乘徐谭功将

中功一劳二岁

其六月十五日河平二年三年四年秋试射以令赐劳　应令

能书会计治官民颇知律令文

居延鸣沙里家去大守府千六十三里　产居延县

为吏五岁三月十五日

其十五日河平元年阳朔元年病不为劳　居延县人

敦煌县斗食令史万乘里大夫王甲自占书功劳

为敦煌少内啬夫十月

为敦煌斗食令史一岁

凡为吏一岁十月

大凡劳一岁十月

今为敦煌县斗食令史一岁十月

·应令

能书会计治官民颇知律令文

年若干岁

长若干

敦煌万乘里

用二尺牍

不告归

某年某日以修行书次除为某官佐若干岁月日

某月某日以功次迁为少内啬夫十月某年某月

某日令甲以能换为令史

·产某郡某县

列上各案

占本始四年功劳讫十月晦某日

某年

图2　悬泉汉简 IT0309③：49A　　　**图3　居延新简 EPT50：10**

值得注意的是，居延新简 EPT4：87（参图 4）自占功劳文书中的"应令"也是同样位置的半边残字，而作为自占功劳文书之式的悬泉汉简 IT0309③：49 中"应令"却完整书写。或可推论文书式仅是提示文书应参考的样式，实际制作的自占功劳文书需要在牍面书写两份，然后剖别使用，简面因而在中间处骑缝留下"应令"二字，分割后的两枚文书是否分付不同主体以作核验使用还有待进一步考虑。如此，更可说明"徐谭功将"并无残断的情况。

"皆参折好书"是关于《功令》简 5～11 两种式对应簿籍如何制作的总体要求，而"以功多者为右次编"或是另指单独制作的功次簿籍。云梦睡虎地 77 号墓出土四枚功次文书残简，整理者认为："功次文书分不同秩级记列一定范围内的所有人员，以功劳高低为序，计'功次'一目了然，便于考核和选拔。"（陈伟、熊北生 2018）另外，肩水金关汉简 A32 遗址中出土的两方木牍在格式、内容上也是性质相似的功次文书（曹天江 2021）。由此或可推测县道官需要根据吏员的个人自占功劳书和功将文书，再汇编成多人的功次文书，最后统一将相应秩级吏员此二类文书呈送给二千石官。

又，整理者在简 4 末释一"已"字，注为"似为校对记号"。简帛网"落叶扫秋风"（2023）认为"'已'并非墨迹，而是编绳断裂后粘连在此处"。按，其位置不在下编绳下书写干支处，笔迹亦较淡，应非简文，删。

〔简文〕

- 左方上功勞式₅壹
  某官某吏某爵某功勞₆壹
  爲某吏若干歲月其若干治獄₇壹　　　今爲某官若干歲₇貳
  從軍爲某吏若干歲月₈壹　　　能某物₈貳
- 凡爲吏若干歲月其若干從軍₉壹　　　年若干₉貳
- 凡軍功勞若干₁₀壹　　　某縣某里₁₀貳
- 凡中功勞若干₁₁壹　　　姓某氏₁₁貳
- 左方功將式₅貳
  某官某吏某爵某功將₆貳　　　大凡功若干₆叁
  軍功勞若干₇叁　　　某縣某里₇肆

中功勞若干 8叁 　　　　　　　　姓某氏 8肆

• 凡功若干 9叁 　　　　　　　　秩若干石 9肆

今爲某官若干歲 10叁

能某物 11叁

【釋文】

• 左方上功勞式[1] 5壹

某官某吏某爵某功勞[2] 6壹

爲某吏若干歲月[3] 其若干治獄[4] 7壹 　　今爲某官若干歲[6] 7貳

從軍爲某吏若干歲月 8壹 　　　　　　能某物[7] 8貳

• 凡爲吏若干歲月其若干從軍[5] 9壹 　　年若干[8] 9貳

• 凡軍功勞若干 10壹 　　　　　　　　某縣某里[9] 10貳

• 凡中功勞若干 11壹 　　　　　　　　姓某氏 11貳

• 左方功將（狀）式 5貳

某官某吏某爵某功將（狀） 6貳 　　　大凡功若干[10] 6叁

軍功勞若干 7貳 　　　　　　　　　　某縣某里 7肆

中功勞若干 8貳 　　　　　　　　　　姓某氏 8肆

• 凡功若干 9叁 　　　　　　　　　　秩若干石 9肆

今爲某官若干歲 10叁

能某物 11叁

【語譯】

• 左側上功勞范本 5壹

某官府某職官某爵位某人功勞 6壹

担任某職官若干歲月其中若干治獄 7壹 　　担任現任職官若干歲 7貳

從軍担任某職官若干歲月 8壹 　　　　　擅長某事項 8貳

• 合計担任職官若干歲月其中若干從軍 9壹 　年齡若干 9貳

• 合計從軍功勞若干 10壹 　　　　　　　籍貫某縣某里 10貳

• 合計積功勞若干 11壹 　　　　　　　　姓某氏 11貳

• 左側功狀范本 5貳

某官府某職官某爵位某人功將 6貳 　　　共計功若干 6叁

從軍功勞若干 7貳 　　　　　　　　　　某縣某里 7肆

计功劳若干 8叁　　　　　　　姓某氏 8肆

• 共计功若干 9叁　　　　　　　秩级若干石 9肆

担任现任职官若干岁 10叁

擅长某事项 11叁

〔注释〕

〔1〕上功劳式：整理者认为是"自占功劳文书的范本"。换言之，此类簿籍是官吏自己上报后经官府认可的功劳登记簿。张俊民（2015：410～413）认为悬泉汉简 IT0309③：49 是自占功劳案文书格式简，则与本简性质一致。汉简还见其他自占功劳文书原件，如居延新简 EPT4：87 等（参图 4）。

〔2〕某官某吏某爵某功劳：自占功劳文书簿籍的标题。悬泉汉简 IT0309③：49 作"敦煌县斗食令史万乘里大夫王甲自占书功劳"，居延新简 EPT4：87 作"□□居延甲渠候官塞有秩□□大夫□乐自占书功劳秩百石"，肩水金关汉简 73EJT26：88 作"肩水候官驲望隧长公乘杨殷自占书功劳讫九月晦日"。此类簿籍题目一般有所属机构、职务、爵位、人名、秩级及任职期限等信息。

〔3〕为某吏若干岁月：可用以统计功劳的相关职务任职时长，实际文书因书写每一职务的信息，此项或书写多列。里耶秦简 10-15 第二栏分五列书写了"官佐""县令佐""县斗食""县司空有秩乘车""守迁陵丞"的任职时长（参图 5）。悬泉汉简 IT0309③：49A 第一栏分两列书写"敦煌少内啬夫"和"敦煌斗食令史"任职时长。

〔4〕治狱：治狱是官吏升迁中极为看重的能力，《功令》中有多条令文规定官吏升迁必须有治狱背景，如："卅七　请：郡治狱卒史郡三人，在员中节（即）有缺，丞相、御史以功次、能治狱者补。91"

〔5〕凡为吏若干岁月其若干从军：总计所任各吏职的总时长，并单书其中担任军职的时长。单书军吏时长，据《功令》简 12，或因其功劳换算标准是劳二岁为一功，一般吏职是劳四岁为一功。悬泉汉简 IT0309③：49A 对应列作"凡为吏一岁十月"。

〔6〕今为某官若干岁：当前所任职务的任职时长。悬泉汉简 IT0309③：49A "今为敦煌县斗食令史一岁十月"。

凡吏一岁八月十二日
卅二日病八月不数

为张掖居延甲渠候塞有秩候长一岁五月十二日

张掖居延甲渠候官塞有秩候长大夫□乐自占书功劳秩百石

应令

治官民颇知律令文

图 4　居延新简 EPT4：87

凡□□□
为官佐六岁
为县令佐一岁十二日
为县斗食四岁五月廿四日
为县司空有秩乘车三岁八月廿二日
守迁陵丞六月廿七日
凡【十】五岁九月十五日　【凡功】乙三岁四月廿五

乡廿二年□□
□功二
·劳四乙三九月廿五日
凡功六三岁九月廿五日
迁陵六月廿七日定□□八月廿日
□司□属洞庭
五十岁居内史七岁□□

图 5　里耶秦简 10-15

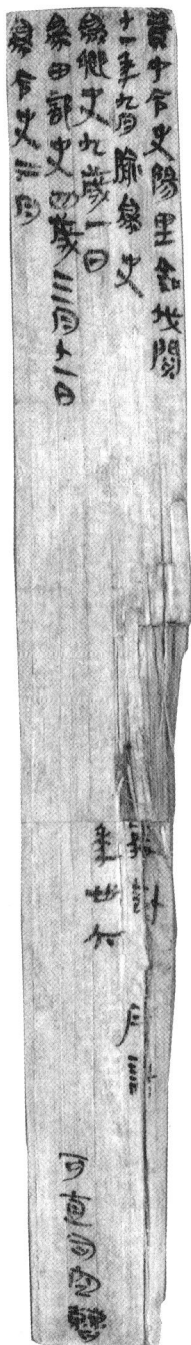

图7 里耶秦简 8-266

资中令史阳里釦伐阅
十一年九月隃为史
为乡史九岁一日
为田部史四岁三月十一日
为令史二月

钱计
年卅六
户计
可直司空曹

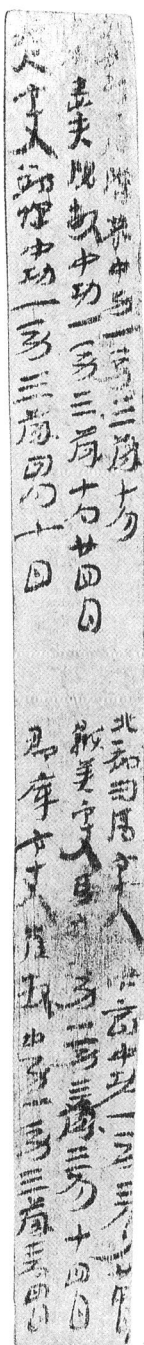

图6 肩水金关汉简
73EJT30：29A

□都尉属陈恭中功一劳三岁十月
□畜夫隗敞中功一劳三岁十月廿四日
居延令史郑恽中功一劳三岁四月廿七日

北部司马令史□乐音中功一劳三岁三月廿四日
显美令史马□中功一劳三岁三月十四日
郡库令史崔枚中功一劳三岁三月四日

[7] 能某物：官吏所有具有的才能。睡虎地秦简《为吏之道》简9·5：
"审民能，以赁（任）吏，非以官禄夬助治。"悬泉汉简IT0309③：49A
"能书会计治官民颇知律令文"。大庭脩（1953/2017：393）认为这一句是
规定的褒奖之词。邢义田（1992/2011B：546）认为"'能'是汉代官吏
考课的重要术语，用以肯定在职务上的表现"。

[8] 年若干：官吏的年龄。悬泉汉简IT0309③：49A"年若干岁"，肩
水金关汉简73EJT26：88"年廿七岁"。

[9] 某县某里：官吏的籍贯。悬泉汉简IT0309③：49A"敦煌万乘里"。

[10] 大凡功若干：整理者根据墨迹和书体认为此段文字似后补入。简
帛网"雁行"（2023）认为"简11下早脱去一简，亦分为四栏，内容为
'大凡功若干/秩若干石/年若干/（空白）'。校对者或抄手因为此简缺失，
而在简6补写了'大凡功若干'，成为第三栏，……之后未将缺简其他内
容补入，造成目前所见的情况。"

〖解说〗

关于简6第三栏的"大凡功若干"，"雁行"之说可从。"功将（状）
式"第三栏中已有简9"•凡功若干"对前文的"军功劳若干"和"中功
劳若干"的合计，"大凡功若干"则无着落。"上功劳式"中的"•凡军功
劳若干"和"•凡中功劳若干"并无对两者总数的合计，故"大凡功若
干"当是对此二者的合计。

本组简文提供了"功劳式"和"功将式"两种簿籍的书式，从统计内
容上看，前者即自占功劳名籍，如悬泉汉简IT0309③：49"王甲自占书功
劳"；后者则为功将名籍，如居延新简EPT50：10"徐谭功将"。大庭脩
（1992/2001：118~119）认为居延新简EPT4：87"自占书功劳"是官吏
自己报告功劳的文书，经官府受理后登记于官簿而成；EPT50：10"徐谭
功将"是伐阅簿。胡平生（1995）认为EPT50：10"徐谭功将"不是伐阅
簿，而是"功劳墨将"类名籍文书。李天虹（2003：143~149）将自占功
劳名籍和EPT50：10功将名籍两类合称为功劳墨将名籍，而将较EPT50：
10"徐谭功将"内容更简单的功劳简称为伐阅簿。李均明（2009：379~
380）将较简单功劳简和功将名籍归纳为功劳墨将名籍。根据EPT50：10
"徐谭功将""行文特点更加程式化，语言简单精炼，资料准确"，戴卫红

（2017）推测"这是张掖郡太守府对其自占书功劳进行统计、核对、认定后，出具的正式文书"。近年来，睡虎地 77 号汉墓竹简又出土一批只条疏功劳数量的功次文书，金塔县 A32 遗址出土两方木牍性质也与之相同（73ETJ30：29A，参图 6）。黄怡君（2022/2024：28）认为："当上一阶秩级出现职缺时，即据此种（译注者按，功次文书）排序，择功劳多者升任，这就是以'功次'升迁。哪个范围内的同秩级官吏会列入比较，与职缺由何种层级的机构任命有关。"因而或可推测"功次"文书的功劳资料摘自前三种文书，但具体流程为何尚不清楚。至于论者所提及的伐阅簿，则是登记吏员仕宦履历的簿籍，其形制与内容可参见里耶简中的"资中令史釦伐阅"（8-266，参图 7）。综上，目前所见以记录功劳为主要内容的簿籍已有四类，各类簿籍的定名、制作单位、制作方式，各类簿籍之间的关系和由其反映的行政运作流程都有待进一步揭示。

〖简文〗

吏自佐史以上各以定视事日自占劳=盈岁爲中=劳=四岁=爲一功∠從军劳二岁亦爲一功　壬12

身斩首二级若捕虏二人各爲一功∠军论之爵二级爲半功13

其斩首捕虏若有它军论者具署之其有秩乘车以上官徹疏之27

〖释文〗

吏自佐史[1]以上，各以定视事日[2]自占劳。劳盈岁爲中劳[3]，中劳四岁爲一功[4]∠。從军[5]劳二岁，亦爲一功。　　　壬12

身斩首二级，若捕虏二人，各爲一功∠。军论之爵[6]，二级爲半功。13

其斩首、捕虏，若有它军论者，具署之。其有秩乘车以上，官徹疏之。27

〖语译〗

佐史以上（级别）的官吏，各自以实际工作时间自行申报劳绩。劳绩（日满）一岁为中劳，中劳四岁折算为一功。从军劳绩二岁，亦可折算为一功。（从军？）斩获首级二枚，或捕获俘虏二人，各可计为一功。按军功劳授爵者，二级爵位可折算为半功。斩获首级、捕获俘虏，或者有其他军功的，要详细标明。有秩乘车（级别）以上（有斩获首级、捕获俘虏，或者有其他军功的，或者也包括吏功、吏劳），官府要全部逐条记录。

〖注释〗

［1］佐史：泛指官署内最低级别的吏员。从《功令》相关规定看，佐史、令史→斗食、有秩，是基层吏员的升迁序列。《汉书·百官公卿表》："百石以下有斗食、佐史之秩，是为少吏。"颜师古注曰："《汉官名秩簿》云：斗食月奉十一斛，佐史月奉八斛也。"《二年律令·赐律》："赐不为吏及宦皇帝者（下略）291（上略）不更比有秩，簪裹比斗食，上造、公士比佐史。（下略）292"

［2］定视事日：核定后的劳绩日数。整理者认为，"定视事日，指减去病、事假和告归、夺劳等'不为劳'后的实际视事天数"。

玉门千秋隧长敦煌武安里公乘吕安汉，年卅七岁，长七尺六寸。神爵四年六月辛酉除，功一、劳三岁九月二日。其卅日，父不幸死宁，定功一、劳三岁八月二日，讫九月晦庚戌。故不史，今史。（《敦煌马圈湾汉简集释》1186A、B）

敦德步广尉曲平望塞有秩候长敦德亭闲田东武里五士王参，秩庶士，新始建国地皇上戊元年十月乙未迹尽二年九月晦积三百六十日，除月小五日，定三百五十五。以令二日当三日，增劳百桼十桼日半日，为五月二十桼日半日。（《敦煌汉简》1854）

［3］中劳：专有术语。整理者认为："劳盈岁为中劳，即劳满一岁，为中劳一。"按，个人在自占或自陈功劳时仅是陈述事实，中劳、中功/定功等则为考核的评定用语。

［4］中劳四岁为一功：亦即劳四岁折算为一功。按，功劳制中的岁、月、日，均有特定所指：30日为一月，12月为一岁，一岁360日（李解民1999；张忠炜2019）。闰月若置于九月后，闰月功劳顺延至下一年度；若置于九月前，则仍计入本年功劳内（张忠炜2019）。

［5］从军：一般指参军，并不仅限于在军中担任或从事文职等事务。从《秦律十八种·军爵律》看，即"从军当以劳论及赐，未拜而死，有罪法耐䙵（迁）其后；及法耐䙵（迁）者，皆不得受其爵及赐（下略）154"，秦时军功与功劳间即存在折算关系，是否与商君之法相关尚无法断言；就此

条而言，汉初已明确规定两者间的折算关系。

> 商君之法曰：斩一首者爵一级，欲为官者为五十石之官；斩二首者爵二级，欲为官者为百石之官。官爵之迁与斩首之功称也。（《韩非子·定法》）

[6] 军论之爵：整理者认为，"按军功劳授爵"。是否与《商君书》所见"军爵"有关，尚难断定。关于军功，汉初诸功臣传中多有记载，赵翼疑"据功册"而来，参《廿二史札记》"史记变体"条。

> 常从，沛公击章邯军濮阳，攻城先登，斩首二十三级，赐爵列大夫。复常从，从攻城阳，先登。下户牖，破李由军，斩首十六级，赐上闲爵。从攻围东郡守尉于成武，却敌，斩首十四级，捕虏十一人，赐爵五大夫。（《史记·樊哙列传》）

〔解说〕

整理者将简 12、13 编联在一起，可能是因为彼此内容相关联。我们认为简 27 内容极可能也与这两枚相关，故暂将它们视作一组，进行语译、注释与解说（下同）。为保证文意畅通，语译时，权且接续在一起。进言之，本组简又与新编在后的简 33、简 14 存在关联。至于本组简的相对位置，由于简 5 至简 13 的背划线是一道连贯的长直线，简 12、13 规定"功""劳"的来源又是前见两种式的载录内容，具有相关性，故仍编在此。调整的编联是否正确，还有待更多资料检验。

我们理解，本组简分别规定"吏功劳"与"军功劳"，内容大致分三层。简 12 分隔符前，规定吏以"定视事日"积吏劳，中劳四岁可折算一功，是第一层内容。简 12 分隔符后，规定从军劳与功的折算；简 13 规定斩首、捕虏、军论之爵与功的折算，它很可能接续简 12 分隔符后的"从军"而言，是第二层内容。简 27 规定占书功劳时须"具署""彻疏"军功等信息，是第三层内容。简 12、13、27 很可能是存在编联关系的一组简，其内容甚或可以接续连读。也应注意，简 12、简 13 下端都有不少留白，却都另起一简书写接续内容，原因不明。因此，我们在释文中未将三简内容直接接续。另存疑的是，"其有秩乘车以上，官彻疏之"，至少似应涵盖前面的"斩首、捕虏""它军论"，可能也兼括简 12 的"吏功劳"。

就秦及汉初的资料看，积年之劳与斩首之功，是当时主要的褒赏基准（李开元 2023：162）。积劳与斩首两者之间如何转化，则是未知数，本组资料或许有助于问题的解答。

简 12 是关于吏员群体自占功劳及功与劳是如何折算的规定。从该条前半段看，功劳极可能主要是针对吏员群体而言的，属于积年之劳；"从军劳二岁，亦为一功"及简 13、27 所见，则是针对因斩首、补虏等而立功的军功群体而言。这一规定将军功与事功转化，为军功群体入仕开启方便之门。自战国中后期以来，此类人群因军功大小而获得相应之爵位，并享受田、宅等赏赐方面的优待；只是军功爵者如何入仕，素来存在争议（阎步克 2009/2017：75~79）。从简 13、27 的规定看，一旦确定了爵位与功劳间的换算关系，对想要入仕的军功人员而言，就具备了由军吏向吏员身份转化的基础。商鞅变法以来，也许就存在类似的规定（参见上引《韩非子》）；就汉初《功令》所见而言，极可能是天下初定后，要解决复员军吏卒的出路问题，故才有如此明确的规定吧。

〖简文〗

当上功劳其爲死事者後所爲後有身斬首爵及捕虜得數以爲功 33

〖释文〗

当上功勞，其爲死事者後[1]，所爲後有身斬首、爵及捕虜，得數[2]以爲功。33

〖语译〗

应当上报功劳，（如果）是死事者的继承人，他所继承的人有斩首、爵及捕虏（之功的），继承人可以积累为己功。

〖注释〗

[1] 死事者后：后，后子，继承人。

吏民战，若为县官有为也，以故死，若伤二旬中死，皆为死事。

死事者，令子男袭其爵，毋（无）爵 77/2971……女同产以妻∠。诸死事当置后，毋（无）父母、妻子、同产者，以大父；毋（无）大父，以大母与同居数者。78/3180（《荆州胡家草场西汉简牍选粹》）

［2］数：累计，计入。有"数"，如肩水金关汉简 73EJT31：163 "·功令：诸自占功劳，皆讫其岁，与计俱。初视事若有物故后其等，不上功，来岁并数上"，参徐世虹（2019）。有"不数"，如居延新简 EPT4：87 "卅二日病、小月不数"，又如 EPT50：10 徐谭功将文书"其十五日……病不为劳"，参邬文玲（2019）。

〖解说〗

本条规定死事者的继承人在上功劳时，可将所继承者的斩首、军爵、捕虏等计为己功。

本简整理者原编在后，我们前调至简 12、13、27 之后。主要原因是，本条规定可以继承的"斩首、爵及捕虏"，也见于前组简 13、27，本条可以看作积累"军功劳"的一种补充。其二，本条亦属"上功劳"，亦应受新编在本简后的"上功劳不以实"的约束。

死事者之后得以继承其军功，已见于秦制：

从军当以劳论及赐，未拜而死，有罪法耐辟（迁）其后；及法耐辟（迁）者，皆不得受其爵及赐。其已拜，153 赐未受而死及法耐辟（迁）者，鼠（予）赐。 军爵律154（《秦律十八种·军爵律》）

战死事不出，论其后。有（又）后察不死，夺后爵，除伍人；(下略) 37（《秦律杂抄》）

前条规定有军功未拜爵及赏赐，本人已死，继承人有废、耐、迁罪不得继承爵及赐。换言之，一般情形下，死事者的"爵及赐"是可以继承的。后条"论其后"正表明此义。以本简而言，汉初亦沿用秦制，抚恤死事者。

〖简文〗

上功劳不实二岁若一功以上夺爵二级不盈二岁至六月及半功夺爵一

級皆免之 • 詔所致不用此令　戊14

【释文】

上功勞不以實二歲若一功以上，奪爵二級；不盈二歲至六月及半功，夺爵一級，皆免之。• 詔所致不用此令。[1]　戊14

【语译】

不如实上报功劳，在二岁或一功以上的，夺去爵位二级；不满二岁至六月及半功的，夺去爵位一级，皆免去职务。• 诏书有特别规定的，不适用此条令文。

【注释】

[1] 诏所致不用此令：诏书有特别规定的，如颁行大赦，可不按令文规定行事。

六十一　上功劳不以实六月及半功以上，虽在赦前而以丙申赦后得，皆毋得宦、为吏。犯令者夺爵为122 士五（伍），智（知）而除与同罪，弗智（知）罚金四两。123 （《功令》）

【解说】

此条是对功劳申报中弄虚作假行为的惩治规定：根据罪行轻重，分为二等论处——虚报二岁或一功以上的，夺爵二级；不满二岁至六月及半功的，夺爵一级。以上皆免去现行职务。汉初，云中郡守魏尚"坐上功首虏差六级，陛下下之吏，削其爵，罚作之"，似即此规定行用之例证；文帝"法太明，赏太轻，罚太重"，以至于"终日力战，斩首捕虏，上功莫府，一言不相应，文吏以法绳之"（《史记·冯唐列传》），故冯唐为魏尚辩白如此。

"诏所致不用此令"一句，是一个补充性的规定。论者将《功令》之卅八、六十一令文中的"效"字改释为"赦"，文通字顺，为准确把握"诏所致不用此令"之含义奠定基础（邬文玲 2023）。一般情况下，上功劳不实，均当夺爵、免官，甚者下狱论罪。若赦令颁行时有特别规定，一如"卅八"所见，"其已以戊寅赦前宦为吏者勿斥"，则部分官吏即便有上功劳不实的行为，亦可以不被免官。

本条也存在一些疑问。其一，功与劳的对应，以"二岁若一功以上"为一等，而前据简12，一功实际折算四岁劳，二岁实际只折算半功。简12又规定"从军劳"二岁折一功，但从本条以及第六十一来看，仍可能应以吏功劳为主。尝试作出解释的话，所设两等就功、劳分别设限，也许未必要等齐。这或许也意味着，虽然四岁劳折算一功，但以功、以劳可能存在某种结构性差异。

其二，所设两等，一是"二岁若一功以上"，二是"不盈二岁至六月及半功"，不难发现，其劳数可以衔接，功数后者如读为"不盈半功"，则无法衔接，缺少"半功至一功"者。此外，前用"若"，后用"及"，也显示不同。较可能的解释是，"功"的最小统计单位是"半功"，故只将"上功不以实"分为"半功"与"一功以上"两等。亦即，令文"不盈二岁至六月及半功"，是以"不盈二岁至六月"和"半功"作为两者并列的条件，而非读为"不盈半功"。已知的功劳文书中，尚未见到标记"半功"的实例。但《功令》既规定"军论之爵二级为半功"，其存在形式或仍可期待。

经调整编联，我们认为简12、13、27、33、14或是关联紧密的一组简，它们共同规定"上功劳"中积劳计功的细则。具体来说，简12、13、27、33围绕功劳"数"作出规定，简14则规定应如实申报。进言之，本组积劳计功，又是前组功劳式中登载功劳数的直接来源。因此，我们将功劳式及积劳计功的细则相编联，作为《功令》第一的第一部分。

〔简文〕

吏有缺谨以功劳次补之20

吏缺多而当补者少益取其次21

〔释文〕

吏有缺，谨以功劳次补之[1]。20

吏缺多而当补者少，益取其次。21

〔语译〕

出现职缺时，审慎依据功劳序次补缺。职缺多而符合递补要求者少的时候，可取符合次一等要求者补缺。

〖注释〗

[1] 功劳次：或即文献常见"功次"之全称。所谓功次，即排定功劳大小序次，由序次而决定升迁序列。从睡虎地77号墓功次简及肩水金关汉简看，功劳文书均按照功劳多少的顺序，进行记录（陈伟、熊北生2018；黄怡君2022/2024：37~48）。此或即简3规定"以功多者为右次编，上属所二千石官"。

〖解说〗

我们将这两条作为一组相关的总则，即以"功劳次"补吏为基本原则，如职缺多而待补，可放宽要求至次一等。补吏的细则，参见编在其后的"15-16-17-18-37"简组。

简20规定依据功劳大小的排序而递补职缺。由少吏晋升至长吏如此，六百石（？）及以上秩级的升迁，似也应如此。前者例证较多，不赘；后者是否更强调考绩与实效（黄怡君2022/2024：49~59），就西汉前期而言，还有待更多的证据检验。作为原则，通常会被贯彻执行，是功劳制运作的常态；个别人因身份特殊，或可突破此条规定，参见《功令》五的规定。简21规定职缺多而可供选拔的人员有限时，扩大可供遴选的功劳次范围，是应对的措施之一；从《功令》五十三条看，从临县及相关部门调补，也是应对的举措之一。

〖简文〗

• 中二千石有缺課郡守以補之∠郡尉補郡守它吏千石補二千石八百石補千石六百石補八百石∠五百石補六 15

百石∠四百石補五百石∠三百石補四百石∠二百石補三百石∠斗食學 16

佴通課補有＝秩＝通課補有＝秩＝乘＝車＝通課補丞尉令史通課補屬＝尉＝佐＝通課補卒＝史補丞尉丞相＝大＝尉＝ 17

史＝年五十以下治獄者補御＝史＝補六百石不當補御史者與秩比通課謁者郎中亦上功勞謁者 18

各以其秩與外吏課功勞∠郎中比謁者∠不欲爲吏署功牒 37

〖释文〗

• 中二千石[1]有缺，課郡守以補之∠，郡尉補郡守；它吏千石補二千石，八百石補千石，六百石補八₁₅百石∠，五百石補六₁₅百石∠，四百石補五百石∠，三百石補四百石∠，二百石補三百石。斗食、學₁₆佴[2]通課[3]補有秩，有秩通課補有秩乘車[4]，有秩乘車通課補丞、尉[5]。令史[6]通課補屬、尉佐[7]，屬、尉佐通課補卒史[8]，卒【史】補丞、尉、丞相、大尉₁₇史。丞相、大尉史年五十以下治獄者補御史[9]，御史補六百石，不當補御史者與秩比[10]通課。謁者、郎中[11]亦上功勞，謁者₁₈各以其秩與外吏[12]課功勞∠，郎中比謁者∠；不欲爲吏，署功牒。₃₇

〖语译〗

• 京师二千石官有职缺的，考课郡守，递补职缺；郡守出缺的，由郡尉补缺；千石之官补二千石职缺，八百石官补千石职缺，六百石官补八百石职缺，五百石官补六百石职缺，四百石官补五百石职缺，三百石官补四百石职缺，二百石官补三百石职缺。斗食、学佴通课递补有秩缺，有秩通课递补有秩乘车缺，有秩乘车通课递补（县/道）丞、尉缺，令史通课递补属、尉佐，属、尉佐通课递补卒史缺，卒【史】递补（郡/国）丞、尉、丞相史、大尉史。丞相、大尉史年龄在五十岁以下且治狱的，递补御史缺，御史递补六百石职缺，不当递补御史缺的则与同级别或相近秩级的（官吏）通课。谒者、郎中也要上报功劳，谒者根据各自秩级与（同级别）外吏考课功劳，郎中比照谒者进行（考课）；不愿担任吏职的，要在功劳册上署明。

〖注释〗

[1] 中二千石：整理者引劳榦说，“中二千石”是京师二千石官。从张家山二四七号墓及张家山三三六号墓的资料看，到汉文帝初，作为秩级的中二千石官仍未出现；但尊崇中央、京师二千石官的趋势已显现，《功令》及《汉律十六章·朝律》相关记载均如此（汪华龙 2023）。

[2] 学佴：整理者将之理解为“辅导者”。按，对于史、卜、祝等专业学童而言，有学佴进行辅导，见于《二年律令·史律》；从里耶秦简等资料看，县级官府亦设有学佴，负责县学教育，受教育对象称为“学童”（张春龙 2010；张春龙、张忠炜 2021）。

廿六年七月庚辰朔乙未，迁陵拔谓学佴：学童拾有鞫，与狱史畴徼执，其亡，不得。上奔牒而定名事里。它坐亡廿日月、论云何、【何】皋、赦（赦）或覆问之，毋有。与狱史畸以律封守上牒。以书言。勿留。15-172 正

[3] 通课：作为专业术语，目前仅见于《功令》，似指准许同级别的官吏一同进行考核，考核优异者迁转略高级别之官。从《功令》看，行政序列与军功序列、内吏与外吏、本地郡县与外地郡县、侯国与汉吏，等等，均可通课。

[4] 有秩乘车：相对百廿石的有秩而言，有秩乘车秩为百六十石，级别略高。

县、道传马、侯厩有乘车者，秩各百六十石。毋乘车者，及仓、库、少内、校长、掔长、发弩、衔〈卫〉将军、衔〈卫〉尉士吏、都市、亭、厨有 471 秩者及毋乘车之乡部，秩各百廿石。（下略）472 （《二年律令·秩律》）

[5] 丞、尉：整理者认为即县丞、县尉，在本条内容规定的语境下，似可信，不过对缘边县道而言，或亦设有塞尉、城尉，故递补恐不限于县尉。从《二年律令·秩律》看，县丞、县尉秩级不等，或四百石，或三百石，或二百石；县有塞、城尉者，秩各减其郡尉百石，道尉秩二百石。县丞、县尉之外，一些千石官，如长信谒者令、中大（太）仆等，或亦有丞、尉，秩五百石。应不涉及诸如长信谒者令等千石官所辖之丞、尉。

[6] 令史：就本条而言，是指县道的书记官，秩在百石以下，负责文书事务。《汉官六种》："更令吏曰令史，丞吏曰丞史，尉吏曰尉史。"又，中央职官系统中，亦设令史官，如尚书令史等。

[7] 属、尉佐：属尉佐连称似不见于秦汉传世文献，里耶秦简 9-1986 有"☐史、卒史、属尉、佐、乘☐"，不详其意。从东海郡吏员簿看，郡守、郡尉府均置属、尉及佐/书佐，员额不等，或五人，或三人。陈侃理（2015/2024：321）认为"属"是"丞相、二千石官（含郡守）属吏的一种"。

［8］卒史：整理者将其理解为"二千石官署的属吏"，秩百石或二百石。《史记·萧相国世家》载"何乃给泗水卒史事"，《索隐》引如淳曰："律，郡卒史、书佐各十人也。"

［9］御史：御史大夫属吏，汉初员额不详，秩六百石。据《汉书·百官公卿表》可知，御史中丞"内领侍御史员十五人，受公卿奏事，举劾按章"。许是因此缘故，丞相、大尉史员中治狱者，符合条件的可补御史职缺。

［10］秩比：指秩级相同或相近，与所谓的"比秩"似无关。就简文而言，大概是指与吏秩相近者排次功劳，以递补六百石或稍低的职缺吧。

［11］谒者、郎中：整理者引裘锡圭说，将其视为"宦皇帝者"。论者以为"宦皇帝者"具有浓厚的"私属"意味，是皇帝个人的从官、侍从，比秩，由此与文官、军官区分开来；谒者是中大夫令属吏，秩比六百石；郎中为郎中令属吏，秩比三百石、比二百石（阎步克 2017：88～115、370～392）。

［12］外吏：可能相对于内吏而言，似源自宫内、宫外之分。谒者、郎中等"宦皇帝者"具有浓厚的"私属"性质，与朝廷百官及地方官吏等"外吏"明显有别。

〔解说〕

本组资料在编联、书写与理解方面存在不少问题。就编联而言，整理者原将简 15 至 19 编在一起，黄浩波（2023A）以为简 18 简当接续简 37，从。抽出的简 19，我们权且接续在简 22 后。就笔迹、书写现象而言，本组最显复杂，可能是令文修订的结果。简 16、17 的主体笔迹相同，与前半篇的主体笔迹也是一致的。简 18、37 笔迹相同，而与前者不同。简 15 中编绳上的主体笔迹，与编绳下笔迹亦有区别。也就是说，组成目前所见本组令文的几枚简，很可能是不同时期修订甚至是多次修订的结果。

就书写现象而言，简 15 "它吏千石补二千石　　　八百石补千石六百石补　　八百石"中间有两处非正常留白。留白处可能有被刮削去的简文，再考虑到这部分简文笔迹的差异，推测这枚简可能至少经过两次修订，第一次大概重写了"它吏千石"以下的内容，第二次又刮削了其中两处内容。简 16 末的"斗食、学"三字，笔迹与本简其他简文不同，其后亦大量留白；简 17 起始处的"俖"字偏大，约占两个字的空间，笔迹也明显不同。简 16、17 原本可能是相独立的两条，书手依据新令文进行修订时，将衔接处的文字分别书写在前后两简，以作提示。推测简 17 简首原为"斗食"，"学俖"为新增加内容。简 17 与简 18 的衔接，与前者相似。简 17 末尾的"卒＝史补丞尉丞＝相＝大＝尉＝"，"卒"下重文号以及"补"字以下，可能是修订所增。简 18 简首"史＝"，亦可能经过修订。本组简的繁复修订，或显示汉初整合完善官吏升迁体系的过程。

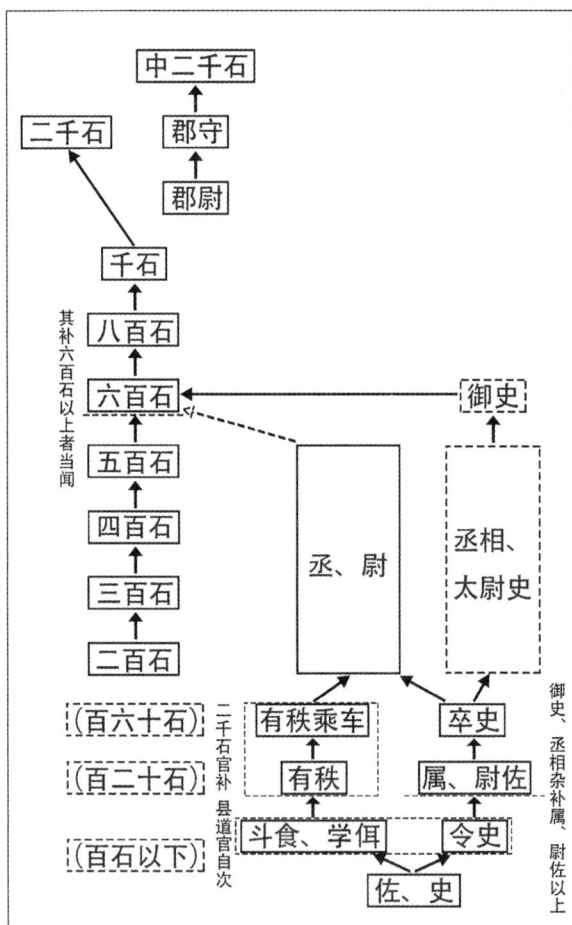

说明：百六十石、百二十石、百石以下，《功令》未见，此据一般认识拟补；丞相、太尉史、御史秩级存在疑问；跨秩级的丞相如何晋升，《功令》无明文；故都标为虚线。亦须说明，《功令》载县道官自次"斗食、令史"，同级学俖是否在列，存疑，前后或有变化。

图 8 　《功令》所见汉初各级官吏升迁序列，汪华龙制

　　基于上述编缀，就此组令文而言，简 15 至 16（至"二百石补三百石"句），最初规定了二千石官至二百石官的升迁路径，用语为"补"。《汉书·朱博传》载"故事，选郡国守相高第为中二千石，选中二千石为御史大夫，任职者为丞相，位次有序"，或即汉初高级官吏选任一般原则之反映，似也可与简 15 至 16 所见相印证吧。简 17、18 及 37，主要规定的是少吏及其仕宦群体（无秩级或秩级不一者）的升迁路径，用语为"通课补"，从而将少吏及御史序列、宦者之谒者、郎中序列，一并纳入简 15 至 16 所见的官吏升迁体系之中。本组令文是迄今为止所能见到的汉初各级官吏升迁的最详细规定（参图 8）。从少吏到二千石吏乃至宰辅之位，地位虽相隔悬绝，却不是不可及的，社会不同阶层之间的身份流动较为强烈，固化色彩较淡，这与此前论者的研究是一致的（严耕望 1990：316~334）。

　　经编联调整，我们将"20、21，15-16-17-18-37"视作第一的第二部分，主旨是官吏的升迁总则（功劳次）与升迁序列。

〖简文〗

　　御史丞相褋补属尉佐以上二千石官补有秩啬夫其有 = 秩 = 乘车啬夫 22

　　其补六百石以上者当闻 19

　　县道官自次官史佐劳补斗食令史勿上其当通令史者必尝长曹二岁壹计以上年卅八 以下乃用之　壬 25

〖释文〗

　　御史、丞相褋[1]补属、尉佐以上。二千石官补有秩啬夫，其有秩、有秩乘车啬夫。22

　　其补六百石以上者当闻。19

　　县道官自次[2]官史、佐劳，补斗食、令史，勿上。其当通〈补〉令史者，必尝长曹[3]二岁、壹计[4]以上，年卅八以下，乃用之。　壬 25

〖语译〗

　　御史大夫、丞相共同任命属、尉佐以上官吏。二千石官任命有秩啬夫，包括有秩啬夫、有秩乘车啬夫。任命六百石以上官吏，须奏闻皇帝。县道官自行论次官属史、佐的劳，（自行）迁补为斗食、令史，无须上报。（县道官史、佐）应补令史的，必须曾职掌某曹二岁、完成年计考课一次以上，且年四十八以下，才可以补用。

〖注释〗

[1] 杂：共同、一起。《汉书·楚元王传》"杂治刘泽诏狱"，师古注"杂谓以他官共治之也"。

[2] 自次：自行论次。

[3] 长曹：长，整理者注"常"，并举秦迁陵县诸曹为例。"尝长曹二岁、壹计以上"，《功令》简55有"尝主事一岁，若尝一计以上"，"主事""长曹"应是同类表达。史、佐可以长曹，另见《功令》简176"公车司马佐不计、长曹"。

[4] 壹计：指完成一次年计考课。所"计"事项，《续汉书·百官志》县邑道令长职掌有"秋冬集课，上计于所属郡国"，注引胡广曰："秋冬岁尽，各计县户口垦田，钱谷入出，盗贼多少，上其集簿。"魏斌（2020）全面梳理出土汉晋上计文书，其登载内容多有超出胡广注，如虎溪山沅陵侯国计簿见道里、民数（含奴婢、刑徒等）、兵甲、船牛等，郴州苏仙桥晋简载官舍、村落、银坊、山川、石刻物产等。青岛土山屯M147木牍另见《盗贼命簿》《囚簿》及县民疾疫等内容（青岛市文物保护考古研究所、黄岛区博物馆2019）。杨智宇（2023）指出《汉志》水道注记的史源也是上计文书。

〖解说〗

整理者将简22、23、24连缀成条，恐不可信。我们将简22、19、25编为一组，认为它们规定了人事任命权的归属与分等。

简22规定御史大夫、丞相与二千石官的人事任命权。该简见有修订痕迹，"御史、丞相杂补属、尉佐以上"，"属、尉佐"字形、笔迹与该简其他文字不同，应经修订；简末"有=秩=乘车啬夫"，"啬夫"两字为后增，"有秩"下的两个重文号，可能也是修订新增。对该简原貌的复原，尚待深入研究。以今见简文而言，"其有秩、有秩乘车啬夫"应是解释前面的"有秩啬夫"，而非语意未完。相类似的还有《功令》简82"候长一人将幕候百廿人"。之所以如此，极可能如清人王仁俊所言，"律文本有似训诂者"（参简82~84"解说"）。目前来看，令乃至诏书中，可能也使用此种方式来析疑解惑。

简19首字"其"，指简22"御史、丞相杂补属、尉佐以上"，亦即六百石以上官吏，选举权在御史大夫、丞相，决策权则在皇帝。武帝初，丞相田蚡"入奏事"，"荐人或起家至二千石"（《史记·魏其武安侯列传》），或即这一令条的现实运作。黄浩波（2023A）已揭岳麓秦简《迁吏令》"六百石以上已免，御史以闻"，以及《汉官旧仪》"旧制：吏六百石以上，尚书调；拜迁四百石长相至二百石，丞相调；除中都官百石，大鸿胪调；郡国百石，二千石调"，两者皆反映秦汉六百石以上官吏任免应由皇帝决断，汉制可能渊源于秦。

简 25 规定县道官自行考课史、佐，以补斗食、令史。据此，可以确认简 22 的"属、尉佐以上"与"有秩啬夫"是指待补的吏缺，以后者为例，即迁补某吏为有秩啬夫，而非将某有秩啬夫迁补晋升。这组令文将官吏任用权分为县道官、二千石官与御史大夫、丞相三等，并规定六百石以上当由皇帝裁定，形成官吏任命权的完整序列。经编联调整，我们将"22—19、25"视作第一的第三部分。

简 25 仍有几点值得注意。其一，"年卅八"下有一处留白，尚难解释。其二，本条将"长曹二岁、壹计以上"作为并列条件，《功令》第七补二千石官佐史，则作"县遣官佐史丁壮尝主事一岁，若尝一计以上，劳多者补"，即将"尝主事一岁，若尝一计以上"作为替代条件。长曹主事与一计之间的异同究竟如何体现，尚不明白。其三，悬泉汉简IT0309③：21"史、佐各自占书功劳，府移书会十一月"，应是武帝以后"县道官自次官史、佐劳"的文书实例。据此，似先由"史、佐各自占书功劳"，县道官再据以"自次"。

尤应注意，简 25 规定史、佐补令史，须"年卅八以下"，此种年龄限制，为以往所未知。《功令》相关者尚有：

①（一）（上略）丞相、大尉史年五十以下治狱者补御史。（下略）18

②（一）（上略）其当遣〈补〉令史者，必尝长曹二岁、壹计以上，年卅八 以下，乃用之。 壬25

③（一）吏官佐史、令史、斗食、有秩视事盈二岁以上，年五十以下至廿五，有军功三，爵公大夫以上，欲上功劳，许之，通课补庚26丞、尉。尝为军吏遂（队）将以上、年五十以下至廿五、史、有

军功三、爵公大夫以上，上功劳中尉。（下略）28、29

④十一　议：属、尉佐、有秩、斗食啬夫、狱史、令史尝治狱三岁以上，年卅五以下至卅，欲试二千石官，县道59官遣诣廷，廷以大狱、狱计、奏谳（谳）、律令有罪名者，试之，并以廷史、郡治狱卒史员衙（率）十人而取试高者60二人，上御史，以补郡二千石官治狱卒史。（下略）61、62

⑤五十三　陇西、北地、上郡、云中郡、雁门、代郡军吏、军吏丞、城塞尉、边县令、尉，年长及能不宜其官者，辄言状丞相、113御史徙。塞士吏、候长，郡自调之。塞尉史、候史，县调之。有缺当补者，年五十以上勿用，用其次。114

⑥六十二　诸已上功劳而后槫增减其年者，皆勿听。124

⑦七十五　令史年五十以上与斗食通课补有秩，勿以补属、尉佐。130

⑧（九十二）•丞相上大（太）傅书，请大（太）子汤沐邑在郡者，各上斗食、学佴、令史年五十以上有秩功劳，及有秩、有秩乘车缺159在所郡守，【在所郡】守通课、用补如令。御史奏，请许。制曰：可。137

⑨（九十二）•丞相上西宫詹事书言，令曰：二千石补有秩、有秩乘车，斗食、学佴通课补有秩；有（又）曰：令史年五十以【上】与斗食162通课补有秩。……163……请：西宫詹事汤沐邑各上斗食、学佴、令史年五十以上功及有秩缺内史、郡守，内史、郡守164通课、用补，比。丞相议：詹事汤沐邑，比。御史奏。165

整理以上所见，略如下表：

表1　《功令》所见仕宦、升迁与年龄关系表

	内　容	年龄限制	所补秩级
甲组	丞相、太尉史补御史	年五十以下	六百石以下
	史、佐补令史	年卅八以下	百石以下

	内　容	年龄限制	所补秩级
甲组	佐史、令史、斗食、有秩补丞、尉	年五十以下至廿五	二百石至五百石
	史佐尝为军吏补军吏	年五十以下至廿五	
	属、尉佐、有秩、斗食啬夫、狱史、令史、廷史、郡治狱卒史补二千石官治狱卒史	年卅五以下至卅	二千石官治狱卒史
乙组	塞士吏、候长、塞尉史、候史	年五十以上勿用	约百石以下*
	令史年五十以上与斗食通课补有秩，勿以补属、尉佐		约百二十石
	斗食、学佴、令史年五十以上通课补有秩（有秩乘车）		约百二十、百六十石

　　说明：关于"塞士吏、候长、塞尉史、候史"秩级，参永田英正《居延汉简研究》（1973/2007：387）。

　　稍作总结，推测其原则大约是：一般情况下，所补秩级越高，年龄设限越宽，如补令史限在四十八以下，补百石至六百石限在五十以下。较特别的，是补二千石官治狱卒史，限在三十至四十五岁，推测并非因治狱卒史秩卑，而或是因其事务繁剧。

　　《功令》第一规定用年五十或卅八以下者，至于超出年限者，未见规定，推测他们或不予迁补。至第七五、九二，按第一规定"令史通课补属、尉佐"者如年五十以上，则改为"与斗食通课补有秩，勿以补属、尉佐"，即为年五十以上者新设置迁补出路。这或是为此前超出年限不予迁补者提供的新出路。

　　应当注意的是，汉代功次升迁制度中存在这种对年龄的限制，似前所未知。而这一制度设计，与南北朝隋唐有所区别。叶炜（2009：189）指出，南北朝隋唐官吏分途以后：

　　　　对唐代文书胥吏迁转的研究表明：作为杂任的州县佐史经过流外铨进入流外行署；在流外行署内部从府、史转迁为书令史、令史，令史又从后行闲司迁到前行要望；流外行署入流，是流内文书吏的主要来源，他们从后行迁往前行，又从诸司主事等流内小吏升迁为都事、主书、录事等三省流内大吏，形成了一个完整的贯穿地方无品杂任、中央流外行署与流内吏职的文书吏转迁系统。因为文书吏在中央机构内的转迁越发被局限在自身的文书吏职系统之内，而这个系统又对外封闭，所以我们认为唐前期文书吏逐渐形成了相对独立和封闭的转迁系统，即形成了文书吏自身的职系。

唐代官吏升迁，五品以下须不断累积资历、时间，目前似未见到超出年限不予迁补的规定，汉令此种规定似也与唐代升迁的基本逻辑相悖。这或呈现出汉、唐间的显著差异，南北朝隋唐官吏分途或是其深层原因。

〖简文〗

吏官佐史∠令史∠斗食∠有秩视事盈二歲以上年五十以下至廿五有軍功三∠爵公夫=以上欲上功勞許之通課補　庚26

丞尉嘗爲軍吏遂將以上∠年五十以下至廿五∠史有軍功三∠爵公夫=以上=功勞中=尉=謹擇其可以爲吏者次28

功勞上御=史=丞=相=以補軍吏∠所擇不勝任及有罪耐以上擇者罰金一斤29

〖释文〗

吏官佐史∠、令史∠、斗食∠、有秩視事[1]盈二歲以上，年五十以下至廿五，有軍功三∠，爵公大夫以上[2]，欲上功勞，許之，通課補　庚26 丞、尉。嘗爲軍吏遂（隊）將[3]以上∠、年五十以下至廿五∠、史[4]、有軍功三∠、爵公大夫以上，上功勞中尉[5]，中尉謹擇其可以爲吏者，次28 功勞，上御史、丞相，御史、丞相以補軍吏∠。所擇不勝任及有罪耐以上，擇者罰金一斤。29

〖语译〗

吏官佐史、令史、斗食、有秩在职（定）满两年以上，年龄在五十以下至二十五岁，有军功三，爵在公大夫以上，想要上功劳，准许，通课补丞、尉。（吏官佐史、令史、斗食、有秩）曾为军吏队将以上，年龄在五十以下至二十五岁，被认定为"史"，有军功三，爵在公大夫以上，将功劳文书上呈中尉，中尉审慎选择其中可以为吏的，按功劳排次，上呈御史大夫、丞相，由御史大夫、丞相补任军吏。所择之人不胜任，以及获耐罪以上的，择任者罚金一斤。

〖注释〗

［1］视事：据简 12，或指"定视事"。

［2］爵公大夫以上：公大夫，第七级爵，也作七大夫。《汉书·高帝纪》载高帝五年诏"（军吏）其七大夫以上，皆令食邑"，"七大夫、公乘以上，皆高爵也"。

［3］遂（队）将：整理者以为"燧将"，恐不确。队将，军职，《史记·高祖功臣侯者年表》有"越队将""二队将""上队将"。李零（1983/2006：390～391）据上孙家寨军法军令，认为队将（"队的长官"）约当"士吏"，位在卒长下、什长上。

［4］史：能写作公文，具备出任某些吏职的能力。邢义田（2022：54）认为"能史书"次于史。

［5］中尉：见《二年律令·秩律》，秩二千石。《岳麓书院藏秦简（肆）》："·置吏律曰：县、都官、郡免除吏及佐、群官属，以十二月朔日免除，尽三月而止之。其有死亡及故有缺者，220/1227 为补之，毋须时。郡免除书到中尉，虽后时，尉听之∠。……221/J43"前半亦见睡虎地秦简《置吏律》，唯"郡"作"十二郡"。中尉属官，《汉书·百官公卿表》云"有两丞、候、司马、千人"，孙闻博（2016：83）调整《秩律》简序，指出其属官中司马、骑司马、中轻车司马皆秩千石。

〖解说〗

本条编联、句读有较大调整。整理者原将简 26、27 编为一条，28、29、30 编为一条。按，据简帛网"雁行"（2023）说，简 30 应接续在简 66 后；简 27 或应与简 12、13 接续。余下三枚简的接续，理由有二：其一，简 26 主语为不同等级的"佐史、令史、斗食、有秩"，简末"通课补"后应有宾语，否则四种身份"通课补"为何等不明。其二，简 26、28 对军功、爵、年的要求相同，如按原接续，主语一为"佐史、令史、斗食、有秩"，一为"丞、尉"，身份悬殊但要求相同，恐非。调整接续、句读后，本条主语均是"佐史、令史、斗食、有秩"，规定他们在达到系列要求后，可予以"超迁"，或迁丞、尉，或迁军吏。

若如前说，将本条理解为超迁的规定，又按我们对《功令》年代的推定，第一或是高祖五、六年预设立法的产物，则之所以规定超迁，或有特定的背景。高祖五年夏，罢兵归家，诏"军吏卒""其七大夫以上，皆令食邑"，又"七大夫、公乘以上，皆高爵也"，"其令诸吏善遇高爵"。本条规定"爵公大夫以上"，所指人群正相同。本条"有军功三"，据简12，可换算为从军劳六岁，即约汉元年及前此之从军者。若如此，本条所规定的超迁，似与高祖五年优待军吏卒诏书的内涵相近，或与之存在关联。

又，肩水金关简73EJT30：29AB、30AB或为功次文书实例。黄怡君（2022/2024：40）认为，其全体大致为"属、令史、啬夫"三种，"在西汉后半期皆秩斗食"。唯一有疑问的是"北部都尉史"，"难以判断其秩"，推测"有可能是'北部都尉属'的误书"。按，该条为"北部都尉史陈可中功一劳三月廿日"。如按本条，特定条件下，"佐史"可与有秩等"通课补"，"北部都尉史"未必不能以"史"的身份而与"属、令史、啬夫"并列。唯其"功一"似不同本条"有军功三"，或这一条件至西汉后期有所放宽，尚待观察。

"欲上功劳""上功劳"可能不是针对全部官吏而言，而是针对有意（"欲"）改变现任职者而言（升迁、或由宦改吏及其他序列调整如"通课"）。当然，不排除《功令》简3"上功劳"是汉初的一次阶段性集中调整，但此后情形如何，如何与年度考课、课殿最关联，尚待观察。

本令末尾的"所择不胜任及有罪耐以上，择者罚金一斤"，应即第廿六"以任人不胜任令论"所指，亦凸显《功令》第一常作为基本法条的地位。

此外，尚有两点疑问。其一，本条开头所列举的诸种身份，何以不见"属、尉佐"及"学佴"，尚待观察。其二，简28称"中尉谨择"，简29则泛称"择者"，是否除中尉外，县道官、二千石官、御史大夫、丞相亦须负连带责任，亦有待观察。

〖简文〗

有秩乘車以上功勞次當補其家居縣缺者皆調徙之184

〖释文〗

有秩乘車以上功勞次當補其家居縣缺者，皆調徙之。184

〖语译〗

有秩乘车以上官吏，按功劳次应当任其家所在县吏缺的，都调离（该县）任职。

〖解说〗

本枚简整理者原编在简册末尾，黄浩波（2023A）调至第一，可从。我们将其调至此处。

本条规定有秩乘车以上须避本籍任职，是目前所见最早的避籍规定。严耕望（1990：345）推测"监官长吏须避本籍，其事或始于秦，盖武力征伐宜应有此，但未必已成典律耳"。目前来看，其制渊源于秦的可能仍然存在。《功令》第九十二所引"令曰，……有秩乘车功次当补其家居县缺者，调徙之"，即指本令。

〖简文〗

丞尉以上有缺未補二千石官調令旁近官守焉∠有秩乘車以下令丞亦令近者守皆須其真吏到罷之31

〖释文〗

丞、尉以上有缺未補，二千石官調[1]令旁近官守[2]焉∠；有秩乘車以下，令、丞亦令近者守，皆須其真吏[3]到罷之。31

〖语译〗

丞、尉以上有缺尚未补任的，（所属）二千石官应调令附近官暂守（有缺尚未补补任的丞、尉以上）。有秩乘车啬夫以下（有缺尚未补任的），令、丞亦令附近官暂守。（这两种情况，）都须待真吏到任后，才准许罢暂守者。

〖注释〗

[1] 调：《功令》术语，或以平级调动为主。

[2] 守：指代理某官。又参见《功令》简70注释［2］。

[3] 真吏：指正式补任的官吏。

〖解说〗

整理者在本简后接续简32，未当。简31下契口上尚有一小段留白，并非满写简，应析分独立。以内容而言，简 31 规定调守及罢，简 32 规定擅免、当免，亦不相关。西北汉简不乏与本条相关之文书实例，如 EPF22：248 "第二隧长史临　　今调守候长，真官到，若有代，罢" 等。

〖简文〗

　　吏及宦皇帝者病不能视事及有論毄盈三月者免之病有瘳論事已及罷官當復用者皆復用如其故官　戊 36

　　秩乚居縣上其勞年免老及當上勞過上功時不上及病盈二歲吏以病盈三月免者皆不得 154

　　上勞復用 155

〖释文〗

　　吏及宦皇帝者病不能视事，及有論毄（繫）[1]，盈三月者，免之。病有瘳[2]、論事已[3]，及罷官當復用者，皆復用如其故官　戊 36 秩乚，居縣上其勞。年免老及當上勞過上功時不上，及病盈二歲、吏以病盈三月免者，皆不得 154 上勞復用。155

〖语译〗

　　吏及宦皇帝者因病无法履职，以及有论罪羁押，超过三月，予以免职。疾病康复，论罪事结束，以及罢官应重新任用的，都重新任用如其原官秩，由所在的县上报其（功）劳。年当免老，以及应当上功劳但超过上功劳的时限而不上的，以及病满两岁、吏因病满三月免罢的，都不得上报功劳重新任用。

〖注释〗

　　[1] 系：羁押。游逸飞（2009）认为指未决犯，"只有从逮捕到判决这段时间方可称'系'"。《岳麓书院藏秦简（伍）》078/1034 亦见"•辜人久毄（系）留不决，大费殹（也）"，亦指未决犯。

　　[2] 瘳：康复。《说文》："疾愈也。"

　　[2] 论事已：指审讯过程结束。扬州胡场 M5 木牍"广陵石里男子王奉世有狱事，事已，复"（扬州博物馆、邗江县图书馆 1981）。肩水金关汉简 73EJT37：529"男子左凤自言：凤为卅井塞尉，犯法，论事已"，一说读为"犯法论，事已"（鹰取祐司 2017：318）。

〔解说〕

本组编联调整由黄浩波（2023A）提出，可从。亦应指出，简 36 相较简 154、155，书写明显偏小而紧凑，"病""盈"等字前后字形、笔迹也不同，不能排除简 154～155 经修订新增的可能。

文献见载汉代赐告制度，"病满三月免"（《汉书·谷永传》）。本条所见"吏及宦皇帝者病不能视事，……盈三月者，免之"，与文献所载相合，或即其律令渊源。又，这一规定当继承秦制。《岳麓书院藏秦简（伍）》276/1865"一岁病不视事盈三月以上者，皆免。病有瘳，令为新地吏及戍如吏，有适过，废，免为新地吏"，已见三月病免及康复复用的规定。

阎步克在论说汉代禄秩之附丽于职位时，举证论及"在非因罪过而去官再仕的情况之中，再任官的官秩低于原官决不稀罕。……官员离职后便丧失了旧日秩位，'若干石'的禄秩等级并没有跟随官员本人走，它是附丽于职位的"；"从制度上说，离职官员的再仕之途有重新征用者，有察举者，有公府辟召者，还有出仕州郡者，这种纷纭不一只能说明王朝在此尚无定制"（2023：196、202）。以本条而言，与阎说及其举证不无抵牾。目前来看，恐怕未必非此即彼，时代先后不同，《功令》规定或有调整的可能。当然，更应考虑的是，《功令》在现实政务运行中的实际约束力如何，亦即，《功令》虽规定"复用如其故官"，而现实中大概不乏"不如其故官"的情况。无论如何，这一问题或应再梳理史料，再加审视。

〔简文〕

吏及宦皇帝者秩六百石以上及謁者御史以老免若罷官及病而免者皆勿事 丁34

〔释文〕

吏及宦皇帝者秩六百石以上及謁者[1]、御史，以老免[2]若罷官，及病而免者，皆勿事[3]。 丁34

〔语译〕

吏秩六百石以上和宦皇帝者谒者、御史，以年老免官，或罢官，以及因病而免的，都复除徭役。

【注释】

［1］谒者："谒者"前有一字空，中下位置有残笔，疑本作"中谒者"，后削去"中"字。

［2］以老免：因年老免官，参《功令》："丞、尉以上老不能治者，二千石官免之。戊₁₁₅"

［3］勿事：复除徭役。

【解说】

简34下部留白，整理者原接续简35，应误。

本条规定六百石以上官吏在免、罢、病免后，可享复除徭役。《功令》第十四及所附制诏"比六百石吏罢官"，或即援引此条。

【简文】

丞尉以上老不能治者二千石官免之　戊₁₁₅

敢擅免者夺爵一级丞尉以上當免者二＝千＝石＝官＝丞弗先得罰金各四兩₃₂

【释文】

丞、尉以上老不能治者，二千石官免之。　　戊₁₁₅

敢擅免者夺爵一级。丞、尉以上当免者，二千石官、二千石官丞弗先得，罚金各四兩。₃₂

【语译】

丞、尉以上年老不能履职的，（由所属）二千石官予以免除。敢擅自免除（丞、尉以上）的，夺爵一级。丞、尉以上应予免除的，（属所）二千石官、二千石官丞未能及时知悉免除，罚金各四两。

【解说】

简115，整理者原接续在简113、114后，内容、笔迹无关，恐非。简115"丞尉以上"四字，与简31首"丞尉以上"笔迹相同、位置相当，两简很可能编联位置相近。以内容而言，简115、32都涉及"丞尉以上"的免官应由"二千石官"负责，故将这两枚简编在一起。并且，简32的"敢擅免者夺爵一级"，很可能接续简115内容连读，指非由二千石官予以免除。也应留意，简115下大段留白，如确与简32相接，此一书写现象的原因尚待观察。

经编联调整，我们将"36-154-155、34、115-32"视作第一的最后一部分，主旨是免官及"复用"的诸规定。

〖简文〗

二 議發弩校長髳長候長當補乘車而不史者令上功丞=相=御=史=以補塞尉城尉二百石吏₃₉

〖释文〗

二 議：發弩[1]、校長[2]、髳長[3]、候長[4]當補乘車而不史[5]者，令上功丞相、御史，丞相、御史以補塞尉、城尉[6]二百石吏。₃₉

〖语译〗

二 商议：发弩、校长、髳长、候长应当递补乘车吏但不擅长文书（写作）的，上报功劳至丞相、御史大夫，丞相、御史大夫将其补任为二百石秩级的塞尉、城尉。

〖注释〗

[1] 发弩：一般认为发弩是专司射弩的兵种，发弩啬夫是这种射手的官长。《二年律令·秩律》简445见"中发弩"，简471～472载"毋乘车者，及仓、库、少内、校长、髳长、发弩，……秩各百廿石"，可见在中央、郡和县中都设有发弩。

[2] 校长：亭的长官，秦及汉初称校长，后称亭长。高敏（1981：280）认为"校长"本是与"亭长"同类性质的官吏，入汉以后，亭已不设"校长"，仅被保留于陵园令下的官吏设置中。或据张家山汉简《二年律令》认为，校长、亭长一官异名，汉初校长秩百廿石（廖伯源2002/2018：224～226）。

[3] 髳长：秦及汉初时设于县中的武官。廖伯源（2002/2018：226）认为："传世文献不见髳长，髳长盖秦及汉初时官，其后官省。……《二年律令·秩律》所言髳长，应是县吏。……髳长职掌无考。据前引《秩律》，髳长秩百廿石。"

[4] 候长：武官，《功令》廿六条"候长一人将幕候百廿人"，性质有待观察。西北汉简多见作为边郡防御组织的长官。

[5] 不史：不善长文书工作。《汉书·王尊传》："尊窃学问，能史书，年十三，求为狱小吏。"《说文·叙》段玉裁注："或云善史书，或云能史

书，皆谓便习隶书，适于时用，犹今人之工楷书耳。"富谷至（1983）认为散见于《汉书》《后汉书》等书中的"史书"，是指被人们学习书法和书体的史作。籾山明（2007）认为边境的官吏"如果具备读写"史书"的能力，就可以得到"史"的评价。得到"史"这一评价后，或许可以被晋升为上级官吏。

　　[6] 塞尉、城尉：《二年律令·秩律》简469"县有塞、城尉者，秩各减其郡尉百石。道尉秩二百石"。廖伯源（2002/2018：229）据此指出："塞尉、城尉，有属郡，为郡吏；有属县，为县吏。属县之塞尉、城尉，其秩各减属郡之塞尉、城尉百石。县有蛮夷者曰道，属道之塞尉、城尉，秩位最低，仅二百石。"偏晚的居延汉简199·11载"城尉一人秩二百石"，"塞尉三人秩各二百石"。

〖解说〗

　　从图版来看，简文"髳长、候长"四字书写较其他文字更为紧凑，当为删削后重新书写的文字。《二年律令·秩律》简471~472"毋乘车者，及仓、库、少内、校长、髳长、发弩，……秩各百廿石"未见"候长"一职。《功令》第廿六条"卒长、五百将、候长"后又有"候长一人将幕候百廿人"，似为对"候长"的注说，或是对此一时期新出现职官的特别解说。《功令》第七十一条"校长、髳长、发弩、候长、士吏以任除而罢官"中不见修改痕迹，可见此条候长已经过数年的推行在官职系统中彻底被固定下来。总之，本简可能将写有的"髳长"二字削去，后紧凑写下"髳长、候长"四字。

　　从《二年律令·秩律》简471记载来看，发弩、校长、髳长、候长皆为百廿石的有秩吏。据《功令》简16~17"斗食、学佴通课补有秩，有秩通课补有秩乘车，有秩乘车通课补丞尉"，一般情况下，有秩吏当升迁为百六十的有秩乘车，经有秩乘车再递补为丞、尉。但对于发弩、校长、髳长、候长这一类有秩吏中不善于文书工作者，令文规定可以上报功劳至丞相和御史大夫，经遴选后可直接越级递补为二百石的塞尉和城尉。对于"不史"者却能够越级升迁，推测可能是考虑塞尉和城尉多设于边地或多战事的内郡，而丞、尉少军务而多政事，因而对"不史"者升迁至塞尉和城尉予以秩级上的优待。《功令》多见此类对军吏的优待，一如简12规定一般吏员中劳四岁为一功而从军劳二岁即为一功。

【简文】

三 武都道羌道平樂皆蠻夷守課此道斗食令史功勞多者補其有=秩=補其有秩乘車它如律令。40

【释文】

三 武都道[1]、羌道[2]、平樂[3]皆蠻夷，守課此道斗食、令史功勞多者補其有秩，有秩補其有秩乘車，它如律令。40

【语译】

三 武都道、羌道、平乐皆是蛮夷，郡守考课这些道斗食、令史功劳多者补本道有秩，有秩补本道有秩乘车，它如律令。

【注释】

[1] 武都道：《二年律令·秩律》简 458～459 "莫黚、河阴、博陵、许、辨道、武都道、予道、氐道、薄道、下辨"，整理者（2006）认为"武都道，汉初疑属云中郡，《地理志》记属西河郡"。不确，当属陇西郡（详后），武都道治所在今甘肃礼县南（周振鹤 2017：460）。

[2] 羌道：《汉书·地理志》属陇西郡，治所当在今甘肃舟曲县北与宕昌县交界处一带（周振鹤 2017：479）。

[3] 平乐：《二年律令·秩律》简 452～453 "徒涅〈经〉、西都、中阳、广衍、高望☐平乐、狄道、戎邑、葭明、阳陵"，整理者（2006）认为此平乐属于广汉郡。周振鹤（2003/2007：358～359）认为"疑《秩律》简文脱一'道'字，平乐道《志》属武都郡，吕后时或属广汉郡，但也不排除属陇西郡的可能，暂置此"；晏昌贵（2006/2010：335）认为"平乐与武都、下辨密迩邻近，汉初当属陇西郡"。平乐道治所在今甘肃康县西北（周振鹤 2017：460）。

【解说】

从图版来看，"平乐"与"皆蛮夷"中间尚有一字空间，尚不清楚是否简文原作"平乐道"后删除"道"字，还是刮削写错之字所致。另外，"皆蛮夷"以上文字与"守课此道斗食"明显非出自一人之手，原因不详。

据《二年律令·秩律》简 459 所见"武都道"的记载，此道当属陇西郡。又据学者对《二年律令·秩律》简 453 所见平乐研究看，其也可能属陇西郡。因而，简文所列武都道、羌道、平乐可能皆是陇西郡所辖之道。

据《功令》简16～18"斗食、学佴通课补有秩，有秩通课补有秩乘车，有秩乘车通课补丞、尉。令史通课补属、尉佐，属、尉佐通课补卒史，卒【史】补丞尉、丞相大尉史"，一般情况下，斗食和令史分属两个不同的升迁序列，斗食可升迁为有秩再到有秩乘车。或因武都道、羌道、平乐三地皆是蛮夷之所，令文规定其令史只能升为有秩再到有秩乘车，而不能经属尉佐再到郡属吏卒史。更为重要的是，简文规定"补其有秩""补其有秩乘车"，"其"字意在强调只能补任本道职官而不能转任它县道。换言之，此三地的斗食、令史不能与道外吏员通课，只能在本道内升迁至有秩、有秩乘车，体现对蛮夷地区管理的特殊性。

〖简文〗

　　四　吏有罪罚及坐不廉不平端免者皆遣戍二歳　　戊 41

〖释文〗

　　四　吏有罪罚[1]及坐不廉[2]、不平端[3]免者，皆遣戍二歳。　　戊 41

〖语译〗

　　四　官吏获罪被罚以及因不廉、不平端而被免职的，皆遣送戍边二岁。

〖注释〗

　　[1]罪罚：因罪被处罚。《汉书·晁错传》："民虽伏罪至死而不怨者，知罪罚之至，自取之也。"《岳麓书院藏秦简（柒）》001/0689载"尉议：中县有罪罚当戍者及杨平吏卒当戍者，皆署琅邪郡"。

　　[2]不廉：《语书》简6～7"若弗智（知），是即不胜任、不智殹（也）；智（知）而弗敢论，是即不廉殹（也）"，整理小组注"不廉，不正直"。《功令》简131："七十六　吏及宦皇帝受其官属及所监、所治、所行吏、民、徒隶钱、财、酒肉、它物而非枉法也，皆为不廉。"《汉书·武帝纪》"初令郡国举孝廉一人"，师古曰："廉谓清洁有廉隅者。"

　　[3]平端：官吏治狱公平。《汉书·平帝纪》："冬，中二千石举治狱平，岁一人。"颜师古注引李奇曰："吏治狱平端也。"《奏谳书》案例二二"今狱史举阙得微 难 狱，……守吏也，平端"。

〖解说〗

　　令文规定了吏有罪罚而免、吏坐不廉免和吏坐不平端免三种情形，或即官吏因罪获罚金刑以下处罚并被免职，以及吏员因不廉和不平端虽未论罚但处以免职。具体说来，官吏犯罪可能触及各个等级的刑罚，但若为耐司寇以上的劳役刑乃至死刑，则直接执行对应刑罚即可，无需加罚戍边。而对于官吏论处财产刑以下的处罚，又有免职和不免职的情况。睡虎地秦简《效律》简56~57载"计校相缪（谬）殹（也），自二百廿钱以下，谇官啬夫；过二百廿钱以到二千二百钱，赀一盾；过二千二百钱以上，赀一甲。人户、马牛一，赀一盾；自二以上，赀一甲"，官啬夫所论谇、赀皆不免官，也无需戍边。《功令》简92载"请：尝有罪耐以上，吏不廉、不端平、上功劳不以实而免，及鞫狱故纵、不直，盗受赇罪赎以下，已论有（又）免之"，官吏因鞫狱故纵等获赎刑以下时还要被免，此种情况即吏有罪罚而免。吏坐不廉免和吏坐不平端免则指吏因此二事仅被免但不涉及其他处罚，若论有刑罚，获刑赎刑以下就属于第一类的"吏有罪罚"情形，赎刑以上则直接执行对应刑罚。官吏身份有其特殊性，本条令明确了哪些情况下需要对其施加遣戍的加重处罚。言外之意即官吏并非所有的"免"皆需遣戍，如《二年律令》简210"有任人以为史，其所任不廉、不胜任以免，亦免任者"，此处任者只是被免，并无其他刑罚，且不符合不廉、不平端，也就不会再加罚遣戍。

〔简文〕

　　五　功令吏有缺以功劳次補之∠故諸侯子徙關中者頗有史可以爲吏用之不癒令∠議令郡守縣令擇諸侯子徙其　己 42

　　郡縣史可以爲吏者以補乘車以下吏令與故民爲吏者相襍其可以爲丞尉以上者御史丞相用之毋以功劳次。43

〔释文〕

　　五　功令：吏有缺，以功劳次補之∠。故諸侯子[1]徙關中者頗有史可以爲吏，用之不癒（應）令∠。議：令郡守、縣令擇諸侯子徙其　己 42 郡、縣，史可以爲吏者，以補乘車以下吏，令與故民爲吏者相襍。其可以爲丞、尉以上者，御史、丞相用之，毋以功劳次。43

〔语译〕

　　五　《功令》规定：官吏有缺员，以功劳次第递补。诸侯王国人迁徙到关中颇有文字处理能力而可以担任官吏的，任用他们又不符合令的规定。商议：命令郡守和县令选择诸侯子迁徙到他们郡县，（这些诸侯子）文字处理素养足以担任官吏的，用来补充有秩乘车（级别）以下的吏员，让他们与原住民任吏者相杂（与当地人一起进入吏员的候补序列）。能够担任丞、尉以上职官的，御史大夫、丞相任用他们，不需要按照功劳次序（选拔）。

〖注释〗

［1］诸侯子：《史记·高祖本纪》"高祖五年诏"载"诸侯子在关中者复之十二岁，其归者复之六岁，食之一岁。"李开元（2023：40）认为"就户籍登录之法而论，所谓'诸侯子'，就是户籍在诸侯王国的人。"

［2］关中：王子今、刘华祝（2003）认为张家山汉简所见"扞关、郧关、武关、函谷、临晋关"划定了当时的"关中"与"关外"（参"解说"）。

［3］故民：睡虎地 4 号秦墓木牍"闻新地城多空不实者，且令故民有为不如令者实"（湖北孝感地区第二期亦工亦农文物考古训练班 1976）。本简"故民为吏者"与"诸侯子"新为吏者相对，"故民"或指当地民众。

〖解说〗

本条令文是关于选任定居于关中的诸侯人担任官吏的特别规定。"功令：吏有缺，以功劳次补之"，见《功令》第一之简 20，规定官吏迁补的原则是功劳次序。本条令文是对徙至关中的诸侯人担任官吏的优待，从该令后文商议的内容看，诸侯人可以经由地方官直接选任为有秩乘车以下的吏员，更高级别的丞、尉可经由御史大夫、丞相选用。这一选用程序避开了《功令》第一简 15 至 19 规定的以功次逐级递补的程序，可视作对诸侯人的优待（张忠炜、张桑田 2024）。本条令还有以下几处值得注意：一是，简文"故诸侯子徙关中者"的"关中"，当时地理意义的"关中"自然是指"扞关、郧关、武关、函谷、临晋关"以西所有汉地（参图 9），但也不排除此处是对"故诸侯子"徙至长安附近这较小区域的概称；二是，"令郡守、县令择诸侯子徙其郡、县"中的"郡、县"当是汉中央直接控制的郡、县，意即诸侯王国并不能吸纳这些"故诸侯子"作为王国官；三是，将"诸侯子"补充到地方官吏中时要求"令与故民为吏者相杂"，将"诸侯子"混杂到"故民"中共同为吏，似有意防范"诸侯子"集中形成小团体。

图9　张家山汉简《二年律令·津关令》五关形势示意图，
王子今、刘华祝制

〖简文〗

　　六　議侯邑民爲它縣道官吏有秩以上皆勿罷。44

〖释文〗

　　六　議[1]：侯邑民[2]爲它縣道官吏有秩以上，皆勿罷。44

〖语译〗

　　六　商议：（彻）侯邑民在其他县道官（非本侯国）担任有秩级别以上官吏的，皆不用罢归家。

〖注释〗

　　[1] 议：原作“诸”，读书班改释。

　　[2] 侯邑民：或是“彻侯邑民”的省称（张忠炜、张桑田 2024）。

县道官所治死罪及过失、戏而杀人，狱已具，勿庸论，上狱属所二千石官。二千石官令毋害都吏复案，问（闻）二千石官，二千石官 396 丞谨掾，当论，乃告县道官以从事。彻侯邑上在所郡守。397（《二年律令·兴律》）

〖解说〗

该条令文是关于彻侯邑民在其他县道担任吏员的限制规定。令文内容较为简要，"议"的背景已不清楚，令文制定的立法意图也难以明悉，只能稍作如下推测。令文中的"它县道官"当是指非本侯国所在的县道官，或可指向汉廷中央控制的郡县区域以及其他诸侯王国。据此令，只有达到有秩级别以上的吏员不用罢免，至于有秩级别以下的吏员则一般在本县道官任职，似乎很少存在"为它县道官吏"的情形吧。

〖简文〗

七　請大僕右廄詹事廄佐史缺擇官屬善書習馬事者補不足及少府長信詹事官屬長安市佐史有缺移中＝尉＝調下 45

縣＝遣官佐史丁壯嘗主事一歲若嘗一計以上勞多者補∠遣之不次及書到縣留弗遣＝ 55

不行盈廿日皆以隨倪避吏令論之中尉所調視事盈四歲未遷者得移功勞 56

副居縣與其官佐史通課補斗食令史官有缺亦用之其已遷爲斗食令史視事盈 57

六歲以上亦移功勞副居＝縣＝斗食令史有缺以久次徵用各如其官 58

〖释文〗

七　請：大（太）僕右廄[1]、詹事廄[2]佐史缺，擇官屬善書、習馬事者補；不足，及少府[3]、長信詹事[4]官屬、長安市[5]佐史有缺，移中尉[6]，中尉調下 45 縣[7]；縣遣官佐史丁壯[8]嘗主事一歲，若嘗一計[9]以上，勞多者補∠。遣之不次，及書到縣留弗遣、遣 55 不行盈廿日，皆以隨（惰）倪避吏令論之[10]。中尉所調視事盈四歲未遷者，得移功勞 56 副居縣[11]，與其官佐史通課，補斗食、令史，官有缺亦用之。其已遷爲斗食、令史，视事盈 ₅₇ 六岁以上，亦移功劳副居县，居县斗食、令史有缺，以久次^[12]征用，各如其官。₅₈

〔语译〕

七　奏请：太仆右厩、詹事厩佐史员额不足，选择（各自）官属中擅长书写、通晓马事的人员递补（缺额）；（太仆右厩、詹事厩）仍无法满足缺额的，以及少府、长信詹事官署、长安市佐史员额不足的，要（将相关情况）告知中尉，由中尉选调属下、临近县官（的人员递补）；县官需调遣年富力强的佐史（补缺），（这些佐史丁壮）要负责部门事务一年，或者是经过一次考核，劳绩多者（方能）递补吏缺。（县官）不按规定调遣递补人员，以及收到调遣文书后留任而不派遣，被派遣人员滞留不出发满二十天的，均按照随（惰）倪避吏令论罪。中尉调遣的吏员工作满四岁而未能升迁的，可以将他们的功劳（文书）副本移交给原籍（居县），（他们可）与（居县）其他官佐史一并进行考课，递补斗食、令史（之职），县官有职缺亦可选用。已经升迁至斗食、令史（级别）的，工作满六岁以上的，（中尉）也将其功劳（文书）副本移交原籍（居县），原籍（居县）斗食、令史有缺额的，以任职时长为序，征召、任用为原籍斗食、令史。

〔注释〕

［1］大（太）仆右厩：大（太）仆掌舆马，属官有大厩等，右厩似亦为属官。秦封泥有"右厩丞印"、"左厩丞印"、"中厩丞印"等（刘瑞2020：99～115）；《二年律令·秩律》中有"右厩"职，秩六百石。整理者将之理解为"右厩长"，或将之理解为"右厩丞"（冨谷至2006：293）。封泥不见"右厩长"，后者似可从。

［2］詹事厩：詹事掌皇后、太子家，属官有厩、仓等令长丞。

［3］少府：掌山林川泽之税，与负责国家财政之大司农相对，主要负责帝室财政之收支（加藤繁1952/1993：364～365）。

［4］长信詹事：掌皇太后宫。就汉初而言，长信詹事一职，尤为特别。整理者以为起初专为吕太后所设，《二年律令·秩律》有"长信詹事"而无"詹事"，且秩二千石。属官秩千石至百石不等（周波2023），参见下表（译注按，原表有八百石一列，未见职官设置，此处省去）：

表2　《二年律令·秩律》所见长信宫宫官系统（周波制）

二千石	千石	六百石	五百石	三百石	二百石	□百石
长信詹事	长信将行	长信掌衣	【长信詹事私府长】（?）	六百石官有丞、尉者	三百石官有丞、尉者	长信官者中监
	长信谒者令	长信詹事丞	长信食官	五百石官有丞、尉者		长信永巷
	中太仆	长信祠祀	【长信食监】（?）			长信永巷监【……】
		长信仓	长信詹事私官长			
		长信尚浴	千石官有丞、尉者			
		长信谒者				
		长信私官				
		长信永巷				

　　[5] 长安市：汉初，长安城陆续兴建大市（高祖六年，前201）、西市（惠帝六年，前189）。考虑到诸令文的大致制订年代，大市似即此处所见长安市（后又称东市）；不过，尚无法排除大市、西市被泛称为长安市之可能。长安市为内史属官。

　　[6] 中尉：参简28简注释 [5]。

　　[7] 下县：一说指文献所见"下县"，颜师古曰"四面诸县也，非郡所都，故谓之下县。"就此条而言，似指长安城外的内史所辖诸县。一说指下属之县或下行至县。

　　[8] 丁壮：指年轻力壮之人。此处似为修饰语，指年富力强的佐史。

　　诸当盗戒（械），戒（械）者：男子丁壮桎衰二尺六寸、厚三寸、曼六寸，杽衰二尺、厚三寸、曼五寸154。（下略）（《汉律十六章·囚律》）

　　[9] 一计：或写作"壹计"，参简25及注释 [4]。

　　[10] 随（惰）倪避吏令：惰倪，整理者以为即"怠惰、傲慢"；又引

俞樾说，《管子·正世》作"堕倪"，《轻重》作"惰倪"，以为"堕"当读为"惰"；避吏，"躲避职事、调任。"或以为"堕"为"惰"之误，"倪"为"睨"之误（马非百 1979：706）。随（惰）倪避吏，可能与今日的玩忽职守性质相近；避吏，或以为当作"避事"。

[11] 居县：或理解为现在居住县（冨谷至 2006：191），或理解为原籍所在县（陈伟 2017），暂从后者。

有责（债）于公及赀、赎者居它县，辄移居县责之。公有责（债）百姓未赏（偿），亦移其县，县赏（偿）。₇₆（《秦律十八种·金布律》）

[12] 久次：以任职时长为次序。

〖解说〗

整理者将简 45、46 编联在一起，黄浩波（2023B）调整为今序，我们认为可从。理由有四：其一，简 56 "中尉所调"似可承接简 45 55 "中尉调下县"；其二，简 55 所见"县＝"，按上述连缀，能较好解释重文号出现之原因；其三，据简 45 可知，中尉调补诸官的"佐史"，"视事四年未迁"，可与居县"官佐史通课"，文意倒也畅通；其四，据《功令》第廿条"中尉调以近县补"看，大概与本条接续后相合。不过，如此编联的不确定因素在于：简 56 所见"皆以随（惰）倪避吏令论之"，当指《功令》第十条"诸吏椭（惰）倪欲避吏者"。就令的称引而言，后令可称引前令之内容；前令称引后制定令之内容，是否存在这种可能，有待观察。可能性之一，第十规定了"诸吏椭（惰）倪欲避吏者"的罚则，却未界定"惰倪欲避吏"的内涵。本令规定"遣之不次，及书到县留弗遣、遣不行盈廿日，皆以随（惰）倪避吏令论之"，无疑是将上述几种行为也界定为"惰倪欲避吏"。但"惰倪欲避吏"的内涵恐怕不会仅此而已。那么，对于"惰倪欲避吏"内涵的界定，或是一则我们尚未见到的，可能颁下更早的令文或律文。可能性之二，第七、第十笔迹似有不同，第十更接近前半篇主体笔迹，第七更接近后半篇主体笔迹，不排除第七所见"惰倪欲避吏"，是在第十颁布后修订所致。此条是朝廷官署出现职缺而奏请如何解决问题的规定，与简 15－18+37 所见迁补制度明显有别，似为此前所见，但也启人疑窦：中尉为何会具有人事调补权呢？就汉初而言，或据"受（授）爵及除人关于尉"句，认为"内史区县道官授予爵位及任命官吏时，向中尉报告"，可聊备一说（游逸飞 2021：79）。这种人事权何时失去及为何失去，亦有待解答。

〖简文〗

　　八　諸上功勞廉者署之 49

〖释文〗

　　八　諸上功勞廉者，署之。49

〖语译〗

　　八　上功劳中（注明）廉洁的，登记（廉）。

〖解说〗

　　令文规定（官吏）所上功劳文书若注明"廉"的，需要登记。"廉"是否是"能"之一种，署在"能某物"处，待定。之所以如此，或许是因为"廉"是仕宦的最基本原则之一。睡虎地秦简《为吏之道》有"为吏之道，必精絜（潔）正直"、"精（清）廉毋谤"等语，《汉书·文帝纪》亦记载"廉吏，民之表也"，或可呈现出对"廉"一以贯之的要求。阎步克认为，廉是行政文官之职业道德，意谓清洁正真，奉法不挠（2021：13）。《史记·酷吏列传》中，称郅都"公廉，不发私书，问遗无所受"，称赵禹"用廉为令史"、义纵"廉，其治放郅都"，等等，无不显现出廉在官吏升迁中所具有的特别意义，本条令文或即其制度源头之所在。汉武帝时确定的举孝廉之制，或许也是循此而来并被赋予特别意义——作为一种稳定的升迁制度，能让底层官吏一次提升数阶秩级，且同一官吏可藉由数度获察举，屡次跳级晋升（黄怡君 2024：551）。

〖简文〗

　　御史丞相謹察諸吏行諶端平廉絜毋害孝弟脩日有以異者請遷之毋以次。50

〖释文〗

　　御史、丞相謹察諸吏，行諶[1]、端平[2]、廉絜[3]、毋害[4]、孝弟[5]、脩日〈白〉[6]有以異者，請遷之，毋以次。50

〖语译〗

御史大夫、丞相审慎考察官吏，有在行谌、端平、廉絜、毋害、孝弟、修白上特别突出的，报请迁任，不用以功次（升迁）。

〖注释〗

[1] 行谌：原释文作"行谌（甚）"，黄浩波（2023A）认为谌读作本字。《说文》"谌，诚谛也"，段注"谌，信也"。"行谌"即言行值得信赖。

[2] 端平：参见 41 简注释 [3] 平端。

[3] 廉絜：评价官吏的常用套语。廉，正直，《国语·晋语》"杀君以为廉"，集解引虞御史："廉，直也。" 絜，操行清白。睡虎地秦墓竹简《语书》："凡良吏明法律令，事无不能也；又廉絜敦愨而好佐上。"

[4] 毋害：秦汉时期评价官吏的用语。具体含义尚存分歧理解，一是文书没有瑕疵（杨树达 2006：310），二是官吏能力出众、无人能比（陈槃 1975：19～20），三是公平（孙怡让 2001：607），四是办事无差错（于振波 2000：219）。中国政法大学中国法制史基础史料研读会（2015·109）认为该评价"具有复合性，包括精通法律、长于文书、通晓掌故、熟悉政事、执法公平、品德无暇、能力出众等各个方面"。

[5] 孝弟：即孝悌，个人道德品行上孝顺父母，敬爱兄长，后成为辟召和察举人才的标准。秦时已有定期统计民间孝悌为善者的律令规定，《岳麓书院藏秦简（伍）》载"黔首或事父母孝，事兄姊忠敬，亲弟（悌）兹（慈）爱，居邑里长衞（率）黔首为善，有如此者，牒书199/1165"。

[6] 脩白：原释文作"脩日"，黄浩波（2023A）认为"日"当作"白"，"脩白"与"脩潔"相当。《汉书·汲黯传》："然好游侠，任气节，行脩潔。"居延新简 EPT50：155 "（上略）里大夫苏谊以脩行除为□□□□"。

〖解说〗

本条令文规定在德行方面尤为卓越的吏员可以不以功次升迁，可报请皇帝直接迁任，至于认定为德行行谌、端平等的评价标准及其评价机制尚待考察。整理者认为本条令是由诏书改写而成，或即皇帝在选拔官吏上重视个人德行，因而在既定的功劳升迁的常规制定之外，单独下诏对德行卓越者升迁方式的特别规定。

本条令文目前编于第八令后，但第八令所在四九简下端尚有大半空白，其内容与本条令文又无可靠的直接联系。黄浩波（2023A）将本简调至《功令》第一，将本简视作"对简 20、简 21 两个令条的例外规定，亦可视作是两个令条的扩展"。应当注意，简 50 至简 53 背划线连贯成线，较支持整理者编联。

〖简文〗

九　吏廉絜平端者吾甚欲得而異遷及有以賞禄之∠前日詔吏謹察諸吏廉絜平端者用之∠今二千石官郡 51

守未嘗有言良吏者甚不稱吾欲癘吏之意其令二千石官郡守各謹察諸吏廉絜平端毋害者具署官秩 52

所以異之狀徑上會十月朔日且以智二千石官郡守能燭察其吏者它如前詔亟下 53

〖释文〗

九　吏廉絜、平端者，吾甚欲得而異遷及有（又）以賞禄之∠。前日詔吏謹察諸吏廉絜、平端者用之∠。今二千石官、郡 51 守未嘗有言良吏者，甚不稱[1]吾欲癘（厲）吏之意。其令二千石官、郡守各謹察諸吏廉絜、平端、毋害者，具署官秩、52 所以異之狀，徑上，會十月朔日，且以智（知）二千石官、郡守能燭察[2]其吏者。它如前詔，亟下。53

〖语译〗

九　廉絜、平端的官吏，我十分想得到，越级升迁，并且赏赐厚禄给他们。此前下诏给官吏，（要）审慎考察、举荐廉絜、平端（之人），并加以任用。现在二千石官和郡守没有推荐良吏的，十分不符合我要劝勉官吏的意图。命令二千石官和郡守审慎考察廉絜、平端、毋害之吏，登记（他们的）职官、秩级和卓越之处，直接上报，以十月初一为期，以此知晓二千石官、郡守是否能够清楚了解他的吏员。其他如前诏规定，迅速下发。

〖注释〗

[1] 甚不称：十分不符合。《汉书·晁错传》："今臣窋等乃以臣错充赋，甚不称明诏求贤之意。"

[2] 烛察："烛"原作"独"，简帛网"落叶扫秋风"（2023）改释，从。烛察，明察。《韩非子·孤愤》："人主不能越四助而烛察其臣"。

〔解说〕

本条令文内容涉及此前诏书未能有效执行，皇帝又颁新诏申诫官吏察举尤异之吏。整理者认为"前日诏"或即简 50 所记诏书，根据论者对《功令》年代问题的研究（汪华龙 2024），简 50 至简 53 可能是高祖九年（前 198）以前形成的令文。因而，可能在高祖时期就已存在二千石官和郡守要察举德行廉絜、平端尤异之吏的制度规定。汉代察举制度中有"尤异"一科，一般认为是从现任官吏之中选拔人才去担任更高级别职务。阎步克认为"严格地说，'尤异'之科的举主限于刺史，被举者的身份限于地方郡县长官，性质同于考课，且为常科，非诏举之特科"（2021：27）。如果本条令文对应诏书时间确为高祖时期，或可说明察举"尤异"的出现可早至汉初，该选拔方式又以令文的形式固定下来，可能已经制度化。

〔简文〕

十　諸吏楕倪欲避吏者皆免令成三歲毋得以爵賞除成錮及子終身毋得爲吏犯令及吏除者皆奪爵各一級　乙₅₄

〔释文〕

十　諸吏楕（惰）倪欲避吏[1]者，皆免，令成三歲，毋得以爵、賞除成[2]，錮[3]，及子終身毋得爲吏。犯令及吏除者，皆奪爵各一級。　乙₅₄

〔语译〕

十　官吏有惰倪欲避吏行为的，皆免官，令成守三岁，不能以爵位和赏赐免除成守，禁锢，包括其子在内的人终生不能任官。（被禁锢者）违反命令以及有吏除任，都要削夺爵位各一级。

〔注释〕

［1］随（惰）倪避吏：参见简 56 注释［10］。

［2］以爵、赏除成：用爵位和赏赐免除成守。《汉律十六章·杂律》："博戏相夺钱财，若为平者，夺爵各一级，成二岁。必身居，毋得以爵赏除。₃₀₁"《岳麓书院藏秦简（伍）》："诸当以赏免除皋人，狱已断盈六月而弗以免除人者，止，毋行其赏。●廷甲₁₉₀/₁₆₁₆"张家山汉简《奏谳书》案例十五："（上略）律：盗臧（赃）直（值）过六百六十钱，黥为城旦；令：吏盗，当刑者刑，毋得以爵减、免、赎。（下略）"

[3] 锢：禁锢。禁止犯法者做官或参加政治活动。廖伯源（1997/2008：223）认为"盖汉初贬抑商贾、赘婿之律令，商人、商人之子孙、赘婿不得仕宦为吏。是以其职业身份禁止其为吏。稍后，亦规定吏坐赃者不得为吏"。

〖解说〗

本条令文是对官吏在官玩忽职守行为的惩罚规定，与《功令》主体内容有差异。令文对"惰倪欲避吏"类吏员的惩罚只是免官、罚戍三岁并不得再任官，而不涉及罚金刑和劳役刑，或是由于吏员"惰倪欲避吏"只属于态度上的不负责任而不涉及实质性犯罪。《功令》对此类吏员专设惩罚，后接令文中又有几处比照此处"惰倪欲避吏令"论处官吏违法行为，或可反映国家对此类吏员及其行为的重点惩治。

〖简文〗

十一　議屬尉佐有秩斗食嗇夫獄史令史當治獄三歲以上年卌五以下至卅欲試二千石官縣道 59

官遣詣廷=以大獄=計奏�律令有罪名者試之并以廷史郡治獄卒史員衛十人而取試高者 60

二人上御史以補郡二千石官治獄卒史廷史缺以治獄卒史上苐補所上畢已用御史告廷試以爲 61

常廷爲試者會日以道里計遣勿令豫先到長安吏應令亦得會試 62

〖释文〗

十一　議：屬、尉佐、有秩、斗食嗇夫、獄史[1]、令史當治獄三歲以上，年卌五以下至卅，欲試二千石官，縣道 59 官遣詣廷，廷以大獄[2]、獄計[3]、奏瀗（讞）[4]、律令有罪名者[5]試之；并以廷史、郡治獄卒史[6]員衛（率）十人而取試高者 60 二人，上御史，以補郡二千石官治獄卒史；廷史缺，以治獄卒史上苐（第）[7]補；所上畢已用，御史告廷，試以爲 61 常[8]。廷爲試者，會日以道里[9]計遣，勿令豫（預）先到。長安吏應（應）令亦得會試 62。

〖语译〗

十一　奏议：属、尉佐、有秩、斗食嗇夫、狱史、令史有三年以上治狱经验，且年龄在四十五岁以下至三十岁的，若想要经考试任二千石官（治狱）属吏的，由县道官派遣他们到廷尉（寺），廷尉从大狱、狱计、奏谳及与罪刑相关的律令（知识）等方面进行考试；并以廷尉史、郡治狱卒史员额为基准而采用十比二的标准进行选拔考试优异者，上报御史（大夫），递补郡（国）二千石官的治狱卒史；廷史有缺，从治狱卒史（考核）上等（的人员中）选择递补（人员）；（廷尉史拟递补人员，）上报御史后都已任用，御史通告廷尉，（由廷尉）测试并（将测试）作为常制。参加廷尉测试的（人员），根据测试日期与道路里程而出发，不得提前到达。长安官吏符合（上述）条件的，也可参加（选拔）考试。

〖注释〗

[1] 狱史：从尹湾汉墓简牍看，县道官普遍设狱史，员额从一人到五人不等，一般多为二人，主决狱定罪。

[2] 大狱：多指性质恶劣、牵涉人众之案件。

[3] 狱计：整理者认为是"年终上计的诉讼案件统计"。

　　　八年六月庚子朔丁卯攸丞遄守别治醴陵丞敢言之府
　　　移七年醴陵狱计举劾曰库决入钱五千皆黄钱付丞

（《长沙走马楼西汉简牍》0542）

　　张掖郡肩水庚候官本始三年狱计　　　坐从军假工官
　　田卒淮阳郡莱商里高奉亲　　　　　　已移家在所

（《居延汉简》293·7）

[4] 奏谳：疑狱定罪。张家山二四七号汉墓所见《奏谳书》，主体即是疑狱奏谳的资料集，似具有教本性质（张忠炜 2012：146～154；张忠炜 2021：57～73）。

　　高皇帝七年，制诏御史："狱之疑者，吏或不敢决，有罪者久而不论，无罪者久系不决。自今以来，县道官狱疑者，各谳所属二千石官，二千石以其罪名当报之。所不能决者，皆移廷尉，廷尉亦当报之。廷尉所不能决，谨具为奏，傅所当比律令以闻。（《汉书·刑法志》）

　　[5] 律令有罪名者：秦及汉初律令区分尚不严格，故似指与罪刑相关的律令条文；就律篇而言，可能主要是指益阳兔子山 7 号井律名木牍所见的"狱律"（张忠炜、张春龙 2020；张忠炜 2021：77~112）。

　　[6] 治狱卒史：郡守属官，从尹湾汉墓简牍看，东海郡设卒史九人。根据职掌命名，或称治狱卒史，或称覆狱卒史。

　　[7] 上苐（第）：考核评价用语，考课第一、二、三等为上第，又称高第，亦即为"最"（廖伯源 1997/2008：123）。

　　[8] 以为常：作为常态或惯例施行。与之相近的用语，似是"后以为常"，参见《功令》廿条（详下）。

　　[9] 道里：道路里程。里耶秦简 16-52（参图 10）、悬泉汉简ⅡT0214①：130、VT1611③：39 等，均属道路里程简。

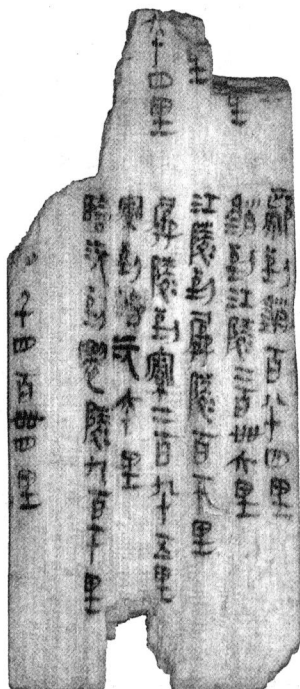

里
里
里
□六十四里

鄢到销百八十四里
销到江陵二百冊六里
江陵到屏陵百一十里
屏陵到索（索）二百九十五里
索（索）到临沅六十里
临沅到迁陵九百一十里
□千四百冊四里

图 10　里耶秦简 16-52

〖解说〗

本条是关于郡治狱卒史与廷尉史选拔的规定，为此前所不知。此类职务与决狱定罪关系密切，在强调一般为吏技能外，更凸显职能的专业特色。也就是说，要出任此类职务，除具有县道官属吏三年历练的经验外，还需要通过严格的专门测验，脱颖而出者被奏报御史，递补郡治狱卒史职缺。秦时，赵高曾教导胡亥"学以法事数年"，学习内容有"书及狱律令法事"（《史记·秦始皇本纪》）。若读作"狱律、令、法事"，似与此处所见正相契合。亦即，除学习与罪名相关的律令条文外，决狱定罪也是学习的必要内容，这大概就是秦汉时代法吏的养成之路。

又，"试"原释文作"诚"，据马王堆帛书所见径改，未将原字视作"试"之误写。

〖简文〗

十二　廄官乘車節缺請白擇官有秩斗食明馬事者補 63

〖释文〗

十二　廄官乘車節（即）缺，請：自擇官有秩、斗食明馬事者補。63

〖语译〗

十二　厩官乘车若（出现）职缺，奏请：自行从有秩、斗食且熟悉马事的属官中选择递补人员。

〖解说〗

此条是关于厩官乘车补缺的规定，呈现出功次、能力并重的趋势，一如《功令》十三条所见（详下）。整理者认为此条是指太仆右厩、詹事厩官；若其说可信，似可与简 45-46+55-58 所载相参照。也就是说，前者规定的厩官佐史空缺时的人员递补情形，后者规定的乘车职务空缺时的人员递补情况。这两组令文对理解令的修订与滋殖似也极其有益：一方面是就令文本身进行修订，另一方面是重新制订新令。又，令文编号极可能是在令典（或令集合体）编纂而非令文制作时形成的。

〖简文〗

十三　請功次當用而能不宜其官者相國御史擇同秩功次∠吏署能不以

實奪爵一級　庚64

【释文】

　　十三　請：功次當用而能不宜其官者，相國、御史擇同秩功次∠。吏署能不以實[1]，奪爵一級。　庚64

【语译】

　　十三　奏请：按功次选用而能力无法胜任的，相国、御史大夫从同级别官吏中按功次选择（递补人员）。官吏不据实署明能力的，夺去爵位一级。

【注释】

　　[1] 署能不以实：不据实署明能力。对本条令文的援引，参《功令》第六十三条。

　　　　居延甲渠士吏鱳得广苑里公乘窦敢，能不宜其官。今换补觻谷候长，代吕循。203·33（《居延汉简》）

【解说】

　　本条规定以功次应升迁某职而能力无法胜任者，须另选其"同秩功次"，又规定吏须据实"署能"，凸显对"能"的重视。需要指出，《功令》第一"15-16-17-18-37"简组的修订整合，以"功次""通课"建构起一种涵盖广、具有普适性的线形升迁序列。借用宫宅潔（2016：3）语，其或呈现汉初将"那些分别具有各自历史和特点的多元存在的"升迁模式，逐渐整合为"统一的线形升迁体系"。第一以下，则集中见到几条对于"能"的强调，如第八、第九涉及"行谌、端平、廉絜、毋害、孝弟、修白"，第十一涉及"治狱"，第十二涉及"明马事"，皆显示功次之外，对于官吏"能力"的强调。其现实理由，或在于官僚系统中始终存在一些侧重某种"能"的职业官僚或技术官僚。本条可能是基于前举各令的积累，对"能"作出一种概括性的规定。某种意义上，"功次""通课"与"能（某物）"呈现出各有偏重而相辅相成的态势，两者最终合流，即《功令》第五十九所见之"功多能宜"。

　　此外，本条"吏署能不以实，夺爵一级"，参照简14"上功劳不以实"，似是对上功劳之吏本身的惩罚。相比之下，"署能不以实"似无"皆免之"的严重惩处。至于监管主官的连带责任，如简 29 所见"所择不胜任""罚金一斤"，则似未见到。

〖简文〗

十四 故軍吏遂將以上諸已贊奏名籍上相國御史者皆勿事比六百石吏罷官 丁65

〖释文〗

十四 故軍吏遂（隊）將[1]以上，諸已贊奏[2]名籍上相國、御史者，皆勿事，比六百石吏罷官[3]。 丁65

〖语译〗

十四 曾经担任军吏队将以上（职务）的，相关名籍已进奏给相国、御史大夫的，均免除徭役，比照六百石吏罢官（的规定行事）。

〖注释〗

［1］遂（队）将：整理者以为"燧将"，恐不确。疑是军职"队将"，亦即队之长官，参简 28 注释［3］及简 66 注释［1］所附表3。

［2］赞奏：不明，疑指等级较高、带有宣明褒崇意味的进奏。应劭《汉官仪》"尚书令主赞奏"；《三国志·孙休传》载群臣劝进，"户曹尚书前即阶下赞奏，丞相奉玺符"。亦见简 66"皆赞奏，王臧（藏）其籍"。

［3］比六百石吏罢官：参见《功令》："吏及宦皇帝者，秩六百石以上，及谒者、御史，以老免若罢官，及病而免者，皆勿事。 丁34"

〖解说〗

整理者认为此简与简 66"原或相连"，依据是"两令皆有干支编号'丁'"，故搁置在一起，恐不确：带有相同干支编号的，未必一定是可以接续的。因简 66 后当接续简 30（详下），故将简 65 视为一条令文。此条是对曾任队将以上且名籍已进奏朝廷的从军人士给予免役优待，极可能是比附前所见给予官吏群体优待的规定而来的。

〖简文〗

• 制詔相國御史諸矦王若丞相御史及漢將所置軍吏候尉丞以上從軍罷

家在諸矦者皆贊奏王臧其籍丞相御史復比六百石 丁 66

  吏罷官 30

〖释文〗

• 制詔相國、御史：諸矦（侯）王若丞相、御史及漢將所置軍吏候、尉、丞[1]以上，從軍罷[2]，家在諸矦（侯）者，皆贊奏，王臧（藏）其籍，丞相、御史復，比六百石 丁 66 吏罷官。30

〖语译〗

• 制诏相国、御史大夫：诸侯王或（诸侯国）丞相、御史大夫及汉军将领所置的军吏候、尉、丞以上（职务）的，被遣散回家乡，家乡在诸侯（国）的，（需将他们的）名籍进奏（给诸侯王），诸侯王要保藏他们的名籍，丞相、御史大夫要免除（他们的）徭役，比照六百石罢官的规定行事。

〖注释〗

[1]军吏候、尉、丞：军队中不同级别的官职名称，一般认为对应不同的人员编制。汉初军队官职的秩禄情况，除将军秩二千石外，其余级别军职记载多不详。银雀山汉简所见军职及秩级，或可参照（李零 1983/2006：391）。

表3　银雀山汉简所见军队职官设置及秩级（李零制）

官职	秩	简文
将军	—	—
校尉	将卒吏、将吏？ 二千石	"将卒吏二千石以上"（045）、"将吏"（112）（参《后汉书·百官志》："大将军营五部，部校尉一人，比二千石。"）
司马	— 千石	"及吏皆千石以下至六百石"（380、358）（参同上："军司马一人，比千石。"）
候	军吏 六百石	"军吏六百以上"（339）（参同上："曲有军候一人，比六百石。"）
卒长	官吏 五百石	"其官吏卒长五百将"（014、173、053）"五百，以游上齿色别……"（374）

官　　职		秩	简　　文
〔队的长官〕	士吏	三百石？	"私卒：六〔百〕石至三百石，率百石"（144、180、172） "士吏以下，旗下齿色别：什，以肩章别；伍，以肩左别；士，以肩章尾色别。"（承上第二条后）
什长		—	
伍长		—	"当百以下及别"（014、173、053）
士		—	百石以下

〔2〕从军罢：楚汉战争后，兵皆罢归家。从军罢，似即指此事。从《功令》简看，对遣散回家的军士，朝廷给予种种优待，亦可与高帝五年诏相参看：

> 夏五月，兵皆罢归家。诏曰："……军吏卒会赦，其亡罪而亡爵及不满大夫者，皆赐爵为大夫。故大夫以上赐爵各一级，其七大夫以上，皆令食邑；非七大夫以下，皆复其身及户，勿事。"又曰："七大夫、公乘以上，皆高爵也。诸侯子及从军归者，甚多高爵，吾数诏吏先与田宅，及所当求于吏者，亟与。……今小吏未尝从军者多满，而有功者顾不得，背公立私，守尉长吏教训甚不善。其令诸吏善遇高爵，称吾意。且廉问，有不如吾诏者，以重论之。"（《汉书·高帝纪》）

〖解说〗

此条是关于优待被遣散将士的规定，编联据简帛网"雁行"（2023）的意见调整。令文与《汉书·高帝纪》所载契合：对还归故里的将士，在爵位、经济乃至政治地位等方面，朝廷均给予种种优待。此条与上所见《功令》第十四条存在何种关系，有待探索。可能的解释是，《功令》第十四条作为对从军吏卒给予优待的规定颁行后，可能面临新情况：罢归家的军吏卒，是在汉朝廷所辖郡县内，或在诸侯国的封地内，故作为补充规定，制定新令文，确保军功受益阶层的权益受到保护；与之同时，进一步明确受益的对象或范围。

〖简文〗

• 故司馬洛都望都公夫＝中意將屯後罷復如等 38

〖释文〗

• 故司馬洛都望（望）都[1]公大夫中意[2]將屯[3]，後罷，復[4]如等[5]。38

〖语译〗

• 故司馬洛都县望都里公大夫中意将兵屯田，其后罢免，按其职等免除徭役。

〖注释〗

[1] 洛都望都：洛都，县名，《汉书·地理志》属上郡，亦见《二年律令·秩律》。望都，整理者以为县名，《汉书·地理志》属中山郡。按，望都应是里名，悬泉汉简有"望都里"（IT0209③：19）、"望都亭"（IVT0613③：3）（张俊民 2015：145），此应指洛都县望都里。

[2] 中意：人名。汉印有"晁中意"（《印典》四 2679·十）。

[3] 将屯：陈梦家（1980：191）认为是"将兵屯田"的省称，用法较多。此处当用作陈说"领兵屯田的动词"。司马将屯，宣帝神爵元年制诏酒泉太守，"司马以下与将卒长吏将屯要害处"（敦煌汉简 1780）；又"将屯司马丞"（居延汉简 266·27）。

[4] 复：复除，免除徭役。同前简 65 "勿事"，简 66 "复"。

[5] 如等：按其职等。一说，或用作"它有等比"之等。

〖解说〗

本简整理者原编在第一末尾，黄浩波（2023B）提出将本简移至第十四后，可从。第一简 34 规定"六百石以上"的吏、宦皇帝者免罢后，得免除徭役（"皆勿事"）。第十四则推及"军吏遂（队）将以上"。本令所见则是其现实案例，即"故司马"免罢后的复除。以具体案例附在令条之下，在《功令》中以本条最具代表性。武威磨咀子汉墓出土西汉后期"王杖十简"与"王杖诏书令"，附列多个现实案例，可与本条相参照。

〖简文〗

十五 議二千石官縣道毋得除叚廷史卒史屬尉佐令史官佐史犯令及所除視事盈十日雖毋除書不手書皆以 67

椯倪避吏令論之∠轉輸粟芻稾若其真吏缺未補∠繇給它官事出郡縣道
官界盈三月得置=叚=令 68

史以上必以功勞次不以次亦以令論之∠將轉輸粟芻稾奠吏不足及軍∠
屯不用此令 69

〖释文〗

十五　議：二千石官、縣道毋得除叚（假）[1] 廷史、卒史、屬、尉佐、
令史、官佐史，犯令及所除視事盈十日，雖毋除書[2]、不手書[3]，皆以 67
椯（惰）倪避吏令[4] 論之∠。轉輸粟、芻稾，若其真吏[5] 缺未補∠，繇
（徭）[6] 給它官事出郡、縣道官界盈三月，得置叚（假）；置叚（假）令 68
史以上，必以功勞次，不以次亦以令論之∠。將轉輸粟、芻稾，奠（真）
吏不足，及軍∠、屯[7] 不用此令。69

〖语译〗

十五　奏议：二千石官、县道（官）不得任命假廷史、卒史、属、尉
佐、令史、官佐史（等假吏），违背令义规定及所仟命者任职满十日的，
即使没有任命书、（任命书）非（二千石官、县道长吏）亲手书写，都按
"椯（惰）倪避吏令"论罪。运送粟米、刍稾（时），若真吏（人事）空
缺而未有递补的，承担徭使或其他官府事务需离开本郡、县道官地界超过
三个月的，可以设置假官；设置假令史以上（的），必须以功劳序次为依
据，不按功劳序次（任命）的，亦以相关规定论罪。（负责）押送粟米、
刍稾的，真吏员额不足及从军、屯戍的，不适用此条令文规定。

〖注释〗

[1] 叚（假）：参见简 31 后所附简 70 注释 [2]。

[2] 除书：人事任命文书。

隧长渊泉宜年里五士孔诩年二十三，田卒利众亭部，字君巨。始
建国天凤上戊三年八月庚戌，除。DB：145（《玉门关汉简》）

[3] 手书：亲笔所写（代行职务的）任命书。

[4] 椯（惰）倪避吏令：参简 56 注释 [10]。

[5] 真吏：似即简 70 所见"真官"，指正式任命的官吏。

地节五年正月丙子朔戊寅，肩水候房以私印行事，谓：士吏平候行塞，书到，平行候事；真官到，若有代，罢如律令。73EJT21：42＋38A（《肩水金关汉简》）

[6] 繇（徭）给：官府吏员外出履行公务，与秦简所见"徭使"语义相近（刘自稳 2023）。

[7] 军屯：军指从军，参《功令》"从军为某吏若干岁月""从军劳""从军罢"。屯指屯戍，参简 38"将屯"。

〖解说〗

本条是关于二千石官及县道不得擅自除任假官的原则性规定，并对什么情况下可以除任假官也作出规定。当吏员出缺，如因"徭给"或"徭使"出行，或因人事变动而真官未到职时，等等，官府会选择他人来代行其职事，此即守官、假官出现之原因。一般来说，担任守官或假官的，是级别相近或略低的吏员，代行该官职事；若代行较高级职务时，在某些职能方面，较之真官，权力会受到若干限制（参《二年律令·具律》《汉律十六章·具律》）。与简 70 所见"御史、丞相前令所置守、叚吏"相比，此条似限制或收回了二千石及县道官除任假吏的权限，是基于何种考虑，原因不详。允许守官、假官的存在，大概是为了应对政务的顺畅运作；如此一来，是否会出现二千石或县道官为所欲为的情况？也许是为了保证人事权不受各级官府侵夺而又颁行此补充规定？

本条令的理解尚存一些疑问。本令可分三层，第一层规定郡县不得除假吏，是一般原则。第二层规定"转输粟、刍稾，若其真吏缺未补"等情形下，可打破前列原则，允许"以功劳次""置叚（假）"。再看第三层"将转输粟、刍稾，奠（真）吏不足，及军屯不用此令"，其"转输粟、刍稾，奠（真）吏不足"实际已在第二层作为特例作出规定，那么，"不用此令"所指为何？似乎尚难解答。

〖简文〗

御史丞相前令所置守叚吏皆上功勞與其所守叚真官通課70

〖释文〗

御史、丞相前令[1]所置守、叚（假）吏[2]皆上功勞，與其所守、叚

（假）真官通课70。

〖语译〗

御史大夫、丞相前除任的守吏、叚（假）吏均要上功劳，与他们署守、代理的真官一起进行考课。

〖注释〗

［1］前令：一说指此令颁布前所置的守、叚（假）吏，类似里耶秦简9-347所见"令前不论"。一说指此前颁布前的某一则令。

县道官守丞毋得断狱及濄（谳）。相国、御史及二千石官所置守、叚（假）吏，若丞缺，令一尉为守丞，皆得断狱、濄（谳）。狱102事当治论者，其令、长、丞或行乡官视它事。（下略）104（《二年律令·具律》）

［2］守、叚（假）：似即习言之守官、叚（假）官。叚（假）官，一般理解为暂代或暂行某职务/职事。主官不在署时的临时代理与主官不存在时的兼任，通常均被视为守官；因均未有正式的人事任命手续，与叚（假）官似为同义语（鹰取佑司2016/2018）。或以为兼官是不脱离本职且兼顾兼职事务，守官是暂时脱离本职事物而专注于守职，"兼"与"守"之根本区别在于是否脱离本职事务（黄浩波、熊北生2023），聊备一说。

〖解说〗

简70，整理者原接在第十五（简67—68—69）后，作为连贯的一条。"雁行"（2023）已指出因简69下端留白，简70应析出，可从。黄浩波（2023A；2023B）提出将本简移入第一，移至简12—13后。我们根据文意，仍将简70附在第十五后。

《功令》第一简31与本简规定相关：

丞、尉以上有缺未补，二千石官调令旁近官守焉。有秩乘车以下，令、丞亦令近者守，皆须其真吏到罢之。31

是适用于"有缺未补"情形下的补充规定。此后，或由于汉初结束全面战争态势后，假吏的现实需求大幅降低；同时，设置假吏对于"以功劳次补缺"的迁补正途难免有所冲击，也容易滋生舞弊。因此，新颁布第十五，严格限制二千石官、县道官两级设置假吏。但是，对第十五颁布前既有的守、假吏如何安置，未作出规定。大约一段时间后，简70围绕"御史、丞相所置"作出补充规定，允许他们与所守、假的真官"通课"。至于二千石官、县道官"前令所置"的守、假吏，或仍不得"与真官通课"，亦不排除可按"等比"的原则援引简70奏请迁补，尚待观察。

需要指出的是，《功令》第十三至廿六称"相国"，其颁下应在高帝九年至惠帝六年"丞相"更名"相国"期间。简70称"丞相"，其颁下应在惠帝六年以后。亦即，简70是作为晚出的相关之令，附在第十五之下。某一令编号下可以追加晚出之令，明确例证见于武威磨咀子汉墓出土西汉后期"王杖十简"与"王杖诏书令"。M336《功令》中也见到不少追加令，它们的颁下年代，未必都与所附之令相同，多数可能稍晚于所附之令。

〖简文〗

十六　賈人身有市籍若其父母妻子及其大父母∠同産與同居而有市籍爲賈人者皆不得爲吏及宦犯令者　丿庚 71

奪爵爲士五吏智其不當爲吏而上功勞及除者與同罪 72

〖释文〗

十六　賈人身[1]有市籍[2]若其父、母、妻、子及其大父母∠、同産與同居[3]而有市籍爲賈人者，皆不得爲吏及宦，犯令者丿[4]庚 71 奪爵爲士五（伍）。吏智（知）其不當爲吏而上功勞及除者，與同罪。72

〖语译〗

十六　贾人本人有市籍，或其父、母、妻、子，以及祖父母、与其同居的同产为有市籍的贾人，都不得为吏、宦皇帝，犯令者夺爵为士伍。吏明知其不当为吏，而为之上功劳以及除官的，与之同罪。

〖注释〗

[1] 身：本人。《岳麓书院藏秦简（肆）》简218/1352见"其身有髡耐以上"，《岳麓书院藏秦简（伍）》简181/1615见"令、丞必身听其告辟（辞）"。《汉书·平帝纪》载"妇女非身犯法"。

[2] 市籍：商贾所著录之籍，是从事"商贩作务"的许可证。

[3] 与同居：法律术语，指同居共（户）籍者。如考虑分隔符，可能作为"同产"的限定语。

[4] ∫：疑是钩校符，《功令》仅此一见。

〔解说〕

本条规定商贾及家属有市籍者不得"为吏及宦"，这可能是今见最早与此相关的律令规定。《汉书·食货志》应劭注："秦时以適发之，名適戍。先发吏有过及赘婿、贾人，后以尝有市籍者发，又后以大父母、父母尝有市籍者。"《史记·大宛列传》"发天下七科谪"，张晏注："吏有罪一，亡命二，赘婿三，贾人四，故有市籍五，父母有市籍六，大父母有籍七：凡七科。"汉初对商贾及家属有市籍者的限制，当渊源于秦。汉法何时规定商贾不得"为吏及宦"，尚存疑义。《史记·平准书》："高祖乃令贾人不得衣丝乘车，重租税以困辱之。孝惠、高后时，为天下初定，复弛商贾之律，然市井之子孙亦不得仕宦为吏。"《汉书·贡禹传》："孝文皇帝时，贵廉洁，贱贪污，贾人、赘婿及吏坐赃者皆禁锢不得为吏。"《功令》第十三至廿六称"相国"，或颁下于高祖九年至惠帝六年间。本条之颁下时间，约在高、惠时（或以后者可能性较大）。孝惠、高后时"亦不得仕宦为吏"，是否高祖时已有此规定（亦即本条颁下年代可能早至高帝时），尚待观察。

〔简文〕

十七　吏爵或高而爲庫官∠爵庫而爲高官未有差∠請爵公夫゠以上補六百石以上∠夫゠以上補五百石至二百石∠上　丙73

造以上補卒史屬尉佐有秩乘車至斗食學佴令史∠爵不癃令而前用者勿遷74

〔释文〕

十七　吏爵或高而爲庫[1]官∠，爵庫而爲高官，未有差[2]∠。請：爵公大夫以上補六百石以上∠，大夫以上補五百石至二百石∠，上　丙73造以上補卒史、屬、尉佐、有秩乘車至斗食、學佴、令史∠。爵不癃（應）令而前用者，勿遷。74

〔语译〕

十七　吏或高爵而任卑官，或卑爵而任高官，未有等次。请：爵在公大夫以上，补六百石以上；爵在大夫以上，补二百石至五百石；爵在上造以上，补卒史、属、尉佐、有秩乘车至斗食、学佴、令史。爵不符合（未达到）令的规定，而在（本令颁行）前已经任用的，（留用）不予迁官。

〖注释〗

[1] 庳：卑下。《史记·循吏列传》"楚民俗好庳车"，《索隐》"庳，下也"。《二年律令》简103、294亦用"庳官""官庳"。一说用为"卑"。

[2] 有差：有差等。《史记·礼书》"贵贱有等，长少有差"。

〖解说〗

本条提示汉初官—爵结构及相关问题，有重要意义，以下几点或值留意：

其一，吏"高爵庳官"者，可依"爵"相应擢升其"官"。就优遇高爵的立法本意而言，渊源可上溯至《汉书·高帝纪》所载高帝五年诏：

> 军吏卒会赦，其亡罪而亡爵及不满大夫者，皆赐爵为大夫。故大夫以上赐爵各一级，其七大夫以上，皆令食邑。
>
> 七大夫、公乘以上，皆高爵也。诸侯子及从军归者，甚多高爵，吾数诏吏先与田宅，及所当求于吏者，亟与。爵或人君，上所尊礼，久立吏前，曾不为决，甚亡谓也。异日秦民爵公大夫以上，令丞与亢礼。今吾于爵非轻也，吏独安取此！且法以有功劳行田宅，今小吏未尝从军者多满，而有功者顾不得……其令诸吏善遇高爵，称吾意。且廉问，有不如吾诏者，以重论之。

据此，本条所谓"高爵庳官"之吏，可能也以"从军归者"为主要来源。为有爵者设置相应的官秩下限，延续了高祖诏"善遇高爵"的立意。若如此，令文本意或系接续高祖五年诏，对高爵者尤其是"从军归者"的任官予以特别照顾。

又，《二年律令·赐律》记载：

> 吏官庳而爵高，以宦皇帝者爵比赐之。294

按我们对《功令》年代的判断，本条令不晚于惠帝时颁下。《赐律》此条的制定时间尚不明朗。无论如何，分别以诏、律、令形式颁行的三则条文，很可能存在某种关联性，并可深化对汉初"军功受益阶层"的认识。

其二，以令文可能造成的现实效果而言，本令以"爵"为基准（"爵不应令"），拟设两种情形——爵高官卑与爵卑官高。所请按爵授官，是专就爵高官卑而言。至于爵卑官高，任官在本令颁布前者"勿迁"，则意味着此令颁行后，原则上不再出现"爵不应令而用"——尤其是爵卑官高的情况。换言之，此令颁行以后，官、爵呈现分层对应的结构：

表 4　《功令》所见官、爵对应关系表

爵	官
公大夫以上	六百石以上
大夫以上	二百石至五百石
上造以上	卒史、属、尉佐、有秩乘车至斗食、学佴、令史
公士（以下）	

值得注意的是，顾江龙（2007）曾考察汉代赐吏爵中的"赐满"制度：

> 丞相（或三公）：封列侯；
> 御史大夫：赐爵关内侯；
> 中二千石、诸侯相：赐爵右庶长（或左更，可能还有中更）；
> 六百石以上吏：赐爵五大夫。

文献所见较早的明确记载是景帝后元元年赐"中二千石、诸侯相爵右庶长"，如淳注："虽有尊官未必有高爵，故数有赐爵。"据此，汉代爵与官之间存在一种"层次"对应关系，高爵者可以依爵授官，高官者可以依官赐爵。这一层次对应，乃是基于爵级序列与秩级序列中所共同存在的对应"公卿大夫士"的身份层次。

本条所见爵与官的对应关系，很可能与赐满存在关联。例如，本条"爵在公大夫（七级爵）以上，补六百石以上"，而六百石以上吏"赐满"则为五大夫（九级爵），高出两级。二者是否属同一时期的规定，尚待观察。如确属同一时期，则本条规定补六百石以上吏的爵位下限——公大夫以上，而六百石以上吏赐满（即爵位上限）则是五大夫。这或许意味着，此期所谓官、爵分层对应，是以某一限定范围的官秩层级，对应某一限定范围的爵位层级，本条所见"某爵以上"是这一官秩层级的补任资格（下限），"赐满"之爵则是该官秩层级可享的爵位上限。

阎步克剖析秦汉"爵-秩体制"，将其特征概括为"爵、秩疏离"：

> 爵、秩疏离，依爵不能起家，爵、秩间缺乏一体性和可比性，附丽于爵的待遇较优厚，附丽于秩的待遇较简薄。（2017：86）
>
> 二十等爵及王侯封爵，与秩级两立并峙，构成了秦汉品位结构的两大支柱。这个体制，可称"爵—秩体制"……"爵"与"秩"二者是疏离的，二者没有严格的等级对应关系，凭爵级不能获得秩级，不能起家做官。（2010：472）
>
> 比如秦汉二十等爵是不能依爵叙官的，就是说它不含"资格"要素；而北朝、隋、唐的五等爵序列可以叙阶，"资格"要素被配置于爵列之上了。那么其间变化，就值得研讨了。（2021：104）

如前所述，汉初的爵制身份，藉由《功令》而显现出某种任官的资格要素。爵、秩间呈现出层次对应的关系。官与爵之间层次性的"依爵叙官""依官赐爵"，显示二者间似乎曾经存在一定的一体性与可比性。"爵-秩体制"的演进历程，或尚待进一步观察。

其三，若前说成立，汉初的"爵-秩"分层对应，是汉初新立制度，或是沿袭秦制——亦即，秦官吏选任是否已呈现与爵的分层对应关系，亦值关注。《岳麓书院藏秦简（肆）》有如下规定：

> 置吏律曰：县除有秩吏，各除其县中。其欲除它县人及有诣置人为县令、都官长、丞、尉、有秩吏，能任 207/1272 者，许之。县及都官啬夫其免徒而欲解其所任者，许之。新啬夫弗能任，免之。县以攻（功）令任除有秩吏 208/1245 任者免徒，令其新啬夫任，弗任，免。害（宪）盗，除不更以下到士五（伍），许之。209/1247

　　置吏律曰：县除小佐毋（无）秩者，各除其县中，<u>皆择除不更以下到士五（伍）史者为佐</u>，不足，益除君子（子子）、夫（大夫）子、小爵 210/1396 及公卒、士五（伍）子年十八岁以上者备员，其新黔首勿强，年过六十者勿以为佐。人属弟、人复子欲为佐吏 211/1367

　　据此，县在除任"害（宪）盗"（整理者注：负责抓捕盗贼的小吏）、"小佐毋秩者"时，都对应"不更以下到士伍"这组爵位身份。某种意义上，似呈现低秩与低爵间的某种对应关系。不过，这一"爵-秩"对应关系，是否可推扩至其他层级，由于尚未见到秦《功令》，或有待搜检里耶秦简所见官爵实例，并尝试进行归纳。

　　其四，《功令》前载"功劳式""功将式"文书格式，首栏著录内容为"某官某吏某爵某"，其中的"某爵"，大概从秦开始就是功劳文书的著录内容之一。不过，在本令行用期间，由于吏所任官秩的层次应符合其爵位的层次，"某爵"的著录或具有更显著的意义。

〖简文〗

•丞相上内史書言毋爵者得補吏不宜議自今以來上造以上乃得補吏史卜不用此令 96

〖释文〗

•丞相上内史[1]書言：毋爵者得補吏，不宜。議：自今以來，上造以上乃得補吏，史、卜不用此令。96

〖语译〗

•丞相奏呈内史上书：没有爵位者可以补吏，不合时宜。奏议：从今以来，（拥有）上造以上爵位者才能补吏，史、卜（畴官）不适用这条令文规定。

〖注释〗

[1]内史：从睡虎地秦简出土以来，对内史是中央财政官，还是京师行政官，及秦至西汉前期内史之演变，等等，学界均有反思（工藤元男 1981/2010：18～49），研究亦有待深入。

内史，周官，秦因之，掌治京师。景帝二年分置左〔右〕内史。右内史五帝太初元年更名京兆尹，属官有长安市、厨两令丞，又都水、铁官两长丞。左内史更名左冯翊，属官有廪牺令丞尉。又左都水、铁官、云垒、长安四市长丞皆属焉。（《汉书·百官公卿表》）

〖解说〗

此条原在《功令》第卅九条后，读书班及黄浩波（2023A）均移至此处，主要考虑是其与上条第十七"官-爵结构"密切相关。《功令》第十七规定，爵"上造以上"补"卒史、属、尉佐、有秩乘车至斗食、学佴、令史"，其补吏的起始爵即第二等上造爵。其公士爵如何，未作交代。本条明令"上造以上乃得补吏"，正与第十七自"上造爵"开始一致。

以爵而言，上造以下，实际包括一级爵公士与毋爵者；以官而言，第十七亦未涉及佐史。《功令》第卅五载大行"佐史缺，除民史者补"，佐史当由"民"选拔，是否包括公士，尚待观察。汉初"毋爵者"群体，胡家草场汉律令亦提示可能发生新变化。稍晚资料显示，爵的任职限制似放宽，如居延新简"觻得长乐里公士董得禄年卅今除为甲渠候☐EPT52：403"。

〖简文〗

十八　臨光侯相言相∠丞∠尉皆故漢吏御史以詔遷∠請得上功勞與漢吏通課 • 相國御史以聞請詔所令御史爲侯邑置相丞　癸₇₅尉者皆令上功勞與漢吏通課₇₆

〖释文〗

十八　臨光侯[1]相言：相∠、丞∠、尉皆故漢吏，御史以詔遷∠。請：得上功勞與漢吏通課。• 相國、御史以聞，請：詔[2]所令御史爲侯邑[3]置相、丞、　癸₇₅尉者，皆令上功勞與漢吏通課。₇₆

〖语译〗

十八　临光侯相上言：（临光侯）相、丞、尉（迁本职前）原本都是汉吏，由御史大夫依据诏书迁任。因上请：准许（临光侯相、丞、尉）上功劳与汉吏共同考课（任用）。• 相国、御史大夫（将之）报闻皇帝，请：（前）诏规定御史大夫为侯邑所置的相、丞、尉等官员，都准许他们上功劳和汉吏共同考课（迁补）。

〖注释〗

［1］临光侯：整理者认为是吕后四年受封的吕婴，至吕后八年七月被杀，由此推测该令颁布年代在吕后四年至八年间。按，《功令》第十八载"相国、御史"，颁下年代应在高祖九年至惠帝六年间。两者存在矛盾，详本条解说。

［2］诏所令：诏书所规定。辞例见《二年律令·贼律》简18："诏所令县官为挟之，不用此律。""诏"，或笼统言之，或指前"御史以诏迁"之"诏"。另参简70注释［1］"前令"条。

［3］侯邑：或主要指"彻侯邑"（《二年律令》简397、《汉律十六章》简120）。马孟龙（2023）指出，汉初列侯属军功食邑贵族，仅有"食邑"而无"侯国"，文帝二年始创侯国制度。

〖解说〗

本条规定御史大夫前以皇帝诏书为侯邑设置的相、丞、尉，可以上功劳与汉吏通课任用，相关问题有：

其一，本条令文格式，分为前后两层，以"•"区隔。"•"前，为临光侯相上言，请临光侯相、丞、尉得上功劳与汉吏通课。"•"后，为相国、御史以临光侯相上书奏闻，并请以为通制，将适用范围推扩至"诏所令御史为侯邑置相、丞、尉者"。本条令的制定程序，大致可归属大庭脩（1963/2017：146）汉代制诏的第二种形式，即"在行政职权范围内处理的事项经皇帝认可后得以施行"。

其二，据图版，简75简文上密下疏，"诏迁"以下简文排布整齐匀称，应是原始简面。简首"临光侯相言相丞尉皆故汉吏御史以"文字书写紧凑，很可能经过削改或部分削改。那么，围绕"临光侯"的年代矛盾，或不排除是令文修订所致（即以后来称谓"临光侯"改易旧文），也不排除汉初临光侯有其他未知历史细节的可能。又，简76"上功"可能也经过修改。

其三，本条主旨，应与侯邑相、丞、尉的身份认定——汉吏或非汉吏（本条为侯邑吏）有关，其身份变化可分三阶段：

（1）初，"皆故汉吏"。

（2）为"（侯邑）相、丞、尉"。据所请"得上功劳与汉吏通课"，递推可知本令颁布前，当"汉吏"任"（侯邑）相、丞、尉"时，应受限不得再"与汉吏通课"。

（3）相国、丞相因临光侯相所请，更请汉吏（限定由御史大夫以诏所置者）任侯邑长职（相、丞、尉）后，允许其重回汉吏建制考课升迁，同时亦应认可其任职侯邑的功劳。

如马孟龙（2023）所论，汉初"侯邑"为食邑制，至文帝二年始改为"守地教民"的分封制。《汉书·百官公卿表》"彻侯……改所食国令长名相"曾引起争议，马孟龙引廖伯源、西嶋定生说，又证以临淄封泥，以为"改置某县为侯国时，更其令、长之称为'相'"，"列侯封地长官，无论在侯邑时期还是侯国时期，均称'相'"。

若如此，"诏所令御史为侯邑置相、丞、尉"及其身份转换后的仕宦限制，参以本条可能的颁下年代（高祖九年至惠帝六年间），我们推测很可能随汉初普置侯邑时已经出现，甚或在高祖五、六年"论功行封"时已作此规定，并一直行用至本条令颁下时。其制度机理在于，初置侯邑时，至少在汉廷辖郡内，其侯邑长吏理应多由汉吏转任，这大概是再自然不过的事情。

不过，有一些非由"诏所令御史为置"者，他们可能仍不被允许与汉吏通课。究其原因，很可能因为他们并非由"汉吏"身份转任侯邑长吏。进一步推测，这类人或至少包括两个群体。其一，《汉书·高帝纪》载："其有功者上致之王，次为列侯，下乃食邑。而重臣之亲，或为列侯，皆令自置吏，得赋敛，女子公主。"如史载可信，至少存在一些特别的得以"自置吏"的列侯，则其所"自置"的"侯邑相、丞、尉"，大概不会被允许与汉吏通课。其二，置于诸侯王国内的侯邑，其长吏来源是汉吏还是王国吏？《史记·高祖功臣侯者年表》载高帝十二年，德侯刘广"以代顷王（刘仲）子侯"，《索隐》："《汉志》阙，《表》在济南。"汉初，济南属高祖六年所置刘肥齐国。若其长吏由王国吏转任，自然不当与汉吏通课。

再行追问的话，原本侯邑长吏不得与汉吏通课的限制因何而来？值得注意的是，本条只涉及"侯邑相、丞、尉"，而不及王国官吏。以《功令》所见而言，汉初汉廷与诸侯王国在人事权上有所疏隔，除汉人为王国官吏（如简 88 "汉人为淮南吏"）等特殊情形外，大多数王国官吏的政治身份可能仍属诸侯人，其升黜当由"诸侯王若（诸侯）丞相、御史"（简 66）职掌。据此，我们推测，汉初侯邑长吏不得与汉吏通课的规定，很可能脱胎于王国官吏不得与汉吏通课。这一规定在施行中，不免造成问题。特别是侯邑置吏等级、员额有限，其长吏无所升迁，同时，汉廷或虑及侯邑的独立性终究不如王国，因此调整规定，准许符合条件的侯邑长吏与汉吏通课。这或也意味着，这些"侯邑"的长吏任命实则与汉廷辖县几无分别，绝非"侯国"时代所能比拟。

最后，本条称"侯邑相、丞、尉"，张家山三三六号墓《朝律》亦载彻侯可"使侯相若丞、尉贺"（简 341、342）。如马孟龙所指，"山东临淄封泥有大量列侯封地官员，皆为'侯相''侯邑丞'"，则"侯（邑）尉"封泥阙而未见，或仍值思考。

〔简文〕

　　廿　私府吏缺請令中尉調以近縣補後以爲常 77

〔释文〕

　　廿　私府[1]吏缺，請：令中尉調以近縣補，後以爲常。77

〔语译〕

　　廿　私府吏有缺，奏请：令中尉调近县（吏）补任，此后以为常制。

〔注释〕

　　[1] 私府：《汉书·百官公卿表》以为皇后詹事属官，另参周波（2023）说（详上）。据《二年律令·秩律》，私府监秩六百石（周波认为另有秩六百石的私府），长五百石，丞三百石。

〔解说〕

本条规定由中尉调近县吏以补私府缺，相关令条有：

　　　丞、尉以上有缺未补，二千石官调令旁近官守焉。有秩乘车以下，令、丞亦令近者守，皆须其真吏到罢之。31

　　七　请：大（太）仆右厩、詹事厩佐史缺，择官属善书、习马事者补不足，及少府、长信詹事官属、长安市佐史有缺，移中尉，中尉调下45县，县遣官佐史，丁壮，尝主事一岁、若尝一计以上、劳多者补。遣之不次，及书到县留弗遣、遣55不行盈廿日，皆以随（惰）倪避吏令论之。中尉所调视事盈四岁未迁者，得移功劳56副居县，与其官佐史通课，补斗食、令史，官有缺亦用之。其已迁为斗食、令史，视事盈57六岁以上，亦移功劳副居县，居县斗食、令史有缺，以久次征用，各如其官。58

简31我们暂属《功令》第一，作为总则，规定有缺未补时，可由长官令旁近官、近者守。在此基础上，又颁下《功令》第七，规定在有缺、不足时，由中尉调下县补任。第七篇幅较长，规定亦较细致。与之相比，本条私府吏所请"令中尉调以近县补"，很可能是比视既有的《功令》第七，故不再赘述调补的一应细节。若如此，这三则令之间的关系，大致可以归纳为：基础总则、补充规定、补充规定之比。进言之，决事比大概是目前所见汉律令滋殖的最重要原因，一如成帝诏所言"奇请它比，日以益滋"（《汉书·刑法志》）。以第七与本条关系而言，《功令》中若干个案式的规定，除对其本身所限定的若干对象具有法律效力之外，也同时提供了潜在的"比"的可能。而当其他官署试图"比"于某官时，以本条所见，似仍要上请批准。

　　另外，本条所见"后以为常"，亦值注意。秦令已见此类内容，如《岳麓书院藏秦简（伍）》"善当此令者，辄执论。·后恒以户时复申令县乡吏治前及里治所☐202/1796+1969"。

〔简文〕

　　廿一　秦常書言史∠卜∠祝∠尸∠茜∠御∠杜主樂∠治＝綷＝佐∠宰監∠治豪皆疇∠祝治＝綷＝佐秘∠爵頗五夫＝當以令78

　　罷＝官或少不足以給事及頗不欲去疇請勿罷79

【**释文**】

廿一　秦〈奉〉常[1] 書言：史∠、卜∠、祝∠、尸∠、茜∠、御∠、杜主樂∠、治綷、治綷佐∠、宰、宰監∠、治篆[2] 皆疇[3]；祝、治綷、治綷佐，祕[4]∠，爵頗[5] 五大夫，當以令78罷。罷官或少不足以給事，及頗不欲去疇。請：勿罷。79

【**语译**】

廿一　奉常上书言：史、卜、祝、尸、茜、御、杜主乐、治綷、治綷佐、宰、宰监、治篆，都是世袭职官；（同时，）祝、治綷、治綷佐，（职事）隐秘，他们（指前列史、卜至治綷佐）的爵位多数为五大夫，应当以令罢官。（他们）罢官以后，有些官属人员大幅减少以致不能履行职事，以及他们中的多数人不愿脱离疇官。因上请：不予罢官。

【**注释**】

[1] 奉常：《汉书·百官公卿表》：“奉常，秦官，掌宗庙礼仪。景帝中六年更名太常。”《汉书补注》：“齐召南口：《唐六典》汉高名曰太常，惠帝复曰奉常，景帝又曰太常，与此表昇。据《史记·叔孙通传》，高帝拜通为太常。《汉官典职》亦云惠帝改太常为奉常。则《六典》所云自确。班表盖袛标其大略耳。”

[2] 史、卜、祝、尸、茜、御、杜主乐、治綷、治綷佐、宰、宰监、治篆：《汉书·百官公卿表》奉常“属官有太乐、太祝、太宰、太史、太卜、太医六令丞，又均官、都水两长丞，又诸庙寝园食官令长丞，有廱太宰、太祝令丞，五畤各一尉。又博士及诸陵县皆属焉”。《二年律令·史律》简486载“疇尸、茜御、杜主乐皆五更，属大祝”。

史：《说文》“记事者也”。《史记·十二诸侯年表》鲁厘公十五年“五月，日有食之。不书，史官失之”；《史记·郑世家》“卜而曰实沈、台骀为祟，史官莫知”；《史记·三王世家》“臣请令史官择吉日，具礼仪上”。陈梦家（1936/2016：91）“祝既是巫，故‘祝史’‘巫史’皆是巫也，而史亦巫也”。

卜：《说文》：“灼剥龟也，象灸龟之形。一曰象龟兆之纵横也。”《史记·孝文本纪》文帝入继，“卜之龟，卦兆得大横”；《史记·日者列传》“王者之兴何尝不以卜筮决于天命”。

祝：《说文》："祭主赞词者。"《史记·周本纪》"尹佚策祝"，《正义》："尹佚读策书祝文以祭社也。"

尸：《说文》段注："祭祀之尸本象神而陈之。"

茜：《说文》："礼祭束茅，加于裸圭而灌鬯酒，是为茜，象神歆之也。"

御：《二年律令》整理者将"茜御"解释为"执行此种仪式的人"，《功令》整理者解为"侍"，具体涵义尚不明朗。

杜主乐：《史记·封禅书》："雍菅庙亦有杜主。杜主，故周之右将军，其在秦中，最小鬼之神者。"

治絆：整理者将"絆"读作"驿"，以为《汉书·郊祀志》"春秋用驿"，或是参考后文"治豢"。按，《说文》"缯"，"絆，籀文缯，从宰省，杨雄以为《汉律》祠宗庙丹书告也"。段注："雄《甘泉赋》曰'上天之絆'，盖即谓郊祀丹书告神者，此则从宰不省者也。""治絆、治絆佐"职事称"秘"，暂取"祠宗庙丹书告"说，不读作"驿"。

宰：《史记·封禅书》"悉召故秦祝官，复置太祝、太宰"，《岳麓书院藏秦简（陆）》简105/0116"祠令"有"诏泰宰祠祀"。

治豢：豢，《说文》"以谷圈养豕也"，《史记·乐书》"夫豢豕为酒"，新蔡葛陵楚简"大邑以牛，中邑以豢，少（小）□甲三275"。

[3]畴：《史记集解》引如淳曰："家业世世相传为畴。律：年二十三傅之，畴官各从其父学。"《二年律令·傅律》简364~365规定不同爵位者之子的傅籍年龄，又说"畴官各从其父畴"，应即如淳所引律的源头（后或修订）。

[4]秘：疑指其职事隐秘不宣。秦始皇封禅泰山，"其礼颇采泰祝之祀雍上帝所用，而封藏皆秘之，世不得而记也"（《汉书·郊祀志》）。

[5]颇：整理者注"少"，或理解为"部分"，今从刘钊说为"多"（2008）。

〖解说〗

本条令是目前所见对"畴官"的最详细记载。按所推拟《功令》年代序列，本令约属高祖九年至惠帝六年间，称"奉常"，与《唐六典》说合。值得注意的是，"奉常"二字疑有改动痕迹，不排除今"秦"字本作

"泰/大"，后有增笔修改，尚待观察。大西克也（2013）认为，"泰"是秦为炫耀一统所造新字，汉初则改"泰"为"大"。陈侃理（2014/2024：265）将里耶8-461牍第Ⅴ行释为"大如故，更泰守"。

整理者已指出，"当以令罢"，是"按令十七（简73~74）规定罢官"。五大夫为九级爵，而令十七规定七级爵公大夫以上当补六百石以上。据《二年律令·秩律》，太卜、太史、太祝、祠祀、太宰等长吏秩六百石，则令文"爵颇五大夫，当以令罢"，疑是指奉常属吏多有高爵，当按令罢本职，而补六百石以上。

〖简文〗

廿三　吏坐官当戍二日备若解爵買爵除戍請当復用如故官秩不当 • 制曰不當 80

〖释文〗

廿三　吏坐官[1]当戍，戍日备[2]，若解爵[3]、買爵[4]除戍，請：当復用如故官秩不当？• 制曰：不當。80

〖语译〗

廿三　吏因本职事而被论为戍，其戍期履行完毕，或以自己爵位充抵、或买爵充抵以免除戍，奏请：（这类情形下）是应当按其原官秩重新任用？还是不应当？• 制曰：不应当。

〖注释〗

[1] 坐官：因本职事务而坐罪。辞例亦见《二年律令》"勿令坐官"（简103），"吏坐官当论者"（简350）。冨谷至（2006：70）注"因职务关系而被处分"；李安敦、叶山（2015：506~507）解作，不仅要为本人的违法行为负责，还要为本人所监管人员的违法行为，以及官署物资的短缺等等负责。

[2] 日备：（服刑罚等）期满。秦律令已将"日备""日未备"作为一组相对的法律术语。《秦律十八种·司空律》："有罪以赀赎及有责（债）于公，以其令日问之，(中略)133 其日未备而被（颇）入钱者，许之。(下略)138"《岳麓书院藏秦简（陆）》"皆令从其吏事新地四岁，日备免之，日未备而 (下略)249/1720"。

[3] 解爵：解除（自身）已有爵位。秦简中有关于解爵、归爵的详细规定，或将"解爵""归爵"都视为"爵免"（黄海 2023），存疑。

> ● 令曰：吏及黔首有赀赎万钱以下而谒解爵一级以除，（中略）138/1168+1192 皆许之。其所除赀赎［皆许之其所除赀赎］过万钱而谒益【解】爵、【毋受爵者，亦许之，一级除赀赎毋过万】139/1140 钱，其皆谒以除亲及它人及并自为除，毋过三人。赀赎不盈万钱以下，亦皆【许之。其年过卅五以上者，不得解】140/C8-1-12+2130 爵、毋受爵，毋免以除它人。年睆老以上及罢癃（癃）不事从睆老事及有令终身不事、畴吏解爵而当复141/1692 爵者，皆不得解爵以自除、除它人。鼎者劳盗〈盈〉及诸当捽（拜）爵而即其故爵如鼎及捽（拜）后爵者，皆不142/1862 得解其故爵之当即者以除赀赎。（下略）143/1863 （《岳麓书院藏秦简（伍）》）
>
> 欲归爵二级以免亲父母为隶臣妾者一人，及隶臣斩首为公士，谒归公士而免故妻隶妾一155 人者，许之，免以为庶人。（下略）156 （《秦律十八种·军爵律》）

[4] 买爵：购买爵位（或出买爵之钱，《汉书·惠帝纪》师古注）。秦简已见买爵，如里耶秦简 8-1112"【买】爵，卅二年二月戊寅出"，13-424"为端求买爵三四级"。惠帝元年，亦规定"民有罪，得买爵三十级以免死罪"（《汉书·惠帝纪》）。胡家草场《岁纪》文帝五年简载"民得卖买爵至不更"（"荆州发布"2019）

〖解说〗

本条规定吏因本职事而被论为戍，在履行或赎抵戍期后，不得按原官秩重新任用。其前置规定见《功令》第一：

> 吏及宦皇帝者病不能视事，及有论毄（系），盈三月者，免之。病有瘳、论事已，及罢官当复用者，皆复用如其故官 戍36秩，居县上其劳。（下略）154

本条所上请决疑的，是针对特定人群——坐官事且刑罚在戍以上，是否仍可按前令规定复用。尚待回答的问题是，"戌"为何在此成为了区分的界标？

〔简文〕

　　廿五　廬江郡斗遠吏民少不足自給吏有秩以下請得除國中它郡縣及得調發國中它郡縣吏均焉 81

〔释文〕

　　廿五　廬江郡斗遠[1]，吏民少，不足自給吏有秩以下[2]。請：得除國[3]中它郡縣，及得調發國中它郡縣吏均焉。81

〔语译〕

　　廿五　庐江郡悬远，吏民少，本郡不能选任足够的有秩以下吏员。因上请：准许任命（淮南）国中其他郡县（吏民），以及准许征调（淮南）国中其他郡县吏来均衡。

〔注释〕

　　[1] 斗远：《后汉书·窦融传》"河西斗绝在羌胡中"；《后汉书·西南夷传》仇池"四面斗绝"。斗远，疑与斗绝相近，指悬远。整理者读作"久远"，未从。

　　[2] 有秩以下：或指有秩啬夫（含）以下，很可能将有秩乘车啬夫排除在外，参解说。

　　[3] 国：整理者指出为刘长淮南国，辖九江、衡山、庐江、豫章四郡。

〔解说〕

　　本条准许淮南国庐江郡因故得以除、调国中其他郡县吏民，以弥补其少吏之不足。本条的前置令文是：

　　　　有秩乘车以上功劳次当补其家居县缺者，皆调徙之。184

这枚简，我们已改属《功令》第一（参前简 184 "解说"）。它规定有秩乘车以上，不得补家居县缺，而应调徙他县道，是目前所见汉初避籍制度的最早记录。以此逆推，则有秩啬夫（含）以下，应主要补家居县缺。据此，一则，可证成严耕望说，汉初少吏即已用本郡本县人为主；二则，亦可理解本条"不足自给吏有秩以下"，正是因为"吏有秩以下"的群体，以选用本郡本县人为主。亦可参另则规定：

> 六　议：侯邑民为它县、道官吏有秩以上，皆勿罢。44

本条所以请勿罢"有秩以上"，是因"侯邑民"的特殊身份。换言之，本县人任"它县、道官吏有秩以上"是普遍现象。那么，第廿五所以只请除、调"吏有秩以下"，而不及"有秩以上"，并非能"自给"，而是"有秩以上"本来就由"它郡县吏"来担任。据此，或可以这样理解，第廿五所请，其实是请将"有秩以上"吏的选任方式，放宽移用至"有秩以下"。

此外，本条反映淮南国对所辖郡县的置吏权，甚而是少吏群体的选任，仍要遵行汉法。或是基于自身现实，向汉廷申请准许其实行特别制度。这或有裨于理解汉初郡国制度（张忠炜、张桑田 2024）。

〖简文〗

廿六　議令車騎士材官皆相誰夫=以上材犹建勁有力輕利足辯護者以爲卒長五百將候=長=一人將幕候百廿人上 82

名牒屬所二=千=石=官=上相國御史移副中尉有物故不爲吏者輒誰補梢定其籍令上功勞軍吏有缺以 83

功勞官次補∠縣道令長丞尉必身案察所誰=次之不以實以任人不勝任令論令以下至吏主者　置吏　子 84

〖释文〗

廿六　議：令車騎士、材官[1]皆相誰（推）[2]大夫以上，材犹（伉）建（健）[3]、勁有力、輕利足[4]、辯護[5]者，以爲卒長、五百將[6]、候長。候長一人將幕候[7]百廿人。上 82 名牒屬所二千石官，二千石官上相國、御史，移副中尉。有物故不爲吏者，輒誰（推）補，梢定其籍[8]。令上功勞，軍吏有缺，以 83 功勞、官次[9]補∠。縣道[10]令、長、丞、尉必身案察所誰（推），誰（推）次之不以實，以任人不勝任令[11]論令以下至吏主者。　置吏　子[12] 84

【语译】

廿六　奏议：令车骑士、材官都相互推举爵在大夫以上、体格强健、刚劲有力、善于奔走、善治理者，以为卒长、五百将、候长。候长一人率领幕候一百二十人。将名籍上报所属二千石官，二千石官上报相国、御史大夫，将副本移送中尉。因事故不为吏的，则（再）推举补任（其缺），并审慎写定相关簿籍。命令（因事故不为吏者）上报功劳，军吏出缺时，按功劳次和现任官次补任。县道令、长、丞、尉必须亲自考察被推举的人，如果不如实推举、排次，按"任人不胜任令"论罪令以下官吏至主事之吏。

【注释】

［1］车骑士、材官：车骑卒、步卒。《汉书·高帝纪》"上乃发上郡、北地、陇西车骑，巴蜀材官及中尉卒三万人为皇太子卫，军霸上"，应劭注"材官，有材力者"，张晏注"材官、骑士习射御骑驰战陈，常以八月，太守、都尉、令、长、丞会都试，课殿最"。《史记·平准书》集解引如淳注"楼船令：边郡选富者为车骑上"。

［2］相谁（推）：相互推举。《史记·樊郦滕灌列传》："楚骑来众，汉王乃择军中可为骑将者，皆推故秦骑士重泉人李必、骆甲习骑兵，今为校尉，可为骑将。"推择，不仅限于军事，如韩信"贫无行，不得推择为吏"（《史记·淮阴侯列传》），又《岳麓书院藏秦简（肆）》简143/1405"尉卒律"见"置典、老，必里相谁（推）"。

［3］材犹（伉）建（健）：体格强健。汉简名籍有署"伉健"者，居延新简"甲沟第十三隧长闲田万岁里上造冯匡年二十三　　伉健EPT27∶32"，又见悬泉汉简"材伉健、明习候事□为虎□I90DXT0114③∶75"。

［4］轻利足：善走者。《秦律十八种·田律》"（上略）近县令轻足行其书，远2县令邮行之（下略）3"。又有"邮利足"，里耶秦简"□迁陵以邮利足行洞庭，急8-90"。

［5］辩护：整理者注"善治"，又引《公羊传》何休注"其有辩护伉健者为里正"，阮元校勘记："按辩当作辨。辨即今人所用之办字。辩护，谓能干办护卫也。"

［6］卒长、五百将：大通上孙家寨汉简014、173、053载"其官吏卒

长五百将"；《二年律令·秩律》简 445 见"卒长，五百石"。《功令》简144 有"为有轻车郡卒长员，郡一人"。

［7］幕候：里耶秦简 9-2301 "【大庶】长贲告五□幕候两□马"，又"亟言莫（慕）候以闻"，整理者以为即"甲士"。

［8］揣定其籍：揣，整理者注"度"，疑读作"端"，指审慎。所定之籍，似主要指物故、推补事，如居延汉简："居延甲渠士吏䜌得广宛里公乘窦敝，能不宜其官。　今换补靡谷候长，代吕循。203∶33"

［9］官次：（现）任官的位次。

［10］县道："县道"下似削去一字，原因不明。

［11］任人不胜任令：指《功令》前见"（上略）所择不胜任及有罪耐以上，择者罚金一斤29"。

［12］置吏　子：置吏，似指《置吏律》，《功令》仅见。子，简末干支除此例外皆用天干，虽曾怀疑其为残半的"壬"，但相比其他两例"壬"，笔迹仍有差异，其令文关联亦不大，似仍应释"子"。

〔解说〕

本条旨在规定军吏的推举升迁，解读尚存疑难。

其一，本条令制定的初衷，可能是基于前令第十七规定"（爵）大夫以上补五百石至二百石"，故制定军吏系统的规则以相适配。因此，本令所推举军吏的必要前提，即"大夫以上"。同时，又因军吏有别于一般官吏，附加要求必须具备有几种能力之一，才能应选。

其二，"候长一人将幕候百廿人"，夹在令文中，与前后皆不相谐。推测这句是紧接前文"候长"，对其作出说明。《功令》第二"发弩、校长、髳长、候长"，"髳长、候长"有削改痕迹，原本应为两字。据此，推测第二原本仅作"髳长"，"候长"或系后来调整新增的军吏职名，并且可能是随本令颁下而带来的新调整，因此在令文中特别对"候长"作出说明。张忠炜（2024∶155）揭出王仁俊"知律文本有似训诂者""汉律本有近训诂者"的论断，认为意指"汉律中或存在与注说相近的文句，这也许即文献中提及的'律说'"。并引睡虎地秦简《法律答问》，《二年律令》对"失""不直""私属""庶人"及"行金""行钱""免老""睆老"等为证，指出"律文所以有训诂者，似意在清楚揭明律义"。以本条所见，令文中似也存在同样现象。

其三，本条令的文本层次及解读，争议较大。倾向认为将本令文本分为三个层次：

> ① 令车骑士、材官皆相谁（推）大夫以上，材犹（优）建（健）、劲有力、轻利足、辩护者，以为卒长、五百将、候长。候长一人将幕候百廿人。上名牒属所二千石官，二千石官上相国、御史，移副中尉。

根据前令的"官-爵"层次，规定车骑、材官推举爵在大夫以上，并且具备限定才能之一者，以任职卒长、五百将、候长。"相推"之后，即据以实际任命。或许是因为军队情形特殊，故在满足汉廷规定的前提下，辅以部分的军事民主。推举、任命后，须将相关名籍编册上报所辖二千石官，再由二千石官上呈汉廷相国、御史，并副呈中尉。二千石官、相国、御史、中尉，或主要承担核准、监管、存档的职能。

> ② 有物故不为吏者，辄谁（推）补，椯定其籍。令上功劳，军吏有缺，以功劳、官次补。

对符合前述要求，但因种种原因不当为吏者，再行推补以补不为吏者之缺。同时，须将"物故不为吏"及"推补"的情形如实记录，如前揭简例。对"有物故不为吏者"，则作出适当补偿。原因在于他们既符合相关规定，仍应有所升迁。又参照《功令》第一规定：

> 吏官佐史、令史、斗食、有秩视事盈二岁以上，年五十以下至廿五，有军功三，爵公大夫以上，欲上功劳，许之，通课补 庚$_{26}$丞、尉。尝为军吏遂（队）将以上，年五十以下至廿五，史，有军功三，爵公大夫以上，上功劳中尉，中尉谨择其可以为吏者，次$_{28}$功劳，上御史、丞相，御史、丞相以补军吏。所择不胜任及有罪耐以上，择者罚金一斤。$_{29}$

原本少吏爵公大夫以上，曾任军职者，可以上功劳补吏。后来随第十七的制定，"爵公大夫以上补六百石以上，大夫以上补五百石至二百石"，军吏卒"大夫以上"而"有物故不为吏者"仍应按第十七迁补。其迁补途径正和第一"公大夫以上"相类似，以功劳、官次补任军吏。其所补任的军吏，或是"卒长、五百将、候长"之外的其他军吏职。类似规定亦见《功令》第二：

> 二　议：发弩、校长、擎长、候长当补乘车而不史者，令上功丞相、御史，丞相、御史以补塞尉、城尉二百石吏。39

此令也可看作"有物故不为乘车"，改补"塞尉、城尉二百石吏"。

> ③县道令、长、丞、尉必身案察所谁（推），谁（推）次之不以实，以任人不胜任令论令以下至吏主者。

这里兼括前两层所见"相推"，规定县道长官须对军吏卒"相推"审慎案察，以实任补。县道长官既要监管"相推"，也要为之承担责任。在本令情境下，县道官的人事权及责任，似较前令规定的地方行政系统中的稍高一些。第一规定"县道官自次官史、佐劳，补斗食、令史，勿上25"，县道官在地方行政系统中，全权职掌的人事权，限在斗食、令史一级。在置守官的情境下，则规定"有秩乘车以下，令、丞亦令近者守31"，稍高于其全权职掌的层级。在本令监管军吏卒推补的情境下，似又稍高至二百石至五百石的层级。这些异同，或反映军吏系统与地方行政系统有同有异，这两个系统既不完全相同，又不全然割裂，呈现出差异而有序的复杂关系。

【简文】

卅　令爵公夫=以上補六百石以上∠齊吏民爵多庫∠請得以官夫=以上補及遷六百石以上　丙85

【释文】

卅　令：爵公大夫以上補六百石以上∠。[1]齊[2]吏民爵多庫∠，請：得

以官大夫[3]以上補及遷六百石以上。　　丙 85

〖语译〗

卅　（前）令：爵公大夫以上，补六百石以上官。齐国吏民爵位多卑下，因上请：准许（齐国）以爵官大夫以上者补缺、迁任六百石以上官。

〖注释〗

[1] 令爵公大夫以上补六百石以上：参《功令》第十七。

[2] 齐：诸侯国，高祖六年（前 201）以子肥为齐王。

[3] 官大夫：第六级爵，次公大夫一等。

〖解说〗

据本条，前令第十七颁行后，齐国作为诸侯国也应遵汉法执行。

"齐吏民爵多庳"，值得留意。高祖六年刘肥为齐王，"民能齐言者皆属齐"，齐民或仍以齐遗民为主。按所推定年代序列，令卅约颁行于惠帝末，相去不过十余年，齐国人口结构应未发生显著变化。那么，"齐吏民爵多庳"是否在汉初齐国初封时就已如此，原因如何？诸侯国吏民爵是否也同在汉法约束之下？或均有待探讨。

另须注意的是，所请为"以官大夫以上"迁补，相较原令文"爵公大夫以上"，实际只放宽官大夫一级。所请未采取补充的方式，即"请得以官大夫补及迁六百石以上"，而采取替换的方式，未知有无深意。

〖简文〗

卅一　上林言東芝西芝嗇夫皆有秩節缺内史更調它官吏補不習其事∠請得自擇除官嗇夫令史以補 86

〖释文〗

卅一　上林[1]言東芝（淺）[2]、西芝（淺）嗇夫皆有秩，節（即）缺，内史更調它官吏補，不習其事∠。請：得自擇除官嗇夫、令史以補。86

〖语译〗

卅一　上林奏言：东芝（淺）、西芝（淺）嗇夫均属有秩官，若出现职缺，内史调任其他官署的属吏递补（职缺），（但）不熟悉职事。（上林）奏请：请求自行选择、除任官嗇夫、令史，递补职缺。

〖注释〗

[1] 上林：上林苑主官，秦及汉初似为少府属官。

[2] 芝（浞）：芝，《说文》"艹浮水中皃（貌）"，由此或引申出池沼意。整理者认为"芝，读作'浞'"，引《玉篇》"浞，深也"为解，东芝（浞）、西芝（浞）是"上林苑池沼名"。上林苑在汉武帝时规模扩展迅速，元鼎二年（前115）由新置的水衡都尉掌管。

〖解说〗

此条是上林苑奏请如何除任职缺的规定。令文一如前所见，仅保留了奏请定令的主体；相关程序性的文字，大概是被删削。按前述迁补规定，"御史、丞相杂补属尉、佐以上，二千石官补有秩啬夫（下略）22"，与本条令文所见内史调补职缺似正相契合。整理者认为上林苑在内史管辖地域内，故后者拥有人事调补的职权。内史可供调补的范围，从《功令》八十二条"诸都官斗食、有秩，皆移功劳其家在所内史、郡守"看，都官吏员应该是备选职缺的重要来源吧。关于自择除为吏，从《功令》看，多属于专业性质较强的职位，故按一般遴选规定选补的人员，会出现不熟悉吏事的情况。有鉴于此，中央、地方官或王国会提出申请，提出变通的解决方案，自择除即为方案之一，或展现出制度理性之一斑。

〖简文〗

卅三　北地守書言月氏道大柢蠻夷不習吏事請令旁縣道給令史吏能自給止 87

〖释文〗

卅三　北地[1]守書言：月氏道[2]大柢[3]蠻夷，不習吏事[4]。請令旁縣道給令史，吏能自給止。87

〖语译〗

`卅三　北地郡守上书：月氏道多是蛮夷之人，不熟悉官府事务。请求（朝廷允许）从（月氏道）旁边的县道选择令史，直到（月氏道）能独立除授吏员为止。

〖注释〗

[1] 北地：秦时置郡，汉初直属朝廷，起初或治彭阳（今甘肃镇原县

东），后可能徙至马岭（今甘肃庆阳市西北）（周振鹤 2017：525~528）。

［2］月氏道：汉初似属北地郡，元鼎三年（前 114），汉武帝析北地郡而置安定，疑此道由此划归安定郡（治当在今宁夏固原市南与隆德县、西吉县交界处一带）（周振鹤 2017：483~484）。该道民众似以月氏为多，故名。

［3］大柢：即"大抵"，意指大多、大都。《史记·杜周传》："狱久者至更数赦十有余岁而相告言，大抵尽诋以不道以上。"

［4］吏事：似泛指官府事务。或以为指刑狱事，恐不确。

　　每朝会议，开陈其端，令人主自择，不肯面折庭争，于是天子察其行敦厚，辩论有余，习文法吏事，而又缘饰以儒术，上大悦之。（《史记·公孙弘列传》）

　　先是含洭、浈阳、曲江三县，越之故地，武帝平之，内属桂阳。民居深山，滨溪谷，习其风土，不出田租。夫郡远者，或且千里。吏事往来，辄发民乘船，名曰"传役"。每一吏出，徭及数家，百姓苦之。（《后汉书·卫飒传》）

〖解说〗

此条是北地郡守基于月氏道不习吏事而奏请如何除受令史的规定。亦即，朝廷虽在蛮夷地设县道以统治之，也会根据现实情形采用灵活举措——从周边诸县选调、除任官吏，以保证官府事务的顺畅运作。对理解汉初北地郡之情形，有积极意义；类似规定，又见于《功令》卅九、五十三等条，不赘。

〖简文〗

卅五　淮南请得以漢人爲淮南吏爵夫=以上者補六百石 • 制曰亦通用其國人夫=以上 88

〖释文〗

卅五　淮南[1]请：得以漢人[2]爲淮南吏爵大夫以上者，補六百石。• 制曰：亦通用其國人大夫以上。88

〖语译〗

卅五　淮南国奏请：（允许）汉人在淮南国任职且爵位在大夫以上的，续补六百石官。•制曰：（允许所请，补六百石者）也适用于淮南（吏民）爵位在大夫以上者。

〖注释〗

［1］淮南：即刘长淮南国。

［2］汉人：汉初著籍于汉廷直辖郡县的人口，与之相对的则是"诸侯人"，即户籍在诸侯王国之人（李开元 2023：40）。

　　　诸侯人有罪当罢（迁）者，赵、齐罢（迁）燕，楚罢（迁）吴，淮南、燕、长沙各罢（迁）及处边县雠（稠）害所，其与蛮夷、[318]边县民，令赎罢（迁）。[319]（《汉律十六章·罢（迁）律》）

〖解说〗

此条是淮南国奏请任职王国且爵在大夫以上的汉人递补六百石官的规定，朝廷据此又规定淮南国人爵在大夫以上的亦可递补六百石官。据《功令》简73~74 所见爵–官规定及相关解说（详上）可知，一般情况下补六百石官需爵位在公大夫以上，补五百石至二百石官需爵位在大夫以上。此条显然是对上述爵–官对应关系规定的打破，一如简85 所见齐国奏请制定新令文（《功令》卅条）。之所以如此，大概是基于齐国、淮南国内"民爵多庳（卑）"的情况，故两国相继提出奏请制定适合本国现实的新规定吧。又，就汉初郡国并行制而言，尽管双方是属于对峙关系，但汉人可以任职诸侯王国，诸侯人可任职王国或朝廷，尽管任职王国会有左迁之嫌疑，如周昌由御史大夫转任赵国相时，高祖直言"吾极知其左迁"（《史记·张丞相列传》），但汉初朝廷官与王国官秩级多数相同，与武帝时颁行的"左官律"明显有别。

〖简文〗

卅六　吏當爲中＝都＝官＝吏＝亡及爲詐以避行若以去其官欲爲縣∠它官吏者皆終身毋得爲吏犯令及吏除者奪[89]

爵各一级∠前令爲吏者勿斥 90

〖释文〗

卅六　吏当爲中都官^[1]吏、中都官吏亡，及爲詿（詐）以避行^[2]，若以去其官欲爲縣∠、它官吏者，皆终身毋得爲吏。犯令及吏除者，夺 89 爵各一级∠。前令^[3]爲吏者，勿斥。90

〖语译〗

卅六　应当出任中都官吏、（已出任的）中都官吏逃亡及诈伪逃避（职事的），或者（为诈）离开现职而打算出任县（官）、它官（官署）职务的，终身禁止为吏。违反令文规定及任命（其人）为吏的，夺爵各一级。本令颁布前已出任官吏的，不必免斥。

〖注释〗

［1］中都官：一般理解为"京师诸官府"；与之相对，或提出"地方都官"说，亦即，都官一词在指称京师官府时，也可指其在地方上的派出机构（唐俊峰 2014）。中都官吏，似泛指京师中央机构之吏。

［2］避行：或指不愿由"县、它官吏"等转任"中都官者"，即躲避任命不赴官。相类似的，如高祖召卢绾，绾"称病不行"（《史记·卢绾列传》）。

［3］前令：或指本令颁布前，即"令前不论"，参简 70 注释［3］。

〖解说〗

此条令文是对逃避中都官职事而欲任职县官或其他机构的惩罚规定，主要是针对两类对象、三种情形而言的。具体而言，一是当为中都官吏者，一是已为中都官吏者；若出现以下三种情形："亡"、"为詿（诈）以避行"、"（为诈）以去其官欲为县、它官吏"；惩处是"终身毋得为吏"。与之同时，对违反上述规定之人，及除任这批人为吏的上级，又处以夺爵一级的惩处。令文颁行的背景不明，理解起来困难不少。其一，为何会出现逃避在中都官吏任职的情况？从《功令》九十九之"家去官远，不能自给，愿罢"的记载看，大概是逃避中都官吏任职的原因之一吧。其二，"终身毋得为吏"一句，通常会被视为"锢"。《功令》第十条中使用"锢"字，此处为何又如此表述呢？不同表述同存于《功令》看，显现出两者之间或存在差异。整理者采纳张伯元的意见，将"锢"理解为"禁止'以爵、赏除'"，或可聊备一说。其三，"终身毋得为吏"规定明确，不过，是否还可以"为宦（皇帝）"？对此令文的准确把握，还有待时日。

〖简文〗

卅七 請郡治獄卒史郡三人在員中節有缺丞相御史以功次能治獄者補 91

〖释文〗

卅七 請：郡治獄卒史[1]郡三人，在員中節（即）有缺，丞相、御史以功次、能治獄者補。91

〖语译〗

卅七 奏请：郡治狱卒史（每郡设员）三人，若吏员不足，丞相、御史大夫根据功次及善于治狱者选补缺员。

〖注释〗

[1] 郡治狱卒史：参《功令》十一注释 [6]。又，治狱卒史外，秦及汉初尚见卒史覆狱、假卒史治狱事。也即是说，实际参与治狱的人员不限于治狱卒史。整理者引《史记·汲黯传》如淳注曰："律，太守、都尉、诸侯内史史各一人，卒史、书佐各十人。"

〖解说〗

此条令文规定郡治狱卒史的员额及选拔。就选拔而言，功劳仍是第一原则，此外就是专业素养。借用《功令》第五十九所见，即"功多能宜"之原则。就汉初而言，郡治狱卒史的任命权在丞相、御史大夫，一如论者所言，"汉初县廷各分职部门之主管官吏，乃至乡、亭之主吏，皆朝廷所任命"（廖伯源 2002/2018：231）。到汉武帝时，情况似发生变化：从《史记·汲黯列传》"择丞史而任之"的记载看，这些级别吏员的任免权由朝廷而转至郡国长官手中。

《中国古代法律文献研究》第十九辑

2024 年，第 097~120 页

张家山三三六号墓
《功令》的编联[*]

——兼谈简末干支

汪华龙^{**}

摘　要：本文对《功令》简的编联问题展开思考，结合形制、格式、背划线、书迹及文意等因素，尝试提出一套新的编联方案，其中《功令》第一尤属重中之重。《功令》第一的第一组主旨侧重于"上功劳"，第二组是功劳升迁的总则，第三组规定各级官府的人事权，第四组是任官补吏的补充规定，第五组涉及免官及"复用"等。《功令》第一以下的令文，相对而言，问题较少，分歧亦少，仅选择若干例子，进行简单说明。此外，对《功令》所见的简末干支资料，也进行了较为全面的搜集与整理，指出同一天干编号的简，令文内容关联性较强，笔迹与《功令》前半篇主体笔迹同。证据有限，个别编联调整多属于"理校"，还有待更多的证据检验。

关键词：《功令》第一　背划线　干支编号　笔迹

《张家山汉墓竹简〔三三六号墓〕》正式公布后，由张忠炜教授召集，

---

*　本文为国家社科基金后期资助一般项目"汉晋简牍石刻的古文书学研究"（21FZSB030）阶段性成果。

**　扬州大学社会发展学院副教授。

组成张家山三三六号墓汉简读书班，自 2023 年 5 月至 2024 年 4 月完成全部《功令》简研读。研读之初，我们已注意到简序编联存在疑问，并初步调整编联。随研读与译注稿工作的展开，又时时加以调整，在疏通文义的基础上，也留意笔迹、修订、背划线等因素，并在荆州博物馆及彭浩先生的帮助下调阅原简及其他资料。2024 年 7 月初，调整最后一枚简序，编联工作告一段落。

需要说明的是，张家山 M336 汉律令简公布后，海内外多所学术机构及诸多学界同仁几乎同时展开研读工作，新见纷呈。其中，黄浩波先生对编联调整贡献尤多，并系统阐述了卓见。①曹旅宁、"雁行"、"小丸子"等先生也分享了一些重要意见。② 一个基本的事实是，这些编联意见的发表时有先后，我们或取鉴吸纳，或不谋而合，或有一些不同认识。借此次译注稿发表的契机，我们亦将编联方案与既有观点细致对照，以取长补短。为尊重黄浩波等先生的贡献，编联调整凡已见诸网络或会议论文者，不再赘述，谨此郑重说明。

一、《功令》编联的依据

简册的编联复原，业已积累一些共通的基本方法，如形制、揭剥图、文书格式、笔迹与文意，等等。具体到每一种材料的编联，因其本身的特性以及公布信息的详略，在方法上又各有侧重。

以 M336《功令》的公布情况而言，简牍报告的高清图版是编联以及深入研究的重要基础，所附简背划线也有一定参考意义，但揭剥图与揭剥信息的缺失无疑是一大缺憾。以其本身特性而言，M336 汉律令是已公布大宗律令中最能显现增删修订的一种，基本可以断言是用以随葬的墓主生

---

① 黄浩波：《张家山三三六号汉墓竹简〈功令〉编连刍议》，简帛网，2023 年 3 月 20 日；黄浩波：《张家山汉简〈功令〉新编》，武汉大学简帛研究中心等编《新出土战国秦汉简牍文献研究论文集》（中国简帛学国际论坛二○二三），2023，第 237～251 页。文内简称《刍议》《新编》，不再赘注。

② 曹旅宁：《张家山 336 号汉墓〈功令〉简七三、七四、九六编联刍议》，简帛网，2023 年 4 月 21 日。简帛论坛《张家山汉墓竹简（336 号墓）〈功令〉初读》2023 年 3 月 14 日以来，黄浩波及论坛 ID"雁行""小丸子"等发表了重要意见。

前实用并时加修订的律令简册。作为现实实用物，其增删修订常常因便就简，呈现不少个人化的特征，如刮削、连缀、增简、撤简，等等；同时，一些曾经修订的令条，其前后简甚至同一枚简的笔迹呈现也有不同，偏重共时性的抄手笔迹与偏重异时性的修订笔迹共存，也对编联造成影响。

以下简要说明我们调整《功令》编联的主要依据及一些认识。先谈令编号、图版、简背划线等较客观的因素。

令编号　已公布《功令》共 184 枚简，一些简的天头位置写有令编号，自"一"编至"百二"，其中缺失编号 24 个，凡见编号 78 个。《功令》第二以后，带有令编号的简超过半数，提供了确定的结构性依据。如整理者所言，"竹简的数字编号是确定《功令》编联的基本依据"。①

图版　《功令》彩色图版清晰度较高，便于观察。为便整体观览，我们按调整后的简序制作了编联图。② 个别残简（简 24）在简牍报告中误经缩小，影响编联，经调阅原简，我们在编联图中调整了该简尺寸。其他简的图版有些也经过小幅缩放，在将各简汇于一图时，表现为编绳痕迹、契口有所浮动，个别简的文字甚至压在编绳水平线上，经确认原简，我们也对相应图版进行了小幅编辑。简牍在埋藏、出土、脱水过程中都会发生形变，作为编联实用的简册，其三道编绳应大致位于同一水平线上。

简背划线　部分《功令》简有简背划线，多数不相衔接，整理者推测与文本变动引起的编序调整，以及制简、取简的随机性有关。应当注意，一些可以衔接的简背划线，可以作为编联的参考。我们也按新简序，制作了相应的简背划线图。一个值得注意的现象是，有几组令编号中断处，前后简背划线却可以衔接（参图 1），如简 80（第廿三）与简 81~83（第廿五、廿六），简 84（第廿六）与简 85（第卅），简 110~112（第卅八至五十）与简 113（第五十三），简 117（第五十七）与简 118~119（第五十九）。我们曾认为，令编号的中断是将旧有之令撤下，上述现象则提示另一种可能性，即抄写时所据底本的令编号已经中断。进言之，这又涉及令的颁下、修订、抄写过程的时效性，仍有待研究。

---

① 荆州博物馆编，彭浩主编：《张家山汉墓竹简〔三三六号墓〕》，文物出版社，2022，第 95 页。

② 新制《功令》编联图及简背划线图，我们会尽快公布。

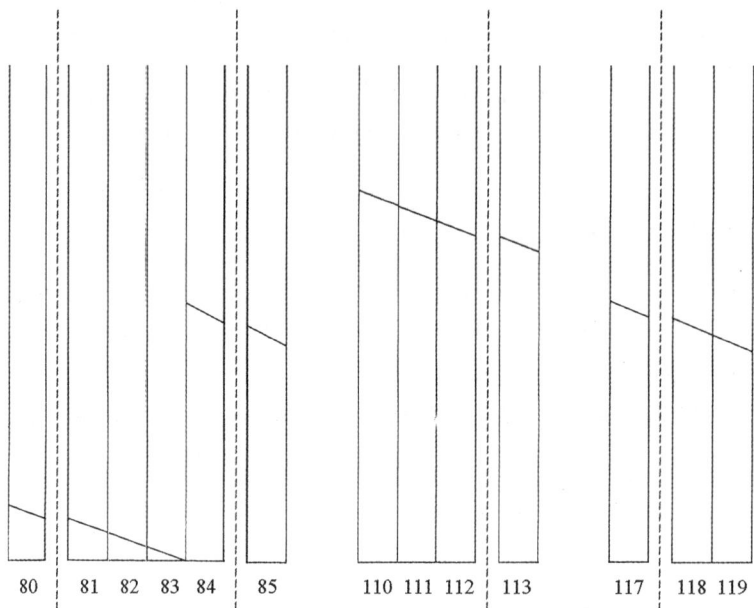

图1 令编号中断、背划线相接的简组

再看其他一些相互交织或仍待进一步综合研究的因素。

增删修订 增删修订是 M336 汉律令的突出现象，我们曾利用它来初步梳理《功令》各令颁下的年代序列。[①] 在一些令条中，对增删修订的考察，不仅能复原断限于文帝二年的编联，甚至可以复原其修订前的面貌。增删修订常造成文本的异时性，其突出表现为修订后文本的容字、字径、笔迹常与旧简面书写现象不一致。目前来看，这类现象又以《功令》第一最为集中，很可能经过多次剧烈的变化，一些现象的解读仍有待进一步研究。

笔迹、用字 笔迹、用字是相关联的。我们前已编制公布 M336《功令》及汉律文字全编（复旦大学出土文献与古文字研究中心网站），可用以检索字形。除去增删修订所造成的不同笔迹的交错杂糅，我们大致将《功令》主体抄写笔迹分为前后两部分，其分界大致在简 91（第卅七）

---

① 汪华龙：《张家山 M336 汉律令年代问题初探》，《中国人民大学学报》2024 年第 1 期。以下引此不再赘注。

前后。前后对比，前部的主体笔迹字径较小，笔画较细，结体多较方正而较少倾斜；后部的主体笔迹则字径较大，笔画较粗，结体多向右上倾斜。前部的一些修订笔迹，与后部主体笔迹一致，截取简 16、22 两种笔迹衔接处以示差异（图 2）。另外，在后部偏后数条，又出现一种结体较长的笔迹，易于识别，相较独立，对编联的影响较小。①

原简、负片、释读号 初步完成译注稿后，我们两次赴荆州博物馆调阅原简，重点之一即调查修订的刮削痕迹。遗憾的是，由于竹简经过饱水、脱水的盈涨形变，一些较小的刮削痕迹并不明显，只有一些刮削面较大、削去较深的简较为明显。另外，原简中，新见一枚未公布的无字素简，天头处有一墨点；另有两枚无字残简，残长均约为完简的一半。② 在彭浩先生处，得见早年拍摄《功令》负片，又新见一枚有字残简，长约完简之半，宽存右侧约二分之一，未能释读。又得见原始释读号，或能稍弥补未见揭剥图的缺憾。

令文格式 《功令》第一呈现与其他令的明显不同，一是含有大量天头无标识的单独简或简组，推测其原本是所"议：以功劳置吏"中若干独立的"事"，或采用"其事不同者……事别编之"③ 的形式汇编而成。二是其他令条时时见到的原始诏令用语，几乎绝未见于第一内部，这既因第一由"议：以功劳置吏"总领，似也显示其成文法的色彩更重，带有"预设立法"的意味。④ 此外，令的自注、以案例附令（简 38）等律令编纂的体例，在 M336《功令》中也已出现。

以上若干因素，除令编号提供的认识确定无疑外，多数作为编联或是

图 2　两种主体笔迹
差异示意图

---

① 对 M336《功令》笔迹的研究，另参肖芸晓：《穿令断律：张家山汉简〈功令〉的笔迹、年代与编纂》，周东平、朱腾主编《法律史译评》第 11 卷，中西书局，2023。

② 已公布《功令》简中有几枚简仅残余上半截甚至更少，如简 30、79、133、24，这 2 枚残简，推测较可能是其中所缺的下截。

③ 陈松长主编：《岳麓书院藏秦简（伍）》简 112/1698，上海辞书出版社，2017，第 105 页。

④ 值得一提的是，一些或是后来修订增入的简，也都遵从了第一既有的编纂原则与令文格式。

验证编联的必要参照。简末干支亦可参考，详后。最后也是最重要的因素，是令文文意的贯通。相关认识，具见于我们的译注稿。

二、《功令》编联方案及说明

（一）《功令》第一的编联

《功令》第一在全篇中篇幅最大，最为基础，其内部编联问题亦最复杂。先列出我们的编联方案，为求明白，使用繁琐的方式：①

　　2 ‖ 3—4，5—6—7—8—9—10—11，12～13～27、33、14 ‖ 20、21，15—16—17—18—37 ‖ 22～19、25 ‖ 26—28—29，184，31 ‖ 36—154—155、34、115～32 ‖

我们曾指出，《功令》第一可能是汉初取法秦《功令》而预设立法的产物，其内部又经过多次追加、修订。或与此有关，第一内部存在大量并列的令条，为全篇所仅见，其笔迹、修订的问题亦最复杂，而可佐证编联的依据却并不充分。故第一编联的难度最大，是我们最后完成的一组，大概也会是最有争议的一组。我们的工作方法，是暂先搁置第一，而完善第二至百二的编联调整，从而将那些应属第一的简甄别出来。至于第一内部的次序，目前实无可以凭资的"铁证"，图版、简背划线、原简实物、负片、释读号等，都不能直接解决编联问题。反复考虑后，我们采取"以类相从"的方式，优先考虑文意的关联性，同时亦留意笔迹、简背划线、修订等其他可能的依据，尝试进行分组。所呈现的，大概只能是一个供参考的、主观性的方案。

需要说明的是，将"以类相从"作为编联复原逻辑，本身可能存在争议，《功令》第一完全可能以独立条文错综排次的形态呈现。不过，如果

---

① "‖"表示分组；","、"、"表示次级分组；"—"表示简文接续；"～"表示前简留白而另起一简，但简文有接续连读的可能，或可视为一种松散的接续关系。

注意简组 15—16—17—18—37 的形态，特别是简 16—17、简 17—18 的衔接都是将原本各自独立的简整合到一起，则"以类相从"很可能作为编纂的基本逻辑。即便不然，分类也有助于总体的认识。至于如何分类，以及各类的彼此先后，大概最易致分歧，以下陈述我们的意见。

（1）3—4，5—6—7—8—9—10—11，12～13～27、33、14

本组主旨是"上功劳"，包括两种功劳式与积劳计功的细则。

- 诸上功劳皆上为汉以来功劳，放（仿）式以二尺牒，各为将（状）以尺三行，皆参折好书，以功多者为右次编，上属所二千石官。二千石官谨以 庚₃ 式案致，上御史、丞相，常会十月朔日∠。有物故不当迁者，辄言除功牒。₄
- 左方上功劳式₅壹

  某官某吏某爵某功劳₆壹

  为某吏若干岁月其若干治狱₇壹　　　今为某官若干岁₇贰

  从军为某吏若干岁月₈壹　　　　　　能某物₈贰
- 凡为吏若干岁月其若干从军₉壹　　年若干₉贰
- 凡军功劳若干₁₀壹　　　　　　　　某县某里₁₀贰
- 凡中功劳若干₁₁壹　　　　　　　　姓某氏₁₁贰
- 左方功将（状）式₅贰

  某官某吏某爵某功将（状）₆贰　　大凡功若干₆叄

  军功劳若干₇叄　　　　　　　　　　某县某里₇肆

  中功劳若干₈叄　　　　　　　　　　姓某氏₈肆
- 凡功若干₉叄　　　　　　　　　　　秩若干石₉肆

  今为某官若干岁₁₀叄

  能某物₁₁叄

以上两种式的编联，以及前缀简 3—4，确定无疑。需要指出，简 5 至简 13 背划线是一道连贯的长直线（图 3），简 12、13 恰解释两种"式"载录的功、劳来源与折算关系，内容相关。故在前组简后，接续以下一组：

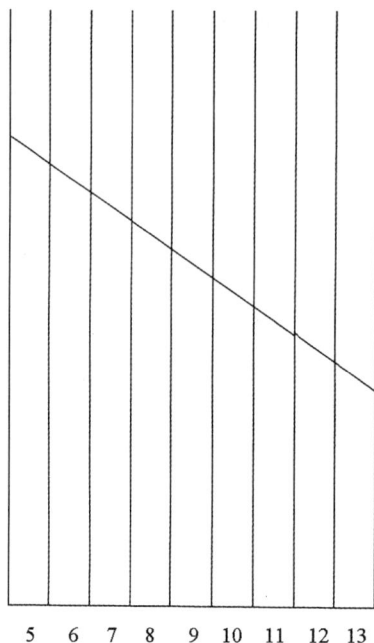

图3　简5至简13背划线（局部）

吏自佐史以上，各以定视事日自占劳，劳盈岁为中劳，中劳四岁为
一功∠。从军劳二岁亦为一功。　　壬12

身斩首二级、若捕虏二人各为一功∠。军论之爵二级为半功。13

其斩首、捕虏，若有它军论者，具署之。其有秩乘车以上，官彻
疏之。27

当上功劳其为死事者后，所为后有身斩首、爵及捕虏，得数以为功。33

上功劳不以实二岁若一功以上，夺爵二级。不盈二岁至六月及半
功，夺爵一级，皆免之。●诏所致不用此令。　　戊14

以上五枚简，都可看作"上功劳"中积劳计功的细则，关联紧密。简
12分隔符前，规定如何积吏劳，及其与功的折算关系；分隔符后，规定从
军劳与功的折算。简13规定斩首、捕虏、军论之爵与功的折算，很可能接
续简12分隔符后的"从军"。简27规定"具署之""彻疏之"的，正是简
13中的"斩首、捕虏、军论"，很可能也有接续关系。亦即，简12、13、
27可能是接续连读的一组简。简33规定死事者后可继承军功劳，是军功

劳积累的特殊形式（继承）。简 14 则强调应如实"上功劳"，其功劳数
"二岁""一功"等又与前四枚简关联密切，故列在最后。

（2）20、21，15—16—17—18—37

本组主旨，是升迁的总原则与序列。

　　吏有缺，谨以功劳次补之。20

　　吏缺多而当补者少，益取其次。21

　　●中二千石有缺，课郡守以补之╱。郡尉补郡守，它吏千石补二
千石。　　八百石补千石，六百石补　　八百石╱。五百石补六15百
石╱。四百石补五百石╱。三百石补四百石╱。二百石补三百石╱。斗
食、学16佴通课补有秩，有秩通课补有秩乘车，有秩乘车通课补丞尉。
令史通课补属、尉佐，属、尉佐通课补卒史，卒【史】补丞尉、丞相
大尉17史。丞相大尉史年五十以下治狱者补御史，御史补六百石，不
当补御史者与秩比通课。调者、郎中亦上功劳，调者18各以其秩与外
吏课功劳╱，郎中比调者╱。不欲为吏，署功牒。37

　　基于第一组的"上功劳"，可用以补吏，其总原则即简 20、21。"功劳
次"，渊源于前组简 3"以功多者为右次编"；"补之""益取其次"，即简
15—16—17—18—37 所见升迁序列。

（3）22～19、25

本组主旨，是各级人事任用权。

　　御史、丞相杂补属、尉佐以上，二千石官补有秩啬夫，其有秩、
有秩乘车啬夫。22

　　其补六百石以上者当闻。19

　　县道官自次官史、佐劳，补斗食、令史，勿上。其当遣〈补〉令
史者，必尝长曹二岁、壹计以上，年卅八以下，乃用之。　壬25

　　基于第二组的升迁序列，本组规定各级人事任用权，大致分御史丞
相、二千石官、县道官三等，又规定六百石以上须奏闻皇帝。

需要说明的是，简 22 自为一条，"其有秩、有秩乘车啬夫"是解释前面的"有秩啬夫"，而非语意未完。《功令》类似者，又有简 82 中"候长一人将幕候百廿人"等。清人王仁俊提出"律文本有似训诂者""汉律本有近训诂者"，张忠炜进而指出"汉律中或存在与注说相近的文句，这也许即文献中提及的'律说'"。① 目前来看，令乃至诏书中，可能也使用此种方式来析疑解惑。

简 19 首字"其"，指简 22"御史、丞相杂补属、尉佐以上"，亦即六百石以上官吏，选举权在御史、丞相，决策权则在皇帝。武帝初，丞相田蚡"入奏事"，"荐人或起家至二千石"，武帝乃责以"君除吏已尽未"，或即这一令条的现实运作。② 黄浩波将简 19 接在简 42—43（第五）后，作为诸侯子超迁的补充规定，我们不同意。简 43 简末留有一字空，应视为留白简，一般文意已完。应当指出，黄浩波已揭出岳麓秦简《迁吏令》"六百石以上以免，御史以闻"，以及《汉官旧仪》"旧制：吏六百石以上，尚书调；拜迁四百石长相至二百石，丞相调；除中都官百石，大鸿胪调；郡国百石，二千石调"。③ 两者皆反映秦汉六百石以上官吏任免应由皇帝决断，汉制可能渊源于秦。

（4）26—28—29，184，31

本组主旨，是对"补"吏的若干补充规定，涉及超迁、避籍、守官等。

> 吏官佐史∠、令史∠、斗食∠、有秩视事盈二岁以上，年五十以下至廿五，有军功三∠，爵公大夫以上，欲上功劳，许之，通课补庚26丞、尉。尝为军吏遂（队）将以上∠，年五十以下至廿五∠，史，有军功三∠，爵公大夫以上，上功劳中尉，中尉谨择其可以为吏者，次28功劳，上御史、丞相，御史、丞相以补军吏。所择不胜任及有罪耐以上，择者罚金一斤。29

---

① （清）薛允升辑录，张忠炜点校：《汉律辑存合校》，上海古籍出版社，2024，第 154 页。
② 《史记》卷一百七《魏其武安侯列传》，中华书局，1982，第 2844 页。
③ 黄浩波：《张家山汉简〈功令〉新编》，第 240 页；陈松长主编：《岳麓书院藏秦简（伍）》，上海辞书出版社，2017，第 191 页；孙星衍等辑，周天游点校：《汉官六种》，中华书局，1990，第 50 页。

本组简，先行研究都以简 26—27 为一条，简 26 "通课补"后点句号；又以简 28—29 为一条。简 27 我们前已析出，改属第一组。如将简 26 简化，即官佐史、令史、斗食、有秩 "通课补"，如何 "通课补" 却不得而知。简 26、28 针对人群的限定中，多数条件是相同的，其 "爵公大夫以上"，汉初称高爵，至《功令》第十七又规定 "爵公大夫以上补六百石以上"，故我们理解为针对某一类有功者的超迁。按升迁序列，有秩须经有秩乘车一级至丞、尉，令史、斗食须两级，佐史须三级，故将简 26 与简 28 接续读为 "通课补丞、尉"，视为一种超迁。其后 "尝为军吏遂（队）将以上" 的主语，仍是简 26 起头的 "吏"。①

有秩乘车以上功劳次当补其家居县缺者，皆调徙之。184

丞、尉以上有缺未补，二千石官调令旁近官守焉∠。有秩乘车以下，令、丞亦令近者守，皆须其真吏到罢之。31

简 184 规定有秩乘车以上须避本籍县任职，是今见最早的避籍规定。简 31 则就 "有缺未补" 时如何置守吏作出规定。置守吏的情形卜，其临时任命权的归属与前组正式任命有所不同。有秩、有秩乘车的正式任命权归二千石官，但令、丞可置守吏；丞、尉以上的正式任命权归丞相、御史，但二千石官可置守吏。所反映的，应是将代理某职的临时任命权下放地方，以维系职任出缺到正式任命之间的政务运作。它们与简 26—28—29 都围绕 "补" 吏的特殊情形作出补充规定，故归为一组，置于前三组之后、第 5 组 "免官" 之前。

（5）36—154—155、34、115~32

本组主旨，是免官及 "复用"。

吏及宦皇帝者病不能视事，及有论毄（系），盈三月者，免之。病有瘳、论事已，及罢官当复用者，皆复用如其故官　戊36秩∠，居县上其劳。年免老及当上劳过上功时不上，及病盈二岁、吏以病盈三

---

① "军功三" 折从军六岁劳，如果本令颁于高帝五年或稍晚，约上溯至高帝起事以来的从军者，这与高帝五年罢兵诏优遇军吏卒的倾向是一致的。

月免者，皆不得 154 上劳复用。155

36—154—155 已由黄浩波调整，文意衔接，可从。亦应注意，简 36 的容字、笔迹与简 154—155 存在差异，简 36 文字相较偏小而紧凑，"病""盈"等字前后字形、笔迹也不同（表 1）。而简 36 容字、笔迹与简 34 相近，"吏及宦皇帝者""病"无疑出自一人之手。亦即，简 154—155 有经修订新增的可能。这几枚简对"病""论""老"都作出明确规定，应是本组简的前置基础条文。

表 1　本组"病""盈"字形对照表

简 34	简 36		简 154	
病	病 病	盈	狗 狗	盈 盈

吏及宦皇帝者秩六百石以上及调者、御史，以老免若罢官，及病而免者，皆勿事。　丁34

丞、尉以上老不能治者，二千石官免之。　戊115

敢擅免者夺爵一级。丞、尉以上当免者，二千石官、二千石官丞弗先得，罚金各四两。32

简 34 与简 36 关联性较大，顺次排在前组后，是对六百石以上等免官的优待。简 115、32 都与"二千石官"免"丞尉以上"有关，虽是独立的两枚简，但内容很可能连读，简 32 简首"敢擅免者"基于简 115 而言。

以上是我们对《功令》第一的编联方案，调整后存简 36 枚，按我们所理解的文义分为五组，其主旨依次为上功劳、升迁序列、人事权、补吏补充规定、免官（图 4）。① 毋庸讳言，其中主观性的判断较多，敬祈批评赐教。

---

① 图 4 据《张家山汉墓竹简〔三三六号墓〕》原大图版，利用 Photoshop 重新编排，并对各简描边、脱色（图 6 的处理同此）。有几枚原大图版是早期黑白负片，对比度较低，对图版处理有影响。以虚线标识我们的分组意见。

图 4 《功令》第一编联图示意

（二）《功令》第二以下的编联

第二以后，存简 147 枚，带有令编号的有 77 枚，超过半数，它们是编联的基础。除带有令编号的令条外，其所附之令及其简数相较有限。故编联调整相较容易，学者共识大于分歧。仍先列出编联方案：①

39 ‖ 40 ‖ 41 ‖ 42—43 ‖ 44 ‖ 45—55—56—57—58 ‖ 49，50 ‖ 51—52—53 ‖ 54 ‖ 59—60—61—62 ‖ 63 ‖ 64 ‖ 65，66—30，38 ‖ 67—68—69，70 ‖ 71—72 ‖ 73—74，96 ‖ 75—76 ‖ （二~十八）77 ‖ 78—79 ‖ （廿、廿一）80 ‖ （廿三）81 ‖ 82—83—84 ‖ （廿五~廿六）85 ‖ 86 ‖ （卅~卅一）87 ‖ （卅三）88 ‖ 89—90 ‖ 91 ‖ 92—93—94 ‖ 95 ‖ 97 ‖ （卅五~卅）98—99 ‖ 100 ‖ 101—102 ‖ 103—104 ‖ 105—106 ‖ 107，108—109 ‖ 110 ‖ 111 ‖ 112 ‖ （卅二~五十）113—114 ‖ （五十三）116 ‖ 117 ‖ （五十六~五十七）118—119 ‖ 120—46，47—48 ‖ 122—123 ‖ 124 ‖ 125—126 ‖ 127 ‖ （五十九~六十四）128 ‖ （七十一）129 ‖ （七十三）130 ‖ 131 ‖ 132—35 ‖ 133 ‖ 134 ‖ 135 ‖ （七十五~八十）136—158 ‖ 138 ‖ 139—140 ‖ 141 ‖ 142—143 ‖ 144—145—146—147 ‖ 148—149 ‖ 150—151 ‖ 152 ‖ 153—160 ‖ 156—157—161，162—163—164—165，159—137 ‖ （八十二~九十二）166—167—168—121 ‖ 169—170 ‖ 171—172 ‖ 173—174—175 ‖ 176 ‖ 177—178 ‖ 179—180 ‖ 181—182—23 ‖ 183—24 ‖ （九十四~百二）

以下仅就编联调整或存异议，或有必要者，稍作交代。

（1）49，50

八　诸上功劳廉者，署之。49

御史、丞相谨察诸吏行谊、端平、廉絜、毋害、孝弟、脩白有以

---

① "‖"分隔令编号；","分隔同一令编号下的令条；"—"表示简文接续；每一组连续的令编号后，小字括注令编号起止。

异者，请迁之毋以次。50

　　九　吏廉絜、平端者，吾甚欲得而异迁及有（又）以赏禄之∠。前日诏吏谨察诸吏廉絜、平端者用之∠。51（下略）

　　此为整理者原序，黄浩波《新编》则将简 50 移至第一中。应当注意，简 50 至简 53 背划线连贯成线，较支持整理者原序（图 5）。以文意而言，第九"前日诏"，所指可能与简 50 有关；简 50 所察"廉絜"，又与简 49"署廉"相关。与之相比，黄浩波强调简 50"迁之毋以次"与简 20、21 以"功劳次"补吏之间存在的关联性则较低。因此，简 50 位置仍从整理者原序。

　　（2）67—68—69，70

　　十五　议：二千石官、县道毋得除叚（假）廷史、卒史、属尉佐、令史、官佐史，犯令及所除视事盈十日，虽毋除书、不手书，皆以67 楕（惰）倪避吏令论之∠。转输粟、刍稾，若其真吏缺未补∠，繇（徭）给它官事出郡、县道官界盈三月，得置叚（假）；置叚（假）令68 史以上，必以功劳次，不以次亦以令论之∠。将转输粟、刍稾奠（真）吏不足，及军∠、屯不用此令。69

　　御史、丞相前令所置守、叚（假）吏皆上功劳，与其所守、叚（假）真官通课。70

图 5　简 50 至简 53 背划线（局部）

50　51　52　53

　　整理者原将简 70 接在第十五（简 67—68—69）后，作为连贯的一条。"雁行"指出因简 69 下端留白，简 70 应析出，可从。简 70 涉及守、假吏，《功令》与之相关的，第一的简 31 仅规定"守"，第十五仅规定"假"，简 70 与何者关联尚存疑。黄浩波将开头"无数字编号、亦无墨点标示"的简都归属《功令》第一，进而推论简 70 是"简 12—13 令条的扩

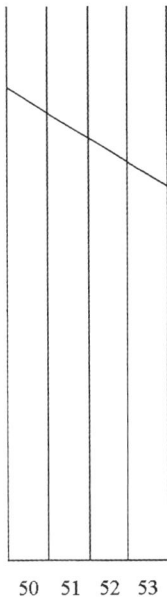

展"而移至其后。① 其对令文格式的分类值得重视，但这一归纳是否可作为编联的充分条件，不无疑问。

另一证据是，《功令》第十三至廿六称"相国"而非"丞相"，与张家山 M247《津关令》所见两种称谓的交替使用相合，其颁下应在高帝九年至惠帝六年"丞相"更名"相国"期间。简 70 称"丞相"，其颁下时间应与第十五所属的称"相国"期间有所疏隔，而似与使用"丞相"称谓的第一相符。

但反复权衡，根据文意，我们认为简 70 仍应附在第十五下。简 31（前引）规定"有缺未补"时得置"守"，以维持职务出缺到正式任命之间的政务运行。现实行政中会因种种原因临时出缺，由于人事任命权呈现向上集中的倾向，使得人事任命一般要在上下级机构间往复传达，"有缺未补"几乎无可避免，故简 31 可看作对"以功劳次补缺"的正向补充。

第十五则对二千石官、县道官任命假吏作出限制。其立法背景，或是汉初结束全面战争态势后，假吏的现实需求大幅降低，同时，设置假吏对于"以功劳次补缺"的迁补正途难免有所冲击，也容易滋生舞弊。因此，第十五的颁布，标志此后二千石官、县道官两级允许设置的假吏大幅削减。

简 70 "前令"指该令颁布以前，类似里耶秦简 9-347 所见"令前"，故该令针对的是"御史、丞相所置守、假吏"。张家山 M247、M336 汉律有一条内容相同的律文，皆见有"相国、御史及二千石官所置守、叚（假）吏"，② 参照第十五，可知置守、假吏也可分为御史、丞相与二千石官、县道官三等。因此，简 70 正可以与第十五衔接，指向后者所不及的御史、丞相所置者。

同时，第十五规定此后"毋得除"，该令颁布前所除假吏如何安置，并未明言。简 70 正针对"前令所置"者，允许他们"上功劳""与真官通课"。试作推论，第十五的颁下规范了此后的新置假吏，旧有的假吏如何安置却未妥善解决。一段时间后，简 70 围绕"御史、丞相所置"作出补充规定。二千石官、县道官"前令所置"的守、假吏，或仍不得"与真官

---

① 黄浩波：《张家山汉简〈功令〉新编》，第 238、249 页。
② 张家山 M247《二年律令》简 102，张家山 M336《汉律十六章》简 114。

通课"，亦不排除可按"等比"的原则援引简 70 奏请迁补，尚待观察。第十五与简 70 的颁下，各在惠帝六年"相国"复称"丞相"之前、之后。某一令编号下可以追加晚出之令，明确例证见于武威磨咀子汉墓出土西汉后期"王杖十简"与"王杖诏书令"。[①] M336《功令》中也见到不少追加令，它们的颁下年代，未必都与所附之令相同，多数可能稍晚于所附之令。

综上，我们将简 70 作为独立一条，仍附在第十五下。

（3）183—24

百二　丞相、御史请：陇西、北地、上郡、云中、雁门、代郡备塞军吏、令史视事盈十岁，移功劳居县，居县令史 183 有缺，以久次徙补。24

本组编联，"雁行"最早提出。其规定北边令史任职十岁后，准许回到本籍县任职，文意通畅。不过，在原大、放大图版中，简 24 文字都比简 183 要小，其编联存在疑问。经调阅原简，确认简 24 实际大于图版尺寸，可以编联，简牍报告中该简图版可能误有缩小。

三、《功令》简末干支的分析

M336《功令》中，一些简的末端（地脚）写有干支编号，整理者指出：

天干编号见于十九枚竹简，有乙、丙、丁、戊、己、庚、癸，有的重复出现，皆书于相关令文首简的末端（地脚），位于左角或中间，它们是本篇《功令》形成前的令文排序。

编号二十六之令有三简，末简地脚书"置吏　子"，"置吏"是该令文原来归属的律名，"子"是该律文纳入《功令》前的地支编号，证明《功令》的部分令条或源自相关的律文。[②]

---

① 田河：《武威汉简集释》，甘肃文化出版社，2020，第 541~563 页。
② 荆州博物馆编，彭浩主编：《张家山汉墓竹简〔三三六号墓〕》，第 95 页。

整理者的观察已极细致，或受简牍报告体例所限，未及展开说明。我们越俎代庖，试代论说，同时，也陈述一些我们的发现与认识。

首先，我们将所有简末干支截取出来，制为"《功令》简末干支一览表"（表2）。

表2　《功令》简末干支一览表

置吏 子	癸	壬	庚	己	戊	丁	丙	乙
廿六 84	十八 75	一 12	一 3	五 42	一 14	一 34	十七 73	十 54
		一 25	一 26		一 36	十四 65	卅 85	
			十三 64		一 115	十四 66		
			十六 71 丿庚		四 41			

说明：各例下标令编号、简号，如"十54"指《功令》第十简54；个别特殊者，以楷体字标示释文。

值得注意的是，同一天干编号的简，令文往往是相关联的。我们按其在新编简序中出现先后，顺次罗列：

（一）"庚"组

（1）·诸上功劳皆上为汉以来功劳，放（仿）式以二尺牒，各为将（状）以尺三行，皆参折好书，以功多者为右次编，上属所二千石官。二千石官谨以 庚$_3$式案致，上御史、丞相，常会十月朔日∠。有物故不当迁者，辄言除功牒。$_4$

（2）吏官佐史∠、令史∠、斗食∠、有秩视事盈二岁以上，年五十以下至廿五，有军功三∠，爵公大夫以上，欲上功劳，许之，通课补<u>庚</u>₂₆丞、尉。尝为军吏遂（队）将以上∠、年五十以下至廿五∠、史、有军功三∠、爵公大夫以上，上功劳中尉，中尉谨择其可以为吏者，次₂₈<u>功劳</u>，上御史、丞相，御史、丞相以补军吏∠。所择不胜任及有罪耐以上，择者罚金一斤。₂₉

（3）十三　请：功次当用而能不宜其官者，相国、御史择同秩<u>功次</u>∠。吏<u>署能</u>不以实，夺爵一级。　<u>庚</u>₆₄

（4）十六　贾人身有市籍若其父、母、妻、子及其大父母∠、同产与同居而有市籍为贾人者，皆不得为吏及宦，犯令者 ㇉<u>庚</u>₇₁夺爵为士五（伍）。吏智（知）其不当为吏而<u>上功劳</u>及除者，与同罪。₇₂

如引文下划线所示，第（1）（2）（4）组明显与"上功劳"有关。第（3）组虽未明言"上功劳"，但"署能"亦与"上功劳"有关，其"功次"亦见于第（1）（2）组。亦即，同样标记"庚"的（1）至（4）组，内容相关。

（二）"壬"组

（5）吏自佐史以上，各以定视事日自占劳。劳盈岁为中劳，中劳四岁为一功∠。从军劳二岁，亦为一功。　<u>壬</u>₁₂

（6）县道官自次官史、佐劳，补斗食、令史，勿上。其当遒〈补〉令史者，必尝长曹二岁、壹计以上，年卅八　以下，乃用之。　<u>壬</u>₂₅

严格来说，这两组同标记"壬"的简，似乎并无直接的关系。

（7*）廿六　议：令车骑士、材官皆相谁（推）大夫以上，材犹（优）建（健）、劲有力、轻利足、辩护者，以为卒长、五百将、候长。候长一人将幕候百廿人。上₈₂名牒属所二千石官，二千石官上相国、御史，移副中尉。有物故不为吏者，辄谁（推）补，楬定其籍。令上功劳，军吏有缺，以₈₃功劳、官次补∠。县道○令、长、丞、尉必身案察所谁（推），谁（推）次之不以实，以任人不胜任令论令以下至吏主者。　<u>置吏子</u>₈₄

我们曾怀疑第（7ˣ）组末尾的"子"是"壬"的残形。不过，对照表2，用笔仍有区别，似仍以释"子"为宜。从内容来说，第（7ˣ）组规定推补军吏，与第（5）（6）令文关联亦不大。反复考虑，我们同意整理者的判断——这组出现在令条"最末简"简末的地支"子"，与其他见于令条"首枚简"简末的天干，应当有所区别。"置吏"存在与"置吏律"相关联的可能，但其与"子"的实际意味，或仍待更多资料证实。

（三）"戊"组

（8）上功劳不以实二岁若一功以上，夺爵二级；不盈二岁至六月及半功，夺爵一级，皆免之。●诏所致不用此令。　戊14

（9）吏及宦皇帝者病不能视事，及有论毄（系），盈三月者，免之。病有瘳、论事已，及罢官当复用者，皆复用如其故官　戊36秩∠，居县上其劳。年免老及当上劳过上功时不上，及病盈二岁、吏以病盈三月免者，皆不得154上劳复用。155

（10）丞、尉以上老不能治者，二千石官免之。　戊115

（11）四　吏有罪罚及坐不廉、不平端免者，皆遣戍二岁。　戊41

如引文下划线所示，本组令文都与"免吏"有关。

（四）"丁"组

（12）吏及宦皇帝者秩六百石以上及○调者、御史，以老免若罢官，及病而免者，皆勿事。　丁34

（13）十四　故军吏遂（队）将以上，诸已赞奏名籍上相国、御史者，皆勿事，比六百石吏罢官。　丁65

（14）·制诏相国、御史：诸矦（侯）王若丞相、御史及汉将所置军吏候、尉、丞以上，从军罢，家在诸矦（侯）者，皆赞奏，王臧（藏）其籍，丞相、御史复，比六百石　丁66吏罢官。30

如引文下划线所示，本组令文都与高等级官吏的"罢官""复/勿事"有关。

（五）"丙"组

（15）十七　吏爵或高而为库官∠，爵库而为高官，未有差∠。请：<u>爵公大夫以上补六百石以上∠</u>，大夫以上补五百石至二百石∠，上　丙73造以上补卒史、属、尉佐、有秩乘车至斗食、学佴、令史。∠爵不瘳（应）令而前用者，勿迁。74

（16）卅　令：<u>爵公大夫以上补六百石以上∠</u>。齐吏民爵多库∠，请：得以官大夫以上补及迁六百石以上。　丙85

如引文下划线所示，第（16）组是基于第（15）组令文而上请，其关联不烦赘言。

总括以上五组，重复出现的标有地支的简组中，除"壬"组目前尚难指明其间关联，其余"庚""戊""丁""丙"四组，各自都呈现出较强的关联性。以此而言，整理者认为"它们是本篇《功令》形成前的令文排序"，确有成立的可能。其既编号至"癸"，恐怕不是学界习称的干支令，而更接近岳麓秦令所见"令壬""令癸"。唯汉初是否亦存在此种分类法，目前恐尚无实例支持。

亦应留意的是，这些简末干支多是残半字形。如"丙""癸"皆残下半，"戊""庚""壬"左侧多残（参表2），原因不明。张忠炜先生推测，从丙、癸等字迹略有残损看，大概是先书写后等齐，故造成这种现象。

据表2，如留意这些简末干支的分布，不难发现其下限见于第卅（简85），即约全篇前半的位置。我们前已指出，《功令》的主体笔迹，大致以第卅七（简91）为界分为前后两组。也就是说，带有简末干支的简，恰好都处在上半篇主体笔迹的范畴内。因此，我们将带有简末干支的简全部检出，排在一起（图6），以便观察笔迹。不难发现，除个别简的修订笔迹（如简75简首等）外，这些简的笔迹应出自一人之手。一些特别的字形也如出一辙，如简12、14、26、36的"盈"字皆写作"盈"；与之相比，《功令》后半篇的"盈"字则皆写作"盈"，无一例外。

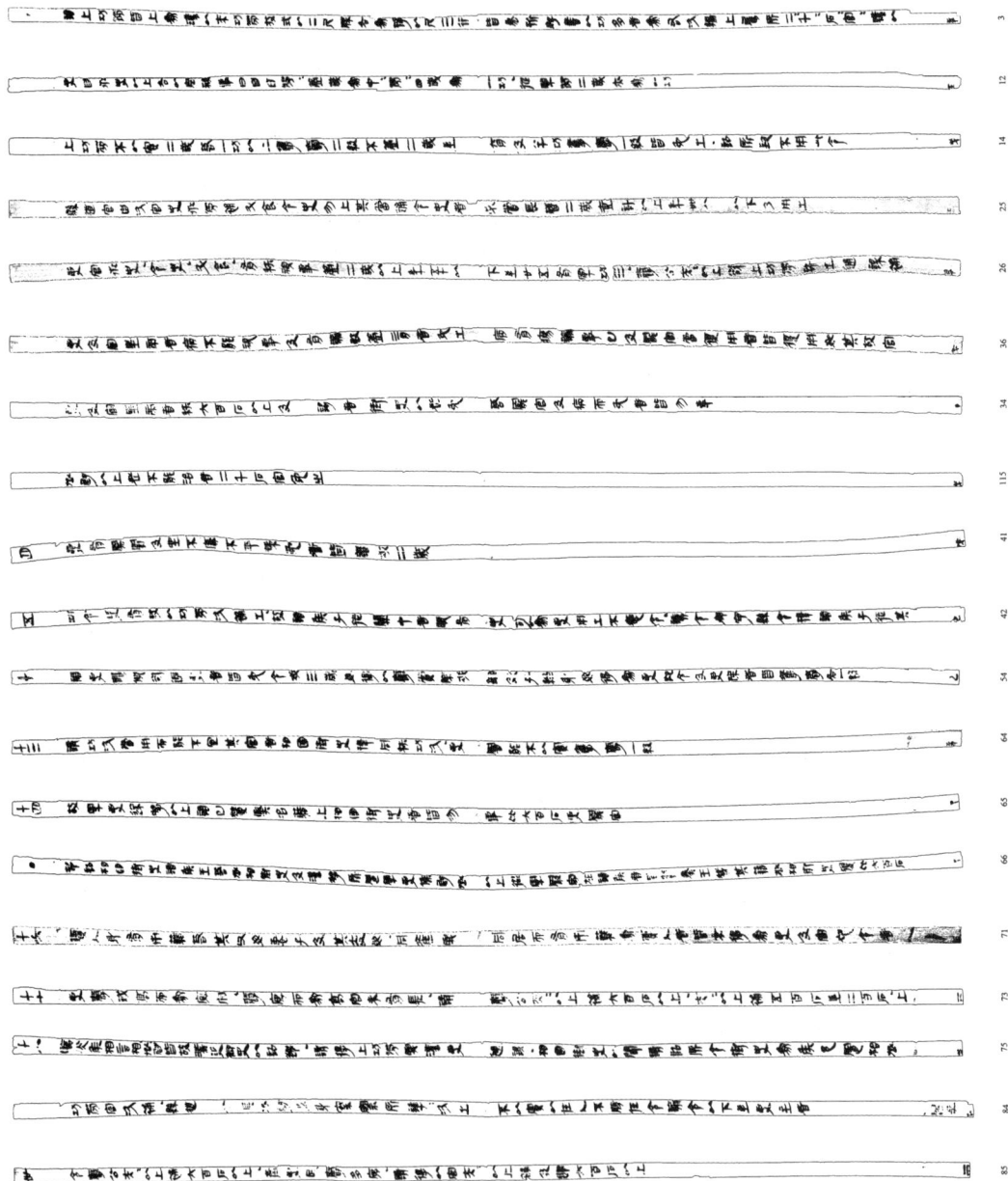

图 6 《功令》含简末干支的简组

进言之，《功令》前半篇主体笔迹间，夹杂许多异质性的笔迹，我们判断很可能与《功令》的增删修订有关。但是，囿于笔迹分析本身存在的不确定性，我们尚未能彻底厘清笔迹的异同变化。这一组带有简末干支的简，可以成为推定前半篇主体笔迹（很可能是《功令》最初抄写的原始笔迹）的基石，从而将《功令》增删修订的探讨引向深入。

由此产生的新问题也应注意。由于《功令》前后半篇两种最主要笔迹的差异，加之《功令》本身不断追加、编纂的基本特征，应当可以认为，《功令》的同一笔迹很可能接近"同时性"，不同笔迹则更接近"异时性"。在《功令》后半篇中，其实仍有不少令条可以显而易见地归并到前面所罗列的几组简末干支中。譬如，第六十一至第六十四都是"上功劳"的具体规定，却无一标示为"庚"；后令引前令的也为数不少，却再未见到同一简末干支的标记。这一差异，首先可联想到前后不同书手的不同抄写风格或其他个人因素。但是否仅止于此呢？如果认为简末干支源出于某种公权力的律令分类办法，并可向前在岳麓秦令中察见端倪，而 M336《功令》以降，则似未再见及。此种"不见"，固然可能是出土简牍的偶然性所致，但这一或曾存在的律令分类办法，本身即发生变化甚至走向消亡，大概也并非毫无可能。无论如何，M336《功令》目前所见，为我们提供了一份约断限在文帝二年的《功令》样本，已弥足珍贵。得陇望蜀，通过笔迹异同及其"同时性""异时性"等等分析，未尝没有窥见乃至复原《功令》早期面貌及编联的可能，这仍是未竟的工作。

《中国古代法律文献研究》第十九辑

2024年，第121~142页

北魏"费羊皮卖女案"的
法律适用与刑罚选取问题*

张俊毅**

　　摘　要：学界对北魏"费羊皮卖女案"所涉法律儒家化（礼法关系）、良贱身份制等问题的研究比较深入，但解粹案件文本细节尚不充分，甚至存在误读。分析"费羊皮卖女案"中如何给费羊皮、张回两位犯人定罪量刑的意见可知，对费羊皮适用"卖子孙者一岁刑"的法律规定比较明确，关键在于是否执行；对张回则在买良民、转卖两项罪行中各具争议，前者包括是否构成掠、能否以随从犯论处、能否随尊长卖卑幼而减罪，后者包括是否属于转卖良民。朝廷关于费羊皮、张回法律适用与刑罚选取问题的争论，折射出北魏法律与社会的一些独特现象，并体现了北魏律的条文、原则对唐律的深刻影响。

　　关键词：北魏　费羊皮卖女案　法律适用　刑罚选取　《正始律》

　　北魏宣武帝延昌三年（514），围绕贫民费羊皮卖女儿给张回、张回又

---

　　*　本文获得中宣部、教育部、国家语委等八部门"古文字与中华文明传承发展工程"项目的资助。写作过程中，曾得到黄秋怡、张昊永、李屹轩、郭嘉琪、李原榛等同学的帮助，并蒙外审专家惠赐宝贵意见，避免了诸多疏失，在此一并致以诚挚的谢意。

　　**　北京大学历史学系博士研究生。

将此女转卖给梁定之的两项犯罪活动适用何种法律、如何定罪量刑的问题，朝廷中的几位高官展开激烈争论，这一事件习惯上被称为"费羊皮卖女案"。本案尽管情节简单，嫌疑人犯罪事实清楚，但蕴含着丰富的历史信息，长期受到历史学界、法学界关注，学者多从北魏时期法律儒家化（礼法关系）、良贱身份制等角度切入讨论，并取得了引人瞩目的成果。①不过，现有研究对文本的细读相对有限，案件涉及亲属、首从、转卖等疑点，尚存言之未尽乃至需要重新澄清的细节，因此有必要先疏通文意，辨析各方立场与观点，以此为基础，方能更深入地探讨北魏的法律和社会面貌。

费羊皮卖女案记载于《魏书·刑罚志》（以下简称《魏志》），②原本当完整，不过现存《魏书》各版本均缺"应有迟疑而"到"卖者既以有罪"之间（不含二者）的内容，即百衲本的一页。北宋类书《册府元龟》所采主要为前代正史，③而且有关本案的前后文与《魏志》几乎相同，故

---

① 关于费羊皮卖女案所见的北魏法律儒家化现象的研究有：辛宇罡：《从费羊皮卖女案看北朝法律对礼教的屈从》，《法制与社会》2009年第8期，第387页；马越：《试论北魏法律儒家化的进程》5.2《从费羊皮卖女案看北魏法律儒家化的完成》，郑州大学硕士学位论文，2013，第36~38页；齐盛：《北魏法制演进的文化因素》第五章第三节《孝文帝朝以后的北魏社会文化因子》，华东政法大学博士学位论文，2019，第179~182页；李勤通：《法律儒家化、卡迪司法与礼法融合的嵌入式规范结构》，《社会》2021年第2期，第167~191页。关于费羊皮卖女案所见的良贱身份制、北魏及隋唐限奴政策等问题的研究有：卢开万：《贞观以后唐政府在北方的限奴措施》，武汉大学历史系魏晋南北朝隋唐史研究室编《魏晋南北朝隋唐史资料》（第5期），1983，第41~43页；杨际平：《唐朝的限奴措施述论》，《中国社会经济史研究》1995年第4期，第5~8页，后收入氏著《杨际平中国社会经济史论集·唐宋卷》，厦门大学出版社，2016，第236~243页；李天石：《中国中古良贱身份制度研究》第五章第四节《北朝良贱制的系统化及对隋唐良贱制的影响》，南京师范大学出版社，2004，第221~226页；张荣强：《从户下奴婢到在籍贱民身分转变的考察》，《历史研究》2020年第4期，第69~70页，后收入氏著《从户版到纸籍：战国至唐代户籍制度考论》第三编第十三章，科学出版社，2023，第329~331页。关于案件本身的详细研究有：赵晓耕：《北魏朝卖女葬母案》，《中国审判》2007年第12期，第78~80页；逯子新、赵晓耕：《北魏卖女葬母案之再思索》，《法律适用》2019年第10期，第120~128页。关于费羊皮卖女案的最新译注，可参周东平主编《〈魏书·刑罚志〉译注》，人民出版社，2023，第158~180页。

② 《魏书》卷一一一《刑罚志》，中华书局，1974，第2880~2883页。《魏书》卷一一一《刑罚志》，点校修订本，中华书局，2017，第3137~3139页。

③ 刘乃和主编：《〈册府元龟〉新探》序，中州书画社，1983，第3~6页；黄永年：《唐史史料学·类书类》，中华书局，2015，第248页。

可用来补《魏志》缺失的部分,① 中华书局点校本和点校修订本《魏书》
采取了这一方法。《通典》隋以上的叙述多来自正史和其他经、子古籍,②
只是所记本案没有杨钧的发言,其他官员的意见亦不全,未知何故,但大
体保留了原意,又可补《册府元龟》所缺"三公郎中崔鸿"的"三"
字。③ 接下来就以中华书局点校修订本《魏志》为中心,逐段分析费羊皮
卖女案中的重要概念,以及法律适用与刑罚选取问题。

一

　　三年,尚书李平奏:"冀州阜城民费羊皮母亡,家贫无以葬,卖
七岁子与同城人张回为婢。回转卖于郜县民梁定之,而不言良状。案
《盗律》'掠人、掠卖人、和卖人为奴婢者,死。'回故买羊皮女,谋
以转卖。依律处绞刑。"

　　李平,《魏书》有传,曾以使持节、都督北讨诸军事、镇北将军、行
冀州事身份平定冀州刺史、京兆王元愉的叛乱。此"三年"指延昌三年,
《册府元龟》明确记有"延昌"年号。④ 就在此年的前一年——延昌二年

---

① 校订本《册府元龟》校雠了《册府元龟》的宋刻残本、明刻本和今本《魏书·刑罚志》
之间关于费羊皮卖女案的字词,而台湾藏明抄足本《新刊监本册府元龟》误字不少,但
没有与文意出入者。(宋)王钦若等编纂:《册府元龟》卷六一五《刑法部(七)·议谳
第二》,周勋初等校订,凤凰出版社,2006,第7112~7114页;(宋)王钦若等编:《新刊
监本册府元龟》卷六一五《刑法部七·议谳二》,巴蜀书社,2019,第18271~18275页。

② 黄永年:《唐史史料学·典章制度类》,第65页。

③ (唐)杜佑:《通典》卷一六七《刑法五·杂议下》,王文锦等点校,中华书局,1988,第
4315~4317页。

④ 沈家本言:"惟《志》载永平三年费羊皮事……"或基于《魏志》费羊皮卖女案之前的文
字出现了永平年号而形成这一判断。有些学者也径称费羊皮卖女案发生于永平三年(510)。
但本案上一段载尚书邢峦奏事,提及正始五年(永平元年,508)元愉叛乱以及"会赦之
后",所谓"会赦",当指《魏书·世宗纪》所言延昌二年(513)八月辛卯诏:"顷水旱互
侵,频年饥俭,百姓窘弊,多陷罪辜,烦刑之愧,朕用惧矣。其杀人、掠卖人、群强盗首,
及虽非首而杀伤财主,曾经再犯公断道路劫夺行人者,依法行决;自余恕死。徒流已下各
准减降。"那么紧接其后的"三年"只能是延昌三年,与《册府元龟》的记载匹配。且
《世宗纪》载延昌二年二月"己卯,太尉、高阳王雍进位太保",本案才能有"太保、高
阳王雍"之说。(清)沈家本:《历代刑法考·刑制总考三》"北魏"条,邓经元、骈宇骞
点校,中华书局,1985,第36页。《魏书》卷八《世宗纪》,第254~255页。

（513）闰二月癸卯，宣武帝"定奴良之制，以景明为断"①。该措施当出自李平的奏言，本传记载："前来良贱之讼，多有积年不决，平奏不问真伪，一以景明年前为限，于是诤讼止息。"② "一以景明年前为限"，即"以景明为断"。李平的上奏主要针对均田制施行后地方豪强普遍压良为贱的社会状况，由于景明之后的年号就是正始，而正始年间北魏朝廷在全国范围内颁布《正始律》，故李平选择断于景明，即依景明年间及以前的户籍著录情况确定身份是良或奴，再根据《正始律》律条解决良贱之讼。③李平的建议有利于应对大量良贱诉讼涌现的现实情形。

　　尽管良贱认定有了新标准，但并非牵涉良贱的法律案件都"止息"，如果遇到比较复杂的疑案，适用哪些法律、如何定罪量刑，还需以典型例子作为参考。于是定良贱后次年发生在冀州的"费羊皮卖女案"，由治理冀州已久、尤为关注良贱问题的李平上奏，进入中央朝廷的视野。④

　　李平引及《盗律》"掠人、掠卖人、和卖人为奴婢者，死"的律文，证实《正始律》沿袭了秦、汉律单立《盗律》的体例，魏、晋律虽反复调整，但《盗律》始终存在，直至北齐，《盗律》《贼律》才被合并为《贼盗律》，⑤并影响到隋唐律的篇目设置。目前保留下来较完整条文的汉律、唐律均有略卖平民的法律规定。张家山汉简《盗律》（《二年律令》简65～66、《汉律十六章》简60～62）："群盗及亡从群盗……略卖人若已略未卖……皆磔。"⑥《汉律十六章·捕律》简186～187："捕磔若要（腰）斩罪一人，购金一斤；捕盗贼、亡人、略妻、略卖人、强奸、伪写印者弃市罪一人，购金十两；刑城旦舂罪，购金四两；完城旦舂、鬼薪白粲、刑耐罪，购金二两。"⑦

① 《魏书》卷八《世宗纪》，第254页。
② 《魏书》卷六五《李平传》，第1579页。
③ 张荣强：《从户下奴婢到在籍贱民身分转变的考察》，第69～70页；又见氏著《从户版到纸籍：战国至唐代户籍制度考论》第三编第十三章，第329～331页。
④ 据《魏书·地形志》，费羊皮、张回的籍贯阜城县属冀州武邑郡，梁定之的籍贯鄃县属齐州东清河郡。
⑤ 《隋书》卷二五《刑法志》，中华书局，1973，第705页。
⑥ 张家山二四七号汉墓竹简整理小组编：《张家山汉墓竹简［二四七号墓］》（释文修订本），文物出版社，2006，第17页；荆州博物馆编，彭浩主编：《张家山汉墓竹简［三三六号墓］》，文物出版社，2022，第172页。
⑦ 荆州博物馆编，彭浩主编：《张家山汉墓竹简［三三六号墓］》，第189页。《二年律令》此条残断较甚，不赘引。

《捕律》此条是对抓捕不同刑等的人的购赏规定,也就是抓获一个犯了磔或腰斩罪的,赏赐一斤金;抓获一个犯了刑城旦春罪的,赏赐四两金;等等。因此夹在二者中间的,只能是抓获一个犯了"弃市罪"的,赏赐十两金——因是从死罪到肉刑,故有从"十两"到"四两"如此大的落差。① 那么如何理解"盗贼、亡人、略妻、略卖人、强奸、伪写印者弃市罪"?实际上,这些并列的犯罪行为根据情节轻重存在不同的判罚,有的跨越了不少刑等,如"伪写印",《汉律十六章·贼律》简6~7规定:"伪写皇帝行玺,要(腰)斩以徇(徇)。""伪写诸侯王、彻侯及二千石以上印,弃市;千石以下、彻官印,黥为城旦春;小官印,耐为隶臣妾。"② 可见伪写印跨越了从腰斩到弃市,再到刑城旦春(黥爲城旦春)、刑耐罪(耐为隶臣妾)几等。又按《史记·高祖功臣侯者年表》"元光五年,(曲逆)侯(陈)何坐略人妻,弃市,国除"③,可证"略妻"存在处弃市刑的情况。④故这里的正确理解是"盗贼、亡人、略妻、略卖人、强奸、伪写印者等等罪行中达到弃市刑等的人",所以"略卖人"亦可以判弃市。上引《盗律》提到略卖人口要处"磔",而非"弃市",可能是因为前者与性质更加恶劣的群盗有关,后者针对的是一般情形,二者共同表明汉律"略卖人"会被判割开肉体的死刑,行刑方式较《正始律》的绞更加严酷,⑤ 但

---

① 磔、腰斩的购赏达到一斤(十六两),与弃市亦相差六两之多,是因为死刑内部还存在是否断绝身体的"殊死"与"非殊死"的分等。关于殊死之殊表示断绝的含义,参见沈家本《历代刑法考·刑法分考三》"斩"条,第131~132页;张建国《秦汉弃市非斩刑辨》,《北京大学学报》1996年第5期,第116页;张昊永《汉代殊死新考》,《文史》2023年第4辑,第251~260页。
② 《二年律令·贼律》简9~10文字有所改动:"伪写皇帝信玺、皇帝行玺,要(腰)斩以匀(徇)。""伪写彻侯印,弃市;小官印,完为城旦春▨。"荆州博物馆编,彭浩主编:《张家山汉墓竹简[三三六号墓]》,第162~163页;张家山二四七号汉墓竹简整理小组编:《张家山汉墓竹简[二四七号墓]》(释文修订本),第9页。
③ 《史记·陈丞相世家》记作:"二十三年,何坐略人妻,弃市,国除。"《史记》卷一八《高祖功臣侯者年表》、卷五六《陈丞相世家》,中华书局,1982,第887、2062页。
④ 张家山汉简《杂律》(《二年律令》简194、《汉律十六章》简308)规定:"强略人以为妻及助者,斩左止(趾)以为城旦。""略妻"的正刑为"斩左止(趾)以为城旦"。
⑤ 学界对弃市的行刑方式长期聚讼纷纭,陈侃理先生的最新研究以充分的依据否认了绞刑、斩首两种惯常说法,认为弃市要用到刀刃,又非殊死,最有可能的就是"刀割喉部,切断颈动脉"。参见陈侃理《弃市新探——兼谈汉晋间死刑的变迁》,《文史》2022年第1辑,第7~9页。

时代有别，刑罚等级则难言孰轻孰重。

关于"和卖"，《二年律令·盗律》简 67 规定："智（知）人略卖人而与贾，与同罪。不当卖而和为人卖，卖者皆黥为城旦舂；买者智（知）其请（情），与同罪。"① "和"，整理者原释作"私"，"和""私"形近易讹，王伟、彭浩等人的改释正确。② 《汉律十六章·盗律》简 66～67 同一条径释作"和"。③ "不当卖而和为人卖，卖者皆黥为城旦舂"的"卖者"当包含卖人者与被卖者，才言"皆"。④ 既然"不当卖"，那么应有与之对举的"当卖"。所谓"当卖"，汉代除了合法的奴婢买卖外，"卖子孙"和"自卖"也在"当卖"之列，不受法律追究。⑤ 《汉书·食货志》载贾谊言："失时不雨，民且狼顾，岁恶不入，请卖爵、子。"晁错也上疏称："勤苦如此，尚复被水旱之灾，急政暴赋，赋敛不时，朝令而暮当具。有者半贾而卖，亡者取倍称之息，于是有卖田宅、鬻子孙以偿责者矣。"⑥ 西汉初爵位和田宅都可用于交易，佐证了与二者并列出现的"鬻子孙"亦合法，至少官府默许，同时表明贫困自耕农卖子孙为奴婢的现象已较为普遍。东汉时期，自卖同样是合法的，炙手可热的外戚梁冀收罗人口："又起别第于城西，以纳奸亡，或取良人，悉为奴婢，至数千人，名曰自卖人。"⑦ 梁冀打出招揽的奸亡、良民都是"自卖人"的幌子以躲避制裁，显然国家法律允许平民自卖。西汉初期卖子孙和自卖现象的广泛存在，使得和卖类案件很难被界定、处理，因此"不当卖而和为人卖"仅判"黥为城旦舂"。不过比张家山汉简年代稍晚的胡家草场汉简已对本条作了修订：

---

① 张家山二四七号汉墓竹简整理小组编：《张家山汉墓竹简［二四七号墓］》（释文修订本），第 18 页；荆州博物馆编，彭浩主编：《张家山汉墓竹简［三三六号墓］》，第 163 页。

② 王伟：《张家山汉简〈二年律令〉杂考》，简帛网，2021 年 3 月 12 日，http://www.bsm.org.cn/?hanjian/8363.html；彭浩、陈伟、［日］工藤元男：《二年律令与奏谳书——张家山二四七号汉墓出土法律文献释读》，上海古籍出版社，2007，第 117～118 页。

③ 荆州博物馆编，彭浩主编：《张家山汉墓竹简［三三六号墓］》，第 173 页。王伟：《张家山汉简〈二年律令〉杂考》。

④ 王伟：《张家山汉简〈二年律令〉杂考》。

⑤ 《汉书·贾捐之传》："人情莫亲父母，莫乐夫妇，至嫁妻卖子，法不能禁，义不能止，此社稷之忧也。"《汉书》卷六四下《贾捐之传》，中华书局，1962，第 2833 页。

⑥ 《汉书》卷二四上《食货志上》，第 1128、1132 页。

⑦ 《后汉书》卷三四《梁冀传》，中华书局，1965，第 1182 页。

"智（知）人略卖人而与卖，与同罪⌐。不当卖而和为人卖，卖者及智（知）其请（情）而买者，皆弃市。"① 官府将和卖的罪罚提高至"弃市"。陈伟先生的观点切中肯綮："胡家草场汉律将'黥为城旦舂'一类刑罚悉数删改，显然是文帝十三年废除肉刑的结果"，并认为本条"属于死刑范围的扩大"，符合班固"外有轻刑之名，内实杀人"的评论。② 不过"当卖"仍旧被承认合法。魏、晋律同样禁止和卖，惜未知具体条文与惩罚标准。③ 北魏官府严厉限制良民沉降为奴婢，在《正始律》中，无论和卖，还是掠、掠卖，一律处绞，与文帝改制后非法买卖人口均处死的情形一致。

在此方面，唐律的原则与文帝废除肉刑前的汉律相通。《唐律·贼盗律》"略人略卖人"条曰："诸略人、略卖人为奴婢者，绞；为部曲者，流三千里；为妻妾子孙者，徒三年。"以及"和诱者，各减一等。若和同相卖为奴婢者，皆流二千里；卖未售者，减一等。即略、和诱及和同相卖他人部曲者，各减良人一等"。④ 唐律复归文帝废除肉刑前的汉律将略、略卖与和卖分别处理的形态，卖、略卖为奴婢与《正始律》相同，均处绞刑，而和卖则根据"和"的类别、是否已卖等情况的差异，处以轻重不同的流刑或劳役刑。不过又有与汉律迥异之处——汉律允许平民自卖，《正始律》与唐律均严厉禁止，唐律直谓"自相卖罪"⑤。

依照《正始律》中《盗律》"和卖人为奴婢者，死"，买卖人口的双方都要承担罪责，即如果认定此案属于和卖，费羊皮就理应受到绞刑，但李平仅强调"回……依律处绞刑"，并未明说对费羊皮作何处理，意味着李平考虑按"掠人""掠卖人"惩治张回，或者费羊皮卖女事出有因——

---

① 荆州博物馆、武汉大学简帛研究中心编著：《荆州胡家草场西汉简牍选粹》，文物出版社，2021，第18页。
② 陈伟：《胡家草场汉简律典与汉文帝刑制改革》，《武汉大学学报》2022年第2期，第77~79页。
③ 《晋书·刑法志》记述曹魏新律在拆分篇章以前的《盗律》，"有劫略、恐猲、和卖买人"；《太平御览》引《晋律》："吏犯不孝，谋杀其国王、侯、伯、子、男、官长，诬偷受财枉法，及掠人、和卖、诱藏亡奴婢，虽遇赦，皆除名为民。"《晋》此条主要针对的是官吏。《晋书》卷三〇《刑法志》，中华书局，1974，第924页；（宋）李昉等：《太平御览》卷六五一《刑法部十七》"除名"条，中华书局，1960，第2909页上栏。
④ 刘俊文：《唐律疏议笺解》卷二〇《贼盗》"略人略卖人"条，中华书局，1996，第1419~1420页。
⑤ 《唐律疏议笺解》卷二六《杂律》"以良人为奴婢质债"条，第1809页。

葬母，符合彼时普遍提倡的孝道理念，所以李平默认费羊皮无罪。

二

> 诏曰："律称和卖人者，谓两人诈取他财。今羊皮卖女，告回称良，张回利贱，知良公买。诚于律俱乖，而两各非诈。此女虽父卖为婢，体本是良。回转卖之日，应有迟疑，而决从真卖。于情不可。更推例以为永式。"

诏书中"和卖"的内涵特别。案《晋书·刑法志》："不和谓之强，攻恶谓之略。"[1] 唐律注云："不和为略。"[2] 可见和与略、强构成一组对文，分别表示同意与强迫，亦契合史书中的常见语例。上引唐律卖良人为贱民的法条，将犯罪类型分为"略人、略卖人""和诱""和同相卖"三种，其中"和诱""和同相卖"均属于"和"的范畴。"和诱"是哄骗、引诱他人被卖，"和同相卖"则是被卖人自愿被卖，乃疏议"元谋两和"之谓。因此"略卖""和诱""和同相卖"分别代表着不同意、因诱骗而同意、自愿同意三类情况。诏书却说和卖"谓两人诈取他财"，意味着卖人者、被卖者联手诈骗买人者的财物，虽然不离"和"的本义，但比晋、唐律多了一层"诈取他财"的含义，不知是《正始律》的独创，还是宣武帝的特殊理解。[3] 如果将这一"和卖"的概念运用到本案中，则更为奇异，因为卖人者乃费羊皮、张回两人，买人者乃张回、梁定之两人，而被卖者费羊皮女儿才七岁，恐未达到具有民事行为能力、自由表达意志的最低年龄，[4] 不可能诈骗钱财，所以若本案被定为"和卖"，诈骗行为的实施者只能是费羊皮、张回，受害者就是梁定之，事实上费、张没有谋划过共骗梁

---

[1] 《晋书》卷三〇《刑法志》，第 928 页。

[2] 《唐律疏议笺解》卷二〇《贼盗》"略人略卖人"条，第 1419 页。

[3] 《通典》此处作："律称和卖人者死，谓两人诈取他财。"比《魏志》多一"死"字，似乎暗示北魏律中只有"两人诈取他财"的和卖才判死罪，也就是说，"两人诈取他财"只是和卖的一种类型，而非全部。但《册府元龟》亦无"死"字，《通典》孤证难立。

[4] 这一点在唐律注中有所说明："十岁以下，虽和，亦同略法。"《唐律疏议》云："十岁以下，未有所知，易为诳诱，虽共安和，亦同略法。"卖十岁以下的人，即使得到对方同意，也要按照"略"来处理。《唐律疏议笺解》卷二〇《贼盗》"略人略卖人"条，第 1419 页。

的交易，这样假设与案情不符，所以诏书对此定性："今羊皮卖女，告回称良，张回利贱，知良公买。诚于律俱乖，而两各非诈。""于律俱乖""两各非诈"的"俱""两"所指对象只能是费羊皮、张回，换言之，诏书回复李平的上奏时，明确点出两人的行为都触犯了法律，但不构成和卖意义上的欺诈，需要寻找其他合适的罪名、实施相应的刑罚。

皇帝与李平所代表的官方立场都不承认费羊皮女儿这样非法买卖的奴婢，故李平称张回"不言良状"，诏书称费羊皮之女"体本是良"，都强调其"良"的属性；但这里有一处复杂的异文——《通典》作"不言状"，并删去了"体本是良"，应当是《通典》（或《通典》所据更早的文本）抄录该文献时所进行的联动调整，却又保留了"告回称良""知良公买"。保留的部分没有争议，即第一次买卖中，费羊皮之女肯定是良人；但是调整的部分耐人寻味，是否意味着杜佑等人（或更早的作者）认为第二次买卖中，费羊皮之女已经不算良人，故不应该再用"良"字？下文高阳王雍宣称："既 为婢，卖与不卖，俱非良人。"所持观点与此类似。

另外，本段最末《魏志》记载为"于情不可。更推例以为永式"，《通典》记为"于情固可处绞刑"，尽管二者本质上都指出张回犯了罪，但语气有别。《通典》的"于情固可处绞刑"表明诏书认可了李平的绞刑主张，而李平是按《盗律》的掠人、掠卖人或和卖人论处的，诏书刚否认了和卖，却话锋一转，又称"固可处绞刑"，似暗示皇帝支持掠人或者掠卖人的罪名，已给出实际处理意见，下面几位大臣当只是对这一意见提出异议罢了，但细揣文意，他们的话语更具有讨论罪刑而非商榷的意味。《魏志》的"于情不可。更推例以为永式"表明皇帝认为张回的行为不妥，但不知适用什么法律、如何量刑，故希望将此作为判例，成为未来断案的依据，由此才引发三位大臣的争论，最终被列入典制。从文意上讲，《魏志》更契合朝议的情景和语气，更可能为原文。

三

廷尉少卿杨钧议曰："谨详《盗律》'掠人、掠卖人为奴婢者，皆死'，别条'卖子孙者，一岁刑'。卖良是一，而刑死悬殊者，由缘情制罚，则致罪有差。又详'群盗强盗，首从皆同'，和掠之罪，固应不异。及'知人掠盗之物，而故买者，以随从论'。然五服相卖，皆有明条，买者之罪，律所不载。窃谓同凡从法，其缘服相减者，宜有差，买者之罪，不得过于卖者之咎也。但羊皮卖女为婢，不言追赎，张回真买，谓同家财，至于转鬻之日，不复疑虑。缘其买之于女父，便卖之于他人，准其和掠，此有因缘之类也。又详恐喝条注：'尊长与之已决，恐喝幼贱求之。'然恐喝体同，而不受恐喝之罪者，以尊长与之已决故也。而张回本买婢于羊皮，乃真卖之于定。准此条例，得先有由；推之因缘，理颇相类。即状准条，处流为允。"

杨钧本传简略，不载其担任廷尉少卿的宦历，仅言"还为廷尉卿"[1]。保存至今的《杨钧墓志》有"还除征虏将军、廷尉少卿"[2]，印证了《魏志》的记载。杨钧的发言可以分为两层：第一层从开头的"谨详盗律"到"不得过于卖者之咎也"，针对的是费羊皮卖女给张回的犯罪行为，以及如何处理两人；第二层从"但羊皮卖女为婢"到结尾的"处流为允"，针对的是张回卖费羊皮女于梁定之的犯罪行为，以及如何处理张回，未涉及梁定之。

第一层在点出"五服相卖，皆有明条，买者之罪，律所不载"，在不清楚买卖他人亲属中买者罪罚的前提下，杨钧认为"买者之罪，不得过于卖者之咎"。他首先征引"掠人、掠卖人为奴婢者，皆死"和"卖子孙者，一岁刑"两条《盗律》律文，说明《正始律》会"缘情制罚"，因而"致罪有差"，即根据亲属地位尊卑、关系远近等因素确定罪名、选择刑罚，卑少犯尊长的罪罚重，尊长犯卑少的罪罚轻，体现了北魏法律儒家化的特征；紧接着引"群盗强盗，首从皆同"，强调一般情况下犯"和掠"之罪的买卖双方应和"群盗强盗"一样不分主犯与从犯，而定同等罪罚；但他继续引另一条适用于此的"知人掠盗之物，而故买者，以随从论"律文，表示买者能以卖者的从犯从轻论处；既然卖人者可以"缘情相减"而使罪

① 《魏书》卷五八《杨播附杨钧传》，第1423页。
② 陈辉、薛海洋编：《北魏杨钧墓志（初拓本）》，河南美术出版社，2008，第5~6页。

罚 "有差"，买人者也应如此，杨钧最终在两种矛盾的意见中选择以随从
论张回罪（"同凡从法"），所以费羊皮应处一岁刑，张回不得重于一岁
刑。我们看到，诏书已经否定此案属于 "和卖"，杨钧只能在 "掠卖" 的
范围内展开论述，所引律文也都与 "掠" 或 "强盗" 有关，① 且从李平奏
言可知，完整的《盗律》条文同时涉及掠、掠卖、和卖，杨钧只引 "掠
人、掠卖人为奴婢者，皆死"，不再提到和卖。又经杨钧提醒，费羊皮的
犯罪事实受到关注，处其 "一岁刑" 有明文规定，争议在于是否执行这一
处罚。

　　"群盗强盗，首从皆同"，又见于《魏志》："（迁邺后）有司奏立严
制：诸强盗杀人者，首从皆斩，妻子同籍，配为乐户……"② 秦汉时期，
法律虽未明确使用 "首从皆同" 的表述，但在处理群盗之事上已具备这一
精神。张家山汉简《盗律》（《二年律令》简 65~66、《汉律十六章》简
60~62）："群盗及亡从群盗，殴折人枳（肢）、肤体，及令仳（跛）蹇
（蹇），若缚守、将人而强盗之……皆磔。"③ 群盗与亡从群盗都要处以磔
刑，未分首、从。《唐律·名例律》 "共犯罪本罪别" 条："若本条言
'皆' 者，罪无首从；不言 '皆' 者，依首从法。""即强盗及奸，略人为
奴婢，犯阑入，若逃亡及私度、越度关栈垣篱者，亦无首从。"④ 专门对是
否区分首从的情形作了说明，相比汉律，《正始律》更为体系化、严密化。

　　第二层旨在明确张回出售费羊皮女的行为 "准其和掠" "而不受恐喝
之罪"。其中 "恐喝条注" 说明北魏律与晋律、唐律一样，分别有正文、
注文，体现了自汉律后，律注的体例长期存续。⑤ 张家山汉简《盗律》

---

① 唐律中，略卖奴婢等同于强盗。《贼盗律》 "略和诱奴婢" 条："诸略奴婢者，以强
盗论。"
② 《魏书》卷一一一《刑罚志》，第 3144 页。
③ 张家山二四七号汉墓竹简整理小组编：《张家山汉墓竹简［二四七号墓］》（释文修订
本），第 17 页；荆州博物馆编，彭浩主编：《张家山汉墓竹简［三三六号墓］》，第
172 页。
④ 《唐律疏议笺解》卷五《名例》"共犯罪本罪别" 条，第 423 页。
⑤ 《晋书·刑法志》："文帝为晋王，患前代律令本注烦杂，陈群、刘邵虽经改革，而科网本
密，又叔孙、郭、马、杜诸儒章句，但取郑氏，又为偏党，未可承用。"明示汉代律注、
律章句的存在，不少大儒都从事过律学相关的工作。《晋书》卷三〇《刑法志》，第
927 页。

（《二年律令》简 65～66、《汉律十六章》简 60～62）："群盗及亡从群盗……恐猲人以求钱财……皆磔。"①《晋书·刑法志》记载曹魏新律的篇目调整时称："《盗律》有劫略、恐猲、和卖买人，科有持质，皆非盗事，故分以为《劫略律》。"② 此处的"恐喝条"，亦应在《正始律》的《盗律》中。"尊长与之已决，恐喝幼贱求之"的注文，因脱离正文语境，殊难理解，但杨钧引此无疑是为了证明张回的行为与恐喝形似、体同，却不能被判恐喝罪，因为"羊皮卖女，不言追赎"，实际上已经满足"尊长与之已决"的条件，即所谓"因缘""得先有由"。关于"准其和掠"的"准"，表示"准其罪"之意，与真犯相对。《唐律·名例律》注云："但准其罪者，皆止准其罪，亦不同真犯。"③"和掠"一词仅在本案中被使用，和与掠本是对立关系，原则上无法构成词语。杨钧造作"和掠"一词，旨在强调张回犯了掠卖人口罪，却有费羊皮卖女的缘由在先，故在一定程度上具备"和"的性质，因而"即状准条，处流为允"，杨钧主张按掠卖人口罪的绞刑减罪一等而判处流刑。

四

三公郎中崔鸿议曰："案律'卖子有一岁刑；卖五服内亲属，在尊长者死，期亲及妾与子妇流'。唯买者无罪文。然卖者既以有罪，买者不得不坐。但卖者以天性难夺，支属易遗，尊卑不同，故罪有异。买者知良故买，又于彼无亲。若买同卖者，即理不可。何者？'卖五服内亲属，在尊长者死'，此亦非掠，从其真买，暨于致罪，刑死大殊。明知买者之坐，自应一例，不得全如钧议，云买者之罪，不过卖者之咎也。且买者于彼无天性支属之义，何故得有差等之理？又案别条：'知人掠盗之物而故买者，以随从论。'依此律文，知人掠

① 张家山二四七号汉墓竹简整理小组编：《张家山汉墓竹简［二四七号墓］》（释文修订本），第 17 页；荆州博物馆编，彭浩主编：《张家山汉墓竹简［三三六号墓］》，第172 页。
② 《晋书》卷三〇《刑法志》，第 924 页。
③ 《唐律疏议笺解》卷六《名例律》"称反坐罪之"条，第 504 页。

良，从其宜买，罪止于流。然其亲属相卖，坐殊凡掠。至于买者，亦宜不等。若处同流坐，于法为深。准律斟降，合刑五岁。至如买者，知是良人，决便真卖，不语前人得之由绪。前人谓真奴婢，更或转卖，因此流漂，罔知所在，家人追赎，求访无处，永沉贱隶，无复良期。案其罪状，与掠无异。且法严而奸易息，政宽而民多犯，水火之喻，先典明文。今谓买人亲属而复决卖，不告前人良状由绪，处同掠罪。"

三公郎中崔鸿的言辞可以分为三层：第一层是从开头的"案律"到"何故得有差等之理"；第二层是从"又案别条"到"合刑五岁"；第三层是从"至如买者"到结尾的"处同掠罪"。

第一层主要为了说明"买者之坐，自应一例"。崔鸿认可杨钧买人者有罪的前提，不过他从买人者与被卖者无亲属关系的角度出发，论证买人者不应该与卖人者的罪罚有差等。

"卖子有一岁刑；卖五服内亲属，在尊长者死，期亲及妾与子妇流"，《通典》作"卖子一岁刑，五服内亲属在尊长者死，卖周亲及妾与子妇者流"。第二个"卖"字位置不同，而且"期亲"改为"周亲"，以避唐玄宗李隆基之讳。唐律中亦存相近规定。案《唐律·贼盗律》"略卖期亲以下卑幼"条："诸略卖期亲以下卑幼为奴婢者，并同斗殴杀法；即和卖者，各减一等。其卖余亲者，各从凡人和略法。""妾"属于唐律该条的注文所谓"无服之卑幼"，"子妇"则属于"期亲以下卑幼"，[1] 二者均依照斗殴杀法，最高处徒三年，又疏议曰："卖子孙为奴婢徒一年半之类……和卖子孙，徒一年之类。"[2] 是则《正始律》卖"妾与子妇"较唐律更重，不过卖子孙不分掠卖、和卖，均判一年，较唐律更轻。另外，唐律在贩卖人口方面严格区分亲疏、尊卑、长幼，并施加轻重不一的刑罚，其法律精神

---

① 从礼学角度讲，唐代夫、妻对妾无服但妾对夫、妻有服，故妾属"无服之卑幼"；又需为子妇服大功九月丧，故子妇属"期亲以下卑幼"。疏议云："期亲以下卑幼者，谓弟、妹、子、孙及兄弟之子孙、外孙、子孙之妇及从父弟、妹……无服之卑幼者，谓己妾无子及子孙之妾。"《唐律疏议笺解》卷二〇《贼盗》"略卖期亲以下卑幼"条，第1431页。
② 《唐律疏议笺解》卷二〇《贼盗》"略卖期亲以下卑幼"条，第1431页。

与北魏律如出一辙。①

第二层在提出"买者之坐，自应一例"后，崔鸿进一步表达自己的看法：在费羊皮卖女给张回这一环节中，费羊皮可刑一岁，张回无需遵照杨钧"买者之罪，不过卖者之咎"之议轻于刑一岁，而是按照"知人掠盗之物而故买者，以随从论"的方式先判流刑，再因应费羊皮卖女的行为不属"掠"又减刑一等，定为刑五岁——在崔鸿看来，亲属相卖不同于"掠"，那么买人者也当不同于"掠"，故引"掠"的条文判流刑过重。

第三层则聚焦于张回卖费羊皮女给梁定之这一环节，"买者"张回不向梁定之交代清楚"前人"（费羊皮女）②的平民身份和由来，假使"前人"被认为是真奴婢的话，再被转卖，"因此流漂，罔知所在，家人追赎，求访无处，永沉贱隶，无复良期"，故张回这一行为等同掠。崔鸿并没有夸大其词，西汉文帝窦皇后之弟少君的经历为人所知："年四五岁时，家贫，为人所略卖，其家不知处。传十余家至宜阳，为其主人入山作炭。暮卧岸下百余人，岸崩，尽压杀卧者，少君独脱不死。"③少君被略卖为奴后，竟然又辗转被卖了十余次，险些在离家乡观津数百里外的宜阳丢了性命。倘若不是偶然随主家到长安、听闻和他同乡同姓的窦氏成为皇后的消息、最终姐弟相认，恐怕少君真的会"永沉贱隶，无复良期"。国家既然要维持一定数量的自耕农，作为征赋纳役的基本单位，就必须严厉打击良民无限制地流入私门，所以崔鸿重申费羊皮女的良民身份，认为张回的行为并不可恕，加上他秉持"法严而奸易息，政宽而民多犯"的观念，所以定张回掠罪，处以绞刑。

---

① 陈寅恪先生曾作过精准的论述："又古代礼律关系密切，而司马氏以东汉末年之儒学大族创建晋室，统制中国，其所制定之刑律尤为儒家化，既为南朝历代所因袭，北魏改律，复采用之，辗转嬗蜕，经由（北）齐隋，以至于唐，实为华夏刑律不祧之正统。""隋唐刑律近承北齐，远祖后魏，其中江左因子虽多，止限于南朝前期，实则南朝后期之律学与其前期无大异同……以魏刑律中已吸收南朝前期因子在内也。"陈寅恪：《隋唐制度渊源略论稿》四《刑律》，《隋唐制度渊源略论稿 唐代政治史述论稿》，商务印书馆，2011，第111~112页。

② 本段作"不语前人得之由绪""不告前人良状由绪"，下一段元雍转述崔鸿语，又作"不语后人由状者"。费羊皮、张回分别是崔鸿口中的"卖者""买者"，又依文意，"前人"只能指费羊皮女，是告知内容的组成部分；"后人"要么指费羊皮女，堪为元雍的口误，要么指梁定之，是告知的对象。

③ 《汉书》卷九七上《外戚传上·孝文窦皇后》，第3944页。

五

太保、高阳王雍议曰:"州处张回,专引《盗律》,检回所犯,本非和掠,保证明然,去盗远矣。今引以《盗律》之条,处以和掠之罪,原情究律,实为乖当。如臣钧之议,知买掠良人者,本无罪文。何以言之?'群盗强盗,无首从皆同',和掠之罪,故应不异。明此自无正条,引类以结罪。臣鸿以转卖流漂,罪与掠等,可谓'罪人斯得'。案《贼律》云:'谋杀人而发觉者流,从者五岁刑;已伤及杀而还苏者死,从者流;已杀者斩,从而加功者死,不加者流。'详沉贼之与身死,流漂之与腐骨,一存一亡,为害孰甚?然《贼律》杀人有首从之科,盗人卖买,无唱和差等。谋杀之与和掠,同是良人,应为准例。所以不引杀人减之,降从强盗之一科。纵令谋杀之与强盗,俱得为例,而似从轻。其义安在?又云:'知人掠盗之物而故买者,以随从论。'此明禁暴掠之原,遏奸盗之本,非谓市之于亲尊之手,而同之于盗掠之刑。窃谓五服相卖,俱是良人,所以容有差等之罪者,明去掠盗理远,故从亲疏为差级,尊卑为轻重。依律:'诸共犯罪,皆以发意为首。'明卖买之元有由,魁末之坐宜定。若羊皮不云卖,则回无买心,则羊皮为元首,张回为从坐。首有活刑之科,从有极默之戾,推之宪律,法刑无据。买者之罪,宜各从卖者之坐。又详臣鸿之议,有从他亲属买得良人,而复真卖,不语后人由状者,处同掠罪。既一为婢,卖与不卖,俱非良人。何必以不卖为可原,转卖为难恕。张回之愆,宜鞭一百。卖子葬亲,孝诚可美,而表赏之议未闻,刑罚之科已降。恐非敦风厉俗,以德导民之谓。请免羊皮之罪,公酬卖直。"

最后一位发言的太保、高阳王元雍的态度值得玩味。其发言可分为两层:第一层是从开头的"州处张回"到"宜各从卖者之坐",第二层是从"又详臣鸿之议"到结尾的"公酬卖直"。

第一层讨论卖女的第一环节中张回的罪罚,重在否定张回为和掠之罪，认为"买者之罪，宜各从卖者之坐"。元雍的逻辑如下：首先，和掠罪的律文没有惩治买者的律条，所以杨钧只能"引类以结罪"，即援引、类比《盗律》"群盗强盗，无首从皆同"①，实则不合适，因为按照《贼律》的规定，谋杀人、杀人都有"首从之科"，况且杀人要比沉贱情节严重得多，使良沉贱却"无唱和差等"。谋杀与和掠都是针对良民而言的，也应可作为本案准罪的条例，但杨钧不引杀人之从犯以减罪的条例，降而适用了强盗无首从之分的条例，看似从轻处理，有何道理？这里"准例"的含义与上文杨钧的"准此条例"相同；其次，"知人掠盗之物而故买者，以随从论"的规定是为了从源头上断绝犯罪行为，不是"市之于亲尊之手，而同之于掠盗之刑"。卖五服亲属有轻重差异，正是由于它不属于掠盗罪。崔鸿已经指出这一点，否则他也不会讲出"然其亲属相卖，坐殊凡掠"，崔鸿引本条主要是申说"以随从论"，元雍误解了他的意思。最后，元雍提出自己的意见，他引律"诸共犯罪，皆以发意为首"，强调费羊皮卖女是引发一系列事件的前提，故费羊皮应负首要责任，张回应负次要责任，负首要责任者可以免死（"有活刑之科"），负次要责任者却要入于极刑，于法无依。

以上几段材料中的"真买""真卖"，指买卖行为已经发生，与谋卖、已掠未卖等相并立。

元雍所引《正始律》的《贼律》律文对应着《唐律·贼盗律》"谋杀人"条："诸谋杀人者，徒三年。已伤者，绞。已杀者，斩；从而加功者绞，不加功者流三千里；造意者虽不行仍为首。"② 在这里，除了唐律谋杀人者不分主从、均徒三年外，《正始律》其余规定与唐律皆同，二者存在确切的继承关系。张家山汉简《贼律》有数条关于贼杀、谋贼杀的律文（《二年律令》简 21~26、《汉律十六章》简 18~20、27）："贼杀人、斗而杀人，弃市。""谋贼杀、伤人，未杀，黥为城旦舂。""贼杀人，及与谋者，皆弃市。未杀，黥为城旦舂。""斗伤人，而以伤辜二旬中死，为杀人。""贼伤人，及自贼伤以避事者，皆黥为城旦舂。""谋贼杀、伤人，与

---

① "无首从皆同"相比上文，增加了"无"字，当指不分首从、作同样处理，两处含义一致。
② 《唐律疏议笺解》卷一七《贼盗》"谋杀人"条，第 1273 页。

贼同法。"① 可知汉律对谋杀罪的刑罚规定较《正始律》、唐律都重。

《正始律》"诸共犯罪,皆以发意为首"则对应着《唐律·名例律》"共犯罪造意为首"条:"诸共犯罪者,以造意为首,随从者减一等。"② 元雍未曾提到《正始律》此条出自哪一篇,程树德从《魏书》《通典》等书中的零散材料辑出《正始律》篇名十五个,其中有《刑名》《法例》,③ 北周律亦同,北齐律则将二者合并为《名例律》,为隋唐律所借鉴。此条当属《刑名》或《法例》二者之一。

第二层直接否定了张回在第二环节有罪(即崔鸿"处同掠罪"之论),因为"既一为婢,卖与不卖,俱非良人",奴婢买卖合法。元雍公然不承认费羊皮之女良人的身份,径称之为"婢",和皇帝、李平乃至北魏律的基本原则不符。而"何必以不卖为可原,转卖为难恕"更歪曲了前几位发言者的观点,无论是杨钧还是崔鸿,都没有表露任何"不卖为可原"的意思,只是在张回卖费羊皮女给梁定之的犯罪行为已经发生的事实下探讨如何定罪量刑。至丁最终提倡张回鞭 百,不知有何法律依据,④ 而免去费羊皮之罪,同样是罔顾法律规定、以礼代法的表现。

元雍的基本立场是为费羊皮请求免罪,又竭力为张回开脱并争取从轻发落的机会,以至于其言论违抗上意、误用法律。以往学者要么注意到元雍请求免除费羊皮之罪所体现的北魏法律儒家化问题,⑤ 要么从法学角度强调元雍的部分观点真正贯彻了"法家思维",即"对张回而言,应该从法律本意出发,遵循行为→罪→刑罚的思维模式,切实考察其行为与罪之间的密切关系以定罪"⑥。这些意见以今人视角进行宏观论述,颇具启发性,在此基础上还可历史地分析元雍的动机。元雍虽然"识怀

---

① 张家山二四七号汉墓竹简整理小组编:《张家山汉墓竹简[二四七号墓]》(释文修订本),第11~12页;荆州博物馆编,彭浩主编:《张家山汉墓竹简[三三六号墓]》,第165、167页。

② 《唐律疏议笺解》卷五《名例》"共犯罪造意为首"条,第416页。

③ 程树德:《九朝律考》卷五《后魏律考上》"魏律篇目"条,中华书局,2006,第350页。

④ 依北魏的刑罚制度,徒刑之下为鞭刑,刑五岁是徒刑中最重者,鞭一百是鞭刑中最重者。

⑤ 齐盛:《北魏法制演进的文化因素》第五章第三节《孝文帝朝以后的北魏社会文化因子》,第182页。

⑥ 李勤通:《法律儒家化、卡迪司法与礼法融合的嵌入式规范结构》,第180页。

短浅，又无学业，虽位居朝首，不为时情所推"①，却并非对法律一无所知，据本传，他经常参加朝廷议定律令的事宜："迁司空公，议定律令，雍常入参大议。"② 那么元雍如此汲汲于宽释张回，最直接的原因就是他奢靡非常的作风："岁禄万余，粟至四万，伎侍盈房，诸子珰冕，荣贵之盛，昆弟莫及焉。"③《洛阳伽蓝记》所记甚详："（元雍）贵极人臣，富兼山海，居止第宅，匹于帝宫。白殿丹槛，窈窕连亘，飞檐反宇，缪轕周通。僮仆六千，妓女五百，隋珠照日，罗衣从风，自汉晋以来，诸王豪侈，未之有也。"④ 极言元雍第宅豪华、仆从众多、财富雄厚。其中六千僮仆、五百妓女，数量如此巨大，绝非尽为来源合法的奴婢，想必凭借权势掠夺良民的情况不在少数，⑤ 因此元雍借机减轻压良为贱之罪，无法摆脱替自己"铺设后路"的嫌疑，表明了北魏时期贵族豪强与国家利益的激烈冲突，这一点是应当予以重视的。

六

> 诏曰："羊皮卖女葬母，孝诚可嘉，便可特原。张回虽买之于父，不应转卖，可刑五岁。"

诏书的判决结果是免去费羊皮的罪罚，对张回之罪处以"刑五岁"。该结果令人匪夷所思——虽然皇帝同意元雍对费羊皮情有可原、免于处罚的建议，但从国家立场出发，又拒不接受元雍"卖与不卖，俱非良人""何必以不卖为可原，转卖为难恕"的论调，依然在认定费羊皮女儿是良人、不得转卖的基础上，判处张回"刑五岁"。"刑五岁"出自崔鸿之口，不过这是他对张回买费羊皮女儿（第一次犯罪）、而不是转卖此女的刑罚意见

---

① 《魏书》卷二一上《献文六王列传上·高阳王雍》，第 630 页。
② 《魏书》卷二一上《献文六王列传上·高阳王雍》，第 625 页。
③ 《魏书》卷二一上《献文六王列传上·高阳王雍》，第 629 页。
④ 范祥雍校注：《洛阳伽蓝记校注》卷三《城南》"高阳王寺"条，上海古籍出版社，1978，第 176~177 页。
⑤ 李天石：《中国中古良贱身份制度研究》第五章第四节《北朝良贱制的系统化及对隋唐良贱制的影响》，第 225~226 页。

（崔鸿认为转卖"处同掠罪"），似乎宣武帝认同了元雍对张回轻判的主张。由此来看，表面上北魏法律儒家化程度加深，情礼对断案、量刑产生较大影响，本质上却是人为干预法律，以及政治运作忽视甚至违背法律逻辑的性质。

放眼整个秦汉至唐朝奴婢制度盛行的时代，可以发现，国家与地方、皇帝与豪强长期处于争夺人口的状态，因此略卖、和卖人口很大程度上是政治、经济问题，而非单一的法律问题，在处理过程中时常不遵循已有法律条文，专事专办的例证不少。《汉书·景武昭宣元成功臣表》："（蒲侯苏夷吾）鸿嘉三年，坐婢自赎为民后略以为婢，免。"① 奴婢自赎即转变为庶人，略卖庶人（良民）依汉初律令，可处弃市，不能仅免侯而已。唐代例证更夥，如《新唐书·安乐公主传》："时主与长宁、定安三家厮台掠民子女为奴婢，左台侍御史袁从一缚送狱，主入诉，帝为手诏喻免。从一曰：'陛下纳主诉，纵奴驵掠平民，何以治天下？臣知放奴则免祸，劾奴则得罪于主，然不忍屈陛下法，自偷生也。'不纳。"② 政治逻辑与法律逻辑之间的矛盾得以揭示——袁从一冒着得罪卖人口的公主的风险，"不忍屈陛下法"，皇帝反而"不纳"。刘俊文先生说："此律不能认真施行，其咎盖不全在执法之人，是以制度使然也。"可谓敏锐的判断。③ 除了奴婢，客和部曲等依附人口数量在中国中古时期持续增加，法所难禁，导致晋武帝颁布的户调式沦为具文，背后的本质相同，对此唐长孺先生论之甚详，此处不赘。④ 本案的判决，自然也未能免于人为因素的干扰。

费羊皮卖女案中，李平、杨钧、崔鸿、元雍四位朝廷高官总共引用了以下十二条《正始律》条文：⑤

1. 掠人、掠卖人、和卖人为奴婢者，死。

---

① 《汉书》卷一七《景武昭宣元成功臣表》，第665页。
② 《新唐书》卷八三《诸帝公主传·中宗八女》，中华书局，1975，第3655页。
③ 《唐律疏议笺解》卷二〇《贼盗》"略人略卖人"条，第1427页。
④ 唐长孺：《魏晋南北朝时期的客和部曲》，收入氏著《魏晋南北朝史论拾遗》，中华书局，2011，第1~24页。
⑤ 程树德也做了辑佚，但有欠缺。参见程树德《九朝律考》卷五《后魏律考上》"魏律佚文"条，第353页。

2. 掠人、掠卖人为奴婢者，皆死。

3. 卖子孙者，一岁刑。

4. 群盗强盗，首从皆同。

5. 知人掠盗之物，而故买者，以随从论。

6. 尊长与之已决，恐喝幼贱求之。

7. 卖子有一岁刑；卖五服内亲属，在尊长者死，期亲及妾与子妇流。

8. 知人掠盗之物而故买者，以随从论。

9. 群盗强盗，无首从皆同。

10. 谋杀人而发觉者流，从者五岁刑；已伤及杀而还苏者死，从者流；已杀者斩，从而加功者死，不加者流。

11. 知人掠盗之物而故买者，以随从论。

12. 诸共犯罪，皆以发意为首。

其中 1、2 为同一条，3、7 为同一条，4、9 为同一条（以上表述有细微差别），5、8、11 为同一条；1、2、3、4、5、6、7、8、9、11 应属《盗律》，10 属《贼律》，12 属《刑名》或《法例》；《正始律》个别篇名与唐律不合，但上引律文大多数为唐律所承袭，只是进行了细节调整，基本原则与理念几乎一致。

七

综上所述，费羊皮卖女案的争议人是费羊皮、张回，费羊皮卖女的适用法律是确定的——"卖子有一岁刑"，焦点在于（一）是否要对费羊皮执行惩罚。张回有两种犯罪行为：一个是买良民费羊皮女，另一个是转卖给梁定之。买费羊皮女的焦点，在于（二）"买者之罪，律所不载"，究竟适用哪项法律？（三）在诏书已确定不属于"和卖"的前提下，张回是否应该被定为《盗律》规定的掠罪（掠卖罪）、处以死刑，或者是否费羊皮卖女在先，张回属于"和掠"，故判刑轻于掠罪；（四）还是应该适用"知人掠盗之物而故买者，以随从论"的律文，即费羊皮构成首犯、张回构成从犯；（五）另外，若费羊皮按照尊长贩卖卑幼之罪轻于一般贩卖的原则减了刑，张回是否也应该随之减刑。转卖给梁定之的焦点，在于（六）第一次买卖后的费羊皮女的身份认定是否为良，如果是良，张回应按卖良的掠罪处理；如果是婢，那么张回卖婢合乎法律，不应论处。①

这几个焦点环环相扣，对它们不同的回答会指向不同的罪刑（见附录一）。诏书判定的结果，实际上并未正面回应这些焦点。进一步而言，焦点（二）直到唐律才确定下来："知祖父母、父母卖子孙及卖子孙之妾、若己妾而买者，各加卖者罪一等。"② 焦点（四）亦不例外，并区分出多种情况。《唐律·名例律》"共犯罪本罪别"条疏议曰："即强盗及奸，略人为奴婢，犯阑入，若逃亡及私度、越度关栈垣篱者，亦无首从。"③ 再如《贼盗律》"略人略卖人"条疏议曰："'若和同相卖'，谓元谋两和，相卖为奴婢者，卖人及被卖人，罪无首从，皆流二千里。其数人共卖他人，自依首从之法。"④ 至于焦点（五），则是法律儒家化程度不断加深的情况下必定会带来的疑难，只能因案情变化而制宜。

总之，北魏律是中国古代法律的重要组成部分，本案的困境实际上也反映了传统法律的困境——其一，法律条文的不完善使得"引类以结罪"或"举重以明轻"具有必要性，却容易导致"所欲活则傅生议，所欲陷则予死比"⑤ 的现象，于是比附什么法律、如何比附法律才能实现"合理量刑"，荆棘塞途；其二，以礼入刑后，礼与法、情与理之间往往形成直接冲突（"缘情制罚"），在具体断案时如何兼顾二者，以符合圣意、民情，并成为处理此类事件的典范与依据，构成十分关键的命题。在这些难以协调的内在矛盾的影响下，法律的权威性、适用性、执行力等都将受到一定程度的挑战。

---

① 逯子新、赵晓耕曾概括出一点："张回转卖的行为是否构成加重情节"。"加重情节"的逻辑是，只有符合基本犯的要求，才有加重犯。张回买良、张回转卖是两个独立而又相互联系的犯罪行为，不存在基本犯，相应地也就不存在"加重情节"。逯子新、赵晓耕：《北魏卖女葬母案之再思索》，第 120 页。
② 《唐律疏议笺解》卷二〇《贼盗》"知略和诱和同相卖而买"条，第 1436 页。
③ 《唐律疏议笺解》卷五《名例》"共犯罪本罪别"条，第 423 页。
④ 《唐律疏议笺解》卷二〇《贼盗》"略人略卖人"条，第 1420 页。
⑤ 《汉书》卷二三《刑法志》，第 1101 页。

附录

北魏朝廷有关费羊皮、张回罪罚意见及依据统计表①

	费羊皮刑罚	定罪依据	张 回 刑 罚			
			买费羊皮女	定罪依据	卖费羊皮女	定罪依据
李平					绞刑	盗律"掠人、掠卖人、和卖人为奴婢者，死。"
杨钧	一岁刑	"卖子孙者，一岁刑。"	不得重于一岁刑	同凡从法，其缘服相减者，宜有差，买者之罪，不得过于卖者之咎也。	流刑	费羊皮卖女是起因，"得先有由"，张回减掠卖人口罪之绞刑一等。
崔鸿	一岁刑	"卖子有一岁刑。"	刑五岁	罪刑自为一例；以掠罪之随从论，减一等；因费羊皮卖亲属不属于"掠"而再减一等。	绞刑	"处同掠罪。"
元雍	免罪	卖子葬亲，孝诚可美；敦风厉俗，以德导民。	鞭一百		免罪	费羊皮女被卖后，无论再转卖与否，都已成为婢。
诏曰	免罪	孝诚可嘉。			刑五岁	不应转卖。

---

① 马腾、周东平亦总结有本案各方观点列表，可一并参看。见周东平主编《〈魏书·刑罚志〉译注》附录一《费羊皮卖女张回转卖案的各方观点列表》，第236~238页。

《中国古代法律文献研究》第十九辑

2024 年，第 143~154 页

简纸更替与中古时期
授官文书的变迁

赵帅淇[*]

摘　要：汉代简册与牍版原本主要因承载字数多少而有所区别。在简纸更替的浪潮下，包括授官文书在内的常规官文书于魏晋时代逐渐实现了全面用纸，而承担礼仪功能与象征意义的"板"则因高涨的官僚礼遇获得了保留，在东晋南朝继续扮演重要角色，并未跟上简纸更替的步伐。北朝至隋唐，纸质的告身逐渐替代了木制的"板"，接替了其凭证文书的职能，最终实现了简纸更替，并在吐鲁番出土文书中有所体现。同时，与授官相关的政务文书的职能，另由各类省符和甲历来承担。

关键词：简纸更替　板　告身　凭证文书

从古至今，文字书写、信息存储载体的变化与文明演进的历程息息相关。就中国古代史而言，中古时期的"简纸更替"揭开了中华文明新的一页，引起了学界的关注。从文字内容的研究向文字载体的研究扩展，主要依赖出土文献的推动，所以有关"简纸更替"的早期研究主要集中于楼兰

---

[*]　中国人民大学历史学院博士研究生。

出土的魏晋时期简、纸文书的整理与考释，兼及书法、字体方面的讨论。① 21世纪以来，学者逐渐将出土文献与传世文献相结合，既从文书学的角度概括简纸更替的宏观演变，② 也探讨简纸更替在制度、经济、文化等方面的具体影响。③ 在前人研究的基础上，本文拟对汉唐之间授官文书从简到纸的转变过程作进一步探讨，以就正于方家。

一、 秦汉以来的简册和牍版

中国古代的文书行政，到秦汉时期已经非常成熟。在造纸术完善之前，简册、牍版无疑是上传下达的主要材料，本文要讨论的授官文书亦以此为载体。《后汉书·光武帝纪上》注引《汉制度》：

> 帝之下书有四：一曰策书，二曰制书，三曰诏书，四曰诫敕。策书者，编简也，其制长二尺，短者半之，篆书，起年月日，称皇帝，以命诸侯王。三公以罪免亦赐策，而以隶书，用尺一木，两行，唯此为异也。制书者，帝者制度之命，其文曰制诏三公，皆玺封，尚书令印重封，露布州郡也。诏书者，诏，告也，其文曰告某官云〔云〕，

---

① 侯灿是国内整理和研究楼兰简、纸文书的代表学者，他与杨代欣共同编著了《楼兰汉文简纸文书集成》（天地出版社，1999），搜集整理了20世纪国内外刊布的楼兰汉文文书，又利用这些文书撰写了一批有关楼兰的文章，收于侯灿《西域历史与考古研究》，中西书局，2019。有关楼兰简、纸文书的书法、字体研究，可参路志英《楼兰汉文简纸文书文字研究》，河北人民出版社，2018。

② 韩树峰：《汉晋时期文书书写材料的变化》，《档案学通讯》2001年第1期，第77~79页。［日］冨谷至著，刘恒武译：《木简竹简述说的古代中国》，中西书局，2021。

③ 例如，从户籍制度演变切入的有韩树峰《论汉魏时期户籍文书的典藏机构的变化》，《人文杂志》2014年第4期，第72~80页；张荣强《中国古代书写载体与户籍制度的演变》，《武汉大学学报》2019年第3期，第92~106页；张荣强《简纸更替与中国古代基层统治重心的上移》，《中国社会科学》2019年第9期，第180~203页；韩树峰《从简到纸：东晋户籍制度的变革》，《中国人民大学学报》2020年第5期，第163~172页。从文学角度切入的有查屏球《纸简替代与汉魏晋初文学新变》，《中国社会科学》2005年第5期，第153~163页；王余光、熊静《纸简替代与阅读转型》，《图书馆》2014年第3期，第47~51页。从衣物疏书式演变切入的有何亦凡《"简纸过渡"时代的衣物疏——从新刊布的吐鲁番出土最早的衣物疏谈起》，《西域研究》2023年第3期，第32~43页。

如故事。诫敕者，谓敕刺史、太守，其文曰有诏敕某官。它皆仿此。①

对汉代的王言之制，此处有比较集中的总结。其中，策书相关内容涉及两种文书形态，第一种为"长二尺，短者半之"的编连简册，使用篆书，主要用途是"命诸侯王"；第二种为"尺一木，两行"的牍版，使用隶书，主要的用途是策免三公。简册和牍版两种形制统一于"策"这种王言之下，最主要的分类原因可能在于字数的多少。蔡邕《独断》对此有所说明：

> 策者，简也。礼曰："不满百文，不书于策。"其制长二尺，短者半之，其次一长一短，两编，下附篆书，起年月日，称皇帝曰，以命诸侯王三公。其诸侯王三公之薨于位者，亦以策书诔谥其行而赐之，如诸侯之策。三公以罪免，亦赐策，文体如上策而隶书，以一尺木两行，唯此为异者也。②

由此可知，"不满百文，不书于策"的规定，是选择简册抑或是牍版的主要原因。可以推测，"以命诸侯王三公"或是诸侯王三公薨逝时"诔谥其行"，都需要较长的文字，所以此时的策书选择了编连的简册，而"三公以罪免"时不需要那么多内容，"以一尺木两行"来书写"不满百文"的策书就足够了。规格最高的策书如此，可以想象，地方上常见的行政文书也是根据字数多少来选择简册或牍版。如汉晋上计簿中存在木牍和简册两种形态，前者可以举连云港尹湾汉墓出土东海郡"集簿"木牍为例，后者以沅陵虎溪山西汉吴阳墓出土的沅陵侯国"计簿"简册为典型。魏斌认为，之所以存在木牍、简册两种书写形式，一种可能性便是根据内容多寡选择书写材料。③

这样的简牍并用状态持续了一段时间。尽管东汉时期造纸术得到了完

---

① 《后汉书》卷一《光武帝纪上》，中华书局，1965，第 24 页。

② （汉）蔡邕：《独断》卷上，文渊阁《四库全书》本，4 叶 b~5 叶 a。

③ 魏斌：《汉晋上计簿的文书形态——木牍和简册》，《中国中古史研究》第 8 卷，中西书局，2021，第 264 页。

善，但诏令和公文等行政文书并没有马上改换材质，这是由其特殊地位决定的。富谷至认为："形态、材质和书写内容各异的简牍拥有各自不同的历史，沿着独自的轨迹将其功能转移到纸上……单纯承载文字信息的书籍、信件最早转换为纸，而包含了文字以外若干功能的检、券、符等向纸的过渡最为迟缓。"①

不过，最晚到了曹魏，诏令文书已经开始用纸。《三国志·刘放传》记载，魏明帝曹叡弥留之际，接受刘放、孙资的建议，召司马懿加入辅政班底，"即以黄纸授放作诏"②。这一现象到了晋朝更加普遍，《玉海·诏令》"晋诏书"条云："晋为诏，以青纸紫泥。"③ 韩树峰认为，"在两晋即使贵为皇帝，也经常将纸用作书写诏书的材料了"④。据《初学记》所引《桓玄伪事》，桓玄篡晋后，下令："古无纸，故用简，非主于敬也。今诸用简者，皆以黄纸代之。"⑤ 从官方立场否定了简牍的神圣性，进一步巩固了纸在官文书中的主导地位。韩树峰就此认为，"在桓玄之后，官文书主要用黄纸写成，而很少用缣帛，至于竹简，基本就废弃不用了"⑥。

二、 简纸更替中"板"的滞后性

尽管最晚到东晋末年时，简册基本被纸张替代，但牍版却并未同时销声匿迹，反而从单纯的书写载体中独立出来，被赋予了不同的身份地位。要讨论这一问题，我们需要先回溯至西晋时期的一则史料。太安元年（302），在"八王之乱"中暂时得势的成都王司马颖任命陆机为平原内史，陆机因此写下《谢平原内史表》，开篇为：

---

① ［日］富谷至著，刘恒武译：《木简竹简述说的古代中国》，第 88 页。

② 《三国志》卷一四《魏书·刘放传》，中华书局，1982，第 459 页。

③ （宋）王应麟：《玉海》卷六四《诏令》"晋诏书"条，文渊阁《四库全书》本，31 叶 a。

④ 韩树峰：《汉晋时期文书书写材料的变化》，第 78 页。

⑤ （唐）徐坚等：《初学记》卷二一《文部·纸第七》"代简"条，中华书局，2004，第 517 页。

⑥ 韩树峰：《汉晋时期文书书写材料的变化》，第 79 页。但是，正如下文要讨论的"板"一样，也有一些简册因为特殊的礼仪功能而得到了保留，例如唐代王言中的册书，仍然保留了"临轩册命"的仪式，而使用的文书就有竹简、玉册、金册等多种材质。

> 今月九日，魏郡太守遣兼丞张含，赍板、诏书、印绶，假臣为平
> 原内史。拜受祇竦，莫知所裁。臣机顿首，死罪死罪。①

文中提到，兼丞张含为给陆机授官，带来了三样物品"板、诏书、印绶"。其中，诏书是带有法律效力的公文，印绶则是源远流长的官员身份信物，②两者之外的"板"则十分值得注意：为何在诏书之外又有独立的"板"？它是否写有文字，又具有什么样的功能？《隋书·百官志》收录的梁、陈《用官式》，为我们分析"板"的功能提供了线索：

> 其用官式，吏部先为白牒，录数十人名，吏部尚书与参掌人共署
> 奏。敕或可或不可。其不用者，更铨量奏请。若敕可，则付选，更色
> 别，量贵贱，内外分之，随才补用。以黄纸录名，八座通署，奏可，
> 即出付典名。而典以名帖鹤头板，整威仪，送往得官之家。其有特发
> 诏授官者，即宣付诏诰局，作诏章草奏闻。敕可，黄纸写出门下。门
> 下答诏，请付外施行。又画可，付选司行召。③

在梁陈《用官式》中，明显可以看出对两类官僚的区别对待。任用普通官僚时，固定的文书行政流程为"吏部提名→皇帝敕可→黄纸录名→八座通署→奏可→出付典名"，身份类别可以与唐代的奏授官员相当；"诏诰局草诏→敕可→门下答诏→画可→付选司行召"的流程则实现了任用特殊官僚的文书行政程序，身份类别与唐代的制授官员相当。④引文中，"而典以名帖鹤头板，整威仪，送往得官之家"一句需要特殊注意。与黄纸代表的行政文书不同，"鹤头板"明显带有类似印绶的象征意义，但它又不只是普通的信物，而是写有文字。据周文俊考察，"鹤头板"得名自"鹤头书"这一官文书专用的书体，用以书写诏板，其源头也正是

---

① （晋）陆机著，刘运好校注整理：《陆士衡文集校注》卷九《谢平原内史表》，凤凰出版社，2007，第887页。

② 邢义田：《从制度的"可视性"谈汉代的印绶和鞶囊》，收入阎步克等《多面的制度：跨学科视野下的制度研究》，生活·读书·新知三联书店，2021，第43~106页。

③ 《隋书》卷二六《百官志上》，中华书局，1973，第748页。

④ 刘后滨：《唐代选官政务研究》，社会科学文献出版社，2016，第50~72页。

汉代的诏板。① 周文俊又还原了《宋书·礼志》中"诏事版文"的格套，可以看出其与需要经过尚书省、门下省等文书行政部门的任官诏书的不同：

> 制诏：前某官某甲，今以甲为某官，如故事。
> 年月日。侍御史某甲受。

周文俊据此总结道，"以上比较考察，充分说明朝廷授官用板并不同于任命诏书。从官文书的若干方面特征，表明授官用板的主要性质是礼仪文书，沿用了汉代的诏板形制，文书格套（如以"制诏"起首）亦对汉制传统多有继承。在官文书谱系中是自成一体的"②。

　　如此一来，陆机获得的三样物品中，"板"的意义也就凸显出来了，它兼有诏书与印绶的某些属性，既具有文书功能，也带有礼仪功能。如果将任官的诏书视作政务文书的话，那么写有文字的板可以被看作是一种凭证文书。那么，为什么这种"板"从简牍并用的汉代文书载体中独立了出来，又被赋予了礼仪功能呢？为什么它没有和单纯执行文书行政功能的诏书一起被纸张取代呢？这恐怕要从时代的特殊性中寻找答案。

　　相比于官僚制度简练、官员"服务取向"明显的秦汉时期，魏晋南北朝时期是一个官僚制度"品位化"的时代，"从总体上说，是士族门阀政治——在北朝还有部落贵族政治——充分发展的结果，也是皇权低落的结果。此期官僚表现了更大的'自利取向'，拥有了与皇权博弈的更大能力，并为自己争取到了足够的品位利益，得以平流进取、坐享天禄"③。在选官程序中使用"板"来承担一些礼仪功能，显然也并非在两晋南北朝才创置，自有其汉魏时代的渊源，④ 只不过到了尊重官员身份地位的时代，这个环节因其礼遇功能而得到了保留。

---

① 周文俊：《信物、凭证与文书：试释两晋南朝的朝廷授官用"板"》，《中国文化》2020年第1期，第251页。
② 周文俊：《信物、凭证与文书：试释两晋南朝的朝廷授官用"板"》，第252页。
③ 阎步克：《中国古代官阶制度引论》，北京大学出版社，2010，第475页。
④ 例如，《后汉书》卷一《光武帝纪上》注引《说文》曰："檄，以木简为书，长尺二寸。谓之檄，以征召也。"（中华书局，1965，第13页）或许就是下文提到的檄板的渊源所自。案，此句不见于今本《说文》。

其实，与诏书被纸张替代的潮流大约同时，"板"也几乎遭遇了"简纸更替"的命运。《南史·张兴世传》记载：

> 明帝即位，四方反叛，进兴世龙骧将军，领水军拒南贼。时台军据赭圻，朝廷遣吏部尚书褚彦回就赭圻行选。是役也，皆先战授位，檄板不供，由是有黄纸札。①

为了在四方反叛的局面下笼络人心，宋明帝派遣吏部尚书到前线大量授官，由于事态紧急，出现了任官时必备的"檄板"不足的情况，无奈之下，朝廷选择用"黄纸札"来救急。倘若这样的替代方案行之有效、朝野上下能够接受的话，"板"的"简纸更替"也就顺理成章地完成了。但这样的改变似乎只是权宜之计，待局面好转后，木质的"板"仍然大行其道，并没有因为一次意外情况而被纸张全面替代，以至于南朝继续有"相板"以断吉凶的习俗。②

考虑到官方文书至迟到东晋末已经全面实现"简纸更替"，"板"的简纸转换无疑大大滞后了。这也印证了前文所引的冨谷至的判断，不同功能的简牍各自有着不同的历史，沿着不同的轨迹实现向纸的转换。任官用的"板"由于拥有附着于物质属性之上的礼仪和象征意义，所以存活的时间远长于仅具有信息承载功能的官文书，在整个东晋南朝仍然具有重要的作用。

三、"告身"对"板"的取代

然而，"简纸更替"毕竟是这个时代的主旋律，"板"的存在或许可以尽力延长，但随着社会环境的不断改变，终究会有迎来变化的时刻。尽管整个魏晋南北朝时代被视作官员"自利取向"高涨的时代，但东晋南朝大行其道的标志官员身份的"板"，在十六国北朝的存在感并不强。幸

---

① 《南史》卷二五《张兴世传》，中华书局，1975，第690页。
② 周文俊：《信物、凭证与文书：试释两晋南朝的朝廷授官用"板"》，第253页。

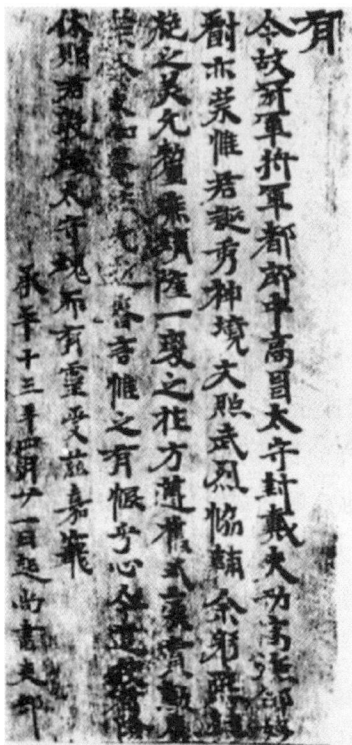

图1　追赠且渠封戴敦煌太守木表①

运的是，新疆吐鲁番阿斯塔那177号墓出土了一块北凉时期的"追赠且渠封戴敦煌太守木表"，尽管是用于追赠，还是可以让今人一窥与授官相关牍版的基本形制（图1）。

在之后的北朝时代，几乎找不到与授官用"板"有关的身影了，而纸质的"告身"开始出现。《北齐书·傅伏传》记载：

> 周克并州，遣韦孝宽与其子世宽来招伏曰："并州已平，故遣公儿来报，便宜急下。"授上大将军、武乡郡开国公，即给告身，以金马瑙二酒钟为信。伏不受，谓孝宽曰："事君有死无贰，此儿为臣不能竭忠，为子不能尽孝，人所雠疾，愿即斩之，以号令天下。"②

从这条材料可以看出，尚在争衡之中的北周、北齐二政权，已经通行着后世大行其道的"告身"了。马俊杰考察告身的发展历程后提出，《北齐书·傅伏传》中的文字是目前所见最早关于"告身"的文献记载。北周入隋，出现"告身"的记载逐渐增多，并且从一定程度上反映了社会对"告身"形制的认知。③尤其是《北史·杨谅传》中有这样一则故事：

> 先是，并州谣言："一张纸，两张纸，客量小儿作天子。"时伪署官告身皆一纸，别授则二纸。谅闻谣喜曰："我幼字阿客，'量'与

---

① 新疆维吾尔自治区博物馆编：《新疆出土文物》，文物出版社，1975，第33页。
② 《北齐书》卷四一《傅伏传》，中华书局，1972，第546页。
③ 马俊杰：《唐代告身研究》，中国人民大学博士学位论文，2020，第48页。

'谅'同音,吾于皇家最小。"以为应之。①

以纸张书写告身的形制,至隋朝已经成为社会的主流认知了。从前在东晋南朝通行的"板",其凭证文书的功能终于转移到了由北朝发展至隋唐的纸质告身之上,这个"简纸更替"时代残留的小尾巴,基本退出了历史舞台,只剩下在"板授高年"等特殊礼仪场景有所使用了。② 与"板"有关的"简纸更替",最终由北朝和随后的隋唐来完成,这恐怕是因为就官僚的尊崇和礼遇来说,异族入主的北朝始终无法赶上南朝的脚步,从尊贵的"板"到常见的纸,无疑是一次官僚集团的"消费降级"。而魏晋南北朝的历史出口毕竟在北而不在南,最终,由纸张制作的"告身"代替了"板",承担了凭证文书的功能。

在唐代,"告身是颁发至受官者个人的终端文书,包括职事官中的流内官和流外官、散官、卫官、勋官在内的每一位官员,以及爵位、内外命妇、赠官等政治身份,其授任都需要颁发告身"③。作为身份待遇的主要凭证,告身兼具文书性质和象征意义,所以装帧也格外讲究。《唐会要·选部下》记载:

> (元和) 八年(813)八月,吏部奏请差定文武官告纸轴之色物:"五品已上,用大花异纹绫纸,紫罗里,檀木轴。六品下朝官,装写大花绫纸,及小花绫里,檀木轴。命妇邑号,许用五色笺,小花诸杂色锦褾,红牙碧牙轴。其他独窠绫褾,金银花笺,红牙,发镂轴钿等。除恩赐外,请并禁断。"敕旨依奏。④

---

① 《北史》卷七一《文帝四王·杨谅传》,中华书局,1974,第2473页。
② 《通典》记载了"板授高年"时的礼仪程序,兹节引与"板"有关的内容:"若有版授,史以案诣使副前,使副取版进授使者,皆如初。赞者引为首者一人少前,使者称:'有制。'为首者再拜。宣制讫,为首者又拜。赞礼者引为首者进诣使者前,北面受版。"见 (唐)杜佑撰,王文锦等点校《通典》卷一三〇《礼九十·开元礼纂类二十五·嘉礼九》"皇帝遣使诣诸州宣抚"条,中华书局,1988,第3351页。
③ 刘后滨:《唐代选官政务研究》,第96页。
④ (宋)王溥:《唐会要》卷七五《选部下·杂处置》,上海古籍出版社,2006,第1615~1616页。

　　因为颁发量较大，今日仍有不少唐代告身以文本或物质的形态存世。而由于唐人对告身的重视，不少人会选择抄录副本或镌刻碑石以陪葬。正因如此，吐鲁番地区也出土了一些唐代告身抄本残片，例如唐长孺先生所编《吐鲁番出土文书》中收录的《唐永淳元年（682）氾德达飞骑尉告身》①、《武周延载元年（694）氾德达轻车都尉告身》②、《唐天宝十载（751）制授张无价游击将军官告》③等。兹引据张无价官告的录文如下：

1　行官、昭武校尉、行左领军衔敦煌郡龙勒府右果毅都尉员外置同

2　正员、上柱国、赐紫金鱼袋张无价

3　右可游击将军、守左威卫同谷郡夏集府折

4　冲都尉员外置同 正员，余如故。

5　门下：四镇平石国，及破九国胡、并背叛突骑施等贼，

6　跳荡。行官昭武校尉、守右卫绛长祚左果毅都尉员

7　外置同正员、上柱国、赐紫金鱼袋许光景等，并以骁

8　材，远平丑虏，宜膺分职，俾叶赏劳，可依前件，仍并

9　本道驱使。主者施行。

10　天宝十载二月十二日

11　尚书左仆射、右相臣林甫宣

12　中书侍郎阙

13　中书舍人臣阳收奉行

14　左相兼兵部尚书、上柱国臣希烈

15　门下侍郎阙

16　给事中臣源洧等言

17　制书如右请奉

① 中国文物研究所、新疆维吾尔自治区博物馆、武汉大学历史系编，唐长孺主编：《吐鲁番出土文书》（图文本）第叁卷，文物出版社，1996，第404~405页。

② 中国文物研究所、新疆维吾尔自治区博物馆、武汉大学历史系编，唐长孺主编：《吐鲁番出土文书》（图文本）第叁卷，第406~408页。

③ 中国文物研究所、新疆维吾尔自治区博物馆、武汉大学历史系编，唐长孺主编：《吐鲁番出土文书》（图文本）第肆卷，文物出版社，1996，第392~394页。

18　制付外施行。谨言。

19　天宝十载二月十二日

20　二月十二日时都事

21　左司郎中

22　制可

23　左相兼兵部尚书上柱国

24　兵部尚书上柱国

25　银青光禄大夫、兵部侍郎、上柱国国忠

26　银青光禄大夫、兵部侍郎、上柱国严

27　尚书右丞阙

28　告游击将军守左武卫同谷郡

29　夏集府折冲都尉员外置同正

30　员上柱国赐紫金鱼袋仍本

31　道驱使张无价奉被

32　旨如右。符到奉行。

33　主事奇

34　令史冯忠

35　判郎中幼成

36　书令史杨玉

37　天宝十载二月十六日下

　　由 22 行"制可"、32 行"符到奉行"等语可知，这件勋官告身是在制书和尚书省符的基础上制作完成的，经历了与授官有关的文书行政的全过程。

　　不过，由于告身的最终归宿是给付个人，所以其属性也经历了从政务文书到凭证文书的转变。与此同时，还有不少单纯的政务文书是在官府之间流转，这些文书往往在证明官员身份、实现官员权益等方面，比告身的作用更大。例如，"敕符、攒符、签符等是尚书吏部下属不同部门下发到府、州级的文书，作为地方官府管理官人相关事务的档案和凭证。这些文

书都不下发至县而只保存在府"①。而唐代中央又设有甲库，"各种途径获得出身的人，以及罢任前资官和现任官员，其人事档案都存放在甲库之中，作为铨选任官的依据。甲库所保存的甲历，是官员选任过程中'南曹检勘'与'废置详断'环节所凭依的主要材料"②。尽管到了"简纸更替"全面完成的唐代，政务文书与凭证文书的并立局面仍然没有消失。

结　语

这样一来，中古时期授官文书在"简纸更替"视角下的变迁轨迹，也就比较清晰了。原本只因承载字数多少而有所区别的汉代简册与牍版，在迎接纸张时代的冲击时迎来了不同的命运。常规的官文书在魏晋时代逐渐实现了全面用纸，授官的行政文书亦在其中；承担礼仪功能与象征意义的"板"则因高涨的官僚礼遇获得了保留，在东晋南朝继续扮演重要角色，在本条脉络上拖慢了简纸更替的步伐。北朝至隋唐，纸质的告身逐渐替代了木制的"版"，接替了其凭证文书的职能，最终完成了这个方向的简纸更替，但与授官相关的政务文书，另有各类省符和甲历的存在。

---

① 刘后滨：《唐代选官政务研究》，第133页。
② 刘后滨：《唐代选官政务研究》，第150页。

《中国古代法律文献研究》第十九辑
2024年，第155~164页

大谷1075文书为唐《兵部式》考释*

刘子凡**

摘　要：大谷1075文书是一件涉及唐代令式的重要残纸。文书第2行"尉队以上各给绢两疋"的记载，仅见于《唐律疏议》所引《兵部式》，是关于折冲府官兵从行身死赙物的特殊规定。第3行"掌闲、驾士等上番有身死"，也可以指兵部所管"有军名"的掌闲、驾士身死事宜。大致可以推断本件文书内容都是与死后待遇相关的规定，应即唐代《兵部式》写本残片。

关键词：兵部式　大谷文书　赙物　折冲府　《唐律疏议》

　　唐代法典体系包括律、令、格、式四类，除了唐律保存完整以外，令、格、式早已散佚。对于唐代令式的辑佚与复原，就成为唐代法制史研究的重要内容。百余年来陆续现世的敦煌吐鲁番出土文书，为唐代律、令、格、式的复原与研究提供了珍贵的材料，学者比定出《职员令》《公式令》《刑部散颁格》《水部式》等重要文献。① 然而，对敦煌吐鲁番文书

　　＊　本文获中国社会科学院学科建设"登峰战略"资助计划优势学科"隋唐宋元史"资助（DF2023YS16），并获中国社会科学院青年人才"培远计划"资助。

　＊＊　中国社会科学院古代史研究所、敦煌学研究中心副研究员。

　　①　参见［日］辻正博《敦煌、吐鲁番出土唐代法制文献研究之现状》，周东平译，周东平、朱鹏主编《法律史译评》，北京大学出版社，2013，第118~145页。

中法律文献的比定远未穷尽，特别是在前人未及关注的一些残纸断片中，仍然有少量与律、令、格、式相关的内容。笔者即曾在大谷文书中检出两件小残片，内容分别为《医疾令》与《丧葬令》，虽然存字不多，但对于复原对应令文的文字与格式都有一定意义。① 近来又检得大谷文书中的一件残片，所载内容疑为唐代《兵部式》，此为前人所未见。故对此残片略作考释，以求证于方家。

一

大谷 1075 文书收藏于日本京都龙谷大学图书馆，系大谷探险队收集品，尺寸为 9.5 厘米×7 厘米，存 5 行，楷书。② 据 IDP 网站登载的文书图版，校录释文如下：

（前缺）

1 ┃ ］□□果毅 ［ ］□［

2 ］ 尉 队以上各给绢两疋 ［

3 ］ 掌 闲、驾士等 上 番有身 死 ［

4 ］□有赠官□□［

5 ］更给准令 ［

（后缺）

小笠原宣秀、西村元佑最早刊布了这件文书的录文，他们指出很难理解文书的全部意义，认为可能是关于果毅等赐物的文书，并指明第 3 行的"□闲"当是掌闲。③ 值得注意的是，两位先生将第 2 行第 1 字释读为

---

① 刘子凡：《大谷文书唐〈医疾令〉、〈丧葬令〉残片研究》，《中华文史论丛》2017 年第 3 期。

② ［日］小田義久主編：《大谷文書集成（壹）》，法藏館，1984，第 16 页、图版一一八。

③ ［日］小笠原宣秀、西村元祐：《唐代役制關係文書考》，西域文化研究會編《西域文化研究》第 3 卷《敦煌吐魯番社會經濟資料》（下），法藏館，1960。此据那向芹译《唐代徭役制度研究》，《敦煌学译文集——敦煌吐鲁番出土社会经济文书研究》，甘肃人民出版社，1985，第 915~916 页。

"剑",此后诸家录文皆延续这一释读。然而"剑队"文意不通,遍寻唐代史料,似未见有剑队的称呼。唐代兵士的常规武器装备是弓矢和横刀,似较少用剑。《新唐书·兵志》即载府兵"人具弓一,矢三十,胡禄、横刀……其番上宿卫者,惟给弓矢、横刀而已"[①]。细审图版,此字与繁体字的"劍""劒"稍有差异,更像是尉字的异体字"尉"(见表1)。唐代府兵体系中有校尉,《新唐书·兵志》载:"府置折冲都尉一人,左右果毅都尉各一人……士以三百人为团,团有校尉;五十人为队,队有

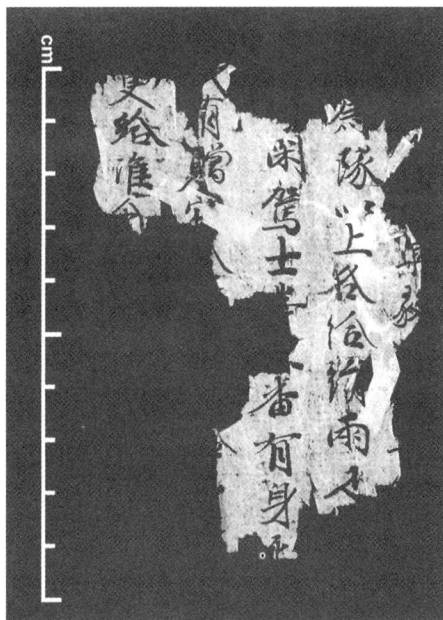

图 1　大谷 1075 文书(来源:IDP 网站)

正。"[②] 考虑到此件文书第 1 行出现"果毅",第 2 行又见有"队",都与府兵有关,则第 2 行第 1 字为校尉之"尉"字当无疑问。

表 1　大谷 1075 文书"尉"字与中古石刻所见"尉"字对比表

大谷 1075 文书	东魏　元融妃墓志	隋　王荣及妻墓志	唐　史思礼墓志

《大谷文书集成》将此文书定名为"沙州(敦煌)卫士关系文书断片",并在解题中说"第 1 行有敦煌乡果毅(见二八三九号)等字"[③]。然

---

① 《新唐书》卷五〇《兵志》,中华书局,1975,第 1325 页。
② 《新唐书》卷五〇《兵志》,第 1325 页。
③ [日]小田義久主编:《大谷文書集成(壹)》,第 16 页。

而查阅《大谷文书集成》刊布的该文书图版、录文，第 1 行皆只见"果毅"二字，其上文字残缺，并没有出现"敦煌乡"。解题中提到的大谷 2839 文书录文为：

1　洪闰乡　敦煌乡

2　合当折冲、果毅、别奏、典、傔及兵士已上

3　牒被责当乡有前件等色娶妻妾

4　者，并仰通送者。谨依检括，当乡元

5　无此色人娶妻妾可显，谨牒。

6　　　　　长安四年二月廿日　里正王定牒

7　　　　　敦煌乡里正董靖①

此件文书为沙州敦煌县洪闰乡、敦煌乡里正的牒文，内容为申报当乡是否有折冲、果毅等娶妻妾的情况，与大谷 1075 文书中涉及的"给绢""赠官"等事无关。两件文书在书写笔迹等写本形态上差异很大，应当没有直接的联系。因此，不能因为大谷 2839 文书中出现敦煌的果毅；就判定大谷 1075 文书也与沙州敦煌县有关。

此外，《大谷文书集成》将第 3 行"番"字之前的字录为"当"，从文句上看"当番"是说得通的。然而细审图版，"番"字上方似有一长横，则此字一定不是繁体的"當"字，更像是"上"字。"上番"即上值之意，也是唐人的习惯用法。

陈国灿、刘安志《吐鲁番文书总目（日本收藏卷）》将此文书定名为"唐赏赐掌闲、驾士及剑队以上官兵文书"②。总体来看，学界对这件文书的性质尚无清晰的认识，具体研究也相对较少。

二

大谷 1075 文书的前 2 行见于《唐律疏议》所引《兵部式》。《唐律疏

---

① ［日］小田義久主编：《大谷文书集成（壹）》，第 109 页、图版一二八。

② 陈国灿、刘安志主编：《吐鲁番文书总目（日本收藏卷）》，武汉大学出版社，2005，第 10 页。

议》卷二六《杂律》"征行身死不送还乡"条疏议有：

> 从行准《兵部式》："从行身死，折冲赗物三十段，果毅二十段，别将十段，并造灵轝，递送还府。队副以上各给绢两疋，卫士给绢一疋，充殓衣，仍并给棺，令递送还家。"①

大谷 1075 文书中的"果毅""队""以上各给绢两疋"，刚好与以上内容对应，可知该文书与《兵部式》有着密切联系。所谓"从行"，此条律疏给出的解释是"谓从车驾行及从东宫行"②，即跟随皇帝或太子出行。《兵部式》中提到的折冲、果毅、别将、队副等赐物，便是指从行过程中不幸身死的情况。唐代有关于官员死后赗物的详细规定，见于《通典》卷八六《礼·凶礼·丧制·赗赙》，大致文武职事官都是按照品级赗物。③ 对照折冲府武官的品级，折冲都尉上府是正四品上，中府从四品下，下府正五品下，所得赗物应为 70 至 50 段；左右果毅都尉上府是从五品下，中府正六品上，下府正六品下，赗物为 40 至 30 段；别将上府正七品下，中府从七品上，下府从七品下，赗物为 22 至 18 段；校尉是从七品下，赗物 18 段；旅帅从八品上，赗物 14 段；队正是正九品下，赗物为 12 段；副队正是从九品下，赗物 10 段。这是正常情况下给予薨卒官员的待遇。《兵部式》所载"从行身死"显然是一种特殊情况下的给物，除了给物数量不同外，其与常规赗赙最大的不同是并非完全按照品级给物，而是分为两个等级。职位较高的折冲、果毅、别将分别给物 30、20、10 段，并造灵轝送还；职位较低的武官及卫士则是给绢两匹或一匹，并给棺送还。其中所谓"队副以上"，显然就是包括校尉、旅帅、队正、队副等，他们虽然职级不同，但从行身死都是给绢两匹。折冲府的官兵参与征行身死时，似乎就没有此类特殊的赗物。《唐律疏议》卷二六《杂律》"征行身死不送还乡"条引《军防令》曰："征行卫士以上，身死行军，具录随身资财及尸，付本府人

① 刘俊文：《唐律疏议笺解》卷二六《杂律》，中华书局，1996，第 1828~1829 页。
② 刘俊文：《唐律疏议笺解》卷二六《杂律》，第 1828 页。
③ 《通典》卷八六，中华书局，1988，第 2333 页。

将还。无本府人者，付随近州县递送。"① 只是强调送还随身资财和尸身，没有提到赙物。由此来说，"队副以上各给绢两疋"云云很可能就是独见于《兵部式》的关于从行身死赙物的规定。那么大谷 1075 文书中的"尉队以上各给绢两疋"，应当就是来自《兵部式》的条文。

但大谷 1075 文书文字与《唐律疏议》所引《兵部式》又并非完全对应。首先是文书作"尉队以上"，而《唐律疏议》引《兵部式》作"队副以上"。不过二者所指实际是相同的，如前说述，因为《唐律疏议》引《兵部式》中先已列举折冲、果毅、别将的赙物，所以"队副以上"就是指校尉、旅帅、队正和队副。而文书中的"尉队"，应当也是指从校尉到队副的官员。其次是从文书书写的行款看，"果毅"二字是对应于"上各给"三字的水平位置，如果文书文字是完全对应于《唐律疏议》引《兵部式》的话，"果毅"至"上各给"应有 20—21 字，即每行书写 20—21 字，那么第 3 行同样位置应是"递送还家"等字，而非文书第 3 行所见"掌闲、驾士"等，说明文书内容与《唐律疏议》引《兵部式》在字句上有些出入。上述差异可能与唐式的不断修订有关。一般认为《唐律疏议》中的律疏为永徽三年（652）长孙无忌等撰成的《永徽律疏》，于永徽四年（653）颁行。其中所引的《兵部式》无疑就是永徽初年删定律、令、格、式时确定的"永徽式"的一部分。至唐玄宗开元年间，唐式经过多次修订，其面貌必然有一定变化。大谷 1075 文书与《唐律疏议》所引《兵部式》的文字差异，或许就体现了不同时代唐式条文的不同，可惜由于文书残缺且唐式散佚，无法确证其中的细节。

总之，从"尉队以上各给绢两疋"的类似记载仅见于《唐律疏议》所引《兵部式》的情况看，大谷 1075 文书的前 2 行很可能就是《兵部式》的条文。

三

大谷 1075 文书第 3、4 行载有掌闲、驾士上番身死及赠官等内容，也

---

① 刘俊文：《唐律疏议笺解》卷二六《杂律》，第 1828 页。

是涉及死后待遇问题，与前 2 行内容密切相关。

掌闲、驾士大致都是色役，需要分番当值。《天圣令》所载《杂令》唐 8 条有：

> 其流外非长上者及价人，皆分为二番。……余门仆、主酪、习驭、翼驭、执驭、驭士、<u>驾士</u>、幕士、大理问事、主膳、典食、供膳、兽医、典钟、典鼓，及萨宝府杂使、漏刻生、漏童，并分为四番。其幕士、习驭、<u>掌闲</u>、<u>驾士</u>隶殿中省、左春坊者，番期上下自从卫士例。①

掌闲、驾士皆有番期，所以文书中提到掌闲、驾士等只有上番身死时才会给予一定的待遇。从职责上说，掌闲、驾士都与马匹的管理有关。闲，指闲厩；掌闲，便是掌管闲厩之意。驾士，顾名思义是取驾驭马匹之意。据《唐六典》，殿中省尚乘局有掌闲 5 000 人，"掌分饲养六闲之马"，"奉乘掌率习驭、掌闲、驾士及秣饲之法"②。内侍省内仆局有驾士 140 人，"掌调习马，兼知内御车舆杂畜"③。太仆寺、太子内坊和厩牧署等也都有数量众多的驾士。

《唐六典》所载的这些掌闲、驾士似乎都与兵部无关，然而实际上唐代还有隶属于军府的掌闲和驾士。《唐律疏议》卷二八《捕亡律》"丁夫杂匠亡"条疏议有：

> "若有军名而亡"，谓卫士、掌闲、驾士、幕士之类名属军府者，总是"有军名"。其幕士属卫尉、驾士属太仆之类不隶军府者，即不同军名之例。④

---

① 天一阁博物馆、中国社会科学院历史研究所天圣令整理课题组校证：《天一阁藏明钞本天圣令校证》，中华书局，2006，第 432 页。
② 《唐六典》卷一一《殿中省》，中华书局，1992，第 330 页。
③ 《唐六典》卷一二《内侍省》，第 361 页。
④ 刘俊文撰：《唐律疏议笺解》卷二八《捕亡律》，第 1981 页。

这些"有军名"的掌闲、驾士，就隶属于军府。唐代十六卫体系中就有不少马匹。《唐六典》载诸卫有承直马，"诸卫每日置承直马八十疋，以备杂使。诸卫官、诸州、府马每月常差赴京、都为承直，诸府常备，其数甚多。开元二十五年，敕以为天下无事，劳费颇烦，宜随京、都近便量留三千疋充扈从及街使乘直，余一切并停"①。孟宪实先生指出，这里的"诸府"是指折冲府。② 大致地方诸州的折冲府要常备数量众多的马匹，每月送往长安和洛阳承直，保证中央诸卫各有每日80匹承制马备用。虽然开元二十五年玄宗下敕裁撤，但仍保留了长安、洛阳附近3000匹的数量。这些府兵系统的马匹自然也需要掌闲、驾士等来蓄养调教。这一点可以参考《天圣令·厩牧令》唐3条："诸系饲，马、驼、骡、牛、驴一百以上，各给兽医一人；每五百加一人。州军镇有官畜处亦准此……军内取者，仍各隶军府。"③ 诸州军镇有官畜、兽医，自然也需要掌闲和驾士。《旧唐书·玄宗本纪》载，开元八年（720）六月壬寅夜，东都暴雨，"许、卫等州掌闲番兵溺者千一百四十八人"④。这里的掌闲应当就是隶属州县军府者。此类"有军名"的掌闲、驾士，自然也在兵部的管辖范围之内。

由此来看，大谷1075文书第3行所谓"掌闲、驾士等上番有身死"，也可以是兵部之事，很可能也涉及《兵部式》的相关条文。

结　　论

综上所述，大谷1075文书很可能就是唐代《兵部式》写本残片。首要的证据是第2行"尉队以上各给绢两疋"的类似记载，仅见于《唐律疏议》所引《兵部式》，是关于折冲府官兵从行身死购物的特殊规定。第3行"掌闲、驾士等上番有身死"，也可以指兵部所管"有军名"的掌闲、驾士身死事宜。再加上第4行"赠官"，第5行"更给"等用语，可以大

---

① 《唐六典》卷五《兵部·驾部郎中员外郎》，第163页
② 孟宪实：《略论折冲府的"承直马"——以敦煌吐鲁番出土文书为中心》，《西域研究》2016年第3期，第3页。
③ 《天一阁藏明钞本天圣令校证》，第399~400页。
④ 《旧唐书》卷八《玄宗本纪》，中华书局，1975，第181页。

致推断本件文书内容都是与死后待遇相关的规定，涉及的"果毅""尉""队""掌闲""驾士"都可能与兵部相关，故推断整片文书皆是《兵部式》。由于唐式全文早已散佚，本文也只能暂且作出推断性结论，但无论如何此件一定是与唐式相关的重要文书，吉光片羽，亦可珍视。

《中国古代法律文献研究》第十九辑

2024 年，第 165~174 页

李征旧藏吐鲁番出土
手印文书资料研究[*]

朱玉麒[**]

摘　要：新疆师范大学黄文弼中心珍藏的李征遗物中，保存有关于阿斯塔那 10 号墓出土《高昌延寿四年参军氾显祐遗言文书》（64TAM10：41、42）中手掌印的鉴定意见和通信等材料。该文书的手掌印是契约文书凭证符号的实例，仅此一见，因此也成为手纹鉴定学上使用掌纹的经典案例。吐鲁番文书出土整理小组在《吐鲁番出土文书》的编纂中，充分利用了当时的掌纹鉴定意见，可见吐鲁番文书的整理在当时动用了各个领域的技术来合作攻关的严谨态度。此后，李征一直在该文书的高昌历法和契约形式方面持续研究，虽然赍志以殁，其保留的珍贵文献，为将来在手印研究方面的突破，提供了当时鉴定的科学依据，弥足珍贵。

关键词：李征　吐鲁番　阿斯塔那 10 号墓　手印文书　鉴定意见

---

*　　本文系 2019 年度国家社会科学基金重大项目"中国西北科学考查团文献史料整理与研究"（19ZDA215）阶段性成果之一。

**　北京大学中国古代史研究中心暨历史学系教授。

新疆师范大学黄文弼中心在 2019 年接受了王炳华先生捐赠的吐鲁番学家李征（1927—1989）先生的遗物，其中有一个用旧信封题写了"手印文书稿"字样的文件袋，其中的材料，与 1964 年从阿斯塔那 10 号墓葬中出土的、盖有手印的三件文书相关。这些文书，后来被定名为《高昌延寿四年（627）参军氾显祐遗言文书》（64TAM10：38、41、42，以下简称"《氾显祐遗言文书》"）。[①] 本文整理这些材料，并作相关疏证如下。

一、 手印文书鉴定意见

此件材料装订在 A3 大小的牛皮纸对折为封面、封底的册子中，封面上方用毛笔书写"关于唐代手印文书的鉴定意见"，下一行"126 研究所"，下方有"1980 年"字样，右下方并盖有"古文献研究室"字样的三行长方形印章，有"编号""时间""名称"三项，仅时间处填写为"1980 年 10 月"。内有白纸 4 页，前两页为鉴定意见正文（图 1），第一页左上方仍有与封面一样的"古文献研究室"登记印章，两页正文用蓝色墨水手写，录文如下：

关于唐代手印文书的鉴定意见

一九八〇年七月十日应古文献研究所李征、罗拍二同志的要求，对延寿四年（公元 627 年）出土文物遗言文书两件：甲件（64TAM10：41），乙件（64TAM10：42）上朱红色的手印进行鉴定。

一、甲件文书上的手掌印似属红土印，全长 16.9 公分，小指不全，掌面皮肤脊纹未印出来。从指、掌的排列、形状判定是人的右手掌捺印。手印边缘不整齐，手掌轮廓不清，印色薄厚不均，并有擦蹭迹象，说明捺印时有移动，或是先在手掌涂色后又用纸覆盖粘下手印。根据现有数据（曾调查 600 人手掌与身高的比例）推算，此人身高约为 166 公分左右。

---

① 中国文物研究所、新疆维吾尔自治区博物馆、武汉大学历史系编，唐长孺主编：《吐鲁番出土文书》（图文本）第贰卷，文物出版社，1994，第 204~205 页。

二、乙件文书上是半个手掌印，印出拇指和食指，看不出手掌全长，印中不见脊纹，亦为人的右手掌印。此印边缘整齐，指掌分明，应为正规捺印。

三、从甲、乙二件手印的捺印方式以及印色的均匀程度，二个手印不是同一只手连印二次，从手印的短长粗细看也不像同一人的右手印成。

手印历经一千多年，加之文件经水浸湿过，以上意见仅供研究参考。

鉴定人　赵向欣

杨东海

一九八〇年九月一日

存查。

王东明

81. 10. 7.

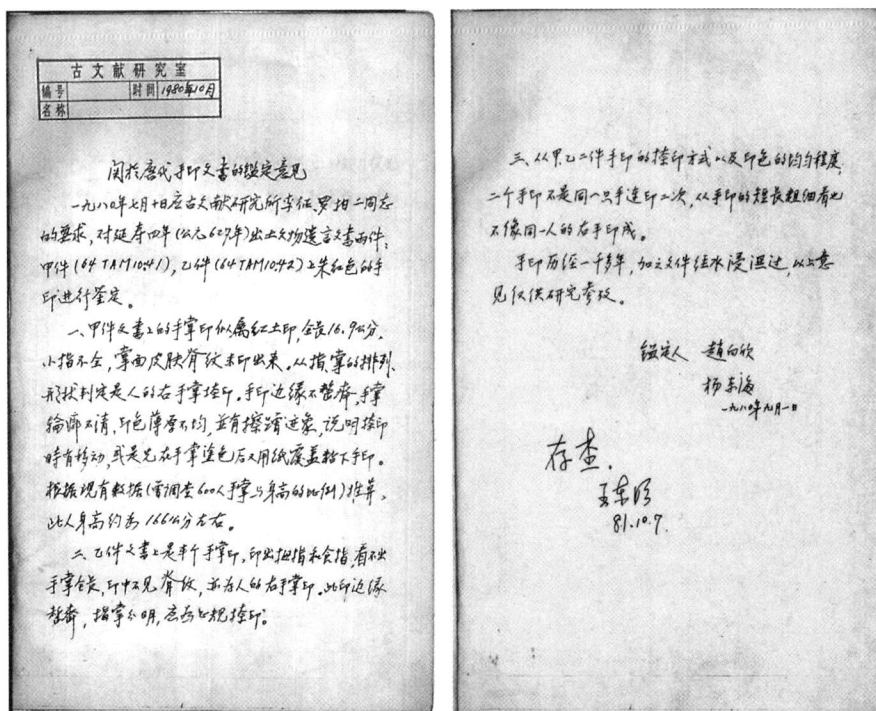

图1　64TAM10：41、42手印鉴定意见

正文后的两页，分别是 64TAM10：42、64TAM10：41 两件有手掌印文书的黑白照片。这两件文书，被剪作纸鞋的鞋底，是《氾显祐遗言文书》的三件残片中的后两片。遗言文书正式文字内容的第一片，是剪作鞋帮的 64TAM10：38。它们虽然由于剪碎而互相不能直接缀合，但属于有机的整体，是可以成立的。这两片属于正文，后由见证人签名押署的末尾，明显的红色掌印可能是押署的组成部分，所以引起当时整理者的兴趣，委托了专门的机构进行了如上的技术鉴定。

因此，《氾显祐遗言文书》最后的解题，即根据专家的鉴定表述如下：

> 本件三片同拆自女鞋，内容密切相关，今姑列为一件。在（二）的一、二、三行上方空白处有朱色倒手掌印纹（右手）。在（三）的一、二行上方有朱色手掌印纹（右手）的左半部。①

虽然只有寥寥几行，但很明显，关于掌纹的描述，完全依靠了上述鉴定意见。"126 研究所"是公安部刑事技术研究所的代号，当然是手纹鉴定最权威的单位，鉴定人之一赵向欣发表有关指纹学的科研论文，单位即有直接署作"公安部刑事技术研究所指纹室"的，② 可见吐鲁番文书的整理在当时是动用了各个领域的顶尖技术来合作攻关的。而吐鲁番文书上的掌纹，是难得一见的中国古代用于契约之上的实物资料，因此赵向欣在此后的研究中，也引用了由他参与鉴定的这件案例：

> 唐代也有以整个手印来代表一个人的。如 1964 年在新疆出土的延寿四年（627）遗言文书两件，上面均有朱红手印。一件上手掌印全长 16.9 公分，除小指部位残缺外，其余部位清晰可见；另一件上是半个手掌印，只有拇指和食指，其余部分残缺，指掌分明，应为正规按印。经鉴定两件文书上的手印均为右手手印，但不是同一个人的右手手印（图版壹，4）。③

---

① 中国文物研究所、新疆维吾尔自治区博物馆、武汉大学历史系编，唐长孺主编：《吐鲁番出土文书》（图文本）第贰卷，第 204 页。

② 赵向欣：《浅谈指纹的应用历史》，《刑事技术》1980 年第 3 期，第 39~41 页。

③ 张秉伦、赵向欣：《中国古代对手纹的认识和引用》，《自然科学史研究》1983 年第 4 期，第 347~351 页。《氾显祐遗言文书》举例见第 348 页。又有赵向欣、张秉伦（转下页注）

赵向欣的研究，也基本采用了他参与鉴定的意见书结论，可见吐鲁番出土文书整理小组的鉴定之举，也使《汜显祐遗言文书》成为手纹鉴定学上使用掌纹的经典案例。

二、 婴儿足印通信

如所周知，手印包括指印、掌印和指节印（或作指纹、掌纹、指节纹），因其纹理结构人各不同，所以可以用来作为凭信，钤在契约类文书中。但在敦煌吐鲁番文书中，掌纹印的使用仅在《汜显祐遗言文书》一见。也许如上面的鉴定所言，文书历经千年，掌纹并不明显，整理小组可能怀疑这是一种婴儿脚印，或者想借鉴婴儿脚印采集的方法了解此掌纹印的由来。所以，"手印文书稿"还保存了另一封希望通过医学手段了解婴儿足印的回信（图2）：

文葆同志：你好！

接来信，所询婴儿足印问题，现代医学院究竟在中国何时开始施行，我未加研究过。但自我学医以来，在三十年[代]末与四十[年]代初，我就知道新生儿要留脚[印]以作法律凭记（足底纹），自45年以来，我亲自参加这项工作，都是在婴儿出生的当时，在婴儿病历上印下右足底印。我院在"文革"前亦如此执行。在文革中造反派废除各项制度，经近年来逐步恢复，但足印在我院尚未得恢复。估计较大的教学医院可能已恢复。在有机会时，我当向北京市的有关医院了解一下，再告。匆此，致以

敬礼！

张元谋

81-3-5

（接上页注③）《手纹在中国古代诉讼中的应用》，《现代法学》1982年第4期，第52~54页。后文即前文之改写，延寿四年手印文书举例在第53页。

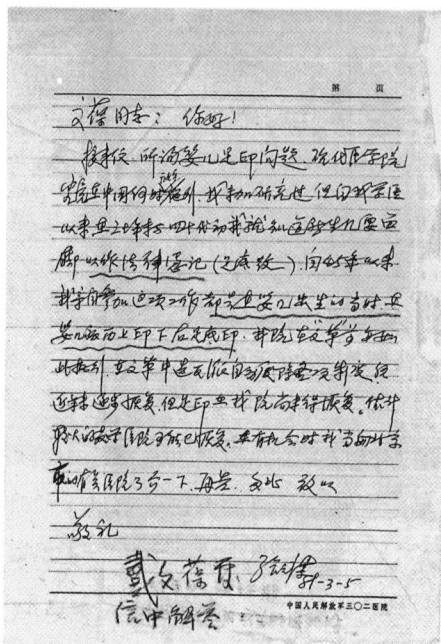

图 2　张元谋回复戴文葆关于
婴儿足印的信件

写信人张元谋，应该是解放军309 医院妇产科最早的主任（1961—1984），① 其所用信笺右下方"中国人民解放军三〇二医院"的印识，也说明他是解放军医院系统的专家。

李征在信下端用红笔标注"戴文葆覆信中解答"，因此知道信中的受书人"文葆同志"是文物出版社的编审戴文葆（1922—2008）。戴文葆是江苏阜宁人，1940 年代就参与中国的报刊出版事业，解放后担任人民出版社、世界知识出版社、三联书店、中华书局的编辑，"文化大革命"期间受到迫害，返乡劳改。1979 年恢复名誉后，即到《文物》杂志社从事编辑工作，继而任文物出版社编审。吐鲁番出土文书整理小组的工作由文物出版社古文献研究室直接负责，文书手印的鉴定问题汇报到社里，社中议及此事时，可能是戴文葆与张元谋熟悉的缘故，戴文葆自告奋勇，委托后者打听关于足印问题的医学渊源，并在得到张元谋的回复后，直接把来信提供给了文书整理小组。

三、　其他相关材料

《吐鲁番出土文书》在缀合定名了《氾显祐遗言文书》之后，由于没有进一步的资料可供参考，只能通过简单的解题做出交代。不过，李征一直关注此文书中"延寿"年号的历日、置闰问题。此后不久，即提出了高昌自有历日的观点。在他与穆舜英、王炳华合作撰写的《吐鲁番考古研究

---

① 院志编纂委员会：《中国人民解放军第三〇九医院院志》，长征出版社，2000，第 207 页。

概述》中，有概括性的阐释：

> 同时据大量的纪年墓志及纪年文书中的干支，也为我们提供了天
> 文、历法研究的珍贵资料。在麹氏高昌王朝后期的历法即与中原地区
> 的历法的置闰不合，如《高昌延寿四年（627）参军氾显祐遗言券》
> （64TAM10：38、41、42），立券在当年高昌地区的闰四月八日，按是
> 年即唐贞观元年，《二十史朔闰表》置闰在三月，与高昌置闰在四月
> 不同，贞观初采用戊寅元历，是用定朔推算，故置闰在三月，而高昌
> 是按平朔推算故置闰在四月，朔在癸未。据此上推闰四月朔葵［癸］
> 未（小），至五月朔壬子，则初二癸丑为夏至。所以历法上的日、月
> 出现干支的不同，要深入地进行研究才能得到正确的结论，不能轻易
> 以"干支不合，边人误计"来判断，麹氏高昌时期的历法即为一实
> 例。由此可见吐鲁番地区也是研究我国古代科技天文历法的宝库。①

高昌另有历法的观点是李征的首倡，② 此后也为吐鲁番出土文书整理
小组所接受，并通过王素的《麹氏高昌历法初探》得到了系统研究。所以
这一段概述，也主要出自李征的手笔。《氾显祐遗言文书》置闰的出入，
是他能够提出高昌历法的主要支撑性文书。③

除了关注历法之外，由于这件文书手印的独特性，使得李征仍旧有心
对它在中国契约文书格式的研究方面有所突破，所以鉴定意见书和关于足
印的通信，就一直被他保存在身边。他在张元谋足印通信的背后，还写下
了"《中国古代契约形式的源和流》，《文史》第十六期"的札记。④ 这是
北京大学历史学系张传玺教授在 1982 年发表的关于契约文书的专门文章。

---

① 穆舜英、王炳华、李征等：《吐鲁番考古研究概述》，《新疆社会科学研究动态》1982 年 2
月，第 34 页。

② 王素：《麹氏高昌历法初探》，《出土文献研究续集》，文物出版社，1989，第 148、180
页；王素：《李征先生与〈吐鲁番出土文书〉》，《吐鲁番学研究》2019 年第 2 期，第 7~
8 页。

③ 李征对高昌历法研究问题最新的探讨，可参徐维焱《高昌历法研究的先行者——李征遗
稿钩沉》，《吐鲁番学研究》2024 年第 1 期。

④ 张传玺：《中国古代契约形式的源和流》，《文史》第 16 期，中华书局，1982，第 21~
34 页。

在另外的一页纸片上，他记录了"阴保山等牒：P3379 号文书有'指押'横理纹，详《敦煌古籍叙录》P147"的札记。这是在记录王重民先生对敦煌吐鲁番文书尤其是法藏敦煌文书所见指押的研究。[①] 还有一些纸片，记录了《唐龙朔三年（662）西州高昌县张海隆夏田契》（60TAM337：18（a））"背面有半字体分券押字"、《唐大历四年（769 年）张无价买阴宅地契》（73TAM506：05/2（a））等札记。可见，契约文书的手印、花押问题，也一直是他追踪的方向。

此外，他还分别用黑白和彩色两种胶片拍摄了两个手印文书残片（图 3），并加以冲洗。《氾显祐遗言文书》的第一片，也有黑白胶片和冲洗照片保留下来，可见他要全面考虑这件文书的历史意义。

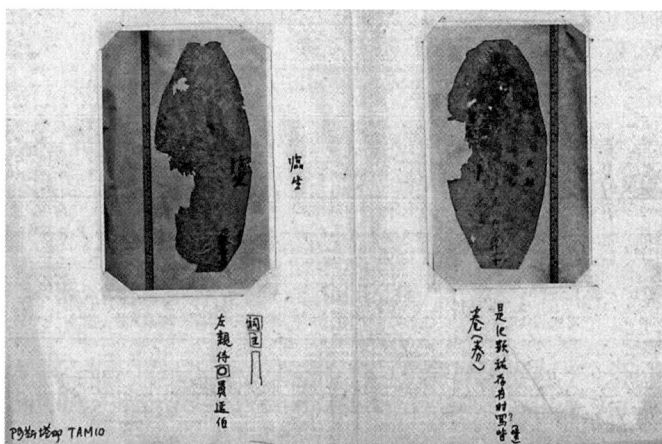

图 3　用彩色胶片冲洗的手印文书照片

果不其然，在其遗稿中，我们还看到了三页关于《氾显祐遗言文书》的手稿，一页研究文字的标题和开篇，谨录如下（图 4）：

吐鲁番出土的高昌延寿四年氾显祐遗言文书析证

原件藏自治区博物馆，1964 年出自阿斯塔那 10 号墓，拆自随葬纸鞋，从文书内容和关系上看，基本上属于完整的一件。由于制做纸鞋，已裁剪为鞋帮及鞋底，在内容上为我们提供了高昌历法、民俗、

---

① 王重民：《敦煌古籍叙录》"阴保山等牒"，商务印书馆，1958，第 147~148 页。

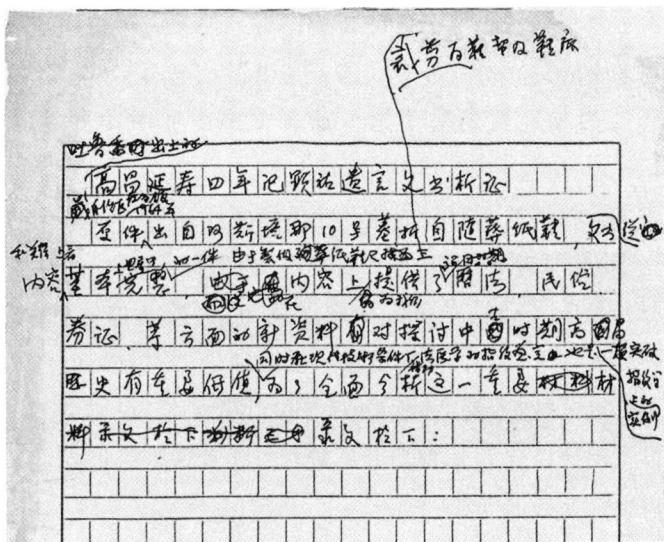

图4 李征《氾显祐遗言文书》研究手稿

券证等方面的新资料，对探讨中古时期高昌历史有重要价值。同时，在现代技术条件下，借助法医学的指纹鉴定，也是指纹学上的实例一突破。为了全面分析这一重要材料，录文于下：

这一页的内容到这里戛然而止，其后的两页是《氾显祐遗言文书》的录文，因为需要竖排抄写，所以在"录文于下"后另页重起，也是顺理成章的。不过这一文章不再见到其他部分。即使是一篇残稿，从这里的开篇中，已经看到了李征在多年的思考之后，要从历法、民俗、券证、指纹学的角度做出综合研究的气象。所惜有生之年，他没有能够完成自己的心愿。

结　　语

对《氾显祐遗言文书》基于契约角度的专门研究，直到2006年才有冻国栋先生的《麴氏高昌"遗言文书"试析》一文。① 他在文章开篇表彰

---

① 冻国栋：《麴氏高昌"遗言文书"试析》，《魏晋南北朝隋唐史资料》第23辑，上海古籍出版社，2006，第188~197页。

了吐鲁番出土文书整理小组把三件断片作为一件文书看待的正确性，并通过它和其他文书的对比研究，对"遗言文书"的书写格式、基本内容、渊源、流变做了考察。但是对于这一遗言文书中的手印问题，仍然付诸阙如。

根据现代指纹学的研究，中国是使用指掌纹最早的国家，郑玄注《周礼》"以质剂结信而止讼"中的"质剂"为"下手书"，唐高宗永徽年间太常博士贾公彦在《周礼义疏》中则解读为："质剂谓券书，恐民失信，有所违负，故为券书结之，使有信也。民之狱讼，本由无信，既结信则无讼，故云止讼也。"对于郑玄的"下手书"则疏云："汉时下手书，即今画指券，与古质剂同也。"① 因此贾公彦被西方学者认为是世界上第一个提出用指纹来识别个人的倡导者。②

然而，以掌纹为凭信的古代契约文书实物非常罕见，这也使得《氾显祐遗言文书》关于掌纹问题的研究一直难以推进。③《氾显祐遗言文书》这一手印（掌印）文书的独特性，仍然有待进一步的研究。李征先生保留的手印文书资料，不仅体现了当年吐鲁番出土文书整理小组严谨的求索态度和李征不断深入的研究视角，也为将来在手印方面的研究，提供了当时刑侦技术手段鉴定的科学依据，因此弥足珍贵。

---

① 参孙诒让著，汪少华整理《周礼正义》卷二七，中华书局，2015，第 1273~1274 页。
② ［德］罗伯特·海因德尔《指纹鉴定》："中国第一个提到用作鉴定的指印的著作家是贾公彦。他是唐代的著作家，他的作品大约写于公元 650 年，他是着重指出指纹是确认个人的方法的世界最老的作家。"转引自张秉伦、赵向欣《中国古代对手纹的认识和引用》，《自然科学史研究》1983 年第 4 期，第 347 页。
③ 李畅《敦煌吐鲁番出土遗嘱探析》虽设立"遗嘱中署名与印记问题"一节，所录 18 件文书中，手掌印例仅《氾显祐遗言文书》一件，只能说明"也是签押方式的一种"（陕西师范大学硕士学位论文，2009，第 56~58 页）。

《中国古代法律文献研究》第十九辑
2024 年，第 175~188 页

试论唐与渤海关于大门艺的交涉[*]

景凯东[**]

摘　要：渤海王弟大门艺在与兄长大武艺争斗落败后奔唐，是唐与渤海关系史中的重要事件。大武艺作为君主需要铲除门艺巩固统治，主张君主有处置叛臣的权力，唐朝则需要庇护门艺维护权威，尝试以道德伦理驳回武艺的要求，双方从自身利益出发进行了长期交涉。虽然结果不尽人意，但交涉过程本身却是天下秩序下天子与属国君主司法权之争的典型案例。

关键词：唐　渤海　大武艺　大门艺

唐代是我国统一多民族国家发展的重要阶段，唐王朝以自身为中心，构建起包含众多周边民族政权的天下秩序，在这一体系下，诸多民族政权首领接受唐朝的官号和册封，成为唐朝的"外臣"，唐朝由此成为东亚国际秩序的主导者。唐王朝构建的天下秩序，推动了各民族之间的良性交往，伸张了自身的政治权威，但在司法上却不可避免地出现了困境，即若身为"外臣"的民族政权发生的内部纠纷涉及唐朝时，其国法与唐朝的态度，究竟何为优先？这种情况一旦处置不当，往往会给唐王朝与该民族政权的关系带来巨大的冲击，故十分考验双方的沟通策略和政治智慧。开元

---

* 本文系山东省高等学校青创科技支持计划（2023RW101）阶段性成果。
** 曲阜师范大学历史文化学院讲师。

年间，渤海王弟大门艺奔唐事件，即是这类纠纷的典型代表。

渤海是粟末靺鞨人大祚荣在东北地区建立的少数民族政权，素有"海东盛国"之誉，其国历来崇尚华夏文化，在大部分时间内与唐王朝保持着良好的关系。先天二年（713），唐玄宗派崔忻前往渤海，册封大祚荣为左骁卫员外大将军、渤海郡王、忽汗州大都督，唐朝与渤海建立册封关系，开始友好交往。① 现存于日本的唐代鸿胪井刻石，其上有崔忻的题名，其文作"敕持节宣劳靺鞨使鸿胪卿崔忻"，正是唐与渤海友好交往开始的见证。② 此后，双方的友好关系一直持续到唐朝末年，中唐翰林学士李肇所作《翰林志》记载，唐朝给渤海国王的书信以金花五色绫纸书写，用次白檀香木瑟瑟钿函和银锁，规格仅次于吐蕃赞普，与回纥可汗和新罗国王同等，③ 可谓极高的礼遇。大诗人温庭筠在送渤海王子回国时，写下了"疆理虽重海，车书本一家"④ 的名句，正是两国友情的真实写照。而开元年间渤海王弟大门艺奔唐事件，则是唐与渤海交往史上少有的危机，其引发的连锁反应最终导致双方兵戎相见，对当时东北局势产生了巨大的影响。正因其后续影响，大门艺奔唐成为唐史学界关注的重要事件。孙玉良认为，大门艺事件本质上是其兄渤海王大武艺的扩张愿望与唐朝权威冲突的结果。⑤ 魏国忠指出，大门艺是第一位入质唐朝的渤海侍子，在唐使崔忻册封其父大祚荣的过程中，他可能担当了副使或者向导的角色，其奔唐在国内引发的巨大反响是后来渤海攻打唐登州一事能和平解决的重要原因。⑥ 刘炬认为，唐朝对大门艺事件的处置反映其对东北边疆的经营处于收缩状态，唐朝息事宁人的态度影响了自身在东北的政治权威，直到大武艺去世

---

① 《旧唐书》卷一九九《渤海靺鞨传》，中华书局，1975，第5360页。
② 关于唐鸿胪井刻石，可参见［日］渡边谅《鸿胪井考》，《东洋学报》1968年总51卷第1号；韩树英、罗哲文主编《唐鸿胪井碑》，人民出版社，2010；徐媛媛《唐通渤海之路——以唐鸿胪井刻石为中心》，荣新江、朱玉麒主编《丝绸之路新探索：考古、文献与学术史》，凤凰出版社，2019，第76~87页。
③ （唐）李肇：《翰林志》，（宋）洪遵编《翰苑群书》卷一，《四库全书》总595册，上海古籍出版社，1992，第344页。
④ （唐）温庭筠撰，刘学锴校注：《温庭筠全集校注》卷九《送渤海王子归本国》，中华书局，2007，第797页。
⑤ 孙玉良：《大武艺在渤海历史上的作用》，《北方文物》1986年第4期，第72~77页。
⑥ 魏国忠：《渤海质子侍唐述略》，《求是学刊》1986年第1期，第86~92页。

后，唐与渤海的关系才真正恢复正常。① 孙炜冉指出，大门艺入唐并非孤身来投，而是带有一定数量的随众，受其奔唐影响，其随众陆续移民至唐朝，被安置在幽州地区生活。② 大门艺奔唐后，渤海王大武艺专门遣使入唐，要求唐朝诛杀本国之叛臣，双方就此事进行了长期交涉。盛唐名相张九龄的文集中，保留有以唐玄宗名义写给大武艺的一封蕃书，③ 其中表达了唐朝对如何处置大门艺的态度。本文拟以这封蕃书王言为中心，结合其他史料，探讨在大门艺奔唐后，唐玄宗与大武艺针对是否诛杀门艺的不同态度，及其背后唐与渤海各自的诉求与考量，并由交涉过程出发，探寻天下秩序下的司法困境。

一、大门艺奔唐

欲探讨唐与渤海双方针对大门艺的交涉，需先对交涉的起因即渤海王弟大门艺奔唐一事做简单的梳理，以明了双方在交涉中各自的诉求。

大门艺为渤海开国之主大祚荣嫡子，第二代君主大武艺同母弟，在其父时代即曾作为质子入侍唐朝，是已知最早入唐的渤海质子。大门艺奔唐事件发生于唐玄宗开元十四年（726），背后的原因极为复杂，至今仍有晦暗难明之处。据《旧唐书》记载：

> 十四年，黑水靺鞨遣使来朝，诏以其地为黑水州，仍置长史，遣使镇押。武艺谓其属曰："黑水途经我境，始与唐家相通。旧请突厥吐屯，皆先告我同去。今不计会，即请汉官，必是与唐家通谋，腹背攻我也。"遣母弟大门艺及其舅任雅发兵以击黑水。门艺曾充质子至京师，开元初还国，至是谓武艺曰："黑水请唐家官吏，即欲击之，

---

① 刘炬：《从"大门艺"事件看开元时期唐朝的东北经略政策》，《东北史地》2014年第6期，第19~21页。

② 孙炜冉：《渤海王子大门艺移民唐朝史事考》，《北方文物》2016年第1期，第56~59页。

③ "蕃书"是一类以唐朝皇帝名义发给周边政权和边疆部族的慰劳制书或论事敕书格式王言，唐人称之为"答蕃书"，宋初官修诗文总集《文苑英华》称为"蕃书"。"蕃书"概念界定参见景凯东《论唐代的蕃书类王言》，叶炜主编《唐研究》第25卷，北京大学出版社，2020，第339~358页。

是背唐也。唐国人众兵强，万倍于我，一朝结怨，但自取灭亡。昔高丽全盛之时，强兵三十余万，抗敌唐家，不事宾伏，唐兵一临，扫地俱尽。今日渤海之众，数倍少于高丽，乃欲违背唐家，事必不可。"武艺不从。门艺兵至境，又上书固谏。武艺怒，遣从兄大壹夏代门艺统兵，征门艺，欲杀之。门艺遂弃其众，间道来奔，诏授左骁卫将军。①

根据这段记载，可知大门艺奔唐事件的起因，是黑水靺鞨部通使于唐，唐以其地为黑水州，将之纳入自身的羁縻府州体系之中。渤海王大武艺因黑水靺鞨未经过自己直接向唐遣使，认为这是其要与唐朝联合前后夹击渤海的表现，于是准备出兵讨伐黑水靺鞨。其同母弟大门艺曾经在唐朝当过质子，对唐朝的强大有深刻的认识，故而反对兄长的计划，认为黑水靺鞨已为唐臣，渤海擅自攻击唐之外臣，是对唐朝的背叛，一旦与唐决裂，渤海有灭亡之忧。武艺并未听从门艺的建议，而是命令他担任讨伐黑水靺鞨的主将，门艺在军中仍向武艺上书进谏，武艺震怒之下临阵换将，想将门艺召回处死，门艺于是投奔唐朝，唐玄宗授予了他从三品左骁卫将军的官职。《旧唐书》的主要史料来源是唐朝官修的实录和国史，这段记载可以看作唐朝官方对大门艺奔唐一事的定性。在这个版本的叙述里，门艺是反对兄长攻击唐朝属臣而险些被其所害的大唐忠臣。

但从其他史料来看，门艺奔唐一事背后的原因显然并非如此单纯。按《旧唐书》描述，门艺在得知武艺要诛杀自己时并未反抗，直接来到唐朝寻求政治庇护，《新唐书》之《渤海传》记载与之略同。但在《新唐书》边将乌承玼的本传中提及门艺奔唐时，则言"渤海大武艺与弟门艺战国中，门艺来"②，结合前引门艺"遂弃其众"之语，可见在门艺投唐之前，实际上曾统军与其兄长交战，其奔唐是在内战中失利后向唐朝寻求保护。孙炜冉认为，武艺与门艺之争本质上是渤海的王位争端，门艺是武艺同母弟，又曾入侍唐朝，在国内有很大的影响力，对武艺的王位产生了威胁，

---

① 《旧唐书》卷一九九下《渤海靺鞨传》，第5361页。
② 《新唐书》卷一三六《乌承玼传》，中华书局，1975，第4597页。

武艺令其担任讨伐黑水靺鞨的主将，意在削弱门艺个人的军事势力，巩固自己的地位，门艺不甘坐以待毙，在军事冲突后选择投唐。① 门艺身为讨伐黑水靺鞨的统帅，而能与武艺"战国中"，所能依赖的必然就是自己统领的这支军队，可见渤海征讨黑水靺鞨的军队中有相当一部分效忠于门艺个人而非渤海王武艺，孙炜冉的推论确有道理。

综上，门艺与其兄武艺决裂背后并非单纯的是否忠于唐朝、是否进攻黑水靺鞨的路线冲突，大概率还有兄弟之间权力斗争的因素。《旧唐书》中识时务的大唐忠臣形象，显然是门艺为求得唐朝庇护自己塑造出来的。然而，武艺作为接受唐朝册封的外臣，擅自进攻同样受唐官封的黑水靺鞨，确实是对唐朝权威的挑战。而门艺作为其父大祚荣接受册封前就入侍唐朝的渤海质子，② 在渤海高层中确为亲唐派之代表，是连接唐与渤海的纽带式人物。在挑战唐朝权威的武艺向唐朝要求诛杀亲唐派的门艺时，双方的交涉过程必然会受到多种诉求和考量的左右。

二、第一次交涉与武艺的诉求

在门艺奔唐后不久，武艺即向唐派遣使者，提出了诛杀门艺的要求。《旧唐书》言：

> 武艺寻遣使朝贡，仍上表极言门艺罪状，请杀之。上密遣门艺往安西，仍报武艺云："门艺远来归投，义不可杀。今流向岭南，已遣去讫。"乃留其使马文轨、葱勿雅，别遣使报之。俄有泄其事者，武艺又上书云："大国示人以信，岂有欺诈之理！今闻门艺不向岭南，伏请依前杀却。"由是鸿胪少卿李道邃、源复以不能督察官属，致有漏泄，左迁道邃为曹州刺史，复为泽州刺史。遣门艺暂向岭南以报之。③

---

① 孙炜冉：《渤海王子大门艺移民唐朝史事考》，第58页。
② 魏国忠：《渤海质子侍唐述略》，第87页。
③ 《旧唐书》卷一九九下《渤海靺鞨传》，第5361页。

此次遣使的时间很可能是在开元十五年（727），即门艺奔唐的次年。武艺此次来使既云"遣使朝贡"，姿态应是比较低的，谨守唐之外臣的礼节，同时在上书中"暴门艺罪恶"①，估计从自身出发对他与门艺兄弟阋墙的原因做了一番解释，所谓"罪恶"，盖指门艺作为臣子而犯上作乱，是渤海国的乱臣贼子，故武艺作为渤海国主，要求唐朝帮助诛杀叛贼。

唐朝方面的处理方式则十分耐人寻味。一方面秘密将门艺派往安西，另一方面派遣使者回复武艺"门艺远来归投，义不可杀。今流向岭南，已遣去讫"②。这一回复并非由渤海使者带回，而是由唐朝另外派遣使者前往渤海回复，渤海使者马文轨和葱勿雅则被留在唐朝，即以门艺"远来归投"为由拒绝大武艺诛杀门艺的请求，同时将门艺派往安西，而答复武艺说已经将门艺流放岭南，在拒绝请求的同时又对武艺进行了诓骗。《资治通鉴》的作者司马光对玄宗的处理方式提出了尖锐的批评："王者所以服四夷，威信而已。门艺以忠获罪，自归天子；天子当察其枉直，赏门艺而罚武艺，为政之体也。纵不能讨，犹当正以门艺之无罪告之。"③司马光认为玄宗应该赏赐唐之忠臣门艺而惩处擅自兴兵黑水靺鞨的武艺，至少也应该明确以门艺无罪回复武艺，而不能"顾效小人为欺诳之语"，这样的处置是对唐朝威信的损害。

但就当时的情境而言，玄宗的处置显然有其无奈之处。大门艺的大唐忠臣形象来自其自我叙述，只是一面之词，武艺来书"暴门艺罪恶"，显然有另一套说辞，唐朝不能以门艺的叙述为由直接在交涉中定性门艺为忠而武艺为奸，这只会直接撕裂唐与渤海的关系。且门艺既然已经统兵与武艺开战，则其背叛君主一事是毫无疑问的，武艺要求唐朝作为仲裁者帮助自己诛杀叛臣，在法理上亦毫无问题，唐玄宗若直接定性门艺为忠臣，则是认可其与主君开战的行为，违背了华夏文化倡导忠孝的一贯原则，必然引发其他附属政权对唐朝扶植其国内反对派的担忧，反而会对唐朝作为天下秩序主导者和仲裁者的威信造成更大打击。故唐朝在当时难以如司马温公所言，直接给予门艺和武艺明确的忠奸定性。然而，门艺作为其父大祚

---

① 《新唐书》卷二一九《渤海传》，第6180页。
② 《旧唐书》卷一九九下《渤海靺鞨传》，第5361页。
③ 《资治通鉴》卷二一三《唐纪二九·玄宗开元十四年》，中华书局，1956，第6775页。

荣时期就入侍唐朝的质子，确实是渤海高层中亲唐派的代表，远来投唐，若唐朝不能庇护他的性命，则会极大打击附属政权中亲唐派忠于唐朝的信心。故唐朝既不能否定大武艺作为君主要求诛杀叛臣的正当性，又不能真的从其所请诛杀门艺，只能选择先将门艺迁往边地，算是给武艺一个交代。

值得注意的是，唐与渤海此时并未打算因门艺奔唐一事而决裂。据《册府元龟》记载：

> （开元十五年）四月丁未，敕曰："渤海宿卫王子大昌勃价及首领等，久留宿卫，宜放还蕃。"庚申，封大昌勃价襄平县开国男，赐帛五十匹，首领已下各有差。先是，渤海王大武艺遣男利行来朝，并献貂鼠。至是，乃降书与武艺慰劳之，赐彩练一百匹。①

门艺奔唐发生在开元十四年（726），则此处提到的武艺派其子利行（一作"都利行"）入朝献貂鼠，很可能即是《旧唐书》所说的"遣使朝贡，仍上表极言门艺罪状，请杀之"。此次使团入唐除了求杀门艺外，还有入贡和更换质子的任务，在形式上讲，向唐朝表忠是主要的，诛杀门艺则只是附带的请求。此前的质子为开元十三年（725）入唐的大武艺庶弟大昌勃价，② 这次利行来朝，即是接替其叔父担任质子。由儿子代替弟弟为质，且贡貂鼠，可见武艺虽然要求唐朝诛杀门艺，但并未打算改变渤海称臣于唐的局面，仍欲继续维系与唐朝的关系。在开元十六年（728）渤海王子利行不幸病逝于唐后，开元十七年（729）武艺又遣其弟大胡雅、大琳先后入唐宿卫，③ 亦是武艺欲维持与唐友好关系的证明。唐朝则对归国的大昌勃价封爵赐赏，同时给予武艺赏赐。玄宗此次给武艺的复信，虽然通报了对门艺的处置，但根据"乃降书与武艺慰劳之"的描述，其主要内容应

---

① （宋）王钦若等编纂：《册府元龟》卷九七五《外臣部·褒异第二》，周勋初等校订，凤凰出版社，2006，第11283 页。

② 魏国忠：《渤海质子侍唐述略》，第88 页。

③ （宋）王钦若等编纂：《册府元龟》卷九七五《外臣部·褒异第二》，周勋初等校订，第11284 页。

为慰劳劝勉之词，并无什么火药味。渤海使者马文轨和葱勿雅被留在唐朝亦非什么抗议或惩戒行为，二人本是王子利行的随员，王子留唐宿卫，令二人继续跟随侍奉是很正常的处置，故而使者被留在唐朝并不会向武艺传递负面信息。唐朝派往渤海慰劳的使者级别也很高，根据记载，玄宗留下渤海使者后，"别诏鸿胪少卿李道邃、源复谕旨"①，其中李道邃是唐太宗弟鲁王李灵夔之孙，玄宗的叔伯辈，爵封戴国公，"频任清列"，天宝中官至大理卿、宗正卿，是宗室中颇有影响力的人物。② 源复为玄宗时宰相源乾曜之子，后历任徐州、冀州刺史，死后谥号"贞"，追赠潞州大都督。③这两位官员无论地位还是与皇室的亲近程度都极为不凡，玄宗选择这二人担任使者，意在安抚武艺因诛杀门艺之请被驳的不满，继续维持唐与渤海的友好关系。综上所述，在第一次交涉前后，双方都未试图打破彼此的关系形态，不希望门艺一事影响后续的交往。

然而，事情之后的走向显然不符合双方最初的期盼，李道邃和源复率领的使团中，有人泄露了玄宗并未将门艺流放岭南而是将之派往安西的真相，武艺上书谴责唐玄宗"陛下不当以妄示天下"④，唐朝失去了道义优势，在交涉中陷入被动。武艺识破唐朝的欺骗后，利用唐朝失信理亏的时机，再次提出要求，"意必杀门艺"⑤。显然，即使唐朝并未欺骗，而是如所言将门艺流放岭南，武艺也是不能接受的，唐朝在门艺处置问题上的欺骗只是给了武艺借题发挥的口实。那么，武艺为何执意要杀门艺，是仅仅因为门艺曾经背叛自己吗？答案显然是否定的。正如武艺兵出黑水靺鞨的原因是担心其"必是与唐家通谋，腹背攻我也"一样，武艺一直对唐朝向东北方向扩张怀有忧虑。唐朝在周边地区拥有巨大的政治权威，是否获得唐朝册命会极大影响附属政权君主在国内的统治合法性。门艺是武艺同母弟，又是能号令军队与武艺"战国中"的亲唐派首领，在国内号召力巨大，一旦唐朝册命门艺为渤海之君，派兵送门艺回国夺位，武艺的统治确

---

① 《新唐书》卷二一九《渤海传》，第 6180 页。
② 《旧唐书》卷六四《鲁王灵夔传附孙道邃传》，第 2435 页。
③ 张忱石：《唐尚书省右司郎官考》卷三《兵部郎中》，中华书局，2020，第 126 页。
④ 《新唐书》卷二一九《渤海传》，第 6180 页。
⑤ 《新唐书》卷二一九《渤海传》，第 6180 页。

实有倾覆的可能。故而武艺执意要求唐朝诛杀门艺，一方面是希望唐朝以此表明绝无扶立门艺干涉渤海的企图，另一方面也以自己能迫使唐朝杀死门艺来震慑国内的门艺势力和亲唐派，稳定内部局势。故在与唐朝的交涉中，武艺可以态度恭顺，可以维持双方的友好交往，但其底线是唐朝必须杀死门艺。至于其他在唐为质的渤海王弟，因其皆为庶出，在国中无号召力，武艺并不担心他们成为唐朝对抗自己的砝码。

对唐朝而言，因在门艺处置问题上欺骗了武艺，被武艺用"大国失信"的指控掌握了话语优势，在后续交涉中难免限于被动。但唐朝亦有难以退让的底线，这为此后双方的交涉带来了更大的变数。

三、 后续交涉与唐朝的回应策略

在就门艺一事进行交涉的过程中，唐朝前后给武艺发出数封蕃书，其中只有一篇因为被收录进起草者张九龄的文集中而较为完整地保存下来，题名《敕渤海王大武艺书》，兹录全文如下：

> 敕忽汗州刺史、渤海郡王大武艺：卿于昆弟之间，自相愆阋，门艺穷而归我，安得不容？然处之西陲，为卿之故，亦云不失，颇谓得所。何则？卿地虽海曲，常习华风，至如兄友弟悌，岂待训习？骨肉情深，自所不忍；门艺纵有过恶，亦合容其改修，卿遂请取东归，拟肆屠戮。朕教天下以孝友，岂复忍闻此事？诚惜卿名行，岂是保护逃亡？卿不知国恩，遂尔背德，卿所恃者远，非能有他。朕比年含容，优恤中土，所未命将，事亦有时。卿能悔过输诚，转祸为福，言则似顺，意尚执迷。请杀门艺，然后归国，是何言也？观卿表状，亦有忠诚；可熟思之，不容易尔。今使内使往，宣谕朕意，一一并口具述。使人李尽彦，朕亦亲有处分，皆所知之。秋冷，卿及衙官首领百姓平安好。并遣崔寻挹同往，书指不多及。①

---

① （唐）张九龄撰，熊飞校注：《张九龄集校注》卷九《敕渤海王大武艺书》，中华书局，2008，第579页。

据史书记载，在关于门艺的交涉破裂后，"渤海靺鞨寇登州，杀刺史韦俊，命左领军将军盖福顺发兵讨之"①。熊飞认为此书即渤海出兵袭击登州前唐朝方面的最后通牒。但文中"请杀门艺，然后归国"，所指不一定是军队，亦可能是此时在唐的渤海使者，即使者必须等到唐朝同意诛杀门艺后才能回国。若指军队，则渤海此时已经与唐兵戎相见，这封蕃书确实有最后通牒性质。若指使者，则双方仍在和平交涉之中，只是气氛已经十分紧张。据张九龄之甥徐浩为其所作碑铭记载："渤海王武艺，违我王命，思绝其词，中书奏章，不惬上意。命公改作，援笔立成，上甚嘉焉。即拜尚书工部侍郎，兼知制诰。"② 似张九龄因草答渤海书而知制诰。在现存张九龄所草答大武艺书中，此篇时间最早，张九龄知制诰在开元二十年（732）八月二十日，③ 此与文中"秋冷"亦合，此文盖作于开元二十年八月。

前文已述，门艺奔唐后，武艺派其子大都利行及马文轨、葱勿雅抵唐朝贡，要求诛杀门艺，唐派李道邃、源复出使渤海，回复已将门艺流放岭南，是为第一次交涉。武艺从使团处探得门艺实被派往安西，于是指责唐朝失信，再次要求诛杀门艺，玄宗愤怒于使团泄密，贬谪李道邃二人，将门艺派往岭南，以此回复武艺，此为第二次交涉。从文中"处之西陲"之语看，玄宗仍在辩解自己将门艺派往安西而非流向岭南一事，但并未特意提及已经将门艺流向岭南，显然是追述前事，当非第二次交涉，而是后续交涉中的一次。

从文中信息可知，此次武艺态度极为强硬，无论是指责玄宗"保护逃亡"，还是提出"请杀门艺，然后归国"，显然是不惜触怒唐朝也要达成杀死门艺的目的。从"卿不知国恩，遂尔背德，卿所恃者远，非能有他"和"朕比年含容，优恤中土，所未命将，事亦有时"，武艺很可能在来信中已经提出了军事威胁，并有实际的调动举动。但文中并未提及登州刺史韦俊遇害一事，韦俊是高级官员，若其此时已被害，唐朝发给渤海的蕃书中不

---

① 《旧唐书》卷八《玄宗本纪上》，第198页。
② （唐）徐浩：《唐故金紫光禄大夫中书令集贤院学士知院事修国史尚书右丞相荆州大都督府长史赠大都督上柱国始兴开国伯文献张公碑铭》，（唐）张九龄撰《曲江集》附录，商务印书馆，1937，第237页。
③ 顾建国：《张九龄年谱》，中国社会科学出版社，2005，第175页。

可能毫无表示，《资治通鉴》系韦俊被害事于九月，① 则此书发出时，渤海应尚未直接出兵进攻唐朝。不过，武艺的态度极其强硬是毫无疑问的。

在此前因欺骗武艺而丧失话语权优势的情况下，面对咄咄逼人的武艺，唐朝的回应显示了极高的技巧性。

首先，文中对武艺和门艺之争的是非判定着墨不多，只是提到"门艺纵有过恶，亦合容其改修"，并未对门艺所作所为的正义性进行辩护，相反变相肯定了门艺有过错。这显然是沿用了第一次交涉时的策略。正如前文所说，武艺为君而门艺为臣，武艺请求诛杀叛臣门艺是具有正当性的。对唐朝而言，维持边疆地区的和平稳定是核心利益。门艺纵然曾在其父在位时期为质于唐，是渤海亲唐派的领袖，但此时的他只是国内政治斗争中的失败者，手中势力残余不多，纵使唐朝扶植门艺与武艺对抗，亦难有所成就，且即便成功，渤海距唐遥远，唐朝也难以有效控制，故而扶植门艺显然没有足够的获利前景。既然无法扶植门艺，那么就不能因门艺与武艺闹翻。若对兄弟之争做出明显的忠奸定性，斥责武艺，只会加重武艺对唐朝武力攻伐渤海的忧虑，从而激化矛盾，影响边疆安定。故而唐朝对武艺和门艺双方的是非问题避而不谈，只针对武艺要求处死门艺一事提出异议。这种回避矛盾核心的笔法，是唐朝出于自身想维持两国关系稳定的立场而采取的话语方式。

其次，在反驳武艺诉求方面，唐朝亦很重视方式方法。如前所述，唐朝不能通过判定二人的是非来提出反论，且此前唐玄宗名义上说将门艺送往岭南实则却将他派往安西的欺骗行为已经为武艺所知，武艺抓住了唐朝身为大国而失信欺诳立论，可谓抢占了话语上的道义优势。唐朝必须在回避失信问题的同时驳回武艺的请求。此外，武艺来书中以"保护流亡"来指责唐玄宗，可见纵然唐朝是名义上的宗主国，庇护属国的政治流亡者亦是极受非议的行为，唐朝的回复必须为自身洗脱这一罪名。而张九龄的行文方式可以说极为聪明，他选择了用传统文化中极为强调的"孝悌"之道作为武器。当时的唐朝是东亚世界的中心，周边政权多在文化上深受其影响，渤海亦不例外。故蓄书中以"地虽海曲，常习华风，至如兄友弟悌，

① 《资治通鉴》卷二一三《唐纪二九·玄宗开元二十年》，第6799页。

岂待训习"立论，指出大武艺既然心慕中华文化，应该深明对兄弟当尽友悌之义的道理，其作为门艺的兄长，在门艺有错误的时候，应该给予改过机会，方不负二人的兄弟之情，武艺却准备诛杀门艺，实在于理不合。玄宗作为大唐天子，子育万方，有责任教化天下，而孝敬父母、友爱兄弟作为儒家所倡导的美德，正是教化的重要内容，身负如此使命的玄宗显然不能眼见武艺诛杀兄弟的惨事发生。唐朝之前隐瞒对门艺的真实处置情况，而以谎言欺骗武艺，这是明显的失信行为，有失大国的风度与体统，故而在这次交涉中，唐朝本来是在道义上处于劣势的。但这篇蕃书在寥寥数语之间，已经把武艺要求处置门艺的行为，由一国之君要处置叛臣的具备正当性的行为，转化为兄长违背友悌之道而准备杀害亲生兄弟的残忍之举，从而使武艺变成了不顾亲情且"不教而诛"的不义之人；唐朝庇护门艺本是收容别国逃犯，却在孝悌之道的大旗下，变成了"惜卿名行"、为了防止武艺杀弟铸成大错而加以阻止的友好行为。可以说，蕃书巧妙回避了此前欺诈行为造成的话语劣势和收留大门艺本是"保护流亡"的行为实质，充分利用华夏文化在更大区域内的广泛影响力，以武艺杀弟不义为切入点，确立了自身的道德优势。

最后，针对武艺来书中的强硬姿态，《敕渤海王大武艺书》也进行了回应。指出武艺"不知国恩，遂尔背德"，"所恃者远，非能有他"，即不过依靠渤海距离唐朝路途遥远、认为唐朝鞭长莫及才敢如此张狂。"比年含容，优恤中土，所未命将，事亦有时"，即唐朝不对外用兵只是爱惜民力和宽以待人，并非软弱可欺。告诫武艺应"悔过输诚"，同时肯定他的来书中"亦有忠诚"，以表明只要武艺尽快反思自己的过错，不再提出诛杀门艺的要求，双方仍可和好如初。

武艺两度遣使要求诛杀门艺，对唐朝而言是很棘手的状况。渤海距离遥远且国力强大，并非能轻易摆平的对象。且门艺不过在政治斗争中落败的一介流亡者，并不具备唐朝冒着与武艺交恶的风险来支持他的价值。故而对于唐朝来说，必须使武艺相信自身无意支持门艺并插手渤海，亦不能给其他属国君主唐朝会庇护本国政治流亡者且扶植其与国君对抗的不良印象。但从另一方面讲，唐朝又不可能将门艺交给武艺处置，正如蕃书中所言，"门艺穷而归我，安得不容"，无论事实如何，门艺名义上是为了阻止兄长出兵唐朝属臣黑水靺鞨才落败流亡的，如果唐朝将其还给武艺，周围的政权和部族会认为唐朝软弱可欺，连主动来投奔的人都不能庇护，如此则会对唐朝自身的政治权威造成重大打击。唐朝需要做的，是在不激怒武艺的情况下劝告其接受唐朝对门艺的处置方式，同时维护自身的权威。而《敕渤海王大武艺书》通过友悌之义抢占话语优势，加以劝说，促使其放弃追杀门艺的诉求；同时采取表明立场又示以宽容的姿态，以期维持两国关系，避免双方关系的进一步恶化。在当时的情况下，算是比较合理的处置。

但遗憾的是，唐朝的态度并未能让唐与渤海的关系回到正轨。开元二十年，大武艺派将领张文休率海贼跨海进攻唐之登州，杀死刺史韦俊。唐朝派遣门艺前往幽州征兵讨伐，同时令太仆员外卿金思兰前往新罗，征新罗兵攻打渤海南境，此事在正史①和王言②中都有记载。但此时，唐朝在东北需要全力应对契丹衙官可突于领导的奚、契丹两蕃之叛，并无力发动对渤海的远征，加之天气严寒，士兵多死，最终无功而返。武艺为报复唐朝并铲除心腹大患，派人潜入唐东都洛阳雇凶刺杀门艺，险些成功，唐与渤海的关系降至冰点。从存世蕃书看，其后双方关系有所回暖，大武艺主动提出要将前来联络渤海合击唐之属部两蕃的突厥使者执送唐朝，③ 向唐朝支援了一批水手，④ 唐朝亦放还了手中扣押的渤海王室子弟大郎雅等人。⑤关于此前围绕门艺的争端，唐朝在蕃书中亦不再刻意提起，双方关系走向正常化。

结　　语

从围绕门艺奔唐一事的漫长交涉来看，唐与渤海在理论上都认同武艺作为君主对臣子有处置权力，但门艺以原渤海亲唐派领袖的身份投唐，唐

---

① 《旧唐书》卷一九九下《渤海靺鞨传》，第5361页。
② （唐）张九龄撰，熊飞校注：《张九龄集校注》卷八《敕新罗王金兴光书》，第534~535页。
③ （唐）张九龄撰，熊飞校注：《张九龄集校注》卷九《敕渤海王大武艺书》，第582页。
④ （唐）张九龄撰，熊飞校注：《张九龄集校注》卷九《敕渤海王大武艺书》，第583页。
⑤ （唐）张九龄撰，熊飞校注：《张九龄集校注》卷九《敕渤海王大武艺书》，第584~585页。

朝为维护自身的权威，决不能送门艺就戮。故唐朝利用自身礼乐正统的文化地位，和唐天子教化万民的隐形权威，试图劝说武艺放弃诉求，其交涉策略是可圈可点的。而武艺为维护自身统治，绝不能留下足以作为国内反对派旗帜和唐朝干涉渤海口实的门艺。在这一涉及天子与属国的司法权之争中，双方均有无法退让的底线，加以当时复杂的边疆战略形势，双方的交涉并未成功弥合矛盾，最终导向兵戎相见。好在双方相距颇远，核心利益冲突不大，关系最终回到了正轨。

《中国古代法律文献研究》第十九辑
2024 年，第 189~222 页

北宋特别法的收集与分析[*]

［日］青木敦[**]

摘　要：唐宋时期，与元明清时主要通过则例进行行政运作不同，当时的行政更多依赖于法典的实施。特别是在宋代，国家末端所承担的各种实务是通过大量的特别法来规定的。这些特别法的法典名称及其卷数等信息可以从《玉海》卷六六、《宋史·艺文志》等多种宋代史料中得知。通过对这些史料的收集和分析，可以明确发现，特别法的数量在神宗时期出现了爆炸性的增长。此外，元丰二年，神宗重新定义了敕令格式的作用。从此之后，海行法和特别法都开始增多结合敕令格式这四种形式的法典。然而，特别法真正全面采用敕令格式形式是在徽宗时期。同时，在徽宗时期，早已推进的海行敕被分类到律十二篇目的做法也在史料中有所记载。此外，还可以看到宋令谱系的确立，这些发展共同构成了宋末的法制体系。

关键词：敕令格式　神宗　新法改革　特别法　海行法

---

* 本文是［日］青木敦《北宋特别法の収集と分析》（《青山學院大學文學部紀要》64，2022 年）的改定翻译。

** 青山学院大学文学部教授。

前　言

　　宋代法大致可分为海行法与特别法两大类。与律一同，与宋朝全体适用的二十余种海行法相比，特别法则是针对特定官司等具体情况设立的法律。这些特别法作为宋代法律的一个特色面向，早在梁启超时就已受到关注，① 特别是在滋贺秀三提供了全面的解释之后，相关研究取得了重大进展。② 近年来，赵晶、戴建国等学者不仅对其自唐代以来的历史进行了探讨，对于海行法与特别法这一二分法本身也进行了重新评价。③ 然而，如后文所述，这些特别法的数量庞大，④ 因此，特别法的研究相对于海行法来说显得较为滞后，⑤ 甚至关于这些法律的总数和具体内容，仍有许多不明之处。

　　因此，本文旨在尽可能收集北宋的特别法法典，并以表格形式展示其正式名称、成立年月日及卷数，为未来的特别法研究提供一份材料。关于

---

① 梁启超：《中国成文法编制之沿革》第七章《宋代之成文法》，台湾中华书局，1936。

② ［日］滋賀秀三：《中國法制史論集——法典と刑罰》，創文社，2003，第124~134页。该书详细论述特别法，将特别法定义为"在宋代，史书中所总称的'一司一路一州一县敕'，即适用范围限于特定地区或特定官厅的所管法令及其集成，以及针对特定要务编成的个别法令集"（第109页）。其他相关文献包括郭成伟、沈国峰《神宗变法与北宋编敕的发展》，《法律史论丛》第3辑，1983，第102~111页；［日］梅原郁《宋代司法制度研究》，創文社，2006，第808~810页；吕志兴《宋代法律体系与中华法系》，四川大学出版社，2009，第23~41页；戴建国、郭东旭《南宋法制史》，人民出版社，2011，第9~13页；王晓龙、郭东旭《宋代法律文明研究》，人民出版社，2016，第506~524页；杨孟哲《唐宋变革视阈下刑法典类典籍编纂的历史嬗变》，《学术探究》2018年第8期，第111页；王曾瑜《宋朝专法述论》，《人文杂志》2019年第1期，第199~244页。笔者亦在《宋代民事法的世界》（庆应义塾大学出版会，2014）随处处理此议题。

③ 赵晶：《试论宋代法律体系的多元结构》，《史林》2017年第4期，第51~54页；戴建国：《宋代特别法的形成及其与唐法典谱系的关系》，《上海师范大学学报》2020年第2期，第127~137页。近年来，多将"海行法"称为"普通法"（参见戴建国《宋代刑法志研究》，上海人民出版社，2008，第40~41页），但本文暂用"海行法"称呼。

④ 梁称之为"前古未闻之所"（梁启超：《中国成文法编制之沿革》，第27页），滋贺表示，"留下如此众多编纂记录，在其他王朝中乃历史上之壮观"（［日］滋賀秀三《中國法制史論集》，第22页），戴建国则认为"不得不惊叹于宋代特别法的数量"（《宋代特别法的形成及其与唐法典谱系的关系》，第127页），显示其膨大程度已为人所知。

⑤ 滋贺认为，特别法的总结几乎不可能（［日］滋賀秀三《中國法制史論集》，第109页）。

宋代特别法的收集工作，虽然以往也有过一些个别的、示范性的尝试，[①]
但这些工作仅涵盖了全部数量的一小部分，且缺乏足够的客观标准。然
而，胡兴东近年来不避重复，从广泛的宋代史料中大量收集敕、令、格、
式以及申明、断例等其他法律名称，为我们提供了关于特别法全面分析的
重要线索。[②] 这种大量数据的提供对宋代法制史的贡献是巨大的。本文虽
然不会全面指出，但在很大程度上依赖于该书。尽管如此，胡书与本文在
收集特别法方面存在三点不同：首先，该书以"元丰敕"或"元丰令"等
法律类型为单位进行收集，而本文则以包含这些法律的法典本身，如"元
丰敕令格式"为单位进行收集；其次，该书收集的是较广泛范围的法律种
类，而本文主要针对的是敕令格式这四种；最后，该书处理的是宋代全期
的法律，而本文仅专注于北宋。这些差异除了反映出笔者的能力问题外，
也与当前主要研究目标——神宗法典改革的考察有关。

一、 法典名收集上的诸问题

（一）法典构造的重层性

在海行法、特别法之外，宋朝法典构造的最大变化发生在神宗朝。尤
其是神宗对所谓的敕令格式进行了新的定义，[③] 自元丰以来海行法转变为
敕令格式（元祐时为敕令式）。这一变化已被广泛认识。观察到英宗时期

---

① 示例性研究，有吕志兴《宋代法律体系与中华法系》，第23~41页；赵前述论文，第48~
50页；王、郭前述同一部分等。在王曾瑜的《宋朝专法述论》中，将法律按行政机构
类、人事管理类、礼制类、刑法类、外交类、军事类、文化教育科举类、宗教类、财政
经济类、社会关系与事务类等八项进行了整理。

② 胡兴东：《宋朝立法通考》，中国社会科学出版社，2018。

③ "设于此而逆彼之至曰格，设于此而使彼效之曰式，禁其未然之谓令，治其已然之谓敕。
修书者要当知此，有典有则，贻厥子孙。今之格式令敕即典则也，若其书全具，政府总
之、有司守之，斯无事矣。"《宋会要辑稿》刑法一之一二元丰二年六月二十四日。其他
类似的记录很多，其中《续资治通鉴长编》卷三四四元丰七年三月乙巳日的记载尤为明
确，"丽刑名轻重者皆为敕；自品官以下至断狱凡三十五门，约束禁止者皆为令；命官之
赏等十有七，吏、庶人之赏等七十有七，又有倍、全、分、厘之级凡五卷，有等级高下
者皆为格；奏表、帐籍、关牒、符檄之类凡五卷，有体制模范者皆为式；始分敕、令、
格、式为四"。

为止，一部法典通常由一种法律（如敕、令、格、式等）组成，例如《熙宁编敕》等。相对而言，自神宗时期起，一种法典结合了多种法令，如《元丰敕令格式》等（本文称之为"复数种类合并"）。① 其中最早的例子②可以追溯到神宗即位后治平四年（1067）十二月修订的《群牧司敕令》③（然而此法未曾颁布）。实际颁布的多种类合并型法典，首见于王安石等于三司及诸司的岁计、南郊费用确定中，三年（1066）八月制定的《三司令式》。继之，七年三月由王安石编修的《三司敕式》共四百卷。王安石卸任后，熙宁九至十年（1076—1077）间，涉及赏赐支赐、东班诸司使职务等各项法律被合并，形成了《诸司敕式》二十四卷、《诸司敕令格式》十二卷、《敕令格式》三十卷等，使得敕令格式得到了完善。④

　　然而，当复合型法典出现时，给史料中法律名称的理解带来了一些问题。具体来说，当某个法律名称出现时，难以明确判断该名称是指包含所有条文的完整法典，还是仅指该法典中的某一特定部分。例如，《续资治通鉴长编》卷三三九"元丰六年九月戊申"条记载的《将官敕》，不清楚这是否指特别法《将官敕》或《河北将官敕》等独立的完整法典，或者仅是《元丰将官敕令》中的敕部分。⑤ 若是后者，该《将官敕》应被视作其

---

① 滋贺也暗示熙宁年间敕、令、格、式等字存在众多组合（［日］滋贺秀三：《中國法制史論集》，第 114 页）。

② 《宋史》卷二〇四《艺文志》中有一条"贾昌朝《庆历编敕》《律学武学敕式》共二卷"的记载。但是，律学和武学的设置是在熙宁时期，而在英宗之前宋朝并未设置律学，武学也仅在庆历三年五月到八月二十四日间设置过（龚延明：《宋代官制辞典》〔增补版〕，中华书局，2001，第 390~391 页）。另外，《宋史》卷二〇四《艺文志》中此条目的位置也在元丰之前后。推测，《贾昌朝庆历编敕》的部分可能误入此处，因此《律学武学敕式》应该是元丰前后的编纂。同时，《宋会要补编》《上清储祥宫》中记载的《玉清昭应宫令式》年代不详。

③ 《玉海》卷一四九"熙宁群牧编敕"记载，"《群牧司敕令》，一本称《条贯敕令》"。另一方面，《宋会要辑稿》刑法一之六治平四年十一月二十七日记载为《群牧司条贯》。史料存在轻微不一致，实际名称可能是《群牧司条贯敕令》。

④ 《玉海》卷六六《熙宁诸司敕式》，《宋史》卷二〇四《艺文志》，《宋会要辑稿》刑法一之一〇熙宁九年九月二十五日、刑法一格令二熙宁十年二月二十七日至十一月四日。熙宁十年《诸司敕令格式》是起始的认识已经确立，参［日］曾我部静雄《中國律令史の研究》，吉川弘文館，1971，第 40 页，以及［日］滋贺秀三《中國法制史論集》，第 143 页。这些都提及了《宋会要辑稿》刑法一之一一一的条目，这部分留待他日讨论。

⑤ 在这种情况下，仅记载《将官敕》的文献是元丰六年的，因此它很可能是元丰二年修订的《元丰将官敕令》十二卷的一部分，但详细情况不明。

所属的总法典中的一部分。这里称前者为"亲法典"。但是，即使存在某些法律记录，确认其"亲法典"的存在往往是困难的。① 相对地，从"亲法典"的名称仅能推测出其下属的"子法典"存在，却无法确定更具体的情况。②

一般而言，敕令格式形式的海行法结构，位于"亲法典"（例如《政和重修敕令格式》）之下，有一类型的法律（《政和敕》《政和令》等）。其下分为若干门，例如敕则分为十二门，令则分为二十至三十门。再其下则有条文，因此共有四层结构。特别法则少一层，即使特别法的"亲法典"采敕令格式形式，也通常不会分为门。③ 一个特别法的"亲法典"敕令格式只会分为敕、令、格、式四种类型。例如《贡举敕令格式》，它可以分解为《贡举敕》《贡举令》等四种，但不分门，其下直接是条文，因此特别法为三层结构。虽然有些特别法会进一步分为门，但这较为例外。胡兴东以敕、令等层级为基准，④ 本文则按颁布时的法典名称收集其"亲法典"层级。

虽然特别法基本上是三层结构，但也有一些特别法是分门的，还有一些特别法内部是由多个法典合起来构成某个大型编纂物的。例如，《祭祀》一九一卷由《景灵宫供奉敕令格式》和《仪礼敕令格式》等组成。此外，《祭祀》也是龙图直学士宋敏求编纂的大型礼书群中的一部（《宋史》卷九八《礼志·吉礼》）。同样，熙宁十年（1077）《诸司敕令格式》也是

---

① 以下为几个例子。有记载提到《崇宁通用贡举敕》（可能是《崇宁贡举通用敕》的错误）、《崇宁贡举通用令》《崇宁贡举通用式》等法律。因此，很可能存在名为《崇宁贡举通用敕令格式》的法典，但在史料中无法确认。同样，如果记载《元祐贡举敕》，那么它应是《元祐贡举敕令》中的敕；若记载《大观重修大礼格》，那么它应是《大观重修大礼令格》中的格。而实际上，这样的"亲法典"在史料中也很少见。

② 《大礼令》（元祐四年的条目中提及）很可能是"亲法典"《度支大礼赏赐敕令格式》的一部分。但目前还不清楚这个"亲法典"是否具备度支、大礼、赏赐三门，且每门是否各自细分为敕、令、格、式四种形式，从而构成十二种法律。根据记录，即使某些形式如度支令和赏赐令不存在，《度支大礼赏赐敕令格式》仍可包含赏赐令等其他形式，维持其名称不变。

③ 另一个类似于前述《度支大礼赏赐敕令格式》的例子是绍圣三年的《常平免役敕令》，其中提到设立了常平、免役、农田水利、保甲等门（《宋会要辑稿》刑法一之一一七绍圣三年六月八日）。

④ 分别参考胡兴东《宋朝立法通考》，第 455、560 页。

多个"子法典"合并的"亲法典"。通常最上层名称为颁降名称，但像这种复数官务或地方的多部特别法，有时称为《一司一务一路一州一敕》等，但不仅限于此，如《一司一务编敕并目录》四四卷等，即为合并后颁降的法典名称。

此外，与此层级结构相关，《皇祐编敕》为一个复杂的例子。在南宋时期，皇祐时期的法律仍具有相当的重要性，例如客户逃移相关的皇祐法仍然在开禧时期使用。[①] 然而，有另一个名为《皇祐编敕》的法典名称，类似于海行法，至南宋时期频繁出现。经过比对后发现，早先已有《一州一县敕》的编纂，并且有针对多官司的特别法《皇祐一司编敕》于四年九月八日颁布，这些合并为《一司一路一县敕》。《皇祐编敕》似乎是这些法典的总称。[②]《政和敕令（格）式》共有九〇三卷，具体细节不明，[③] 但可以推测具有类似多层结构。编纂或上呈不一定代表已经颁布。本文表 2 "北宋特别法一览"中是否收录视情况而定，但基本上会收录以了解各时期可能的法典结构。明确未至颁降者以 ▲ 标记。同一法律中不同层级的法典名，若推测为"子"法律，则暂定性地记于（）中。

（二）与海行法的关系

北宋前期的海行令篇目，大致继承唐令以来的结构。然而，敕典最初作为副次法典发布，因此北宋当初并不像南宋那样整理在律一二篇目中，也不仅限于刑罚规定。因此，史料中出现的敕，是单行的诏敕，还是编纂法典，即使是编纂法典，是海行编敕还是特别法，其区分有时是复杂的。因此，以下将讨论海行敕明确分为唐律一二篇的时期问题，以及一些乍一看似乎是海行法典名称的特别法事例。

---

① ［日］周藤吉之：《唐宋社會經濟史研究》，東京大學出版會，1965，第 202 页。南宋晚期记载的《皇祐敕》与仁宗发布的某些单行敕被使用了数百年，这是指在南宋被使用的皇祐时的《一州一县敕》等法典的意义。

② 除了后述表 2 所示的出处外，还有《续资治通鉴长编》卷二八六"熙宁十年十二月壬午"中引用的《中书时政记》等。

③ 《政和敕（令）格式》见于《宋会要辑稿》刑法一之二九政和六年闰正月二十九日以及《宋史》卷二〇四《艺文志》。戴也认为这可能不是全国范围统一通行的编敕（戴建国：《宋代法制研究丛稿》，中西书局，2019，第 12 页）。其他如《治平编敕》（《宋会要辑稿》礼五八之四熙宁三年八月九日）等也细节不明。

关于前一个问题，据说在编纂《天圣编敕》时，将应作为敕的二八六条分为律的一二门。① 此外，元丰时期的敕也是一二门。确实，皇祐时期，可以找到敕的条文被称为《职制条》和《断狱条》的例子。② 然而，敕本身冠以律一二篇目来分门，并非条文单位的称呼，而是事实上更晚出现的，甚至在元丰时期也还没有任何冠律篇目的敕篇目出现。试图在《宋会要》中寻找冠以一二篇目的北宋敕，据我所知，只有以下表1 "冠以律篇目的敕（北宋）"，而其中出现的这种敕只是北宋最后两个海行法，《元符敕令格式》和《政和重修敕令格式》。如果仅有一两例，或许是偶然，但找到的全部八例表明，实际上海行敕冠以唐律的十二篇目名称，可能并不是始于天圣或元丰之后，而应该是元符以后。那么，未按十二篇分门整理的熙宁、元丰以前的海行法编敕是何种结构，这是未来的研究课题。

表 1　冠以律篇目的敕（北宋）

"政和名例敕" 刑 1 – 28，4.7.5。
"元符职制敕" 方 10 – 26，靖国 1.3.27。
"政和名例敕" 刑 1 – 28，4.7.5。
"元符户婚敕" 刑 1 – 18，靖国 1.1.10。
"政和户婚敕" 职 58 – 21，宣和 3.7.24。
"厩库敕" 食 30 – 31，元符 2.3.27*。
"政和诈伪敕" 职 13 – 26，宣和 2.12.12。
"元符杂敕" 舆 4 – 7，政和 1.12.7。

---

* "厩库敕" 应该是在元符二年（1099）三月二十七日加入了新条文的记事，但似乎包含在随后成立的 "元符敕令格式" 中作为 "厩库敕"。

在探讨如海行法典与特别法，即两宋时期约二十种综合性法典系列及其他针对特定对象的法律之间宋人所持有的区别意识时，可以说在某种程度上确实存在这样的意识。首先，作为展示当时海行法典的概念，确实有将某些法典称为 "海行" 的情况，这在元祐之后并不罕见。然而，"海行"

---

① 关于《天圣编敕》编纂时的情况，"定可为敕者二百八十有六条，准律分十二门，总十一卷"，另一方面与元丰二年神宗修书法相关，"于是凡入笞杖徒流死，自名例以下至断狱，十有二门"。均见于《宋史》卷一九九《刑法志·刑法一》。

② 《宋会要辑稿》刑法六之五五皇祐二年三月二十六日有 "准敕《职制》条，'每州旬具本州及外县禁系……'"，又《断狱》条 "诸县每旬具禁数，犯囚断遣刑名……" 之记载。

意指天下普遍实行之义，因此，像是"禄令"等现今被划分为特别法的范畴，由于其广泛针对海内，故在当时也被称作"海行"。① 但是，所谓的海行法，大多数接近于今日所称的海行法。② 相对而言，像是"一司一路"等以"一～"开头的表述，则接近于今日所谓的特别法。

在《建隆编敕》编纂时，明确表示"一司一务一州一县之类不在焉"（《宋会要辑稿》刑法一之一建隆四年二月五日），《咸平编敕》编纂时则说"其厘革一州一县一司一务者，各还本司"（《续资治通鉴长编》卷四三咸平元年十二月），《庆历编敕》时则称"一司……又在编敕之外者也"（《宋史》卷一九九《刑法》）。更进一步，《续资治通鉴长编》记载神宗实施所谓敕令格式新定义时，指出除了敕令格式外，还有一路一州一县一司一务敕式等，③ 表明特定对象法律与海行法分立。而且有时这些特定法律被集成，重新形成名为"一～一～"的新法典。④ 另外，《元祐详定编敕令式》编纂时提到"又有专为一事特立新书，若景德农田、庆历贡举，皆别为条敕，付在逐司"（《续资治通鉴长编》卷四○七"元祐二年十二月壬寅"），这也与我们所理解的用务、官司特定的特别法几无二致。还有"专法"一词，但这通常比特别法更具特定性。⑤ 然而，在条文层面上，海行法与特别法之间的界限并不明确。毕竟法律条文本质上是关于具体事项的规定，无论特别法还是海行法条文，其性质相同。⑥ 甚至作为特别法

---

① 《宋会要辑稿》刑法一之三七绍兴六年九月二十一日。但《禄令》作为唐令的海行法篇名在宋变为特定事务法的具体例子，见于赵晶《试论宋代法律体系的多元结构》，第56页。

② 赵升：《朝野类要》卷四《法令》中，提及《一司》称"在京内外百司及在外诸帅抚监司财赋兵马去处，皆有一司条法"，并对照《海行》称"敕令格式，谓之海行。盖天下可行之义也"。这里的"一司"与"海行"意思接近今日的"特别"与"海行"。另外，叶适《水心先生集》三《新书》也称熙宁以后的海行法为《敕令格式》，叶适可能在此将《海行》与《敕令格式》等同，指神宗以后的海行敕令格式。

③ "天下土俗不同，事各有异，故敕令格式外，有一路一州一县一司一务敕式，又别立省曹寺监库务等敕，凡若干条。"（《续资治通鉴长编》卷三四四元丰七年三月乙巳日）

④ 综合各史料来考察，熙宁四、六、九年有《诸路一州一县敕》《一州一县一司一务敕》《一司一务一路一州一县敕》等特别法的出现。

⑤ 例如，《宋史》卷一六三《职官·刑部》记载"其一司一路海行所不该者，折而为专法"。

⑥ 在比较法律条文内容时明确地考虑到海行法与特别法在相互影响方面的存在（赵晶：《试论宋代法律体系的多元结构》，第51～54页）。

与海行法条文几乎相同的例子，有"诸监司郡守在任，不得陈乞通理满罢者。若不因罪犯罢者，许通计前任考任"，见于《尚书考功令》（特别法）和《考课令》（海行法）两者。① 自新法时期开始，针对相同行政课题的类似内容法律被同时制定，并合并入现有诸法典，这一新立法形式开始出现，其中确有对海行法与特别法的处理没有很大差异的例子。②

二、 收集的对象与范围

（一）除敕令格式以外的法律

宋代法典中，存在着各种形式。例如法律编纂物中有"〜法""〜条贯"等，特别是包含格字的"〜格法""〜格令""〜格目""〜格敕"等，③ 这些形式的分类是很困难的。④ 不过，敕令格式不仅位于神宗法思想的中心，而且在宋代法典中，多数由律或这四种之一或多种组合而成。因此，本文仅对涉及敕令格式这四种分析时遇到的几个问题进行探讨。

然而，除了上述形式外，还存在一些数量虽然较少但仍不可忽视的法律种类，也需要进行讨论。首先，需要提及的是名为"〜法"的法典名称。这种用作指示代词，有时候代表"〜相关法"，但有时候"〜法"也是一个法典的正式名称。无论如何，在本文的研究范围内，我们不会将这类法典纳入分析对象，尽管它们有时候可能包含敕令格式的内容。例如绍

---

① 分别见于《永乐大典》卷一四六二六《吏部条法》所引《尚书考功令》、《庆元条法事类》五职制门《考任》考课令。《尚书考功令》中缺少了一个"者"字。

② 关于这一点，作为示例，《宋会要辑稿》食货五之一四政和三年十月十七日记载了驱磨点检相关法律。参见 ［日］青木敦《慶元文書令譯註稿》，《青山学院大学文学部紀要》62，2021 年，第 63~66 页。

③ 例如"〜格令"的例子不容易理解。有时它仅单独指代"格"和"令"。南宋《宋会要辑稿》食货六四之一〇八嘉泰三年二月二十一日中的《庆元重修格令》中的格、令，在《庆元条法事类》卷三〇财用门一《经总制》中分别见于赏格、场务，显示其非法典名称，而是"《庆元重修敕令格式》的格和令"，至于具体法典名称则不明，暂定命名为《元丰新修国子监大学小学元新格令》。此外，《格令》本身，如《宋会要辑稿》刑法项目名，也是表述法律、法典的普遍用语。

④ 关于这四种以外的形式，胡列出了申明、断例、指挥、看详、条贯、法、条制、条例、事类等其他类型法律篇名。参考胡兴东《宋朝立法通考》，第 621~753 页。

兴二十一年（1151）颁行的《绍兴编类江湖淮浙京西路盐法》由盐法敕、令、格、式各一卷，以及续行指挥一百三十卷等两部分组成（《宋会要辑稿》刑法一之四二绍兴二十一年七月二十八日）。这是绍兴后半期续行指挥泛滥成问题的例子，但由于续行指挥部分占了大多数，故可能未被命名为敕令格式。

其次，我们来考虑一下《军马司敕例》这个法典名称。尽管它的名称中含有"敕例"这一词，看上去像是敕令格式的一种。军马司相关的法律相当复杂。首先，在熙宁八年（1075）由司勋员外郎崔台符提举，随后由枢密使吴充接手，熙宁十年（1077）一月壬申《详定删修军马司编敕》五卷完成（《宋会要辑稿》刑法一之二三大观二年九月十八日）。然而，在绍圣元年（1094），徽宗表达了对《军马司敕例》长期未经删修的遗憾，于元符元年（1098）完成了《绍圣（详定删修）军马敕例》（《续资治通鉴长编》卷二八〇、《宋史》卷二〇四《艺文志》。法典名称冠以成书颁布年号之偏差，将于后文详述）。大观二年（1108）徽宗指出"《军马司敕例》中虽有敕令格式之名，但名实混淆，敕中有令，令中有格，未能体现先帝制定的具体规定"，并要求重新修订（《宋会要辑稿》刑法一之二三大观二年九月十八日）。尽管存在许多不明点，但"～敕例"名称仅见于军马司，且内容相对明确，故将其列为本文采录对象。

（二）关于若干令、格

本文表 2 中，传统的《月令》被排除在外。南宋的《时令》本应是本文的对象，但实际上在本文的考察范围内未见。① 另外，唐令篇目中的《禄令》在宋代是嘉祐时期与驿令一同编纂的重要特别法，② 例如《知大藩府禄令》《熙宁新定皇亲禄令》等限定对象的法令也将被纳入考虑范围。此外，《赏格》是宋代格的代表，但同时也是长期普遍存在的一般词语。在此，海行法中的《赏格》虽然不在考察范围内，但从景德的《用兵诛赏

---

① 关于《月令》《时令》的法典性，可参考赵晶《天圣令与唐宋法制考论》，上海古籍出版社，2014，第34~45页。

② 关于《禄令》和《驿令》，请参阅戴建国《宋代特别法的形成及其与唐法典谱系的关系》，第132~133页。

格》起,《功将士赏格》等名称明确指向特定内容的法令不在少数,对这些法令也进行列举。

(三)法典名称与卷数

通常情况下,法典的编纂是由皇帝下令,臣下执行新的编纂或现有法典的修订工作,再将编纂成果上呈。皇帝一旦认可,便会赋予其正式名称,并进行印刷、颁布。皇帝有时会在臣下提出的名称中添加年号或"重修""详定"等词,臣下也可能在提案中初步使用这些词汇。但要了解正式名称时,可能会发现同一法典在不同史料中名称有所不同,这些情况最终需要个别考虑。一般来说,如果存在记述编纂过程的史料,或皇帝明确指出"～以此命名"等,则可认为这些名称基本上是正式的。在书目中列出的名称也接近正式名称,且这些记述常附有卷数。

然而,还有法名里没有年号,便宜加以年号的;或有遵从神宗以前编敕时代惯例,对敕令格式形式法令还要假用"～编敕"的便宜名称的。《玉海》或《通志》等记载法令成立过程的文章,也倾向于在名称前冠以年号。然而,如上述的《绍圣军马敕例》虽然名称中包含绍圣,却是元符时期颁降的,这种颁降时与冠以的年号不符的情况时有发生。这可能是因为法典名称中的年号不是指编纂或颁降时的年号,而是指法典包含的敕等发布的年号。[1]

法典的正式名称与卷数问题密切相关。在法典编纂时,除了敕令格式本体之外,经常衍生出目录、看详、申明等各种编纂物,尤其在南宋还有对修敕、对修令、对修看详、修书指挥、参用指挥、净条、特旨断例等。是否包含这些附属编纂物,即便是对同一法典,在不同史料中也会有不同的记载。举例来说,陈彭年编的海行法《大中祥符编敕》的内容包括编敕部分三十卷和《仪制敕书德音》十卷(《续资治通鉴长编》卷八七大中祥符九年八月己卯),但《宋史》卷二〇四《艺文志》记为"陈彭年,大中

---

[1] 例如,《宋会要辑稿》刑法一之一三元祐元年四月八日记载"乞先决颁行,以《元丰尚书户部度支金部敕令格式》为名。所有元丰七年六月终以前条贯已经删修者,更不施用。其七月以后条贯自为后敕"。即这部敕令格式的内容是元丰七年六月末以前的诸条令,七月以后的则另作后敕,所以虽然这部法典的命名时期是哲宗元祐,但冠以的年号不是元祐,而是编纂对象命令发布时的元丰。

祥符编敕，四十卷"，因此包含了附属编纂物的卷数，而《通志》卷六五刑法则记为"大中祥符编敕，三十卷"，未包含附属物。同样，特别法《宗子大小学敕令格式》的结构是敕令格式部分十五册，附属的申明·一时指挥·对修敕·令部分共五册，但对于这同一正式名称，《宋史》卷二〇四《艺文志》记为十五卷，《宋会要辑稿》崇儒一之三大观四年闰八月甲寅则记为二十二册。《宋史》卷二〇四《艺文志》在这例中有未包含附属物的倾向。

臣僚受命编修并上呈编纂物，并不保证最终获得认可和颁降。有些史料记载了编修的过程，但最终未必得到颁降，表2中对这类情况用▲标记。值得注意的是，法典的成立并不总是遵循简单的编修命令、臣僚编修、上呈、皇帝批准、颁降等流程。特别复杂的实例之一是上文提到的皇祐诸法。不赘述出处，但大致来说，对于天禧元年（1017）的详定诏令，李迪两次上报《一州一县新编敕》。另一方面，《一州一县敕》于庆历七、八年（1047、1048）开始正式编纂。这两者与其他种类的一司敕或一路敕一起于皇祐四年（1052）颁降，后来继续通行。这是记录了制定过程相对较多的例子之一，但还有许多仅简短记述了编纂事实而未确认最后是否颁降。像"亲法典"与"子法典"不明的情况一样，本文将这些仅关涉编纂的文字也作为采录对象。未收录关于皇祐《一州一县敕》的天禧到庆历编纂记事，一些明确未实现颁降但信息重要的其他例子则以▲标记收录。表2根据以上前提，整理了北宋特别法的制定颁布日期、正式法典名称和卷数。

三、 凡 例 与 表 格

在下面的凡例和表格中，我们将使用敕、令、格、式四种法律种类来展示作为特别法且为"亲法典"的法典名称列表。在这个过程中，我们将遵循以下方针：

1. 对于有的史料中出现的法律名称，我们难以判断其是否为独立的法典，还是某种"亲法典"的一部分。对于被认为是独立"亲法典"的法典名称，我们将放在表格中每个格子的横线上方。

2. 对于那些虽然在臣僚议论中被提及但是否为"亲法典"尚不明确的法律，我们将放在横线下方。

3. 对于大致为"子法典"的，我们将放在括号（）中。

4. 在收集工作中，我们必须设定暂定标准，也包括对北宋时期的判断，因此有些情况可能无法确定。

5. 我们将根据可知范围内的成立时间，按照特定的排序方式来整理法典名称、卷数等信息。

在收集工作中，不得不设定这样的暂定标准。笔者可能有遗漏之处，但目前阶段的成果是表2。

有些内容已经提到，但其他的凡例如下。其他表格也适用同样的原则。

• 来源的缩写遵循以下规则。《宋会要辑稿》之《帝系》缩写为"帝"，《礼》为"礼"，《舆服》为"舆"，《仪礼》为"仪"，《崇儒》为"崇"，《职官》为"职"，《选举》为"选"，《道释》为"道"，《食货》为"食"，《刑法》为"刑"，《兵》为"兵"，《方域》为"方"，《蕃夷》为"蕃"，并省略文章的标题。《续资治通鉴长编》缩写为"长"，《宋史》卷二〇四《艺文志》为"艺"，《宋史》其他部分为"宋"，《玉海》为"玉"。日期以可知范围内用点分隔的年月日和干支表示，若该栏年号相同则省略，不同则记载。太平兴国缩写为兴国，大中祥符为祥符，建中靖国为靖国，缩为两字。

• 如可能，法典名称后面应该显示卷数、册数。

• 若已知相关法律的成立时间，则在法典名前标该年月日。若出典中的日期与此相同，则省略出典条文中的年月日。ca.表示"大约"。

• 在记载时，根据可知范围，按以下优先顺序只记载一项时期：（ⅰ）法典名冠以的年号、（ⅱ）制定、（ⅲ）雕印、（ⅳ）命名、（ⅴ）编纂、（ⅵ）编纂者受褒奖、（ⅶ）其他编纂相关事项。

• 各表格中的排列，横线以上部分原则上按日期顺序排列，横线以下的部分则可以按日期、六部顺序或中央地方顺序排列，也可以根据类似性等自由安排。

• 对于结合多种法律的法典，应以第一种法律为基准进行排列（例如《～敕令式》应放在敕的栏，《～令式》应放在令的栏）。

• 如前所述，编纂但"不行"的法律标记为▲，而且推测为"亲法典"一部分的法律名称应放在（　）中。

在这些前提下，表2尽可能整理了北宋的特别法，包括颁降日期、正式法典名、卷数。

表 2 北宋特别法一览

	敕	令	格	式
建隆		3.12. 庚子"捕盗令"、宋1。 ------------------------ "礼令"、舆1-16, 4.8.13。	3.10癸巳"循资格"1、"长定格"1、"编敕格"1、长3。	
乾德			2.1.甲申（重详定）"循资格"、长5。	2.1.甲申"四时听选式"、宋1。"品式"、仪5-1, 2.9.12。
开宝		1.3. 庚寅"县令尉捕盗令"、宋2、长9。 4.7.戊午（复）"内侍养子令"、宋2。	"开宝长定格"3、艺、通志65。	3.7. 乙巳"报水旱期式"、宋2。
太平兴国				3.2. 丁巳"诸州录事县令簿尉历子合书式"、宋4。
雍熙				
端拱				
淳化				"踏犁式"、玉178、食1-35, 2, 3, 26。
至道				
咸平	2.7.30"三司删定编敕"（索湘上）6、刑1-2、通志65。 "三司咸平杂敕"12、通志65。 ca."诸路转运司编敕"30、通志65。			

	敕	令	格	式
景德	2.9. 癸亥"三司新编敕"（丁谓上）15、长61、玉 66。 2.10.9"三司新编敕"（林特上）30、刑 1 - 3、玉 66。 3.1.7"景德农田编敕"5、宋 173、刑 1 - 3。 ▲4.7.5"刑名敕"、刑1 - 3、玉 66。		1.7. 癸未"用兵诛赏格"、宋 7。 4.8. 己酉"宜州立功将士赏格"、宋 7。 4.10. 乙巳"考试进士新格"、宋 7。	2.1. 戊寅"踏犁式"、宋 7、玉178。 4"考校进士程式"、宋 155。
祥符	ca."诸路转运司编敕"30、艺、通志 65。 ca."礼部考试进士敕"1、艺。	-------------------- "祠祭令"、礼 14 -15，4.8.22。		2.4.26"诸州天庆节道场斋醮仪式"、礼 57 - 29。 -------------------- "品式"、仪 5 - 8，5.9.12。
天禧	1.6.10"在京三司敕"12、刑 1 - 4、长 90、玉66。 4.2.9"一州一县新编敕"50、刑 1 - 4、玉 66。 4.11.17"删定一司一务编敕"30、刑 1 - 4、玉 66。	2.3. 丁巳"景灵宫祠令"、长 57。		
乾兴		ca."限田令"、宋302、玉 20。		
天圣	5.10. 己丑"（新定）五服敕"、宋 9、艺、九朝备要 9。 ca."举明自首敕"1、通志 65。 ca."礼部考试进士敕"1、通志 65。			
明道	"一司一务编敕"、刑1 - 5，2.8.27。			
景祐	2.6.24"一司一务编敕"（并目录）44、宋10、刑 1 - 5。 2.6. 乙亥"在京敕"、宋 10。 5.10.4"减定诸色刺配刑名敕"5、刑 1 - 5、玉 66。 "景祐刺配敕"5、通志65。			2.5.25"造成今古权量律度式"、食69 - 15。

	敕	令	格	式
宝元				
康定			--------------------------- 1.8"康定行军赏罚格"、宋291、玉141。	
庆历	7.9 丁酉"一州一县敕"、宋11、长161。 8.11.25"一州一县编敕"、刑1-8。			3.10. 壬戌"新定磨勘式"、宋11。 --------------------------- "武部式"、长132，1.6. 丙寅。
皇祐	4.9.8"（皇祐）一司敕"、宋199、长286，熙宁10.12. 壬午、玉66。 "皇祐审官院敕"1、通志65。 "一路敕""一州一县敕"、宋199、玉66。 --------------------------- （"皇祐阁门一司编敕"、仪3-27，嘉祐6.4.6）。 （"皇祐内侍省一司编敕"、仪3-27，嘉祐6.4.6）。 （"皇祐新编京东一路敕"、食70-11，熙宁1.10.11）。			
至和	（"陕西编敕"、食24-1，2.7.19）。			
嘉祐	2.5. 癸未"殿前马步军司编敕"、长185。 3.1. 丙午"三班院编敕"、长187。 "嘉祐审官院编敕"15、艺、玉66。 --------------------------- "嘉祐三司编敕"、职5-28，5.11。 "军马敕"、宋193、7。	2.10. 甲辰"嘉祐禄令"10、艺、长186。 4.1.13"嘉祐驿令"3、艺、方10-14。		--------------------------- "品式"、刑1-6，2.10.3。

	敕	令	格	式
治平	1.4 "新编审官院敕" 15、职 11－4。 ▲4.12. 辛丑 "群牧司敕令"、玉 149。 -------------------- "刑部一司敕"、兵 11－28，4.9.14。	1.11. 戊寅（复）"内侍养子令"、宋 13。		
熙宁	3.5. 庚戌 "群牧司编敕" 12、艺、长 211、玉 149。 3 "八路差官敕" 1、长 380，元祐 1.6. 戊申、通志 65。 4.9.23 "熙宁宗室葬敕"、帝 5－20。 5.12. 庚辰 "新修审官西院敕" 10、长 241。 6.9.4 "一路一州一县一司一务敕"、刑 1－9、长 247。 7.3.8 "三司敕式" 400、长 251、玉 186。 7.3. 乙卯 "八路敕" 1、艺、长 251。 7.3. 乙卯 "将作监敕" 5、艺、长 251。 7.3. 丙午 "熙宁新编大宗正司敕" 8、艺、长 251。 7.6. 己卯 "在京一司一路一州一县敕"、长 254。 7 "审官东院编敕" 2、艺、职 54－31，宣和 2.5.25。 8.2.3 "军马司编敕"、艺、刑 1－9。 8. 闰 4. 丙申 "详定军马敕" 5、艺、长 263。 8.11. 壬辰 "河北将官敕"、长 269。 8.11. 乙亥 "一司一务一路一州一县敕"、长 270。	1.9.28 "熙宁新定皇亲禄令" 10、艺、帝 14－18。 3.8.28 "三司令式"、食 56－16。 ▲8.6. 己酉 "宗室禄令"、长 265。 "熙宁新定诸军直禄令" 2、艺。 "明皇祐飨令式" "大辽令式" "诸蕃进贡令式" 16、宋 98、艺。	5.8.17 "详定武臣试格"、选 17－13。 6.10.29（重修）"行军赏格"、兵 18－5。 8 "废免人叙格"、宋 201。 -------------------- "行军赏格"、兵 18－4，3.10.25。 "五路教阅格"、长 276，9.6. 辛卯。	2.12.3 "南郊式"、职 5－6。 5.2.17 "大礼式"、礼 25－54。 5.8 "方田均税（条约并）式"、长 237。 6.8. 乙亥 "支赐式" 12、长 246。 7 l 庚戌 "弓式"、长 249。 8. 闰 4. 甲寅～9.3. 戊寅 "内诸司式"（向宗儒、沈括、张诚一修）、长 263、269、273。 8.6.23 "一州一路会计式"、食 56－20、玉 186。 9.5 "太医局式"、职 22－37。 10.4.2 "熙宁葬式"、刑 1－9，7.9.2。 "将作监式" 5、艺。 "熙宁支赐式" 1、通 65。 "熙宁新定孝赠式" 15、艺。 "熙宁新定节式" 2、艺。 "随酒式" 1、艺。 "熙宁新定时服式" 6、艺。 "熙宁新定祈赛式" 2、艺。

	敕	令	格	式
熙宁	9.9.25 "诸司敕式" 24、刑 1－10、玉 66。 9.10. 辛卯 "一司一务一路一州一县敕"、长 278。 10.1. 壬申 "军马司编敕"、艺、长 280。 10.2.27 "诸司敕令格式"（翰林医官院 5 等）12、艺、刑 1－11、玉 66。 10.7. 乙丑 "熙宁五路义勇保甲敕" 5、艺、长 283。 10.8.3 "贡举敕式" 11、刑 1－11。 10.11.4 "诸司敕格式"（龙图天章宝文阁 4 等）30、艺、刑 1－11、玉 66、长 285（"敕令格式"）。 10.12.6 "熙宁详定尚书刑部敕" 1、艺、刑 1－11。 "熙宁将官敕" 1、艺。 "熙宁开封府界保甲敕" 2（申明 1）、宋 192、艺。 "熙宁新编常平敕" 2、艺、通志 65。 "熙宁贡举敕" 3、通志 65。 ca. "学士院等处敕式"（并看详）20、艺。 ca. "御书院敕式令" 2、艺。 ca. "律学·武学·敕、式"、艺。 ------------------------ "在京海行敕"、刑 1－10，9.8.16。 "一路常平敕"、长 274，9.4. 丙午。 "在京通用敕"、刑 1－11，10.12.6。 （"利州路一州一县敕"、长 266，8.7. 辛巳）。 （"陕西一路敕"、长 263，8. 闰 4. 甲辰）。			"南郊式""大礼式""祀赛式""斋醮式""葬式""孝赠式"、宋 98。 ------------------------ （"熙宁贡举式"、选 17－20，绍圣 3.4.12）。 "学士院式" 10、职 6－51，10.10.3。 "熙宁新式"、宋 124。 "阁门抬赐式""支赐式""支赠式""问疾浇奠支赐式""御厨食式""炭式"、刑 1－10，9.9.25。 "熙宁详定诸色人厨料式" 1、艺。 "熙宁新修凡女道士给赐式" 1、艺。 "熙宁历任仪式" 1、艺。 ca. "马递铺特支式" 2、艺。 ca. "官马俸马草料等式" 9、艺。

	敕	令	格	式
元丰	1.3.23"学士院龙图天章宝文阁等处敕令式"、刑1－11。 1.9.6"元丰新定在京人从敕令式"3、艺、刑1－11。 （1.10.4"武举敕式"、刑1－11）。 1.10.13"元丰司农敕令式"（蔡确）17、艺、刑1－11、长293。 2.3.辛卯"元丰将官敕令"12（"府界京东西路将敕""河北路将敕""河东路将敕""河南路将敕""陕西五路将敕""通用敕"）、艺、长297、长339,6.9.戊申、长407,元祐2.11.丙辰。 2.4.癸卯"茶场一司敕"、长297。 2.5.12"茶法敕式"、刑1－11。 ▲2.6.24"诸司敕式"（安焘）40、刑1－12、玉66。 2.8.12"入内内侍省敕式"、职36－17。 2.8.29"国子监一司敕式"、职28－9。 2.9.29"元丰司农敕令式"15、刑1－12、长300、玉66、通志65。 2.11.12"审官东院敕令式"、选23－3。 2.12.6（重修）"（御史台）一司敕"、职55－9,2.12.6。 2.12.18"国子监敕式令"（并学令）、职28－9、长301。 3.2.1"司农寺敕式"（敕1、式1）、艺、职26－13。 3.6.18"武学敕令格式"	2.9.29"元丰教令式"15、职26－12。 间"明堂祫飨大礼令式"393、艺。 "元丰新修国子监大学小学元新格令"（格10令13）、艺。 ca."皇亲禄令"（并厘修敕式）340、艺。 （元丰~元符）"国子监支费令式"1、艺。 ------------------------------ （"元丰太学令"、宋165、绍圣1）。 "元丰度支令"、刑1－17、绍圣4.12.3。 "枢密院令"（5.8条文修立）、职1－38、宣和4.8.20。 "知大藩府禄令"、职54－7,6.4.18。 "大宗正司令"、帝5－5,7.2.3。 "在京通用令"、职56－22,7.11.26。 "元丰礼部令"、选3－55,元祐8.3.13。 "寺监库务通用令"、职56－22,7.11.26。 "仪注令"、仪4－9,5.9.23。 "仪令"、长355,8.4.己丑。 "元丰仪令"、长500,元符1.7.辛亥。 "元丰大礼令式"、刑1－16,绍圣2.4.9。 "元丰贡举令"、选16－4,绍兴4.6.14。 "元丰义仓令"、食53－21,政和1.1.22。 "元丰恤孤幼令"、宋18,绍圣3.2.辛未。 "诸司令式"、刑1－12,1.3.23。	1.10"在京校试诸军技艺格"、长293,1.10庚戌。 1.12.23"大小使臣呈试弓马艺业出官试格"、选25－11。 2.8.24"司封考功格式"、刑1－14。 2.10.庚戌"秋试诸军赏格"、宋15。 3.9.16"以阶易官寄禄格"、宋114、职56－2。 5.7.24"选官格"、选25－11。 7"开封六曹官制格"、职56－22,绍圣2.7.25。 "元丰赏格"5、通志65。 ca."元丰选格"、宋158、职28－15,靖国1.10.7。 ------------------------------ "吏部格"、长334,6.3.丁酉。 "元丰新令赏格"、帝5－6,7.8.23。 "元丰刑部格"、职15－13,元祐4.10.23。 "元丰选格"、选23－5,绍圣1.4.21。 "元丰官制格"、职56－30,大观4.8.11。 "元丰材武格"、选29－2,政和2.8.29。 "尚书吏部司勋格"、食51－41,政和3.10.17。 "元丰盐赏格"、食26－4,绍兴2.2.5。	（1.2.丁亥"宗室外臣葬式"、长288。） 2.6.己未"高丽入贡仪式"（条令）30、艺、长298。 （2.6.24"诸司式"［"讲筵式"］、长298、玉66）。 3.1.27"南郊增损式"、长302、玉93。 （5.2.17"祫飨大礼式"393、艺、礼7－2）。 5.6.13"制授敕授奏授告身式"、职11－67。 间"高丽女真排辨式"1、艺。 "新修（尚书）吏部式"3、艺、玉117。 "公式"2、艺、食1－4,4.7.7。 ------------------------------ "工部式"、长337,6.7.辛酉。

	敕	令	格	式
元丰	1、艺、刑1-12。 4.7.己酉"军器监敕"、长314。 4.12.9"元丰江淮湖浙路盐敕令赏格"6（敕令格4、目录2）、艺、食24-21、通志65。 5.4.3"都提举市易司敕"（并厘正、看详）21、刑1-13、艺。 5.9.辛丑"景灵宫供奉敕令格式"60、宋98、艺、长329。 ▲5.12"六曹敕令"、职56-14。 6.1.19"（御史台）一司敕"、职4-7。 7.6.庚申"保甲养马敕"、长346。 初"元丰户部敕令格式"1部、艺。 间"宗室外臣葬敕令式"92、宋98、艺。 间"贡举医局龙图天章宝文阁等敕令仪式"（及看详）410、艺。 "元丰新修吏部敕令式"15、艺、玉117。 "国子监敕令格式"19、艺。 ca."仪礼敕令格式"、宋98。 -------------------------------- "贡举新敕"、长291，1.8.癸丑。 "元丰贡举敕"、选3-55，绍圣1.9.11。 "六察敕"、职17-13，6.5.19。 "元丰官制敕令格式"、职56-49，宣和2.8.27。 ▲"市易敕"、宋320。	"西京令"、礼39-10，6.5.7。 "考功元丰令"、职54-3，宣和2.6.3。		

续　表

	敕	令	格	式
元祐	1.3.25"吏部四选敕令格式"、刑1－1、艺。 1.4.8"元丰尚书户部度支金部仓部敕令格式"、刑1－13。 1.6.11"常平免役令敕"、刑1－17。 1.8.12"度支大礼赏赐敕令格式"、刑1－14。 3.8.辛卯"河南北监牧司编敕"、长413。 5.10.26"将官敕"、长449、玉139。 6.2.13"冬教保甲敕"、兵2－37。 6.5.29"元祐诸司库务敕令格式"206册、刑1－15、长458、艺。 6.闰8.26"河南北监牧司敕令"、选28－24。 初"六曹敕令格式"1000、艺。 "元祐贡举敕"3、通志65。 ---------------------------- ("仓[部]敕"、长377,元祐1.5.壬戌。) "元祐贡举敕令"、选3－55,1.6.15。 "元祐差役敕"、食65－62,6.8.23、长407,2.12.壬寅。 "私役禁军敕"、长469,7.1.戊申。	---------------------------- "元祐职官令"、职6－12,绍兴1.12.3。 "元祐大理寺令"、长454,6.1.甲申。 "刑部令"、长415,3.10.癸酉。 "宗正寺令"、长477,7.9.甲午。 ("大礼令"、礼25－16,4.9.18。) "阁门仪令"、长370,1.闰2.壬子。 "主客令"、职13－7,6.7.12。 "度支押令"、长464,6.8.庚戌。	---------------------------- "兵部格"、职13－46,元祐6.7.12。 ("六曹通用格"、刑1－13,1.4.2。)	---------------------------- "左选式"、长480,8.1.丙申。
绍圣	3.6.8"常平免役敕令"、食14－10。 3.8.2"贡举敕令格式"、刑1－17。 3.12.甲戌"新修太学敕令式"、宋18。 4.1.1"绍圣新修太学敕令式"23册、刑1－17,3.12.18。 ca."诸路州县敕令格式"(并一时指挥)13册、艺。	间"诸陵荐献礼文仪令格式"(并例)151册、艺。	1"招禁军官员赏格"、宋193。 初"铨试格"、宋158。 ---------------------------- "转员旁通格"、宋196,5.8。 "司封格"、职9－4,4.4.12。	

	敕	令	格	式
绍圣	-------------------------- （"贡举敕"、选 3－56，2.12.23。） "绍圣常平免役敕令格式"、食 14－13，绍圣1.8.2。 "绍圣军马司敕例"、职 54－30，政和 3.10.29、刑 1－17，元符 1.4.29。			
元符	1.4.29"详定删修军马司敕例"、刑 1－17。 -------------------------- "新修国信敕令"、职 36－40，2.6.18。 "成都府利州陕西路并提举茶事司敕"、食 30－31，2.3.27。	2.7. 己酉"北郊令式"、长 512。 -------------------------- （"六曹通用令"、食 56－31，2.11.25。）	1.10. 己亥"巡教使臣罚格"、宋 195、长 503。 -------------------------- "元符杂格"、食 30－34，崇宁 2.8.11。	-------------------------- "大礼仪式"、礼 14－121，3.4.2。 "成服仪式"、长 520，3.1. 甲申。
靖国	1.3.17"绍圣续修律学敕令格式"（看详、净条）12 册、艺、崇 3－10。 1.3.17"绍圣续修武学敕令格式"（看详、净条）18 册、艺、崇 3－31。 -------------------------- "一路等敕令"、刑 1－21，1.8.26。		1.6.30"斗杀情理轻重格"、刑 1－20。	
崇宁	2.5.6"诸路州县学敕令格式"（并一时指挥）、崇 2－10。 3.2.29"崇宁殿中省提举所六尚局供奉库敕令格式"（并看详）60、职 19－1、刑 1－2。 3.6.11"崇宁通用贡举敕"、选 5－4，淳熙5.1.19。 3.6.11"崇宁国子监算学书画学敕令格式"、艺、崇 3－3。 "宗子大小学敕令格式"15 册、艺。	-------------------------- （"崇宁贡举令"、选 16－2，建炎 4.5.21。） （"崇宁贡举通用令"、选 4－3，2.6.8。） "崇宁御史贡举令"、选 8－42，绍兴 5.8.9。 "崇宁在京通用令"、职 4－16，政和 5.12.15。 "吏部尚书左选令"、选 28－28，1.3.28。 "外宗正司令"、职 20－34，3.9.29。 "崇宁内外宫学令"、帝 5－20，4.12.2。	3.10.18"龙图天章宝文显谟阁学士荫补推恩格"、刑 1－22。 -------------------------- "应注材武格"、选 25－12，1.12.20。 ▲"荐举格"、职 8－6，3.7.21。	-------------------------- （"崇宁贡举通用式"、选 4－3，2.6.8。）

	敕	令	格	式
崇宁	---------------------- "崇宁将官敕"、兵 5 - 14，大观 4. 闰 8.10。 "崇宁宫学敕"、帝 5 - 19，4.4.12。	"崇宁牧马令"、兵 21 - 30，大观 1.2.25。 "崇宁方田令"、食 4 - 10，政和 2.10.27。 "支赐令"、职 43 - 90，大观 1.9.13。		
大观	1.7.28 "大观马递铺敕令格式" 30，刑 1 - 23。 3.4.8 "大观重修小学敕令格式"（申明、一时指挥）、崇 2 - 1。 3.4.8 "大观重修国子监大学辟雍并小学敕令格式"（申明、一时指挥、目录、看详）168 册、艺，职 28 - 18。 4. 闰 8.18 "宗子入小学敕令格式"（申明、一时指挥、对修敕、令）21 册，刑 1 - 24。 ca.1 "大观新修诸路州县学敕令"、崇 2 - 17，2.5.16。 "大观新修内东门司应奉禁中请给敕令格式"、艺。 ---------------------- "大观尚书六曹寺监通用敕令"、刑 1 - 36，绍兴 3。 "大观六曹寺监通用敕令"、刑 1 - 36，绍兴 3。 （"大观尚书六曹寺监库务通用敕"、刑 4 - 45，绍兴 4.3.20。） "大观内外宗子学敕令格式"、刑 1 - 24，大观 4. 闰 8.18。 "大观诸路上供钱物续降敕令"、食 51 - 41，政和 3.10.17。 "大观学制敕令格式" 35，通志 65。 "大观走马敕"、职 41 - 127，4.2.16。	---------------------- （"大观尚书六曹通用令"、职 3 - 32，绍兴 1.2.16。） "吏部考功令"、职 56 - 28，2.3.15。 "中书吏部考功令"、职 56 - 28，2.3.15。 "茶司令"、职 43 - 89，1.2.3。 "大观榷茶司令"、职 43 - 95，政和 3.8.13。 "大观学令"、崇 2 - 12，2.3.24。 "大观重修大礼令格"、礼 25 - 18，绍兴 1.6.25。 "小学令"、崇 2 - 23，政和 4.6.25。 "太学辟雍诸路州通用令"、职 28 - 18，2.5.20。 "太学辟雍通用令"、职 28 - 18，2.5.20。 "大观重修武学令"、崇 3 - 32，政和 1.8.28。 "转运司令"、职 43 - 89，1.2.3。 "诸路州学令"、职 28 - 18，2.5.20。 "都大提举成都府等路榷茶司（本司）令"、职 43 - 90，1.9.13。	2（3.9.11）"禄格"、宋 172，职 57 - 54。 中 "旁通格式"、职 43 - 9，政和 7.11.3。 "大观告格" 1、艺。 ---------------------- "诸路州学教授考课格"、职 59 - 15，4.5.11。 "大观寺监通用厘正侍郎右选格"、职 27 - 31，绍兴 13.9.13。 "大观重修国子监小学格"、崇 2 - 1，政和 4.12.4。 "太学辟雍通用格"、职 28 - 18，2.5.20。	---------------------- "景灵宫令式"、礼 13 - 6，1.5.30。

	敕	令	格	式
政和	2.5. 丁卯"政和续编诸路州县学敕令格式"18、艺、崇 2－17，2.5.16。 3.2.7"殿中省六尚供奉敕令"、刑 1－27。 4.2.6"翰林院敕令格式"、职 6－52。 4.2.9"学士院敕令格式"、职 6－52。 （3.4.1"政和续附绍圣常平免役敕"、食 26－29，绍兴 12.10.28。） 7.12.28"高丽敕令格式例"240 册、刑 1－30。 6. 闰 1.29"政和敕令（格）式"903、刑 1－29、艺。 6.6. 丁卯"政和重修国子监律学敕令格式"100、崇 3－11，4.2.23。 6.6.13"政和新修御试贡士敕令格式"159、刑 1－29。 7.5.27"夏祭敕令格式"、刑 1－29。 间"宗祀大礼敕令格式"、艺。 "政和新修贡士敕令格式"51、艺。 ------------------------ "高丽人贡敕"、蕃 4－104，8.10.17。 "政和钱法敕"、职 43－131，5.2.18。 "诸路上供敕"、食 51－40，3.10.17。 "政和殿中省通用敕"、礼 45－17，5.9.12。	"政和禄令格"（等）321 册、艺。 ------------------------ "支赐令格"、帝 2－28，8. 闰 9.21。 "宗室节度使令格"、帝 2－28，8. 闰 9.21。 "礼部贡举令"、选 4－6，1.4.25。 "保甲令"、兵 2－40，3.9.9。 "政和钱法令"、职 43－131，5.2.18。 （"六曹通用令"、职 3－33，2.5.23）。 "吏部四选通用令"、选 24－3，7.2.12。 "大宗正司（本司）令"、帝 5－26，7.3.2。	1.4.24"私茶赏格"、食 30－38。 6.6.4"中书省官制事目格" 120、艺、职 56－44。 7"旁通格"、宋 179。 间"回授格"、宋 159。 ca."尚书省官制事目格"（参照卷）67 册、艺。 ca."门下省官制事目格"（并参照卷、旧文净条、厘析总目、目录）72 册、艺。 ------------------------ "政和禄格"、刑 1－37，绍兴 6.9.21。 "政和赏格"、刑 2－66，6.6.11。 "政和都官格"、职 24－36，绍熙 9.12.13。 "马司格"、职 43－95，1.8.13。 "政和重修吏卒格"、职 54－30，3.10.29。 "政和诸路岁贡六局格"、食 41－44，5.12.25。 "尚书度支事目格"、食 51－38，2.6.30。 （"大礼格"、宋 100，3。） "夏祭大礼格"、礼 26－5，4.4.26。 "政和保甲格"、兵 1－12，6.12.7。 （"政和续附常平格"、宋 96，靖康 1.8. 辛丑。） "政和编配格"、宋 201。	1.11.17"编定六尚供奉式"200 册、职 19－10、艺。

	敕	令	格	式
重和				
宣和	1.8.24 "明堂敕令格式" 1206 册、艺、刑 1－32。 初 "接送高丽敕令格式"、艺。 初 "奉使高丽敕令格式"、艺。 初 "两浙福建路敕令格式"、艺。 初 "明堂大飨视朔颁朔布政仪范敕令格式"、艺。 "宣和军马司敕令"（敕 13、令 1）、直斋书录解题 7。 ---------------------------- （"审官东院敕"、职 11－28,2.9.4。）	---------------------------- "宣和重修大礼令格"、礼 25－19,绍兴 1.6.25。 "榷茶司令"、食 43－101,3.11.12。 "开封府令"、刑 1－32,1.10.3。 "职田令"、职 58－19,1.6.5。 "岁令" 4 册、礼 24－84,4.2.14。 "朔令" 51 册、礼 24－84,4.2.14。	3.2.14 "入内内侍省传宣抚问使臣格"、方 10－35。 ---------------------------- "监司考课格式"、职 59－18,6.1.13。	
靖康				

四、所　见

（一）量与颁布动向

表 2 列出了大约 400 个特别法的项目。尽管这些记录基于各种前提，仅限于敕令格式范围，但实际上颁布的特别法数量可能远超过这个数字。这些特别法不仅包括某些则例、断案等，也包括由皇帝命令编纂并颁布的法典，因此其数量之大令人惊讶。特别法的数量不仅庞大，其内容总量也是巨大的。在海行法方面，熙宁之前的各编敕大多在 10 至 20 卷左右，元丰以后则增至 70 至 130 卷左右。然而，有些特别法的卷数非常大，包括元丰《明堂祫祫大礼令式》393 卷、《熙宁编三司敕式》400 卷、《六曹敕令格式》1 000 卷、《明堂敕令格式》1 206 册等。事实上，在表 2 中带有卷数和册数的项目仅占总体的四分之一左右，但若将表中的卷册数简单总计

起来，则大约有 7 200，① 如果再考虑敕令格式以外的部分，如元祐的《六曹条贯及看详》则高达 3 694 卷。

当然，某一特定时期某一司务需要对应的法律总数是另一回事，但即便如此，除此之外还有各种特别法、海行法、续行指挥、断例等，所以各司所需遵循的规定数量也是极其庞大的。

特别法本身，如戴建国所明确表述的那样，唐代已经有了特定官司的法律，宋代特别法的渊源也可追溯至此。② 但除了唐五代延续的部分外，北宋前半期编纂的特别法相当少。太祖朝的法典几乎完全继承自前代，太宗时期则几乎没有特别的敕、令、格记录，真宗朝以后开始出现特别法。即使如此，在表中也仅能见到《开宝长定格》这样的例子，其是否能被定为首次在宋代编纂的长定格还有疑问。敕、令、格类的特别法直到咸平以后才出现。③ 但从神宗时期开始，特别法数量爆炸性增长。表 3 "年号别北宋特别法总数（附海行法卷数）" 显示了各年号别敕令格的总数，但每位皇帝在位期间的年均特别法数量，直到英宗时期几乎不足 1，而在神宗时期却达到约 10，哲宗时期为 3，徽宗时期约 5，神宗时期时增加了近 10 倍。以卷册计算，上述约 7 200 卷册中，北宋初至治平三年（1066）的 106 年间约有 900 卷，而治平四年（1067）以后至北宋末的 61 年间则有约 6 300 卷，大致上，直到英宗时期为止每年约 10 卷，神宗时期以后则增至每年 100 卷，同样在神宗期增加了约 10 倍。

三司相关特别法的大量颁布是神宗时期以后的一个显著特征。王安石自进入中央以来便深入参与特别法的制定，然而，旧法派从神宗时期开始便批评法律过度增加的情况。④ 但尽管如此，在哲宗元祐间也仍有大量特别法成立，南宋时期也延续了这种趋势。因此，可以说神宗以后宋代法典编纂的基调是特别法的持续大量颁布。

---

① 卷与册的关系多样，但两者合并为卷册这一单位是存在的，实际上，《宋会要辑稿》食货三一之一〇绍兴二十一年八月四日中秦桧上茶盐二书及《宋会要辑稿》刑法一之二六政和二年十月二日中的《政和重修敕令格式》中，卷数和册数在计算上是一致的。

② 参考戴建国《宋代特别法的形成及其与唐法典谱系的关系》，特别是第 128 页。

③ 在《咸平编敕》编纂时，《其厘革一州一县一司一务者各还本司》表明，当时三司相关也被视为一司法。参见［日］滋贺秀三《中國法制史論集》，第 110 页。

④ 对此类讨论不胜枚举，但叶适在文中也对法律的详密度表示叹息。

表3　年号别北宋特别法总数（附海行法卷数）

年号 （年数）	敕	令	格	式	计	皇帝（在位年数）· 每年颁布法律数
建隆（3）		2	3		5	太祖（6） 2
乾德（5）			1	2	3	
开宝（9）		2	1	1	4	
兴国（8）				1	1	太宗（20） 0.1
雍熙（4）						
端拱（2）						
淳化（5）				1	1	
至道（3）						
咸平（6）	3	0	0	0	3	真宗（24） 0.875
景德（7）	3	0	3	2	8	
祥符（9）	2	1	0	2	5	
天禧（5）	3	1	0	0	4	
乾兴（1）	0	1	0	0	1	
天圣（9）	3	0	0	0	3	仁宗（40） 0.725
明道（2）	1	0	0	0	1	
景祐（4）	4	0	0	1	5	
宝元（2）						
康定（1）	0	0	1	0	1	
庆历（8）	2	0	0	1	3	
皇祐（5）	7	0	0	0	7	
至和（2）	1	0	0	0	1	
嘉祐（8）	5	2	0	1	8	
治平（4）	2	1	0	0	3	英宗（3）1
熙宁（10）	35	6	5	36	82	神宗（17） 9.941
元丰（8）	37	23	17	10	87	

续　表

年号 （年数）	敕	令	格	式	计	皇帝（在位年数）· 每年颁布法律数
元祐（8）	15	8	2	1	26	哲宗（14） 3.428
绍圣（4）	8	1	4	0	13	
元符（3）	3	2	2	2	9	
靖国（1）	3	0	1	0	4	徽宗（25） 4.72
崇宁（5）	7	10	2	1	20	
大观（4）	13	14	7	1	35	
政和（7）	16	9	18	1	44	
重和（1）						
宣和（7）	7	6	2	0	15	
靖康（2）						

此外，特别法中有一些非常长行的例子。虽然在宋末仍然存在重新编纂的形式，但特别法也并非都是短期的。例如，北宋初期广泛使用的、前代已经存在的《长定格》《循资格》等也是重要的法律。① 其中，各种史料显示，《长定格》这个名称的法典使用时间长达约 180 年。② 特别法不像海行法那样定期进行重新编纂、命名、颁降，因此冠有年号的法律有可能持续相当长的时间。同样，再编纂使某些法律名称持续较长时间的例子包括新法中的"常平免役"相关法。绍圣三年（1096）《常平免役敕令》颁布（《宋会要辑稿》食货六五之七〇绍圣三年六月八日），随后进行了重修，并冠以"绍圣""政和续附绍圣""绍兴重修"等名称（《宋会要辑稿》刑法一之四一绍兴十七年十一月六日）。此外，在《庆元条法事类》四八《支移折变》所载的嘉泰元年（1201）六月一四日敕（户婚敕申明）

---

① 关于这些，戴建国《宋代特别法的形成及其与唐法典谱系的关系》有详细讨论。
② 至少从唐会昌四年（杜齐逊：《唐格再析》，《中国古代法律文献研究》第四辑，法律出版社，2010，第 128~129 页）至崇宁二年左右都有使用记录（《宋会要辑稿》选举二四之一五崇宁二年五月二十三日）。

中也提到"检准绍兴常平免役令",可见自绍圣三年《常平免役敕令》编修以来,经过重修,持续了100多年。①

(二)敕令格式的成立

从表2中可以再次确认,复数种类合并型法典在神宗时期开始出现。例如,在神宗治平四年(1067)十二月的《群牧司敕令》中首次出现了复数种类合并的形式,而在此之前并未见到这种形式的法典。为了考察北宋早期的法典结构,我们来看看真宗朝早期的一些考试进士法。当时对于进士考试有许多讨论,② 其中在景德四年(1007)十月乙巳,《考试进士新格》和《礼部考试进士敕》被创建。同年创建的还有县令佐保任等内容的《考校进士程式》,以及在大中祥符期间颁布的《亲试进士条制》。③ 这样的敕、格、式在1到2年内相继编纂,但它们并未被整合为一个复数种类合并型法典。

然而,到了熙宁末期,开始出现了复数种类合并的趋势。例如,熙宁七年(1074)出现了《熙宁三司敕式》,十年(1077)出现了《贡举敕式》,还有其他类似《学士院等处敕式》和《御书院敕式令》等法典。从熙宁十年的《诸司敕令格式》开始,出现了"敕令格式"形式的法典。然而,与元祐时期变为全部敕令格式形式的海行法不同,在特别法领域,神宗《修书法》发表后并不是一朝一夕就转变为敕令格式,也不是全部变为复数种类合并型。元祐以后还能看到《冬教保甲敕》等的《~敕》《~编敕》等敕形式的特别法法典。

此外,在三司相关法和禄令等方面,有一些被认为重要性较高的领域。这些领域在史料中常常出现,或者属于法律数量较多的类似领域,或

---

① 但另一方面,《建炎以来朝野杂记》甲集五《役法总要》中记载,《绍兴常平免役敕令》以后的续降指挥由陈居仁整理,并于淳熙十四年颁降《役法撮要》。嘉泰敕与其关系则待后续考察。

② 何忠礼:《南宋科举制度史》,人民出版社,2009,第161、216页。科举制度充分实施是这一时期的特点。参考王瑞来《文献可征》,山西教育出版社,2015,第253~270页。

③ 《考试进士新格》记载于《续资治通鉴长编》卷六七景德四年十月乙巳日(参考中嶋敏编《宋史選舉志譯注》〔上〕,東洋文庫,1992,第55页)。《礼部考试进士敕》记载于《艺文志》。《考校进士程式》记载于《宋史》卷一五五《选举志·科目上》(这可能是《宋会要辑稿》选举三之八景德四年闰五月十五日记载的陈彭年提出详定的《贡举考试进士程式》的延伸)。

是长期以来反复编纂的法律。例如，从神宗时期开始，与常平免役、贡举、国子监等的新法主要政策的法律，都属于这一类。从特别法的名称中也可以看出当时王朝的重要政策课题。

至于格，一般认为北宋前、中期主要使用唐格，① 但稍微仔细分析，可以分为三大类：一是前代以来的格，二是含罚格的赏格系统，三是《庆元条法事类》中容易看到的、除赏格之外的宋格。有些格与法典的界限模糊，但可以这样总结：如果按时期划分，北宋前、中期的格编纂较少。最具特色的宋代格的主体是第二类的赏格系统，这在真宗景德时期明显出现，例如景德四年（1007）颁布的《宜州立功将士赏格》（可能是为了应对宜州陈进的"叛乱"）。直到熙宁为止，格几乎以赏格、罚格为中心，表2中唯一的例外是上文的《考试进士新格》。然而从熙宁开始，第三类的各种格急剧增加，非赏罚格远超赏罚格。②

向宗儒在熙宁年间，遵奉神宗的旨意，说"所修文字干赏格刑名为敕，指挥约束为令，人物名数、行遣期限之类为式，今具草编成敕、式、令各一事"③，因此诸司敕式以敕式令的形式具草。这里①没有对格的一般定义，而且②敕中包含了赏格，这意味着向宗儒心目中的"格"显然是熙宁以前的"赏罚格"，而与之相对的、不适合纳入敕的第三类"非赏罚格"普遍化是神宗以后的事。

在表2中，特别值得关注的是令。除了《禄令》等明显应作为特例外，在宋的特别令中，治平时期恢复的《内侍养子令》④ 也是一个例外。从仁宗以后，几乎无法确认到单独的特别令（表中横线以上且非复数种类

① 吕志兴：《宋代法律体系与中华法系》，第76页。
② 实际上，赏格是熙宁之前格的主流，而《庆元条法事类》的格中不仅包含推荐人或考场别的考试内容，还有许多仅仅规定等级高低的条文。
③ "编修内诸司敕式向宗儒言，面奉德音，所修文字干赏格刑名为敕，指挥约束为令，人物名数、行遣期限之类为式，今具草编成敕、式、令各一事"（《续资治通鉴长编》卷二六九熙宁八年十月辛亥）。
④ 这可能是在治平时期全新编纂的，而开宝四年复原的《内侍养子令》并非新编纂。大约在四年时，由于宦官养子问题化和相关诏敕的频发（《宋会要辑稿》职官三六之二乾德四年六月；《续资治通鉴长编》卷七乾德四年六月丙午日；《续资治通鉴长编》卷一二开宝四年七月己酉日等），沈家本指出《内侍养子令》是这些诏的重申（沈家本：《历代刑法考》，中华书局，1985，第971页）。

合并型的）。① 另外，从神宗时期复数种类合并型法典出现后，特别令的数量增加，这些令几乎都是复数种类合并法典的一部分，尽管由于无法确认其"亲法典"之令，在表中并未敢加（　）。如果是这样，则特别令在北宋早期虽然少见，但在大约半个世纪后消失，随着复数种类合并的出现，作为其一部分而复活。无论如何，与敕、格、式的复数种类合并型独立特别法的大量成立相比，令的情况明显不同。

另外，在海行法领域，庆元的令篇目何时成立尚不清楚。② 尝试从《宋会要辑稿》等整理北宋的海行令篇目，将其与唐代型海行法不同的《仪制令》《禄令》《驿令》等排除在外，将其他海行令篇目分为三类：唐令中有而庆元令中没有的篇目（A）、双方都有的篇目（B）、庆元有但唐令没有的篇目（C），结果为文末的表 4 "北宋海行令篇目"。基本上，大约从元丰时期开始，（A）消失，（C）之后出现。然而，值得指出的是，即使在（A）中，公式令仍然存在于元丰、元祐时期，而且《元祐公式令》的条文内容与唐令、天圣令不同，而是庆元职制令中所见（《续资治通鉴长编》卷四六五元祐六年闰八月壬午、《庆元条法事类》卷四《上书奏事》职制令）。这一条文似乎是元丰以后的新令条文，仍在唐令篇目中保留了一段时间，然后篇目消失但条文作为职制令保留下来。此外，后来的庆元令中消失的公式令篇目，在元丰之后仍然存在，但其内容已是宋独有的，且在元祐元年对元丰假宁令进行了文字增订。③ 换句话说，在唐令及宋令中，虽然都有考课令这个篇目，但唐令中的内容和宋元丰考课令的内容是不一样的。④

---

① 法典名末尾为令的例子有宣和时期的《神霄宫使司法令》，出现在《艺文志》中。《～法令》这样的名称除此之外没有见过，这应该不算是令典。

② 仁井田陞认为元丰令之后的诸宋令与唐令有很大的不同（［日］仁井田陞：《唐令拾遗》，東京大學出版會，1964，第 47 页），另外梅原也认为，庆元的非传统令名是在元丰以后形成并在南宋固定的（［日］梅原郁：《宋代司法制度研究》，創文社，2006，第 846 页）。

③ "检会元丰公式令，诸赦书许官员诉雪过犯，自降赦日二年外投状者，不得受接"（《宋会要辑稿》职官三之七六元祐元年八月六日），"元丰公式令，诸州解发金银钱帛，通判厅置簿，每半年具解发数目及管压附载人姓名，实封申尚书省"（《宋会要辑稿》刑法一之一五元祐五年一月二十三日），"诏令吏部自落班簿后，限一年方许朝参，仍于元丰假宁令添入大小使臣字"（《续资治通鉴长编》卷三七四元祐元年四月辛卯日）。官员们诉雪过犯，或诸州解发等，可谓是宋代的特点。

④ "中书省言，臣僚上言比诏大臣荐馆职，又设十科举异材，请并依元丰荐举令，关报御史台。"（《宋会要辑稿》荐举二八之一九元祐元年十一月四日）设置十科以举才是司马光于元祐年间的建议（王德毅：《宋史研究论集》，商务印书馆，1993，第 130～141 页）。

表4 北宋海行令篇目

	唐令篇目（A）	唐令/庆元令篇目（B）	庆元令篇目（C）
建隆	"考课令"职59－1，3.11.10。		
乾德	"乐令"乐4－10，4.10.19。	"仪制令"礼10－1，1.2.4。	
开宝	"丧葬令"礼37－27，8.10。		
兴国		"仪制令"仪5－3，8.1.15。	
淳化		"官品令"帝2－7，5.2.27。	
咸平	"丧葬令"礼41－6，1.9.3。	"咸平仪制令"长108，天圣7.5.己巳。 "田令"职58－2，2.7。	
景德		"仪制令敕"仪8－4，4.3.2。	
祥符	"卤簿令"宋150，4。 "公式令"仪3－10，9.1.23。	"官品令"仪3－8，1.8.14。 "仪制令"职4－36，1.8。 "假宁令"仪13－31，1.11.24。	
天圣	"衣服令"舆4－5，3。 "天圣衣服"舆2－38，绍圣3.6.27。 "户令"食63－171，1.7。 "天圣丧葬令"长393，元祐1.12.丙午。		
景祐	"祠令"礼28－53，1.10.6。		（"职制令"，职制律之误。礼36－10，2。）
康定	"衣服令"舆4－12，2.10。 "卤簿令"舆1－15，1.9.7。	"官品令"舆4－11，2.10。	
治平	"封爵令"仪3－31，4.闰3.19。		
熙宁	"户令"帝4－36，崇宁3.6.癸酉。 "封爵令"礼36－4，8.闰4。		

	唐令篇目（A）	唐令/庆元令篇目（B）	庆元令篇目（C）
元丰	"国朝衣服令"舆4－19，1.11.2。 "元丰公式令"刑1－15，元祐5.1.23。 "国朝祠令"长308，3.9.庚午。	"仪制令"仪4－9，5.9.23。 "学令"*职28－9，2.12.18。 "元丰学令"职28－14，元符3.12.21。 "元丰考课令"职59－11，元祐2.5.18。 "元丰假宁令"长374，元祐1.4.辛卯。	"元丰荐举令"选28－19，元祐1.11.4。
元祐	"元祐公式令"长465，6.闰8。	"元祐官品令"职7－17，治平4.6.11。	
元符		"元符考课令"职59－13，崇宁4.9.1。 "元符仪制令"礼5－23，崇宁5.4.7。	
崇宁			"荐举令"选28－28，崇宁1.3.28。 "选试令"职61－17，崇宁2.2.8。 "崇宁方田令"食4－11，政和2.10.27。
大观	"大观学令"崇2－12，2.3.24。		"选试令"（大观元年春颁）选25－13，政和1.10.17。
政和		"政和官品令"职56－47，重和11.11.16。 "政和军防令"刑7－28，靖康1.2.27。 "政和田令"职58－21，宣和3.7.24。 "仪制令"职56－40，3.闰4.17。 "仪制令"仪5－21，3，8，15。	"政和封赠令"仪10－18，4.4.14。 "政和职制令"刑2－10，宣和1.5.14。 "政和断狱令"礼57－23，政和4.11.14。 "政和赏令"食51－41，3.10.17。

* 于该日与国子监敕令式一同提呈。

另外，在神宗的法制改革实现期间，似乎重要的是，表4"庆元令篇目（C）"中，我们看到在神宗时期出现的只有一个《元丰荐举令》，而其他则在徽宗时期出现。因此从唐令谱系到宋令谱系的正式转移，应该不在神宗时期，而是在徽宗时期。此外，我们不能否定在庆元之前某些消失的海行法篇目存在的可能性，但对此几乎无从了解。

结　　论

　　神宗时期，特别法爆炸性增加，不仅如此，海行法和特别法在各个方面也都发生了变化。首先，直到那时，宋代法典仅由一种法律构成，但在这一时期出现了复数种类合并型法典，在熙宁末期开始以敕令格式形式编纂。特别值得注意的是，除了《禄令》等明显应作为例外处理的几个例子之外，在整个北宋几乎看不到单独的特别法，但在这个时期，作为复数种类合并型的一部分，特别令也开始出现。其次，关于格，英宗时期之前，除了一两个例外，仅有"赏罚格"，但从熙宁开始，赏罚以外的各个方面的格也开始普及，并在南宋广泛出现。这些变化意味着，之前分别有不同来源且彼此独立的敕令格式的四个部分各自承担刑罚、约束、等级、模范的角色，而现在，这些复数或全部能够对应于一个行政课题的敕令格式体系开始出现，这明显是以神宗修书法的法思想为背景的。

　　然而，另一方面，神宗时期出现的这多方面的变化，实际上是在徽宗时期而不是神宗时期得到了全面发展。在绍续神宗政治的徽宗时期，神宗修书法的思想再次被强调。事实上，特别法法典群开始普遍采用敕令格式形式是在徽宗时期。

　　如果关注海行法领域，可以确认的是，敕令的篇目是遵循律一二篇的，从哲宗元符和徽宗政和的海行敕令格式中可以看出；而令也同样，宋令篇目几乎都出现在徽宗崇宁时期。此外，虽然本文没有讨论到，但在徽宗时期，新条文由有司随时立法，并同时被分配到现有法典中，这种新的立法方式开始运作。而且根据笔者目前的印象，相当多的南宋法条文是徽宗时期到南宋孝宗时期形成的。

　　无论如何，敕令格式形式的固定化、令的宋令谱系的转移，以及在南宋已经固定的新法体制等，大致上是从神宗时期开始、在徽宗时期彻底实施的。考虑神宗时期和徽宗时期的关系，以及神宗的统治思想，这不仅仅是法制领域，也是官僚制等其他领域未来不可忽视的课题。

《中国古代法律文献研究》第十九辑

2024 年，第 223~240 页

《四库全书》本《元史考证》所见《至正条格》佚文考

——兼论《永乐大典》"律""令"的分纂

武文静[*]

摘　要： 清修《四库全书》虽因其史料可靠性饱受学界诟病，但是在"二十四史"《元史考证》中，四库馆臣曾大量引用《经世大典》《至正条格》等史籍，对探究部分散佚史籍的原貌及其在清代的留存情况具有重要价值。前人研究认为《四库全书总目》所记二十三卷《至正条格》应是《条格》部分，这一观点当无疑问。而四库馆臣所引《至正条格·断例》部分佚文，表明《断例》在《永乐大典》其他卷册中亦有收录。由于《永乐大典》对各朝法典的"律""令"分纂思路，导致《至正条格》的《条格》和《断例》两个部分，被拆分收载于不同的卷次中，四库馆臣未详察《断例》，仅辑录了《条格》部分，将其列入"存目"与《四库全书总目》。由于《永乐大典》相关内容的散佚，使得研究者颇难明晰《断例》在其中的收录情况。《至正条格·断例》条目的留存还得益于《南台备要》等元代政书、档案的收

---

*　北京大学历史学系博士研究生。

载。然《南台备要》等档案文书所收《至正条格》条文常有错讹，加之《永乐大典》所收《至正条格》条目可能并非全然无误，导致四库馆臣的校勘成果不尽可靠。可见在使用《永乐大典》所收书目来校勘古籍时，首先需考察其文本来源及可靠性，在此基础上方可作进一步探讨。

关键词：《元史考证》　《至正条格》　《永乐大典》"律""令"分纂　留存情况

清乾隆年间，四库馆臣在《四库全书》本（以下简称"四库本"）《元史考证》[①] 中引用了大量《永乐大典》所收《经世大典》《至正条格》等书目来校勘《元史》。而《经世大典》《至正条格》均因收录在《永乐大典》中才得以留存至清代，因此研究《元史考证》中使用到的书籍，可以在一定程度上窥知这些散佚史籍的原貌，对于探讨这些散佚史籍在当时的收录与留存情况亦具有重要价值。

以四库本《元史·刑法志》为例，在四卷《考证》中，[②] 每卷均有引用《永乐大典》所收载《至正条格》来考证《元史》的条目，这样的条目共有5处，且其内容既不见于韩国近年新发现的《至正条格》残卷，[③] 也不见于现存《永乐大典》残本。在当今《至正条格》散佚颇多的情况下，四库本《考证》中引用的《至正条格》佚文，可以说是弥足珍贵的。这些佚文不仅有助于进一步揭示《至正条格》原书面貌与散佚情况，还有利于进一步了解四库馆臣在利用《永乐大典》校勘与考证《元史》时的工作状况，对于研究乾隆年间《至正条格》在《永乐大典》中的留存情况，亦具有重要参考价值。

以下笔者将从四库本《元史考证》中所见5条《至正条格》佚文及其史料可靠性入手，依次展开探讨其价值。

---

① 本文所探讨的《四库全书》本《元史考证》主要指文渊阁《四库全书》本。以下简称"四库本"。

② 《元史》卷一〇二《刑法志一》至卷一〇五《刑法志四》，《景印文渊阁四库全书·史部·正史类》第294册，台湾商务印书馆，1986，第63~124页。

③ 韩国学中央研究院编：《至正条格》（校注本），Humanist 出版集团，2007。以下简称"今本《至正条格》"。

一、《至正条格》佚文考

四库本《元史考证》收录的 5 条《至正条格》条目，虽已无法在现存的《至正条格》残卷中找到相关记载，但其可靠性并非无从考查。其中有 4 条记载，可与《元典章》《通制条格》《元史》中的内容相比勘，兹列于下：

（一）《元史考证》卷一〇二《刑法志一》

"诸官吏在任，与亲戚故旧及理应追往之人追往者听，余并禁之。"按《至正条格》："至元三十一年，定诸官吏在任，部下情礼数除亲戚故旧及理应追往之人外，余皆禁止，如违，随其轻重斟酌追断。"原刻"理"讹"礼"，今据改。①

《元典章》卷三六《兵部三·驿站·使臣·出使筵会事理》记载：

凡出使人员于所至之处，如亲戚故旧、礼应往返之人，宾主宴乐，理难断绝。其余不应饮用官吏筵会，侵渔官府，禁治相应。②

《元典章》卷四六《刑部八·诸赃一·以不枉法论·出使取受送遗》记载：

凡出使人员于所至之处，如亲戚故旧、礼应追往之人，宾主宴乐，理难断绝。其余不应饮用官吏筵会，侵渔官府，禁治相应。③

《通制条格》卷二七《杂令·私宴》记载：

---

① 《元史》卷一〇二《刑法志一·元史卷一百二考证》，《景印文渊阁四库全书·史部·正史类》第 294 册，第 76 页上。
② 陈高华、张帆、刘晓、党宝海点校：《元典章》卷三六《兵部三·驿站·使臣·出使筵会事理》，中华书局、天津古籍出版社，2011，第 1252 页。
③ 《元典章》卷四六《刑部八·诸赃一·以不枉法论·出使取受送遗》，第 1577 页。

凡出使人员，于所至之处，如亲戚故旧礼应追往之人，宾主宴乐，理难断绝，其余不应饮用官吏筵会，侵渔官府，禁治相应。①

《元史》卷一〇三《刑法志二》记载：

诸使臣所至之处，有亲戚故旧，礼应追往者听。②

按，四库本《元史考证》据《永乐大典》所收《至正条格》记载，将《元史·刑法志一》中"礼应"改为"理应"，但是根据《元典章》《通制条格》《元史·刑法志二》的相应记载可知，"礼应"才是正确的表述。

（二）《元史考证》卷一〇三《刑法志二》

"诸有司承告被盗，辄将警迹人非理枉勘身死，却获正贼者，正问官笞五十七，解职。"按"警"原刻讹"景"，考《官民准用》，凡强盗免死，窃盗再犯皆刺字，籍充警迹人，令村坊常切检察，遇出处经宿或移他所报邻右知，《至正条格》亦同，今据改。③

按，四库本《元史考证》根据《永乐大典》所收《至正条格》与《官民准用》的记载，将"景迹"改为"警迹"，道光四年（1824）殿本《元史考证》此处完全沿袭四库本内容。据此，中华书局 1976 年点校本《元史》校勘记作："（景）〔警〕迹人，道光本与《元典章》合，从改。"④并且将《元史》中所有"景迹人"径改为"警迹人"。但是明洪武刻本、嘉靖南监本、万历北监本、乾隆四年殿本、百衲本、中华再造善本《元史》此处均作"景迹"，若依底本，原文本当为"景迹"。

---

① 方龄贵校注：《通制条格校注》卷二七《杂令·私宴》，中华书局，2001，第 635 页。

② 《元史》卷一〇三《刑法志二》，中华书局，1976，第 2630 页。

③ 《元史》卷一〇三《刑法志二·元史卷一百三考证》，《景印文渊阁四库全书·史部·正史类》第 294 册，第 91 页上。

④ 《元史》卷一〇三《刑法志二·校勘记〔二〕》，第 2645 页。

　　方龄贵先生在《读曲札记》中解释道："'警迹人'，也作'景迹人'……'警迹人'乃是一种特殊户籍，盗窃犯入之，叫作'充警迹人'，也叫'充警'。"① 虽然当时中华书局点校本已将"景"字径改为"警"，但方龄贵先生在引用《元史》时，仍保留原字作"景迹人"。刘晓《元代的警迹与警迹人》一文，进一步探讨了元代的警迹制度及其对明代的影响，并提出"警迹，又作景迹、影迹"。此外还通过追溯词源，认为"警迹"一词不是在元朝才开始出现的，北宋李元弼在《作邑自箴》中便有对"景迹"的记载。② 笔者翻阅宋代史料，发现在《续资治通鉴长编》中，亦记载为"景迹人"而非"警迹人"，③"警迹"一词直至明清两代所修官方史料中方始出现。或许在元代官方史料中，仍作"景迹"，故《元史》诸本均作"景迹"。《元典章》与《官民准用》等元代史料，之所以均作"警迹"，是因为这些书籍均由民间编纂而非官修。而四库本《元史考证》及之后的中华书局点校本《元史》据此将"景"径改为"警"，似嫌草率。

（三）《元史考证》卷一〇四《刑法志三》

　　"诸潜谋反乱者处死，宅主及两邻知而不首者同罪。"按"宅"原刻讹"安"，今据《至正条格》改。④

　　按，四库本《元史考证》依据《永乐大典》所收《至正条格》的记载，将"安主"改为"宅主"。今本《至正条格》中此条记载已散佚，故无从核对。但是《元典章》中亦有相应记载：

　　至元十七年七月十二日，中书省：

①　方龄贵：《读曲札记》，《文学遗产》1984年第3期，第119页。
②　刘晓：《元代的警迹与警迹人》，《北大史学》（第二辑），北京大学出版社，1994，第239页。
③　（宋）李焘撰，上海师范大学古籍整理研究所、华东师范大学古籍整理研究所点校：《续资治通鉴长编》卷二二一《神宗·熙宁四年》，中华书局，2004，第5391页。
④　《元史》卷一〇四《刑法志三·元史卷一百四考证》，《景印文渊阁四库全书·史部·正史类》第294册，第106页上。

奏过事内一件："史塔剌浑说：'新附地面歹人每叛乱，人口不安有。省谕百姓每：今后做歹的人，为头儿处死，财产、人口断没。安主、两邻不首，同罪。……'"①

可见在《元典章》的相应记载中，亦为"安主"，而非"宅主"。且《元史·刑法志三》中对"安主"的记载，并非只此一处。如，《元史·刑法志三·盗贼》载"诸略卖良人为奴婢"条：

如能告获者，略人每人给赏三十贯，和诱每人二十贯，以至元钞为则，于犯人名下追征，无财者征及知情安主，牙保应捕人减半。②

《元典章》此条与《元史》同：

如能告获者，略人每人给赏三十贯，和诱每人二十贯，以至元钞为则，于犯人名下追征，无财者征及知情安主、牙保，应捕人减半给之。③

除此之外，在《元典章》中多次出现"安主"一词，而没有对"宅主"的记载。对于"安主"一词，梅原郁解释为"安藏主人、安停主人之略"④。因此在《元史》中，"安主"才是正确的记载。

（四）《元史考证》卷一〇四《刑法志三》

"诸因争移怒，戳伤其兄者，于市曹杖一百七，流远。"按"戳"原刻作"戮"，按《至正条格》载以刃伤兄而未死者，杖一百七，迁徙千里之外，即此例也，今据改。⑤

---

① 《元典章》卷四一《刑部三·诸恶·谋叛·禁约作歹贼人》，第1405页。
② 《元史》卷一〇四《刑法志三》，第2663页。此句标点似有误，参照《元典章》标点为"无财者征及知情安主、牙保，应捕人减半"，似乎更合适。
③ 《元典章》卷五七《刑部十九·诸禁·禁诱略·略卖良人新例》，第1877页。
④ ［日］梅原郁编：《訳注中国近世刑法志（下）》，創文社，2003，第168页。
⑤ 《元史》卷一〇四《刑法志三·元史卷一百四考证》，《景印文渊阁四库全书·史部·正史类》第294册，第106页上。

按，四库本《元史考证》根据《永乐大典》所收《至正条格》的记载，将"戮"改为"戳"字。翻阅《元典章》，多处出现"戳伤"字样，而无"戮伤"的记载，这在一定程度上可以说明四库本将其改为"戳伤"的合理性。

然而笔者通过核对诸本《元史》，发现明洪武刻本、嘉靖南监本《元史》作"戳"字，而万历北监本《元史》误刻为"戮"。乾隆四年（1739）殿本是根据北监本重刻而成，故沿袭了北监本之误。之后乾隆年间的史官，在改译和考证乾隆四年殿本《元史》时，根据《至正条格》的记载，将"戮"改回"戳"。这一成果体现在了四库本《元史》的正文与《考证》中，道光四年（1824）殿本《元史》又参考了四库本的成果，亦作"戳"。之后的百衲本与中华再造善本《元史》，在此处均从"戳"，而中华书局1976年点校本《元史》以百衲本为底本，故而沿袭了正确的写法，作"戳"。

通过上述梳理可知，"戳"误作"戮"这一错误出自明万历北监本，被乾隆四年殿本错误采纳，四库本《元史考证》通过《至正条格》中的记载将这一错误予以纠正。但无论是1976年点校《元史》时以百衲本作底本，还是如今修订点校本《元史》时将底本更换为明洪武刻本与南监本，底本均为正确的"戳"字。不过四库本《元史考证》利用《至正条格》来校订乾隆四年殿本《元史》之误的功劳亦不可忽视。以往的观点大多认为乾隆四年殿本校刻精良，四库本、道光四年本《元史》反而对其进行了谬误百出的妄改。① 但是此条"考证"说明，乾隆四年殿本《元史》并非全无失误，四库本、道光本《元史》也并非全无可取之处。

（五）《元史考证》卷一〇五《刑法志四》

"诸子冒亡父官居职任事者，杖七十七。"按原刻脱"亡"字，今据《至正条格》增。②

---

① 《点校本〈元史〉出版说明》，第3页。王慎荣：《〈元史〉版本述略》，《历史教学》1991年第7期，第51~52页。

② 《元史》卷一〇五《刑法志四·元史卷一百五考证》，《景印文渊阁四库全书·史部·正史类》第294册，第124页上。

按，此条记载目前无从考查。

综上所述，四库馆臣在四库本《元史考证》中，共引用了 5 条《永乐大典》中所收《至正条格》的内容来考证《元史》。虽然这 5 条内容不见于今本《至正条格》残卷，但其中 4 条可以根据《元典章》《通制条格》及各版本《元史》等史料考订其可靠性。而在这 4 条中，除第 4 条"考证"正确以外，前 3 条虽号称以《至正条格》作为考证之依据，但校勘结果均不符合史实记载。因此清人以此 5 条《至正条格》条目考证《元史·刑法志》的可靠性颇值得怀疑。

二、《至正条格·断例》佚文考

在上述四库本《元史考证》中所见 5 条《至正条格》佚文中，可考的 2 条具有明确处罚方式，相当于传统律令分类体系当中的"律"，当为《至正条格》的《断例》部分。虽然这 2 条在今本《至正条格》残卷中已经散佚，但是仍可见于现存的残卷目录之中。如第 4 条大致可以推断在《至正条格·断例》卷一五《贼盗·以刃伤兄》条中，[①] 第 5 条亦可推断在《至正条格·断例》卷二三《诈伪·冒荫》条中。[②]

这似乎与《四库全书总目》对《永乐大典》所收《至正条格》的描述不甚相符。《四库全书总目》记载：

> 《至正条格》二十三卷，《永乐大典》本。元顺帝时官撰。凡分目二十七。曰祭祀、曰户令、曰学令、曰选举、曰宫卫、曰军防、曰仪制、曰衣服、曰公式、曰禄令、曰仓库、曰厩牧、曰田令、曰赋役、曰关市、曰捕亡、曰赏令、曰医药、曰假宁、曰狱官、曰杂令、曰僧道、曰营缮、曰河防、曰服制、曰站赤、曰榷货……原本卷数不可考。今载于《永乐大典》者，凡二十三卷。[③]

---

① 《〈至正条格〉校注本·断例目录》，第 160 页。
② 《〈至正条格〉校注本·断例目录》，第 162 页。
③ 《四库全书总目》卷八四《史部·政书类存目二》，中华书局，1965，第 726 页。

按其分目，比照今本《至正条格》残卷目录，可以发现在《至正条格·条格》中，从卷二三《仓库》到卷三四《狱官》部分，分目内容与顺序完全一致。① 陈高华先生在《〈至正条格·条格〉初探》一文中，通过比较《四库全书总目》中所提到的《至正条格》二十七个分目与《通制条格》篇目，认为《至正条格·条格》的结构完全沿袭《通制条格》，都是二十七个篇目，从而推测《永乐大典》中所载二十三卷是《至正条格·条格》的部分。② 笔者翻阅《永乐大典目录》，发现《至正条格》集中收录在《永乐大典》"律"这一韵下，由"卷之二万九百八十三《至正条格一》"到"卷之二万一千五《至正条格二十三》"，共二十三卷。③ 根据《四库全书总目》记载，这二十三卷包含了《至正条格·条格》部分的二十七个全部篇目。可见明代在将原《至正条格》编入《永乐大典》后，便为其重新划分卷数，共计二十三卷，所以四库馆臣在编纂《四库全书总目》时已不清楚《至正条格》原本有多少卷，故写道："原本卷数不可考。"李逸友根据黑城出土的《至正条格》残片 F20 : W7，推测《至正条格》卷目当在四十五卷以上。④ 陈高华先生又根据韩国新发现的《至正条格·条格》部分的残卷，推测《至正条格·条格》的实际卷数应为四十二卷甚至更多。⑤ 张帆推断其条格的总卷数应有四十到五十卷。⑥ 杨晓春结合以上学者的研究成果，通过进一步研究，认为《至正条格·条格》约有五十卷。⑦ 以上研究成果均表明，二十三卷只是《永乐大典》对《至正条格·条格》进行归纳整理后编定而成的卷数，而《至正条格·条格》实际卷数应当远超此数。同时，根据《永乐大典目录》与《四库全书总目》中的相关记载，似乎可以认为《永乐大典》"卷之二万九百八十三《至正条格一》"到"卷之二万一千五《至正条格二十三》"中所集中收录的

---

① 《〈至正条格〉校注本·条格目录》，第14~17页。
② 陈高华：《〈至正条格·条格〉初探》，《中国史研究》2008年第2期，第137~138页。
③ 《永乐大典目录》，中华书局，1986，第10册，第653页下~654页上。
④ 李逸友编著：《黑城出土文书（汉文文书卷）》，科学出版社，1991，第70页。
⑤ 陈高华：《〈至正条格·条格〉初探》，第139页。
⑥ 张帆：《重现于世的元代法律典籍——残本〈至正条格〉》，《文史知识》2008年第2期，第33页。
⑦ 杨晓春：《〈大元通制〉、〈至正条格〉札记三则》，《元史及民族与边疆研究集刊》第24辑，上海古籍出版社，2012，第69页。

《至正条格》内容，皆为其《条格》部分，而未见有关《断例》部分的内容。①

然而这似乎与四库本《考证》所引2条《断例》佚文相矛盾，四库馆臣将载于《永乐大典》的二十三卷《至正条格》列入"存目"，似表明当时在撰修《四库全书总目》时，《至正条格》只有《条格》部分被保留下来。

那么这些《断例》条目是如何被收录到《永乐大典》当中的呢？这将是笔者接下来要探讨的问题。

三、 今本《永乐大典》收录《南台备要》
所载《至正条格》考

翻阅现存《永乐大典》残卷，可以发现《至正条格》在今本《永乐大典》中尚存三处记载，均收载于《永乐大典》卷二六一一《台·御史台六·元南台备要》中，且其中两处在韩国新发现的《至正条格》中亦有相应记载。笔者兹录于下，在与今本《至正条格》比勘的基础上，稍作分析。

（一）《南台备要·公差人员》

送据刑部呈：**检会到《至正条格》内一款：至正十四年四月，湖广省咨：**②本省译史姚朵鲁朵海，因押运曲药回还，至南京，不由正道驰驿，却与温迪罕参政稍带家书、衣服，经由襄阳府水站还省。都省拟，四十七下，罢役。**一款：天历二年九月二十四日中书省奏：**中书省纲维百司，总裁庶政，其余大小诸衙门里委付的人每，合遵守中书省节制行有。近间省官每上位根底奏过，众人商量定：各处为钱粮等事被差的人，关讫铺马圣旨、差札，推称事故不肯去的也有。若便取问呵，罪经释免。如今遍行文书，今后但凡中书省差使里，如无缘故

---

① 方龄贵先生在《通制条格校注·前言》中亦提到"《永乐大典》曾收其条格部分二十三卷"，"均无涉断例"。参见方龄贵《通制条格校注》，第11页。

② 按：黑体加粗、下划线均为笔者所加。黑体加粗以示醒目，下划线表示《南台备要》与《至正条格》文字差异处。

不去的，记了他的名字，上位根底奏呵，怎生？奏呵，奉圣旨："受宣的咱每根底奏者，受敕的恁就要罪者。"钦此。本部议得：……①

按，上述文字中，第一款在今本《至正条格·断例》卷五《职制·枉道驰驿》中有所收录，第二款尚未找到对应文献来源，尚不能确定是否出自《至正条格》。

今本《至正条格·断例》卷五《职制·枉道驰驿》载：

至元二十四年四月，湖广省咨："本省译史姚朵鲁朵海，因押运曲药，回还至南京，不由正道驰驿，却与温迪罕参〈役〉[政]，稍带家书、衣服，经由襄阳府水站还省。"都省拟："决四十，七下罢〈没〉[役]。"②

按，通过与今本《至正条格》比勘，可以发现《永乐大典·南台备要》收载之《至正条格》条目中有明显讹误之处，《至正条格》于至正五年（1345）编纂完成，至正六年（1346）颁布全国，③ 此处"至正十四年四月"显然为"至元二十四年四月"之误。

（二）《南台备要·金补站户》

至正十二年二月二十六日，准御史台咨：承奉中书省札付：御史台呈：据监察御史福安、刘绘（呈）：**检会到《至正条格》内一款**：大德六年八月，兵部议得：逃亡消乏站户，合令亲管州县保勘，具申总管府，委不干碍五品以上管民官亲行体覆是实，开具元金增损、目今实有**丁差**，申覆省、部定夺，监察御史、廉访司体察。但有不实，将保勘、体覆等官，**验数多寡**责罚，标附过名，任回降等迁叙，主典人

① 《永乐大典》卷二六一一《七皆·台·御史台六·元南台备要》，中华书局，1986年，第2册，第1318页下。
② 《〈至正条格〉校注本》断例卷五《职制·枉道驰驿》，第210页。其中"决四十，七下罢〈没〉[役]"标点当为"决四十七下，罢〈没〉[役]"。
③ 刘晓：《〈大元通制〉到〈至正条格〉：论元代的法典编纂体系》，《文史哲》2012年第1期，第69页。

吏勒停。都省准拟。又泰定四年五月，兵部议得：各处水旱站赤消乏，有司迁延不肯保勘，廉访司以体察例不回文。往复数年，不能补替，致将同甲贴户一并靠损。参详站户消乏，例合随即金补，虽有呈准通例，令亲管官司保勘，不干碍五品官体覆，监察御史、廉访司体察，为无所立程限，往覆淹延，民受其害。今后拟合自动文字日为始，至监察御史、廉访司体察了毕，通理不出一年，须要完备。若有限外不完去处，从监察御史、廉访司常加体察。都省准拟。承此。①

按，上述文字中，第一款在今本《至正条格·断例》卷五《职制·体覆站户消乏》中有所收录，而第二款仍未找到对应文献来源，尚无法确定是否出自《至正条格》。

今本《至正条格·断例》卷五《职制·体覆站户消乏》载：

大德六年八月，兵部议得："逃亡消乏站户，合令亲管州县保勘，具申总管府，委不干碍伍品以上管民官，亲行体覆是实，开具元金增损、目今实有**丁产**，申覆省部定夺。监察御史、廉访司体察，但有不实，将保勘、体覆等官，**验户多寡**责罚，标附过名，任回降等迁叙。主典吏人勒停。"都省准拟。②

按，从今本《至正条格》来看，《永乐大典·南台备要》收载此条，将"丁产"讹作"丁差"，将"验户多寡"讹为"验数多寡"。

（三）《南台备要·建言驼赃头匹》

会验《至正条格》内一款节该：天历二年九月，刑部议得：捉获私盐，其载盐船只，知情受顾者没官，不知情者给主。都省准拟。钦此……③

---

① 《永乐大典》卷二六一一《七皆·台·御史台六·元南台备要》，第1319页上。
② 《〈至正条格〉校注本》断例卷五《职制·体覆站户消乏》，第217页。
③ 《永乐大典》卷二六一一《七皆·台·御史台六·元南台备要》，第1322页下。

按，从上述内容来看，本条记载或为《条格》节要，可惜今本《至正条格·条格》相关部分散佚，无从比勘。

通过上述考察，可以发现《永乐大典·南台备要》收载之《至正条格》条目多少有错漏之处，这与四库本《元史考证》所载《至正条格》佚文错讹较多的情况十分相似。似乎可由此推断《元史考证》所引《至正条格》一部分《断例》佚文的情况。也就是说，《永乐大典》中有《至正条格·断例》部分的内容保留下来，一部分是依靠类似《南台备要》这样的元代其他政书、档案对《至正条格》条文的收录。正如既往研究所述，《永乐大典》卷二〇九八三到卷二一〇〇五只集中收录了《至正条格·条格》的部分，而未一同收录《断例》。

那么是否能就此推断，《至正条格·断例》为《永乐大典》所弃收呢？笔者认为并非如此。前贤业已提及，明前期所修《文渊阁书目》著录："元《至正条格》一部，三十八册。"① 可见此书在明代尚存，② 或为全帙。③ 如果明前期《至正条格》在官府中仍存有全帙，那么《永乐大典》似乎没有道理只收《条格》而不收《断例》。

四、《永乐大典》的"律""令"分纂

前人研究指出，"元朝政府历年颁布的法律文书，多以具体的法律调整对象为内容，往往是条格与断例的综合体，因此在编纂过程中，从立法技术角度将这些文书按条格、断例重新加以调整分割，以适应条格、断例的分类就显得非常重要"。在元人看来，"条格相当于令格式，断例则相当于律"④。"划入断例的部分属于'处罚性'内容，而划入条格的部分则属'规定性'内容，这也与前人对律令的区分大致相当"⑤。然而"元朝编纂的《大元通制》与《至正条格》，是在试图保留法律文献相对原始性的前

---

① 《文渊阁书目》卷一四《宿字号第一厨书目·刑书》，清嘉庆四年读画斋丛书本，第6页a。
② 陈高华：《〈至正条格·条格〉初探》，第137页。
③ ［韩］金文京：《韩国发现元刊本〈至正条格〉残卷简介》，《中国传统文化与元代文献国际学术研讨会论文集》，2007，第8页。
④ 刘晓：《〈大元通制〉到〈至正条格〉：论元代的法典编纂体系》，第72页。
⑤ 刘晓：《〈大元通制〉到〈至正条格〉：论元代的法典编纂体系》，第73页。

提下，采取生硬套用前代法典分类体系的方法，来整合现有法律文献。这种做法显然不太可取，它最终造成的是断例与条格归类的严重混乱"①。

不过无论其内容归类如何混乱，在刊印方面，从韩国新发现元刊本《至正条格》残卷来看，《至正条格》的《条格》与《断例》应当是界限分明的。②且无论是官方刻本还是坊刻本，版心皆有"条格"或"断例"字样。③在编修《永乐大典》时，史官应当没有理由只收录《至正条格》的《条格》部分，而对《断例》视而不见。因此《断例》可能被分散收录于《永乐大典》其他卷册之中，而四库馆臣未加详察，仅将《永乐大典》中集中收录的《条格》内容列入"存目"与《四库全书总目》中。

《永乐大典》为何要将《至正条格》的《条格》与《断例》分开收录，笔者推测或与《永乐大典》中法典的编纂思路有关。如今欲获知《永乐大典》收录各朝法典情况，除《永乐大典目录》外，还离不开《文渊阁书目》。清人全祖望已提及《永乐大典》所收书目和明文渊阁藏书有密切关联："若一切所引书，皆出文渊阁储藏本。自万历重修书目，已仅有十之一。继之以流寇之火，益不可问。"④考察《文渊阁书目》"刑书"一类所存书目，在《永乐大典》中当皆有收录。如《文渊阁书目》载"《无冤录》，一部一册"⑤，收录于《永乐大典》卷四千九百六十七"冤"韵下；⑥"《洗冤录》，一部一册"⑦，收录于《永乐大典》卷四千九百六十八"冤"韵下；⑧"《刑统赋》，一部一册"⑨，收录于《永乐大典》卷七千八百三至

---

① 刘晓：《〈大元通制〉到〈至正条格〉：论元代的法典编纂体系》，第 75 页。
② "书共两册，分别为〈断例〉和〈条格〉。纸张用竹纸，版式字样都具有典型的元代民间坊刻本风格。据报告，当初被发现时，〈断例〉册在上，〈条格〉册在下，可见原藏者认为〈断例〉在前，〈条格〉在后。"参见金文京《韩国发现元刊本〈至正条格〉残卷简介》，第 6 页。
③ 参见韩国学中央研究院编《至正条格》（影印本），Humanist 出版集团，2007；李逸友《黑城出土的元代律令文书》，《文物》1991 年第 7 期；杨晓春《〈大元通制〉、〈至正条格〉札记三则》。
④ （清）全祖望撰：《鲒埼亭集·外编》卷一七《抄永乐大典记》，《四部丛刊》初编景上海涵芬楼藏原刊本，第 11 页 b。
⑤ 《文渊阁书目》卷一四《宿字号第一厨书目·刑书》，第 6 页 a。
⑥ 《永乐大典目录》，第 153 页下。
⑦ 《文渊阁书目》卷一四《宿字号第一厨书目·刑书》，第 6 页 a。
⑧ 《永乐大典目录》，第 153 页下。
⑨ 《文渊阁书目》卷一四《宿字号第一厨书目·刑书》，第 5 页 b。

卷七千八百十二"刑"韵下；① "《唐刑统》，一部三册"②，"《宋刑统》，一部十册"③，似收录于《永乐大典》卷七千八百十三"刑"韵"刑统一"至七千八百三十三"刑"韵"刑统二十一"下；④ "《官民准用》，一部四册"⑤，收录于《永乐大典》卷二万一千六至二万一千十二"律"韵下；⑥ "《永徽法经》，一部五册"⑦，收录于《永乐大典》卷二万一千十三至二万一千十六"律"韵下。⑧

除上述书目及《至正条格·条格》之外，收录在《永乐大典》"律"韵下的，还有《唐律疏议》⑨、《金泰和律》⑩ 和《大明律》⑪。而《文渊阁书目》所载"《大明令》，一部一册"⑫，则收录于《永乐大典》卷一万九千二十"令"韵下。⑬ 收载于"令"韵下的，还有"唐令""唐格令""宋格令""元禁令"，⑭ 只是未见《文渊阁书目》所载"《泰和律令格式》，一部九册"⑮ 中的《泰和律令》及《六部格式》，似乎又收录于其他卷次之中。不过仍可由此看出《永乐大典》对各朝法典的收录，是根据其内容以及"律"和"令"的性质，按韵来分别划分到各卷次中的。"律"韵下只收录《至正条格》的《条格》部分，应当也是依据这一思路。

不过，颇为费解的是，若按照"律""令"的思路来划分，被安排在"律"韵下的，当为《至正条格·断例》才是，毕竟在元人看来，条格应相当于令，断例才相当于律。实在不知明人将《至正条格·条格》的内容收录于"律"韵下，是出于怎样的考虑。那么《断例》部分的内容是否会

---

① 《永乐大典目录》，第 235 页下。
② 《文渊阁书目》卷一四《宿字号第一厨书目·刑书》，第 5 页 a。
③ 《文渊阁书目》卷一四《宿字号第一厨书目·刑书》，第 5 页 b。
④ 《永乐大典目录》，第 235 页下~236 页上。
⑤ 《文渊阁书目》卷一四《宿字号第一厨书目·刑书》，第 6 页 b。
⑥ 《永乐大典目录》，第 654 页上。
⑦ 《文渊阁书目》卷一四《宿字号第一厨书目·刑书》，第 5 页 b。
⑧ 《永乐大典目录》，第 654 页上。
⑨ 《永乐大典目录》，第 652 页上、下。
⑩ 《永乐大典目录》，第 653 页下。
⑪ 《永乐大典目录》，第 652 页上。
⑫ 《文渊阁书目》卷一《天字号第一厨书目·国朝》，第 15 页 a。
⑬ 《永乐大典目录》，第 589 页下。
⑭ 《永乐大典目录》，第 589 页下。
⑮ 《文渊阁书目》卷一四《宿字号第一厨书目·刑书》，第 5 页 b。

"将错就错"被安置于"令"韵下，根据《永乐大典目录》的记载，① 笔者是持否定态度的。② 或者明人按照《至正条格·断例》诸事目，将其内容分散收录于"刑"韵下"元刑一"至"元刑二"；③ "盗"韵下之"捕盗""贼盗"；④ "狱"韵，⑤ 及"律"韵下之"法律六·元"至"法律七·元"；⑥ "贼"韵下之"盗贼""捕贼"⑦ 等卷册中；抑或如收录《经世大典》一般将其零散地载入各条目中，由于《永乐大典》该部分内容的散佚，也只能是大致推测，难以作出论断。

结　语

通过上述考察可知，《永乐大典》中收录的《南台备要》等元代政书或档案，所引用的《至正条格》条文，并非准确无误。四库馆臣在引用《永乐大典》收载之《至正条格》条目考证与校勘《元史·刑法志》时，似并未注意到这一问题，故在其可考的4处考证中，有3处都是不可靠的，反而将《元史·刑法志》中原本正确的记载校勘错误。若排除四库馆臣在考证过程中的"误读"等疏漏，似乎可以推断明人在将《至正条格》抄入《永乐大典》时，亦多有错讹之处。⑧

由于《元史·刑法志》中的很多条文都是具有明确处罚规定的《断例》，而《永乐大典》只在"律"韵下集中收录了《至正条格·条格》部

---

① 《永乐大典目录》，第 589 页下。
② 根据南开大学刘晓教授惠示，《永乐大典目录》所载"令"韵下之五卷"元禁令"，可能是《经世大典·宪典·禁令》部分，《元史》卷一〇五《刑法志四·禁令》当为《经世大典·宪典·禁令》被删节后的内容。
③ 《永乐大典目录》，第 234 页下~235 页上。
④ 《永乐大典目录》，第 543 页上、下。
⑤ 《永乐大典目录》，第 621 页下~622 页上。
⑥ 《永乐大典目录》，第 652 页上。
⑦ 《永乐大典目录》，第 705 页上。
⑧ 张良指出《永乐大典》抄录《元史》可分为两种情况，其一是全文过录，其二是片段节抄。其中全文征引部分的《元史》佚文没有独立的校勘价值，"节抄"部分佚文则存在讹错删削、顺序改易、杂凑拼合、张冠李戴等情况，已不能和《元史》画等号。参见张良《〈永乐大典〉所见"元史"佚文考——兼论〈永乐大典〉之纂修体例》，《经学文献研究集刊》第 26 辑，上海书店出版社，2021，第 199~232 页。说明《永乐大典》所抄录史料并非完全可靠，也有出现错讹的情况。

分的内容，故四库馆臣只能在《永乐大典》收录相对分散的《断例》中找寻可与《元史·刑法志》比勘的条文。似乎是由于类似的《断例》条文在《永乐大典》中较为分散，所以在《元史·刑法志》的四卷《考证》中，四库馆臣只作出 5 条不够可靠的校勘。这也进一步提醒我们，在利用现存《永乐大典》残卷中的佚文来校勘古籍时，一定要首先考察其内容的可靠性，在此基础上方可展开进一步的探讨。

四库馆臣的考证工作还提示我们，《至正条格·断例》部分的内容应当并未完全被《永乐大典》弃收，只是分散收录于其他卷次与条目之中。明人只在《永乐大典》"律"韵下集中收录《至正条格》的《条格》部分，并不一定是对《断例》的视而不见，而是根据"律""令"分纂的思路将其分散收录于他卷。只是四库馆臣似乎并未太多关注分散于《永乐大典》其他卷册的《至正条格·断例》内容，而只辑录了集中收载的《条格》，将其列入"存目"。《四库全书总目》亦称"今载于《永乐大典》者，凡二十三卷"[1]。可见其对《至正条格·断例》部分的内容及其收录与留存情况，并未详加考察。

《四库全书》这一版本虽历来饱受学界诟病，然而在"二十四史"的考证工作上，四库馆臣还是倾注了极大心血，不论其可靠性如何，毕竟当时人能够见到许多当今已经散佚的典籍，关注四库本《二十四史考证》，也许有助于我们更加明晰一些散佚史籍的原貌及其在清代的留存情况。

---

① 《四库全书总目》卷八四《史部·政书类存目二》，第 726 页。

《中国古代法律文献研究》第十九辑

2024 年，第 241~258 页

榜示法令与明代地方治理[*]

刘伟杰^{**}

　　摘　要：在明代，榜文告示不仅是传播中央政策的重要媒介，地方官府亦会通过张榜布告的形式向百姓晓谕各类地方法令。首先，榜示条约一般发布于官员到任之初，通常以条款形式厘清当地时弊，作为宏观调整地方政策的综合性法规。其次，禁约告示主要针对特定事项或范围，将阐释利害与教化惩治相结合，多应用于应急状况处理，更具灵活性与能动性。最后，在地方司法审判活动中，官府也会通过榜示两造权益、公示裁判内容，实现对地方纠纷的化解，相关规则也由此成为世代传承的区域定律。

　　关键词：明代　地方法令　榜文告示

　　在中国古代法律体系中，区别于中央制定法，地方法律禁令是地方官府或官员在特定范围内制定并发布的规范性文件，作为治理地方事务的规则依据。至明代，地方法令形式愈加丰富，既有综合性条约、事宜、条规，也有单一性禁令、禁约，载体类型多样。从时段来看，现存文献所见明代地方法令主要集中在王朝中后期，除了考虑到前期文献散失的可能，地方社会出现的新问题以及行政建置的完善也在客观上推动了明代地方立

---

　　* 本文系国家社会科学基金中国历史研究院重大历史问题研究专项"中国古代地方治理的理论与实践及借鉴"（LSYZD21006）阶段性成果。

　　** 清华大学人文学院历史系博士后，助理研究员。

法活动的繁荣。① 为了实现传播效果的最优化，地方官府通常会集告谕、教化、警示等功能于一体，采用榜示手段将法令内容通衢张挂。本文将聚焦于以榜示形式发布的各类地方法令，分别讨论榜示条约、禁约告示、榜示裁判的主要内容及适用特点，进而论证法令的榜示传播在明代地方治理活动中产生的作用及影响。

一、 到任条约的榜示发布

杨一凡先生指出，条约指以条文为约束的文件，一般由多个条文构成。作为明代地方立法的一种形式，条约具有立法适时、法律规范涉及面广、兼有教化与法律双重职能等优点。② 现见大部分明代榜示条约都由府州县官或抚按官员在到任时发布，又有条规、禁约、事宜之说，拟名相对灵活。明代官箴有言："初政要有风力果断，使人难犯，方是好官。"③ 作为官员就任后首次面向地方社会的宣告，到任榜示的重要性不言而喻，榜示内容不仅仅是官员满含谦卑的就任感言，更是民众判断新官政务能力的重要依据。黄六鸿认为："新官行事，为阖境所观仰，而其大旨亦多见之文告。此远乡百姓不得见新父母，而得见新父母之言，以为欣幸，宁独执事在公者，知所遵守哉！故一切因革事宜贵定之于始，始法既定，而按程课效，则游刃有余矣。"④ 正因如此，有志于治理一方、励精图治的官员都格外重视到任榜示条约的发布与传播。

宣德五年（1430）七月，况钟被擢为苏州知府，在任期间兴利除害，不遗余力，史评"前后守苏者莫能及"⑤。到任之初，况钟便发布《通禁苏

---

① 杨一凡：《明代立法研究》，中国社会科学出版社，2013，第 347~348 页。

② 杨一凡、李守良编：《古代地方条约辑存·前言》，社会科学文献出版社，2021，第 1 页。

③ （明）蒋廷璧：《璞山蒋公政训·励初政》，官箴书集成编纂委员会《官箴书集成》第二册，黄山书社，1997，第 2 页。

④ （清）黄六鸿著：《福惠全书》卷二《发各告示》，周保明点校，广陵书社，2018，第 39~40 页。

⑤ 关于况钟治理苏州的记载，可参见（清）张廷玉等《明史》卷一六一，中华书局，1974，第 4379~4381 页。相关研究包括倪正太《明初的吏制改革和况钟的官声政绩》，《江西社会科学》1984 年第 6 期，第 72~76 页；金军宽、王卫平《况钟治苏述论》，《史林》1989年第 3 期，第 20~23 页；谢天佑《况钟整顿苏州的官粮和吏治》，《江汉论坛》1988 年第 3 期，第 47~52 页。

民积弊榜示》九条，将"博访民情，考稽事实"所得各县民情利病，出榜条列禁约。榜示前六条涉及逃移人户、积年隶兵、罢闲吏典、豪横粮里、不法巡司兵牌、顽民人等，后三条重点督促秋粮送纳事宜，结尾明确"以上九条，民间积弊大端，榜到遍行悬禁，官吏查察，毋致遗落敝坏"。因况钟具备敕书所赐司法特权，又于榜中申明"敢有不遵，仍前故违，轻则拿问，重则钉解赴京，奏闻区处"①。宣德七年（1432）四月，况钟夺情复知苏州，复任时又发布了《严革诸弊榜示》十六条，针对词讼诬告、复业抚恤、买办军需、老人理讼、水利修筑、赋役造册等方面"兴利除害，革奸去弊，切于人民急务"，要求"凡我阖郡官吏、粮里、军民人等各宜遵守，悔过自新，毋仍作奸害民，事发罪有常宪。合行备榜前去，仰于市镇人烟辏集去处常川张挂遵守"②。条约通过榜示通衢的手段，在民间社会广泛传播，而内容的切实性与强制性能够直接反映新官为政的决心与能力，对后续政令推行起到积极作用。据载，况钟在苏期间多次手著榜示条规，不假幕宾之手。从效果来看，"凡所颁示，往往朝发令，夕即禁止，咸莫敢违。父老读之，每感激至于泣下"③。

同样作为地方条约的重要发布主体，巡按御史"职在纠察官吏、锄剔贪邪、伸理冤抑、咨访民俗、宣布政化，责任甚重，非有司可比"④。建文时期，浙江巡按尹昌隆于到任之时发布《巡按浙江晓谕榜文》，鼓励当地军民人等指陈时事，检举蠹吏。⑤ 正德六年（1511），王廷相出任陕西巡按。面对当地盗贼蜂起与侵渔蠹政的双重困境，他结合访察所见发布《巡按陕西告示条约》十三条，要求"所有禁约事宜，条列于后，仰各遵守施行"。在告示条约中，约束主体不仅包括按属衙门及吏员，还对退学生员、富豪义官、"回贼"强贼、行脚奸僧等特定群体相应制定具有针对性的措施。面对当地号称"靠山老虎""拦街太岁"的土豪之家凭空残害百姓的情形，王廷相在榜示中先劝谕此等豪恶"革心向善，上守王法，下保身

---

① （明）况钟著，吴奈夫等点校：《况太守集》，江苏人民出版社，1983，第126~127页。

② （明）况钟著，吴奈夫等点校：《况太守集》，第133~135页。

③ （明）况钟著，吴奈夫等点校：《况太守集》，第35页。

④ 《明宣宗实录》卷五九，宣德四年十月乙酉条，第1403页。

⑤ （明）尹昌隆：《尹讷庵先生遗稿》卷一《巡按浙江晓谕榜文》，《四库全书存目丛书·集部》第二十六册，齐鲁书社，1997，第463~464页。

命"，再警示众人若仍为前非，不服官府，"事发轻则照例充军，重则奏请迁徙"①，以此彰显其肃清弊政的决心。正德十二年（1517），王廷相转任四川按察佥事时发布的《督学四川条约》也是采用了"用申告谕，是以参酌旧规，旁采群议，以为教戒条约"②的形式。

就内容而言，榜示条约一般结合地方实际情况，以针砭当地时弊为重点。正德十五年（1520），姚镆钦奉敕谕巡抚延安、绥德等处，到任榜示"为禁约奸弊事"后附条约二十六条，其文集将此定名为《巡抚事宜》。条约各款分别从私役占使军人、侵科钱粮、科敛财物、欺凌行辈、诡名冒籍、驱迫军余等情形，对军内弊端严加禁约，以此对抗"边备弛而未修，边军困而无诉"的疲态局面。通过将榜示抚属地方的方式，将"所有合行事宜，应举应革者，逐一开列于后"，实现"非惟以安攘为功，实亦以激扬为职"的目标。③嘉靖元年（1522），姚镆转任两广巡抚，经过"采之缙绅，询之闾巷，斟酌事宜，列为条件"，发布"为巡抚事"并附条款四十三条，其文集将此定名为《督抚事宜》。条约内容更加细化，包括修理城池、滥行科罚、禁约和买、公差需索、抚谕猺獞、严捕盗贼等项。④且不同于单一榜示，该条约的传播采用了公移与榜示结合的手段，条约结尾处明确：

> 仰两广按察司抄案回司，着落当该官吏照依案验内事理，即便转行都、布二司各行守巡、清军、提学、兵备、海道、管粮、管屯、盐法、参将、守备、备倭并府州县、卫所土官衙门大小官员一体查照后开条款，遵奉施行。本司仍备云楷书大字榜文，查支无碍官钱收买纸板，刊刻刷印完备，给发所属军卫有司、驿递、巡司、铺舍及市镇、乡村人烟辏集去处常川张挂，晓谕官吏军民人等知悉，各宜洗心涤

① （明）王廷相著，王孝鱼点校：《王廷相集》第四册，中华书局，1989，第1166页。
② （明）王廷相著，王孝鱼点校：《王廷相集》第四册，第1167页。
③ （明）姚镆：《巡抚事宜》，刘笃才、杨一凡主编《古代地方法律文献·甲编》第二册，世界图书出版社，2009，第237页。
④ （明）姚镆：《督抚事宜》，刘笃才、杨一凡主编《古代地方法律文献·甲编》第二册，第266页。

虑，循理守法，痛改前非，免罹法典。该司取具各衙门，不致风雨损坏，结状总类缴报。仍将支过官银、买过纸张、给发过榜文，各数目开呈查考，俱毋违错。①

在公移方面，地方行政系统的文书往来一般依附于官署的等级关系。两广按察司将巡抚条约内容抄案，转行都指挥使司、布政使司及派出机构，再分别下行至各属军事、行政机构，要求各级官员落实相关规定。隆庆三年（1569），海瑞任应天督抚时，发布《督抚条约》也是采用"札仰本府官吏照依札付内事理，转行所属州县各一体遵奉施行"的方式；② 再如隆庆五年（1571）郭应聘巡抚广西时，同样以"案行布按都三司"的方式发布《巡抚条约》，"仰所属大小衙门逐一遵照，着实施行"③。此类传播形式一般限定于提点政务、晓谕官吏的条约，除了在衙门内堂张榜外，也会以书册形式下发至官吏个人。万历十七年（1589），吕坤出任山西按察司发布《提刑事宜》，就明确"仰府州掌印官即将发下书册，通行所属正佐首领官员，一体遵行，勿得视为文具。抄案依准呈来"④。

与此同时，巡抚衙门也会直接下令将法规内容榜示各处，实现法令传播范围的最大化。在前述条约中，除了对张榜地点予以明确外，姚镆特别强调榜文的维护工作，并要求各衙门须将张榜相关费用定期呈报上级以供考核。实际上，明代由抚按下令交由府县榜示的条约更多体现在案验⑤文书中。不同于通行示谕的普遍性，榜示案验的内容更具针对性，一般根据某地特定情形的需要，将榜示条约交付相应下属落实。正德时期，王阳明任江西巡抚时，在案验所属府县时便会"仍仰各县将前项宽恤禁约事宜，

---

① （明）姚镆：《督抚事宜》，刘笃才、杨一凡主编《古代地方法律文献·甲编》第二册，第265页。
② （明）海瑞撰，陈义钟编校：《海瑞集》卷下《督抚条约》，中华书局，1962，第242页。
③ （明）郭应聘：《巡抚条约》，刘笃才、杨一凡主编《古代地方法律文献·甲编》第五册，第4页。
④ （明）吕坤：《风宪约》卷六《提刑事宜》，《续修四库全书·史部》第七五三册，第386页。
⑤ "案验"一词最早出现在《史记》中："欲案丞相，恐其不审，乃使人案验三川守与盗通状。"此后便延续调查核实、审查验证之意，后成为一种官司文书类型，《吏学指南》称之为"但经印押，勘为凭据者"。在明代，案验文书常由抚按官员发布。

翻刻告示，发仰乡村张挂晓谕，俟巡抚官员到日，再行议处"①。嘉靖二十七年（1548），江西巡抚张时彻也要求"仰该县官吏照案事理，即将发去告示用板刊刻，竖立该衙门首常川遵守施行，毋得违错未便。抄案同竖立过日期申来"②。除了作为整顿地方社会的举措外，就抚按官员而言，要求府州县"抄蒙布告"的行为本身也是落实其纠察地方职能的表现。正因如此，案验榜示也逐渐成为明代地方抚按官员到任时的常见治理手段。

自明中后期开始，到任条约的文本结构逐渐固定化，主要表现为"谦辞+条款"的结构。万历时期，桐城县知县刘时俊所撰便是典型一例："切照本县为民父母，痌瘝切身，自惟才短识疏，独一念真心，欲与尔小民分忧涂害。皇天在上，敢二尔心，但使尔稍得息肩，遑辞劳怨。今当莅任之始，诸酌量未定事宜，不敢辄为更改。访有吃紧数事，首宜禁约施行，尔等小民各宜知悉。"③ 在万历坊刻本《昭代王章》所列"榜示程式"的示例中，"新任首谕"的种类不下十余种，虽然存在些许差异，但大抵上无外乎"重农桑、明学校、广存恤、奖善良、息词讼、勤职业、遵王化"等条约类目，各结尾处均有申明："故兹榜示，凡我居民洗心涤虑，改过自新，毋蹈前非，以贻后悔。倘有玩法欺公，律有常宪。"④ 当然执行效果也因人而异，为政清明者能够"亲访各县民情利病"，提出切实可行的条约规划，达到例直禁简的效果；但对尸位素餐者来说，榜示条约则是到任之时用于装点的形式主义。天启四年（1624），礼科给事中刘懋就指出地方存在的乱象："每见新官到任，骋材逞能，先出告示几张，嗣出词状几纸，矫说仁言，虚立清名。迨三五日后，本色立见，涂面丧心，大肆贪求。"⑤

① （明）王守仁撰，吴光、钱明等编校：《王阳明全集》卷十七《宽恤禁约》，浙江古籍出版社，2010，第574页。
② （明）张时彻：《芝园别集》卷五《禁约崇仁县奸弊案》，《四库全书存目丛书·集部》第八十二册，齐鲁书社，1997，第566~572页。
③ （明）刘时俊：《桐城到任禁约》，杨一凡、王旭主编《古代告示榜文汇存》第一册，社会科学文献出版社，2010，第585~586页。
④ （明）熊鸣岐辑：《昭代王章》卷四，《玄览堂丛书》初集第十七册，正中书局，1981，第310~316页。
⑤ （明）张萱：《西园闻见录》卷九十七《恤民·前言》，周骏富辑《明代传记丛刊》第一二四册，明文书局，1991，第193页。

二、禁约告示的适用功能

作为官府面向一般民众的信息流通渠道,告示能够最快地传播官府最新的、重大的方针政策,其内容富有宣传性、鼓动性,同时又具备针对性、随机性和广泛性,在国家政治活动和社会日常生活中,起到教化风尚、安定秩序、统率舆论的作用。[①] 而在明代地方社会中,官府发布的禁约告示不仅承担着对国家法律的宣传功能,还要结合当地时弊,制定具有针对性的法令,以此实现对地方社会的有效治理。

(一)传播国家政策

洪武三十一年(1398),明太祖朱元璋颁行钦定《教民榜文》共计四十一条,涉及基层乡里社会的教化、治安、司法、赋税等各方面,堪称是我国历史上一部极有特色的民事和民事诉讼法规。[②] 作为通行全国的法令,以里老人为主体的基层社会理讼制度也由此确立。[③] 弘治十年(1497),温州知府文林发布的《温州府约束词讼榜文》便是围绕老人理讼制度而制定的适用于温州地区的地方法令。榜前有言:

> 伏观太祖高皇帝《教民榜文》:"天下民间户婚、田土、斗殴相争一切小事,须要经由本里老人、里甲断决。若系奸盗、诈伪、人命重事,方许赴官陈告。是令出后,官吏敢有紊乱者,据以极刑。民人敢有紊乱者,家迁化外。"又检会宋儒朱文公词讼约束,略为斟酌,时宜晓谕。所有条款欲行属县遵守,未敢擅便。合关本府,转呈钦差督理兵备兼管今巡浙东道浙江等处提刑按察司佥事朱处定夺,示下施

---

① 尹韵公:《论明代告示》,《新闻与传播研究》1989 年第 3 期,第 61 页。
② 杨一凡:《22 种明代稀见法律文献版本述略》,载韩延龙主编《法律史论集》第一卷,法律出版社,1998,第 593 页。关于《教民榜文》的版本问题,同样可参照宋国范《两种洪武榜文文献初探》,《中外法学》1992 年第 5 期,第 20 页。
③ 韩秀桃:《〈教民榜文〉所见明初基层里老人理讼制度》,《法学研究》2000 年第 3 期,第 137~147 页;[日]中岛乐章著,高飞、郭万平译:《明代乡村纠纷与秩序》,江苏人民出版社,2012,第 75~78 页。

行。准此，拟合就行。为此，府司今将关到条款开坐具呈施行。蒙此
批，据所施而知所蕴，文章政事伟然可嘉。准拟批呈，缴。蒙此案照
前事，已行呈详去后，今蒙前因，拟合通行。为此除外，今给榜文前
去张挂晓谕，一体遵守施行。须至榜者。①

首先，文本所见公文流转反映了浙江地方制定法规的程序，即便温州
府将条款行用的范围控制在所属县，也需呈报浙东兵备道审批，获准后方
可通行，可见规则制定流程之严格。如知府文林所言，条款以《教民榜
文》为蓝本，不仅前五条直接抄录原文"不遵者坐以违制"，且其后所列
各条均属老人理讼程序的细化。至于"检会宋儒朱文公词讼约束"，则是
在参考朱熹《漳州晓谕词讼榜》文本内容的基础上，效仿榜文张挂的形
式，将相关政策禁约直接晓示于民。②

从条文内容来看，温州府在贯彻老人理讼制度的前提下，也对诉讼程
序进行灵活补充。榜文规定，"各县每里置立词讼簿一扇，用图书钤记，
须凭里中众民告保公直老人一名，给与收掌。凡遇发来及自受词讼，务要
开立前件，略写断过缘由，以凭府县查考"。并按轻重程度不同，对老人
理讼时限加以分类限制，违者坐罪。③ 知府文林选择增设书状人与耆民，
通过列名于状纸的方式，作为直诉官府的前置必要环节，以期减轻"径陈
絮乱官司"的负担。在贯彻老人理讼制度的基础上，结合当地实际发展一
套更具执行性的地方诉讼程序。

《教民榜文》将道德说教与刑罚制裁相结合，试图在乡里社会构建
"以良民治民"的政治目标。④ 地方官府在落实文字传播、木铎告诫的基础
上，也在积极将这一规范思想融入地方社会中。据正德《建昌府志》载，

① （明）文林：《温州府约束词讼榜文》，刘笃才、杨一凡主编《古代地方法律文献·甲编》
第二册，第192页。
② （宋）朱熹：《晦庵先生朱文公文集》卷一百《漳州晓谕词讼榜》，朱杰人、严佐之、刘永
翔主编《朱子全书》第二十五册，上海古籍出版社、安徽教育出版社，2002，第4615～
4616页。
③ （明）文林：《温州府约束词讼榜文》，刘笃才、杨一凡主编《古代地方法律文献·甲编》
第二册，第194页。
④ 韩秀桃：《〈教民榜文〉所见明初基层里老人理讼制度》，《法学研究》2000年第3期，第
146页。

洪武三十年（1397）南城知县王若愚"宽仁为政，不事苛察。民有争讼者，则谕以《教民榜》，使知自新"①。弘治十二年（1499），温州知府邓淮发布《谕俗文》，同样引用"我太祖高皇帝御制《教民榜》内开：'本乡本里有孝子顺孙，义夫节妇，及但有一善可称者，里老人等以其所善，实迹开报。'"② 嘉靖三年（1524）春，淳安知县姚鸣鸾给示："伏观我太祖高皇帝御制《教民榜》有曰：'孝顺父母、尊敬长上、和睦乡里、教训子孙、各安生理、毋作非为。'明白简约，民生日用，不可一日而无。敢稽首注释，申谕吾民，尽相与诵习而服行之。"可见即便老人理讼制度在明中期逐渐走向崩溃，③ 但榜文蕴含"圣谕六条"的普世价值得以保留，并通过官府榜示被广为传颂。④

此外，在明代律学文献中，也有专门以律例解读为内容的禁约告示示例，具有开创性的意义。如万历时期《大明律例临民宝镜》篇目以律、例、审、参、断、议、判、示为序，在开列律例条文、司法判语之后，专设"示"目，列举以巡按御史或州县官员为单位发布的、以律例为内容的禁约告示。⑤ 以"讲读律令"为例，该条以巡按御史作为发布主体：

> 巡按监察御史某为禁约事。照得本职钦承上命，来按一方，即遍历州县，审录人犯。其间知法而故犯者固有，其愚昧而误犯者尤多。原其所自由，不知律法，故无畏惧。为此，给示前去按属大小衙门，

---

① （明）夏良胜纂修：正德《建昌府志》卷十三《名宦》，《天一阁藏明代方志选刊》第三十四卷，上海古籍书店，1964，第19a页。

② （明）王瓒、（明）蔡芳编，胡珠生校注：《弘治温州府志》卷二十《旌善亭谕俗文》，上海社会科学院出版社，2006，第653页。

③ 相关研究参见 ［日］中岛乐章著，高飞、郭万平译：《明代乡村纠纷与秩序》，第115～140页；郑小春《里老人与明代乡里纷争的解决：以徽州为中心》，《中国农史》2009年第4期，第102～113页；彭晓艺《明代里老人与官府互动解纷模式研究》，安徽大学硕士学位论文，2018。

④ 关于明代"圣谕六条"相关研究，参见赵克生《从循道宣诵到乡约会讲：明代地方社会的圣谕宣讲》，《史学月刊》2012年第1期，第42～52页；陈时龙《圣谕的演绎：明代士大夫对太祖六谕的诠释》，《安徽师范大学学报》2015年第5期，第611～621页；陈时龙《王恕的六谕诠释及其传播》，《西南大学学报》2020年第4期，第159～168页。

⑤ 参见（明）苏茂相辑，郭万春整理《新刻大明律例临民宝镜》，杨一凡主编《历代珍稀司法文献》第六册，社会科学文献出版社，2012，第233～561页。

并人烟凑集去处，晓谕民间子弟，八岁以上，务要令其熟读律令，解其意味。有司官每遇朔日，将社学教读严加考校，期成实效，勿视虚文。敢有不遵举行，定将子弟父母、教读一体罪及不恕。须示。①

与之类似，坊刻本《律条告示活套》直接以此为名，按律目顺序列举巡按、州县官员发布的各类律例告示。在内容方面与《临民宝镜》有多处重合，同是"讲读律令"条，文书结构基本一致，仅增加"奈何律令载于方策，若不晓谕讲读，不能入于人心。人心既得，皆知畏惧，斯无犯矣""其民间子弟，虽不为官为吏，亦知谨守法度，不敢轻犯"等教谕之语。②不同于《大明律》概言"凡国家律令，参酌事情轻重，定立罪名，颁行天下，永为遵守"③，告示能够以最直白、通俗的语言风格，将官方意志与相关规定贯彻到基层，从而实现国家法令在地方社会的传播与落实。明代律学文献广泛刊印该项内容，客观反映出地方榜示禁令对国家法律宣传的重要程度。

（二）约束地方时弊

嘉靖八年（1529），两淮御史朱廷立有言："禁约者，法之余也。君子以辅法焉。天下无不尽之法，而无不尽之弊也。是故有禁约焉，是可为法之辅也。"④ 在明代地方法律形式中，除了通过综合性条约、事宜进行宏观调控与约束外，更为常见的做法是根据当地实际需要而发布各种单行禁约，而禁约的发布载体多是榜示文书。嘉靖时期，海瑞任淳安知县时曾颁行"禁约"计三十一条，其原本形态是"节次告示，俱撮其要于后，以便小民遵守"⑤。

---

① （明）苏茂相辑，郭万春整理：《新刻大明律例临民宝镜》卷一《吏律·公式·讲读律令》，杨一凡主编《历代珍稀司法文献》第六册，第 264 页。
② 《重刻律条告示活套》，杨一凡、王旭主编：《古代告示榜文汇存》第二册，第 87 ～ 268 页。
③ 《大明律》卷三《吏律·公式·讲读律令》，怀效锋点校，法律出版社，1999，第 36 页。
④ （明）朱廷立等撰：《禁约》，刘笃才、杨一凡主编《古代地方法律文献·甲编》第四册，第 179～222 页。
⑤ （明）海瑞：《海瑞集》卷上《禁约》，第 187 页。

相较于劝谕告示的济世观念，禁约告示重点呈现地方社会亟须解决的重大问题。万历九年（1581），四川仪陇、剑阁等地均出现禁童婚示谕碑，碑文有言："都察院示谕军民人等知悉：今后男婚须年至十五六岁以上方许迎娶。违者父兄重责枷号，地方不呈官者一同枷责。万历九年十一月吉分巡道刻石。"① 同一时期在广东地区，岭东道针对盘获来华番徒、番僧发布告示："今后再不许轻信奸人之言，航海而来，触冒法禁，罪悔何及？戒之哉！发去示谕，可多抄誊张挂本国，一以见天朝浩荡之恩，又以见天朝严肃之法，而内夏外夷之大分正矣。"② 而万历时期山西地区的民居、衣冠、出行多见礼制僭越之处，扰乱国章，巡抚吴仁度据访发布《约束齐民告示》严行禁革，要求"该道严行各府州县刊刻告示，张挂通衢，仍以四事另造册簿，逐季开报，遵行有无违碍，善恶若而人，以凭施行。有司以此正风俗，本院即以验官评慎，勿视为虚文，挂壁了事，责有所归"③。

禁约告示以明确的禁止性规范为特征，同时展示出告示在应对时弊与突发状况下的灵活性与便捷性，有效地补足了国家法律在地方社会中的某些空白，为地方官员的有效治理提供了基本的制度支撑。隆庆时期，随州知州方扬发布《禁诬讼示》，提及"照今尔尚犹鳃鳃，守其故俗，诬讼不已，或受人钱财，代人申诉，或听人拨置，妄生事端，或贿市豪为奸，或通胥吏作弊，此不独下不知有身家，且上不知国法，愚懵甚矣。守奉三尺惟谨，岂敢违道，干誉长奸于民"④。万历二十九年（1601），

① 《禁止童婚碑》，原石在四川仪陇县双盘乡高石坎村，碑文参见高文等《四川历代碑刻》，四川大学出版社，1990，第263页；同样内容的碑石还见于重庆彭水鹿角镇善感乡龙绁村，参见李蚊蛟《明代禁止早婚的石刻告示》，《文物天地》1983年第3期，第15～25页。关于禁止早婚碑的相关研究还可参见任江、席凯《入赘、酗酒、早婚——通江县三通明清告示摩崖石刻考》，西安碑林博物馆编《碑林集刊》第十九辑，三秦出版社，2013，第227～237页。

② 文书原件粘于布，现存于西班牙皇家历史学院图书馆，编号为Chino9。文本内容引自马德里自治大学东亚研究中心《西班牙图书馆中国古籍书志》，上海古籍出版社，2010，第118页。

③ （明）吴仁度：《约束齐民告示》，杨一凡、王旭主编《古代告示榜文汇存》第一册，第582页。

④ （明）方扬：《方初菴先生集》卷十六《禁诬讼示》，《四库全书存目丛书·集部》第一五六册，第683页。

吴江知县刘时俊发现当地敝俗好奢尚鬼："好奢则虚文胜而实意漓，尚鬼则舍人事而崇诞妄，损财靡费，败化伤风"，故出台《禁约示》："赛神、赌博、聚众烧香等事，首宜禁止。其婚嫁桑祭之礼，宴会交际之文，再容酌议定"。① 明末徽州府歙县知县傅岩所撰《禁夜戏》《禁赛会》则是源自"徽俗最喜搭台观戏，此系轻薄游闲子弟，假神会为名，科敛自肥，及窥看妇女，骗索酒食，因而打行赌贼，乘机生事，甚可怜者，或奸或盗"。② "徽俗竞赛神会，因而聚集游手打行、凶强恶棍，不以无事为福，惟以有事有荣。或彼此夸奢，或东西争道，拳足不已，挺刃相仇。伤小则斗殴兴词，伤大则人命致讼。"③ 这些禁约告示以阐释利害与教化惩治为结合，在明确罚则的基础上，同时注重劝谕教化的引导宣传。

当然区别于理论层面，史料所见部分禁约告示的实际效果远未达到理想，甚至会产生负面作用。④ 此外，根据发布场所的环境因素、载体材质等差异，也会使得禁约告示在传递过程中发生变化并且影响信息传递的实质效能。⑤ 对于榜示禁约的效果，明代官员也未抱有一劳永逸的态度，王廷相将其评价为："风俗之美，虽云仓卒以难期；奸弊之端，或可提撕而有觉。"⑥ 嘉靖初年，东昌知府王杲发布《知东昌到任榜》引用真德秀"以四事谕勉同僚，而为民去其十害"为纲，列条十项榜示禁约，也有类似言语："粗举大端，皆出实意，非欲修饰边幅，掠取虚名，亦不敢取悦目前，希求近效。惟冀拯弊救偏，为吾民立长久之计，务农讲武；为圣上宽东顾之梦，惟尔父兄子弟幸相与共成之，傥能少补于涓埃，即当毕志于丘陇。"⑦ 此类言论频频出现在各类禁约起首，虽属谦卑之词，但也反映出榜示客观存在的局限性。即便如此，从明代地方官员反复地发布禁约告示

① （明）刘时俊：《禁约示》，杨一凡、王旭主编《古代榜文告示汇存》第一册，第611页。
② （明）傅岩著，陈春秀等点校：《歙纪》卷八《纪条示》，黄山书社，2007，第107页。
③ （明）傅岩著，陈春秀等点校：《歙纪》卷八《纪条示》，第109页。
④ 展龙：《明代告示传播机制与舆论功能》，《求是学刊》2017年第1期，第143~151页。
⑤ 连启元：《传播与空间：明代官方告示公布场所及其传播特性》，《明代研究》2006年第9期，第1~34页。
⑥ （明）王廷相著，王孝鱼点校：《王廷相集》第四册，第1166页。
⑦ （明）王杲：《迟庵先生文集》卷二《知东昌到任榜文》，四库未收书辑刊编纂委员会《四库未收书辑刊》第五辑第十九册，北京出版社，1997，第25页。

这一事实本身来看，不可否认榜示禁约已然成为明代地方治理的重要组成内容。①

三、 榜示裁判的作用与影响

在明代地方治理实践中，榜文告示一般为应急而发，通常在短时间内发挥作用，特别是在赈灾、应对突发事件时，事情过后即失去效力。② 此外，考虑到榜文告示一般由官员以个人名义发布，难免出现"人存政举，人亡政息"的局面。在官员离任之后，其任内所撰榜示文书更多地作为过往政绩被收录在官员文集的公移篇目中。如嘉靖年间，陈儒出任东昌知府，擢浙江副使，后改提督浙江学政，升山东布政使。在其文集中，《莅任条约》《分巡事宜》《学政条约》《总宪事宜》《分守事宜》《藩司事宜》分别对应其不同时期的官宦经历，誊录在任期间发布的各类公移与告示。③

但从当地百姓的角度来说，在长时段的区域活动中，民众往往会将官府发布的榜示规则作为维护秩序、传承规则的重要方式，在世代间努力延续。这一点，在水利争讼方面表现得最为明显。山西河津地区瓜峪、遮马峪、神峪被称为三峪地区，从明代开始，以清浊分用原则，满足上下游之间的用水需求："清水自泉出，浊水待天雨。"④ 这一规则的设定缘起于洪武二十二年（1389）五月，当地因用水产生纠纷，时任刑部右侍郎凌佐堂钦奉圣旨："山西河津县告水利，教的凌侍郎去整理，务要亲到水处相视

---

① 寺田浩明指出地方官以颁布告示为手段，为纯化风俗而积极地介入地区社会，试图对现存惯例进行改革。但是，因为他们既不拥有绝对权力，也无法彻底强制施行所颁布的禁令，导致告示"效果各不相同"。地方官在日常的治理中反复地发布告示，这一事实本身说明告示是能发挥一定作用的，但史料中也有对这种告示的"效果"评价相反的例子。参见［日］寺田浩明著，王亚新等译《权利与冤抑：寺田浩明中国法史论集》，清华大学出版社，2012，第 99 页。

② 杨一凡：《明代立法研究》，第 392 页。

③ （明）陈儒：《芹山集》卷二十二至卷三十，《北京图书馆古籍珍本丛刊》第 106 册，书目文献出版社，1998，第 147～251 页。

④ 张继莹：《明清山西方志的水利记载——以河津县"清浊分用"为中心》，张英聘主编《第三届中国地方志学术年会两岸四地方志文献学术研讨会论文集》，方志出版社，2014，第 800～802 页。

地势，明白定夺回来。"① 当月二十八日，凌佐堂到达河津县，二十九日前往纠纷发生地瓜峪等处踏勘渠道，随后拘唤人证到官，问招明白，依律决断。最后，正式划定瓜峪口清、浊两水用水规则及相应钱粮份额，以杜后争。在处理讼案之后，凌佐堂亲自撰写"约束榜文一道，令本县收挂，永为定式。敢有违者，治如禁约前项事理"②。该文详细记录案件经过、判决依据以及裁判结果，除张挂于县衙外，"合行出榜于僧楼等里常川张挂，遵守施行"③。至此，清浊分用的用水原则得以明确公示。

直至嘉靖十一年（1532），当地山水暴涨，崩入黄河。受此影响，当地水利原有秩序遭到破坏，争讼再起。至万历时期，官府主持兴修后，重申榜文规则提上日程。据万历二十八年（1600）《水利碑》记载，瓜峪口清浊两泉"业蒙我朝刑部侍郎凌公亲诣，将水治平。既经注案，理宜绘图勒石，以息讼争，并将使用上中下余浊水人户包纳钱粮开列于后"④。于是在碑阴处镌刻瓜峪当地水系图。万历三十九年（1611），在邑乡宦侯光生的倡议下，又将洪武榜文内容摹刻于石，并由官宦黄中色作序，另刻一石为专门说明。现两碑均佚，仅保留碑文，据《水利榜文叙》载：

> 地多水少，盖强者之所有余，而弱者之所不足也，则讼之所由起也，自国初而已然矣。至使官府不能决其讼，而搅及朝廷，且以仅圣祖之忧，敕下少司寇凌公，亲行其地，而定为清浊远近之例，且兼得其欺隐之地馀顷，而瓜峪之水均矣。于是疏为榜文，悬之僧楼等里，以示来兹。是后有讼水利者，辄取证于水榜，至今二百馀年，而所谓榜者为敝蓑矣！邑乡宦侯光生欲刻之于石，而虑碑碣皰系，或反于观

---

① ［日］井黑忍著，王睿译：《清浊灌溉方式具有的对水环境问题的适应性——以山西吕梁山脉南麓的历史事例为中心》，载刘杰主编《当代日本中国研究》第 3 辑，社会科学文献出版社，2014，第 218 页。

② ［日］井黑忍著，王睿译：《清浊灌溉方式具有的对水环境问题的适应性——以山西吕梁山脉南麓的历史事例为中心》，第 219 页。

③ 张俊峰：《晋南水利碑刻汇编》，山西大学中国社会史研究中心编《社会史研究》第五辑，商务印书馆，2018，第 296 页。

④ 张正明、［英］科大卫、王勇红主编：《明清山西碑刻资料选·续一》，山西古籍出版社，2007，第 187 页。

者不便也，则授之剞劂氏，会余视篆，因而嘱余叙之。余草野不文，即文矣，又非所以令山泽之田畯，家喻而户晓也。则直述其事如此，意在通俗，非为行远计也。事竣，装潢成帙，押之以印，遍给里之长老。其僧楼、午芹等里应使水之人各一帙，俾令尽知榜文之定例，而预消其争讼之萌。即有争讼者，各出自帙，而清浊先后之叙如指诸掌矣，何争之不化焉？是则侯先生嘉惠后人之意，而余之不敢贪其功也。然而修府治事，则长吏责也，作瓜峪水利榜文叙。①

据康熙《河津县志》记载："明户部侍郎凌公奉例兴修，榜谕更定，遵守无坏。"② 另在雍正《山西通志》中也特别提到"瓜峪水利榜文"③，据此可证明代"水利榜文"存在的事实。在地方官府、乡宦的双重视角下，榜文的重申是恢复当地水利秩序的关键所在，这不仅仅是对凌佐堂制定规则的认可，更体现出地方官民在规则公示上达成的某种一致性。

在浙江金华境内，由东汉辅国大将军卢文台率部修筑的"白沙溪三十六堰"，历代延修，引水灌溉。据当地留存文献所载，永乐六年（1408）、景泰七年（1456）、成化六年（1470）、成化十三年（1477）、清顺治十二年（1655）均有官府"给赐榜帖"的记录，其中留存相对完整的成化六年榜文注明，司府榜文的发布是因为白沙第一堰堰长的呈请："处州、遂昌、金华等处人民贩卖木植、撑放排扇及有蓄养鸬鹚、捕鱼人户撑放舠只，俱各节行到堰，拆坏堰道，及有水碓拥水捣米，各图利己，不思田禾损害。"④ 官府发布榜文不仅能将勘详定案的结果公示，也能够在一定程度上警示意图盗掘水堰者。但不同于前文的榜示条约与禁约，官府裁判的公示往往是为处理具体纠纷而应时发布。换言之，榜示之举并非官府的主动作为，而是在纷争出现时，对民间诉求的一种相对固定的应对措施。

---

① 张俊峰：《晋南水利碑刻汇编》，山西大学中国社会史研究中心编《社会史研究》第五辑，商务印书馆，2018，第300页。
② （清）马光远、（清）刘瑠嵩修：康熙《河津县志》卷一《山水》，国家图书馆藏康熙十一年刻本，第8b~10a页。
③ （清）觉罗石麟等修：雍正《山西通志》卷三十三《水利》，国家图书馆藏雍正十二年刻本，第35a页。
④ 钟世杰主编：《白沙古堰的历史与传说》，浙江工商大学出版社，2013，第229页。

同样在浙江省丽水市松阳县也发现了一批明清时期涉及水利的榜文，包括明代 2 件、清代 15 件，跨度自明天顺元年（1457）至清光绪九年（1883），其内容反映出明清时期当地水利建设的具体情况。其中最早的一件是天顺元年（1457）松阳县围绕金梁堰地方水利规则而发布的榜文，其背景是当地十五都、十六都共承金梁堰水源，并以地名杨汭定立汭石，照田多寡分派钱粮。但因天旱缺水，水堰两岸居民多次产生纠纷。据榜文记载，正统四年（1439）、景泰七年（1456）、天顺元年（1457），当地均有持械占夺水利的案件发生。地方官府在平息纷争后，都会拘集当地里老踏勘，重新划定界限并"给榜备照"，试图借助榜文的公示效果，恢复区域水利秩序。①

发展至清代，该区域的榜示内容除了争讼之外，主要体现在水利工程的修建上，如康熙二十年（1681）、康熙二十七年（1688）、嘉庆五年（1800）、道光十三年（1833）、光绪二年（1876）均有榜示文书的留存。据载，因洪水冲坏，田禾无收，当地堰长组织堰甲、百姓人等修筑堰塘。其虑恐人心不齐，便向官府乞赐榜示，着令地方居民人等"速将该地水栋听督首公派修筑。倘或顽梗不遵许该呈，指名呈县，以凭拿究。如督首派资不公，以及催筑不力，查出一并重究不贷"②。民间力量对权益秩序的危机意识是启动出榜程序的首要前提。榜示文书的公示属性，既能满足民间关于明晰权益关系的要求，又符合官府试图恢复秩序的想法，"给赐榜帖"也逐渐成为官民之间不可或缺的沟通方式。同时民间社会对榜示规则的文本存证，将即时禁令转化为长久执照，榜示规则也凭此能够突破时间限制，成为下一轮榜示申禁的有力依据。如此叠加累积，该区域的规则秩序也能够被认定与延续。

结　　论

长期以来，关于"地方官府发布的榜文告示是否属于地方法规"的讨

---

① 吴志标：《松阳古堰水事榜文》，《东方博物》2013 年第 3 期，第 108 页。
② 吴志标：《松阳古堰水事榜文》，《东方博物》2013 年第 3 期，第 110 页。

论不在少数。日本学者织田万对此持保留意见："盖所有告示，不必得以为法规。其属于事实行为者，不为法之渊源固无论。其属于法律行为，而兼处分之性质，则止于处理一时事件，固无法之效力也，又无拘束一般之效力也。"① 他认为只有告示内容属于法律行为、具备处分性质，又具有一般效力者，才可称为法规。按此说法，似乎只有禁约告示符合这一定义。②吴吉远、柏桦、卞利等学者则认为古代地方立法与司法权合二为一，地方官府钤印颁示的"告示"应是兼具行政管理和地方性行政法规之公务文书。③ 就效力而言，地方官府发布的榜示文书依靠国家强制力保证实施，自然具备相应强制性。但就规范层面而言，并非所有的告示都具备法律规范的构成要件，特别是仅起到教化作用的几句劝谕，难以界定性质。与其如此，不如回归到榜示文书的载体属性，直接以传播媒介的视角关注不同类型地方法令的适用与影响。

综合来说，榜示作为明代地方法律传播的形式主要体现在以下三个方面：首先，府州县官或抚按官员在到仕之初，会以榜示通衢的形式发布综合性法规，一般称作条约、事宜，用条款形式指明当地时弊，制定相应政策。其次，在处理应急、突发状况时，通过榜示单行禁约的方式，将阐释利害与教化惩治相结合，作为地方官员稳定局面、维持秩序的首要形式。最后，在地方司法审判环节，通过榜示两造权益、公示裁判内容的行为，实现对地方纠纷的化解，相关榜示规则也由此成为世代传承的区域定律。自明中后期以来，以榜示形式发布的地方法规数量日益增加，成为明代地方立法活动中不可或缺的组成部分。

不同于清代省例是由官方主持的法令集成，明代地方榜示法规散见于不同官员的文集中。作为私人汇编形式保留的政务记录，虽然无法从规范

① ［日］织田万撰：《清国行政法》，李秀清、王沛点校，中国政法大学出版社，2003，第66页。
② 王志强认为，告示禁约是历代官员袭用制定"土政策"的重要形式，在其权力范围内以为政之名，行立法之实。参见王志强《论清代条例中的地区性特别法》，《复旦学报》2000年第1期，第109~116页。
③ 吴吉远：《清代地方政府的司法职能研究》，中国社会科学出版社，1998，第45页；柏桦：《明代州县政治体制研究》，中国社会科学出版社，2003，第168页；卞利：《清代地方官府告示研究》，张新民主编《探索清水江文明的踪迹——清水江文书与中国地方社会国际学术探讨会论文集》，巴蜀书社，2014，第851~868页。

层面论证榜示法规的整体特征，但能够更加真实地展示出榜示主体对于榜示功能的理解与认知。在袁黄所撰《宝坻政书》中，榜示文书除了见载于刑书篇外，还分别载于御吏、积贮、赋役、刑书、马政、救荒等门类，[①]足以彰显榜示法令在明代地方治理层面的广泛应用。在此基础上，官府辅以宣讲、教谕、警诫等举措，能够实现各类政令的深度传播，进而生成或维系某种共享的意识形态。在此过程中，由地方官府或长官发布的、适用于本地范围内的综合条约、单一禁约以及裁判规则，经由榜示晓谕后，也逐渐具备了超出法令载体以外的治理综合职能。

---

① （明）袁黄：《宝坻政书》卷六，刘笃才、杨一凡主编《古代地方法律文献·甲编》第六册，第 57~59、70~71、214~215、328~329、353~354 页。

《中国古代法律文献研究》第十九辑
2024 年，第 259~276 页

《刑台法律》关于《大明律》
注释的来源*

孙　旭**

摘　要：《刑台法律》属于明代司法应用类律书。《刑台法律》关于《大明律》的注释，与《读律琐言》多有相似之处，但并非直接引用，而是通过《折狱指南》间接引用。《刑台法律》对《大明律》的注释，除了参考《折狱指南》，还参考《致君奇术》，有时还将《折狱指南》《致君奇术》与《龙头律法全书》的内容综合起来，形成新的注释。《刑台法律》关于《大明律》的注释，是在明确的编撰理念的指导下进行的：解释字词，给出具体的惩处结果，较少揭示惩处原因，一般不进行法理上的探讨。这与司法应用类律书注重实践，故而追求明确、简洁有关。

关键词：《刑台法律》　《大明律》　注释　来源

《鼎镌六科奏准御制新颁分类注释刑台法律》（以下简称"《刑台法律》"）二十一卷，首卷一卷、附卷一卷、副卷一卷、正文十八卷。明代

---

* 本文为全国高校古籍整理研究工作委员会项目"《刑台法律》点校与研究"（1219）、国家社会科学基金中国历史研究院重大历史问题研究专项重大项目"中国古代地方治理的理论与实践及借鉴"（LSYZD21006）阶段性成果。
** 中国政法大学法律古籍整理研究所副教授。

刑部尚书沈应文校正，刑科都给事中萧近高注释，给事中曹于汴参考。书前有明神宗时期巡按福建监察御史徐鉴序。中国国家图书馆藏有该书万历三十七年（1609）熊氏种德堂刻本（朱颐年收藏），[①] 中国书店于1990年收入"海王邨古籍丛刊"影印出版。日本蓬左文库、尊经阁文库亦有该书藏本。

《刑台法律》辑录《大明律》《问刑条例》以及相关的注释、判语、告示等，以便司法实践。该书"首卷"不分栏，包括"真犯杂犯死罪"，以及"六赃图""附在京纳赎诸例图"等图表。附卷、副卷、正文三部分均分上、下两栏。"附卷"下栏是"行移体式"，上栏是"串招字眼""第一抬头字样式"等。"副卷"下栏先是"为政规模节要论""刑名启蒙集要""金科玉律""六赃总类歌"，然后是《大明律》"名例律"的律文、注释；上栏是"钦定时估例""金银铜锡珠玉类"等。正文十八卷：前十六卷，下栏为《大明律·名例律》之后的律文、"拟罪条例"以及"问曰""答曰"，上栏为相应的"告示""判语""具招条例"；十七、十八卷，下栏为《洗冤集录》《无冤录》，上栏为"新增孔部元法四六参语""重增审参法语""新增案断审参"等。

《刑台法律》属于司法应用类律书。明代律学于嘉靖至崇祯年间多有发展，出现辑注类、司法应用类、便览类、歌诀类、图表类律书。[②] 较之其他类别的律书，司法应用类律书在《大明律》《问刑条例》的注释上更强调法律适用，致力于"招由"写作方法的探讨，大量收录告示、判语、参语样本，给出各级官府行移样本，附以《洗冤集录》《无冤录》等尸伤检验书籍，体现出较强的"实用性"特点。

明代司法应用类律书在编撰上呈现出一个显著特点——"和而不同"，即后出的律书，对辑注类律书、先出的同类律书以及其他专门性书籍（如告示集、判语集）等多有因袭，但同时又有不同程度的改动与发展。在笔者所知的9部明代司法应用类律书中，《刑台法律》独具特色：参与编撰者的官职最高，奉皇帝之命"御制新颁"；内容最简洁，专注于司法而不涉及行政；格式最规范，以目录相统摄；使用最方便，上下栏对应明显。对

① 索书号：\ D929.48 \ 10。
② 李守良：《明代私家律学著述探析》，《档案》2016年第5期，第46页。

于《大明律》的注释，最能见出各司法应用类律书的特色与传承，下面考察《刑台法律》关于《大明律》注释的来源以见之。

一、 通过《折狱指南》①间接引用《读律琐言》②

《刑台法律》对《大明律》的注释，有很多与《读律琐言》相同或近似。《读律琐言》是明嘉靖年间一部很重要的辑注类律书，撰者雷梦麟曾任刑部员外郎、刑部山东清吏司郎中、刑部主事、山东按察使等职。刊刻于《刑台法律》之前的几部司法应用类律书——《龙头律法全书》《致君奇术》《三台明律》③《折狱指南》，都不同程度地对其加以引用。那么，《刑台法律》是直接引用《读律琐言》，还是通过他书间接引用？

通过比较可知，在几部司法应用类律书中，《刑台法律》关于《大明律》的注释，与《折狱指南》最为接近。而《折狱指南》与《读律琐言》不同时，《刑台法律》多与《折狱指南》相同。

（一）与《折狱指南》全同

《折狱指南》在引用《读律琐言》的同时，有时还增加注释，而《刑台法律》与《折狱指南》全同。

以对"私出外境及违禁下海"的注释为例（加重处为《折狱指南》较《读律琐言》增加处）。

《读律琐言》	《折狱指南》
《琐言》曰：军需、铁货，虽兵仗所资，犹未造成军器，与夫马牛、铜钱、段匹、丝绵等项货物，出境货卖及下海，在此不过图利，在彼不过为日用之利而已，故杖一百。受雇与挑担驮载之人，减一等。物货并所载之船车，并	凡将马牛、军需、铁货、铜钱、段匹、绸绢、丝绵，私出外境货卖及下海者，杖一百。挑担驮载之人，减一等。（物）货〔物〕、船车，并入官。于内以十分为率，三分付告人充赏。军需、铁货，虽兵仗所资，犹未造成军器，与夫马牛、铜钱、段匹、丝绵等项货物，出境货卖及下海，在此不过图利，在彼不过为日用之利而已，故

① 该书全称为《镌御制新颁大明律例注释招拟折狱指南》，中国国家图书馆藏明金陵书坊刻本。索书号：SBA01416。
② 杨一凡编：《中国律学文献》第四辑，第二、三册，社会科学文献出版社，2007。
③ 三部书的全称分别为《镌大明龙头便读傍训律法全书》《大明律例致君奇术》《新刻御颁新例三台明律招判正宗》。

《读律琐言》	《折狱指南》
入官。于货物内，以十分为率，给三分与告人充赏。若将人口、军器出境下海，则藉寇兵而助盗人矣，故绞。因而走泄本国事情与外夷者，斩。拘该官司，谓犯人本管应该拘束衙门，及所经过关津守把之人，通同夹带前项货物及知情故纵者，并与犯人同罪，至死者，减一等。	杖一百。受雇与挑担驮载之人，减一等。物货并所载之船车，并入官。于货物内，以十分为率，给三分与告人充赏。若将人口、军器出境及下海者，绞。因而走泄事情者，斩。其拘该官司及守把之人，通同夹带，或知而故纵者，与犯人同罪。若将人口、军器出境下海，则构寇兵而助盗人矣，故绞。拘该官司，谓犯人本管应该拘束衙门，及所经过关津守把之人，通同夹带前项货物及知情故纵者，并与犯人同罪，至死，减一等。失觉察者，减三等，罪止杖一百。军兵，又减一等。**失觉察者，承上拘该管官司及把守之人两下说。又减一等，罪止杖九十。**

　　《读律琐言》的注释方式为"后注"——附于全部律文后，《折狱指南》的注释方式多为"夹注"——夹于律文之中，《折狱指南》将《读律琐言》的注释分别插入相应的律文后，又在律文最后"失觉察者，减三等，罪止杖一百。军兵，又减一等"处——《读律琐言》对此没有注释，增加注释："失觉察者，承上拘该管官司及把守之人两下说。又减一等，罪止杖九十。"

　　《刑台法律》的注释方式为"夹注"，该条注释与《折狱指南》全同。

（二）与《折狱指南》大部分相同

　　《折狱指南》不仅增加《读律琐言》的注释，还进行删减、改写，而《刑台法律》与《折狱指南》大部分相同。

　　以对"增减官文书"的注释为例（不计"傍注"与个别字词的不同。加重处为《折狱指南》较《读律琐言》增加处，斜体字为《读律琐言》与《折狱指南》相对的删减处，楷体字为《读律琐言》与《折狱指南》相对的改写处）。

《读律琐言》	《折狱指南》
《琐言》曰：各衙门官文书，凡有应行事情，皆掌印官裁定。若裁定之后，有人增减情节字样者，杖六十。因有规避而增减者，其规避之罪轻于杖六十者，止以增减之罪坐之；其规避杖以上，各加所规避本罪二等，罪止杖一百、流三千里。未施行者，于各加本罪	凡增减官文书者，杖六十。各衙门官文书，若掌印官裁定之后，有人至徒流。所规避本罪。增减情节字样者，杖六十。若有所规避，杖罪以上，各加本罪二等，罪止杖者一百、流三千里。有规避、增减者，其规避之罪轻于杖六十者，止加增减罪坐之，其规避杖以上者，各加规避本罪二等，罪止杖一百、流三千里。如官吏给假限满，无故不还职役，该杖八十，将原限增减以规避违限之罪，合依杖八十本罪上加二等，杖一百。若此之类，谓之各〔加〕本罪二等。若增减

《读律琐言》	《折狱指南》
二等上减一等。规避死罪，依原犯死罪常律，无所用其加矣。其当该官吏，自有所避之罪，而故自增减原定文案者，罪与他人增减同。若只增减以迟错之罪，别无规避者，笞四十。若官府行移文书，误将军马、钱粮、刑名重事，紧关字样，传写失错而洗补改正者，主典吏笞三十。首领官失于照勘对同者，减主典吏一等。若洗补改正字样干碍调拨军马，及供给边方军需、钱粮数目，其事重者，首领官、吏典皆杖八十。其当该官吏有所规避而故为改补者，以增减官文书论。各于所规避之罪上加二等。未施行者，减已施行罪一等。因而调拨军马不敷，供给军需不足，以致失误军机者，不问故改、失错，并斩。若官吏自行增减文书而无所规避，及常行字样偶然误写者，皆勿论。	无规避，及有所规避笞罪者，止依本律杖六十科，皆从重而不从轻也。未施行者，各减一等。**各字，止承杖罪以上一边说**。谓就各本罪二等上减一等，**杖九十**。规避死罪者，依常律。依原犯死罪常律。其当该官吏自有所避，增减文案者，罪同。其当该官吏自有罪，而故自增减原定文案者，罪与他人增减同。若增减以避迟错者，笞四十。**若增减以避迟错之罪，别无规避者，笞四十。○若行移文书，误将军马、钱粮、刑名重事，紧关字样，传写失错如军马紧关字样，"一万" 失为 "一千"；钱粮紧关字样，"厶库" 失错为 "厶厩"；刑名紧关字样，"追夺" 错写为 "免追"。** 而洗补改正者，吏典笞三十，首领官失于对同，减一等。传写失错而洗补改正者，**犹有畏惧之心，亦失不谨，（典）吏〔典〕笞三十，首领官失于照勘对同者，减吏典一等，笞二十**。干碍调拨军马，及供给边方军需、钱粮数目者，首领官、吏典皆杖八十。若有规避，故改补者，以增减官文书论。若干碍调拨军马、边方军需钱粮数目，事重者，首领官、吏典皆杖八十。其当该官吏有所规避而故为改补者，以增减官文书论。**杖罪以上，各加本罪二等，罪止杖一百、流三千里。原犯死罪，依常律。此军务重情，从重论也**。未施行者，各减一等。**各减一等，如改补军马、钱粮、刑名文书，未施行者，吏典笞二十，首领官笞一十。干碍调拨军马，未施行者，首领、吏典皆杖七十。若有规避，未施行者，减增减官文书一等**。因而失误军机者，无问故、失，并斩。**若改补文书不真，所司涉疑，因而调拨军马不敷，供给军需不足，以致失误军机者，不问故改、失错，并斩。若无规避及常行字样，偶然误写者，皆勿论**。若行移文书无规避，及常行字样一时偶然误写者，皆勿论。

1. 增于《读律琐言》者 7 处

(1)《读律琐言》的注释——"其规避杖罪以上，各加所规避本罪二等，罪止杖一百、流三千里"后，《折狱指南》增加："如官吏给假限满，无故不还职役，该杖八十，将原限增减以规避违限之罪，合依杖八十本罪上加二等，杖一百。若此之类，谓之各〔加〕本罪二等。若增减无规避，及有所规避笞罪者，止依本律杖六十科，皆从重而不从轻也。"

分析：《折狱指南》为"规避杖罪以上"举出具体的例子——"如官吏给假限满，无故不还职役"；同时给出如"增减无规避，及有所规避笞罪者"的惩处结果——"止依本律杖六十科"；并揭示如此惩处的原因——"皆从重而不从轻也"。

(2) 对《读律琐言》的注释——"未施行者，于各加本罪二等上减一等"，《折狱指南》增加："各字，止承杖罪以上一边说。……杖九十。"

分析："各字，止承杖罪以上一边说"，是《折狱指南》对律文中

"各"字的解释；"杖九十"，是给出具体的惩处结果。

（3）对《读律琐言》未予注释的"若行移文书，误将军马、钱粮、刑名重事，紧关字样，传写失错"，增加注释道："如军马紧关字样，'一万'失为'一千'；钱粮紧关字样，'厶库'失错为'厶厩'；刑名紧关字样，'追夺'错写为'免追'。"

（4）《读律琐言》的注释——"传写失错而洗补改正者"后，《折狱指南》增加："犹有畏惧之心，亦失不谨。"

分析：《折狱指南》对"传写失错而洗补改正者"的心理加以分析。

（5）《读律琐言》的注释——"首领官失于照勘对同者，减主典吏一等"后，《折狱指南》增加："笞二十。"

分析：《折狱指南》给出具体的惩处结果。

（6）对《读律琐言》的注释——"各于所规避之罪上加二等"，《折狱指南》增加："杖罪以上，……罪止杖一百、流三千里。原犯死罪，依常律。此军务重情，从重论也。"

分析：较之《读律琐言》，《折狱指南》将"规避之罪"细致区分为"杖罪以上""原犯死罪"两种情形，分别给出具体的惩处结果——"罪止杖一百、流三千里"与"依常律"，并揭示如此惩处的原因——"此军务重情，从重论也"。

（7）在《读律琐言》的注释——"因而调拨军马不敷，供给军需不足"前，《折狱指南》增加："若改补文书不真，所司涉疑。"

分析：《折狱指南》增加限定性用语，表达更准确。

2. 删减《读律琐言》者 2 处

（1）《读律琐言》开头的六句——"各衙门官文书，凡有应行事情，皆掌印官裁定。若裁定之后，有人增减情节字样者，杖六十"，《折狱指南》删减为四句——"各衙门文书，若掌印官裁定之后，有人增减情节字样者，杖六十"。

分析：《折狱指南》的删减，使句子间的联系更紧密。

（2）《读律琐言》的注释——"规避死罪，依原犯死罪常律，无所用其加也"，《折狱指南》删减为"依原犯死罪常律"。

分析：《读律琐言》此句是对律文"规避死罪者，依常律"的注释。

因《读律琐言》是"后注"，有时需适当引用原文，以便加强前后文的联系，而《折狱指南》是"夹注"，紧邻原文，不必特意强调。

3. 改写《读律琐言》者 1 处

《读律琐言》的注释——"未施行者，减已施行罪一等"，《折狱指南》改写为："各减一等，如改补军马、钱粮、刑名文书，未施行者，吏典笞二十，首领官笞一十。干碍调拨军马，未施行者，首领、吏典皆杖七十。若有规避，未施行者，减增减官文书一等。"

分析：《折狱指南》的改写，属于举例子，将"未施行者"细致区分为三种情形——"改补军马、钱粮、刑名文书""干碍调拨军马""若有规避"，并分别给出具体的惩处结果——"吏典笞二十，首领官笞一十""首领、吏典皆杖七十""减增减官文书一等"。

此条注释里，《折狱指南》对《读律琐言》进行了如此多的增加、删减、改写，《刑台法律》除了删除《折狱指南》开头的两处傍注——"全徒流""所规避本罪"，其余全与《折狱指南》相同。

综上可以断定，《刑台法律》是通过《折狱指南》，间接引用了《读律琐言》关于《大明律》的注释。

此外，《刑台法律》与《折狱指南》同属于司法应用类律书——除了解释《大明律》《问刑条例》，还附以法律答问、判语、告示等，而《读律琐言》属于辑注类律书，以注释《大明律》为主，没有法律答问、判语等类内容。通过比较可知，《刑台法律》对《折狱指南》中的判语、告示等，也多有引用。既然《读律琐言》的很多内容已为《折狱指南》所筛选，而《折狱指南》同时又能提供《读律琐言》不具备的内容，对于《刑台法律》来说，引用《折狱指南》更为便利。这也从另一角度证实了《刑台法律》中关于《读律琐言》的内容，间接来自《折狱指南》。

二、 参考《致君奇术》①

《刑台法律》关于《大明律》的注释，除了部分内容与《折狱指南》

---

① 日本内阁文库藏明刻本。索书号：史 100—0006。

相同，还有与《致君奇术》相同的情况。《致君奇术》为明万历年间的一部司法应用类律书，注重对律文字词的解释，篇幅适当，便于《刑台法律》参考。

以对"库秤雇役侵欺"的注释为例。《致君奇术》《折狱指南》对此均有注释（加重处为二书相同处）。

《致君奇术》	《折狱指南》
凡仓库、务场、局院，如都税司、草场、织染局（院）之类。库秤、斗级，若雇役之人，此雇役之人，虽本应当库秤、斗级者，然业已受人之雇，主守其事矣。侵欺、即监守盗仓库钱粮律。借贷、即私借钱粮律。移易移此就彼，即抵换官物律。系官钱粮，俱引盗边海腹里永远充军例。并以监守自盗论。一贯以下杖八十。至四十贯，值银五钱，斩，系杂犯，准徒五年。 若雇主同情，分受赃物者，雇役偷盗，而雇主同情，分受赃物者。罪亦如之。罪与前同，准徒五年。其知情，不曾分赃，而扶同申报瞒官，知其雇役侵欺之情，不曾与伊分赃，止是扶同申报，欺妄官司者。及不首告者，及知而不首官者。减一等，罪一贯以下杖七十，赃虽多止杖一百；不知（情）者，不坐。	凡仓库、务场、局院，库秤、斗级，若雇役之人，侵欺、借贷、移易系官钱粮，并以监守自盗论。雇役之人，虽非应当库秤、斗级者，然业已受人之雇，主守其事矣。侵欺者，即监守盗仓库钱粮律；借贷，即私借钱粮律；移易者，移此易彼，即抵换官物律。与那移还充官用不同，故并以监守自盗论其罪。 若雇主同情，分受赃物者，罪亦如之。其雇主同情分赃，雇主虽不在主守，亦以监守自盗论，故曰"罪亦如之"。其知情，不曾分赃，而扶同申报瞒官，及不首告者，减一等，罪止杖一百；不知者，不坐。若雇主知情，不分赃，而扶同申报瞒官，及不首告者，虽不免为雇工人隐，而实无盗情，减雇役盗罪一等，罪止杖一百，免刺。曰同情者，同有盗情也；曰知情者，知有盗情也。

《致君奇术》《折狱指南》的区别如下。

（一）《致君奇术》多出《折狱指南》3 处

1. 对"凡仓库、务场、局院"的注释——"如都税司、草场、织染局（院）之类"。

分析：《致君奇术》注重对字词的解释。

2. 对"（若雇役之人，侵欺、借贷、移易）系官钱粮"的注释——"俱引盗边海腹里永远充军例"。

分析：《致君奇术》注重交代具体的惩处依据。

3. 对"（若雇主同情，分受赃物者）罪亦如之"的注释——"准徒五年"。

分析：《致君奇术》注重给出具体的惩处结果。

（二）二书不同处 2 处

1. 对于"并以监守自盗论"的注释，《致君奇术》为"一贯以下杖八十。至四十贯，值银五钱，斩，系杂犯，准徒五年"，《折狱指南》为"与那移还充官用不同，故并以监守自盗论其罪"。

分析：《致君奇术》注重给出具体的惩处结果，《折狱指南》强调揭示惩处原因。

2. 对于"其知情，不曾分赃，而扶同申报瞒官，及不首告者，减一等，罪止杖一百；不知者，不坐"的注释，《折狱指南》较《致君奇术》多了"虽不免为雇工人隐，而实无盗情，减雇役盗罪一等，罪止杖一百，免刺。曰同情者，同有盗情也；曰知情者，知有盗情也"，少了"一贯以下杖七十，赃虽多"。

分析：《致君奇术》注重给出具体的惩处结果；《折狱指南》强调揭示惩处原因，以及对"同情""知情"的解释。

可见，《致君奇术》较《折狱指南》更注重对字词的解释，但如果是相对熟知的字词，则不予解释。另外，《致君奇术》强调给出具体的惩处结果（惩处依据），但不注重揭示惩处原因。此条注释，《刑台法律》与《致君奇术》全同，是认可这些内容的。

此外，如果《折狱指南》没有注释，《刑台法律》也会参考《致君奇术》。如"钞法""钱法"条，《折狱指南》未予注释，《致君奇术》有注释，《刑台法律》与《致君奇术》全同。

三、 综合《折狱指南》《致君奇术》等书

《刑台法律》对《大明律》的注释，除了参考《折狱指南》或《致君奇术》，有时还将几部律书综合起来，形成新的注释。

（一）综合《折狱指南》《致君奇术》

《刑台法律》经常将《折狱指南》《致君奇术》关于《大明律》的注

释综合起来。

以对"违禁取利"的注释为例（加重处为《刑台法律》分别与二书相同处）。

《折狱指南》	《致君奇术》	《刑台法律》
凡私放钱债及典当财物，每月取利，并不得过三分。年月虽多，不过一本一利。违者，笞四十。以余利计赃重者，坐赃论，罪止杖一百。每月取利，不得过三分，年月虽多，不过一本一利。如借本钱一百贯，每月取利钱三十文，计三十三个月零十日，则利钱已该一百贯，利本相停，是谓一本一利。违者，笞四十。计所取余利为赃，其罪重于笞四十者，坐赃论。至八十贯之上，罪止杖一百。	凡私放钱债及典当财物，每月取利，并不得过三分。年月虽多，不过一本一利。一两还二两，谓之本利。违者，笞四十。以余利以多取一本一利之外。计赃重者，坐赃论，罪止杖一百。计赃重者，一贯以下笞二十，至八十贯之上，值银一两，罪止杖一百。	凡私放钱债及典当财物，每月取利，并不得过三分。年月虽多，不过一本一利。违者，笞四十。每月取利，不得过三分，年月虽多，不过一本一利。如借本钱一百贯，每月取利钱三十文，计三十三个月零十日，则利钱已该一百贯，利本相停，是谓一本一利。违者，笞四十。以余利计赃重者，坐赃论，罪止杖一百。计所取余利为赃，其罪重于笞四十者，坐赃论。至八十贯之上，罪止杖一百。
○若监临官吏于所部内举放钱债，典当财物者，杖八十。违禁取利，以余利计赃重者，依不枉法论。监临官吏放债、典当与部民，收取其利者，虽无多取余利，亦杖八十。若多取余利者，计赃，依不枉法论。○按：《刑律》"在官求索借贷人财物"条云：若将自己物货散与部民，多取价利，并计余利，准不枉法论。与此条情罪不异，亦合依准不枉法科之。但依此，须议还职役；作以枉论，合将官吏问革职役，二说从前为是。	若监临官吏谓司府卫州县职掌之官吏。于所部内管辖地方。举放钱债，典当财物者，纵不多取余利，亦有假势损人。杖八十。违禁取利，三分之外。以余利计赃重者，以多得一本一利之外计赃重者。依不枉法论。一贯以下杖六十，至一百二十贯，值银一两五钱，杖一百、流三千里。收赎附让，各还职役。	○若监临官吏于所部内举放钱债，典当财物者，杖八十。违禁取利，以余利计赃重者，依不枉法论。监临官吏放债、典当与部民，收取其利者，虽无多取余利，亦杖八十。若多取余利者，计赃，依不枉法论。○按：《刑律》"在官求索借贷人财物"条云：若将自己物货散与部民，多取价利，并计余利，准不枉法论。与此条情罪不异，亦合依准不枉法科之。但依此，须议还职役；作以枉论，合将官吏问革职役，二说从前为是。
○并追余利给主。其所多取之余〔利〕，并追给主。并字，通承前项私放钱债及监临官吏放债、违禁取利两下说。	○并追余利给主。并字，通上而言。	○并追余利给主。其所多取之余利，并追给主。并字，通上而言。
○其负欠私债，违约不还者，五贯以上，违三月笞一十，每一月加一等，罪止笞四十；五十贯以上，违三月笞二十，每一月加一等，罪止笞五十；二百五十贯以上，违三月笞三十，每一月加一等，罪止杖六十。并追本利给主。其负欠、违约不还者，各以所欠多寡，计月科罪。若在三十三个月零十日之内，以月利三分计；若出三十三个月零十日之外，则本与利相等也，故并追本利给主。并字，亦总承上三下说，谓已上治罪，虽有轻重，而并追其所借之本钱、所欠之利息，给还放债之主。	○其负欠私债，指债户言。违约不还者，如原借文约限至十月，而过期不还。五贯以上，值银六分二厘五毫。违三月笞一十，每一月计六个月。加一等，罪止笞四十；五十贯以上，值银六钱二分五厘。违三月笞二十，每一月共六个月。〔加一等，罪〕止笞五十；二百五十贯以上，值银三两乙钱二分五厘止。违三月笞三十，每一月共六个月。加一等，罪止杖六十。并追本利给主。并字，亦总承上三下说。	○其负欠私债，违约不还者，五贯以上，违三月笞一十，每一月加一等，罪止笞四十；五十贯以上，违三月笞二十，每一月加一等，罪止笞五十；二百五十贯以上，违三月笞三十，每一月加一等，罪止杖六十。并追本利给主。其负欠、违约不还者，各以所欠多寡，计月科罪。若在三十三个月零十日之内，以月利三分计；若出三十三个月零十〔日〕之外，则本与利相等也，故并追本利给主。并字，亦总承上三下说。

《折狱指南》	《致君奇术》	《刑台法律》
〇若豪势之人，不告官司，以私债强夺去人孳畜、产业者，杖八十。若估价过本利者，计多余之物，坐赃论，坐赃者，全科。五百贯之上，罪止杖一百、徒三年。依数追还。若豪强之人，因其违约不还，不告官私而强夺人孳畜、产业者，杖八十。若估价过本利，计所多余之利，坐赃论。依所多余之数，追物还主。不言准折孳畜、产业者，利价相应，两相情愿者，勿论。	若豪势之人，查将官粮并官军俸粮领去例。不告官司，以私债强夺去人孳畜、产业者，杖八十。若估价过本利者，如少，本利共五两，若估物件抵还，而过于五两之外者。计多余之物，坐赃论，一贯以下笞二十。多至五百贯、值银六两二钱五分，罪止律，杖一百、徒三年。依数追还。依所多余之物，追物还主。	〇若豪势之人，查将官粮并官军俸粮领去。不告官司，以私债强夺去人孳畜、产业者，杖八十。若估价过本利者，如少，本利共五两，若估物件抵还，而过于五两之外者。计多余之物，坐赃论，一贯以下笞二十。多至（十）〔五〕百贯、值银六两二钱五分，罪止律，杖一百、徒三年。依数追还。依所多余之物，追物还主。
〇若准折人妻妾、子女者，杖一百；强夺者，加二等。杖七十、徒一年半。因而奸占妇女者，绞。人口给亲，私债免追。若准折妻妾、子女者，虽其利价相应，亦杖一百。盖妻妾、子女，天性至爱，非有逼（追）〔迫〕不得已之情，决不听其准折也。若有以私债强夺人妻妾、子女者，加准罪二等，因强夺而奸占其妻妾及子女者，绞。其所准折及强夺人口给亲，私债免追，恶其强而奸占也。	若准折人妻妾、子女者，杖一百；强夺者，加二等。杖七十、徒一年半。因而奸占妇女者，绞。秋决。人口给亲，夺占人口，给亲领回。私债免追。原借批约，追出涂抹。	若准折人妻妾、子女者，杖一百；强夺者，加二等。杖七十、徒一年半。因而奸占妇女者，绞。秋决。人口给亲，夺占人口，给亲领回。私债免追。原借批约，追出涂抹。

开头至"罪止杖六十。并追本利给主"，《刑台法律》引用《折狱指南》，但据《致君奇术》替换了个别内容——以《致君奇术》的"并字，通上而言"，替换《折狱指南》的"并字，通承前项，私放钱债及监临官吏放债、违禁取利两下说"；以《致君奇术》的"并字，亦总承上三下说"，替换《折狱指南》的"并字，亦总承上三下说，谓以上治罪，虽有轻重，而并追其所借之本钱、所欠之利息，给还放债之主"。从"若豪势之人，不告官司"至结尾，《刑台法律》则全引《致君奇术》。

此外，《刑台法律》有时还穿插引用《折狱指南》《致君奇术》。

如对"宫内忿争"的注释（加重处为《刑台法律》分别与二书相同处）：

《折狱指南》	《致君奇术》	《刑台法律》
凡于宫内忿争者，笞五十；宫禁之内，和敬以事上，犹恐臣职之不供也，而可以逞私忿而辄争闹哉？故但争，即笞五十。	凡于宫内忿争者，皇城门内，谓之宫内。此指外人、官僚，于宫禁之内逞私争闹者。笞五十；	凡于宫内忿争者，笞五十；皇城门内，谓之宫内。此指外人、官僚，于宫禁之内逞私争闹，故笞五十。

续　表

《折狱指南》	《致君奇术》	《刑台法律》
声彻御在所及相殴者，杖一百。相殴而声彻御在所者，则又无所忌惮矣，及相殴者，杖一百。折伤以上，加凡斗殴伤二等；殴人至折伤以上，既无畏忌，且损伤于人，（如）〔加〕二等。如折人一齿，杖一百，于宫内相殴、折一指，杖七十、徒一年半之类。 殿内，又递加一等。如忿争，杖六十。声彻御在所及相殴，并杖六十、徒一年。折伤以上，加二等，杖八十、徒二年。被殴之人，虽至残、废、笃疾，但相殴者，仍拟杖一百，收赎。笃疾之人，与有罪焉，故律不断财产养赡。	声彻御在所及相殴者，因争间之声通于御在所，及相殴打者，全无忌惮之心也。杖一百。折伤以上，加凡斗伤二等；如折一齿、手足一指，本律杖一百，加二等，杖七十、徒一年半。被殴之人，仍杖一百。 殿内，又递加一等。奉天门内，谓之殿内，天颜咫尺之地，天颜咫尺。若相殴者，杖六十、徒一年；折伤者，杖八十、徒二年。被殴之人，虽至残疾、笃疾，但相殴者，仍拟杖一百，收赎。笃疾之人，不给财产。	声彻御在所及相殴者，杖一百。相殴而声彻御在所者，则又无所忌惮矣，及相殴者，杖一百。折伤以上，加凡斗殴伤二等；殴人至折伤以上，既无畏忌，且损伤于人，加二等。如折人一指，杖一百，于宫内相殴、折一指，杖七十、徒一年半之类。 殿内，又递加一等。奉天门内，谓之殿内。此又深严之地，天颜咫尺。若相殴者，杖六十、徒一年；折伤者，杖八十、徒二年。被殴之人，虽〔至〕残疾、笃疾，但相殴者，仍拟杖一百，收赎。（疾）笃〔疾〕之人，不给财产养赡。

《刑台法律》先引用《致君奇术》，再引用《折狱指南》，又引用《致君奇术》——将对二书的引用穿插起来，同等对待，而没有用一书内容代替另一书内容。

（二）综合《折狱指南》《致君奇术》与《龙头律法全书》[①]

《刑台法律》关于《大明律》的注释，除了综合《折狱指南》《致君奇术》，有时还加入《龙头律法全书》的内容，形成对三书注释的综合。

以对"威逼人致死"的注释为例（加重处为《刑台法律》分别与《折狱指南》《致君奇术》相同处）。

《折狱指南》	《致君奇术》	《刑台法律》
凡因事威逼人致死者，杖一百。因事威逼人致死者，全看"因事威逼"四字。盖其死必因其事，其事必用其威。虽（其）〔因〕事而死，必有逼迫不堪之情，方坐以杖一百之罪，追给埋葬。今问刑者多因律罪稍轻，容易加人，而不察埋葬银十两，已包三年之徒工矣。律于人命，岂轻也哉？若其人本不肯就死地，而威力之人逼令自缢，或推拥溺水，则又故杀，非威逼者。	凡因事威逼人致死者，杖一百。要详看尔之威势逼加，我受迫不得已而致于死，方坐以杖一百之罪，追埋葬银两。若人本不肯就死地，而威力之人逼令自缢，或溺水，（又）〔或〕以刀自刎，（此坐）〔则〕又故杀，非〕威逼者论也。	凡军民人等因事威逼人致死者，杖一百。要详看尔之威势逼加，我受迫不得已而致于死，方坐以杖一百之罪，追埋葬银十两。若人本不肯就死地，而威力之人逼令自缢，或溺水，或以刀自刎，（此坐）〔则〕又故杀，非威逼者论也。

---

① 日本内阁文库藏明刻本。索书号：史 100—0007。

《折狱指南》	《致君奇术》	《刑台法律》
若官吏公使人等，非因公务而威逼平民致死者，罪同。并追埋葬银一十两。官吏公使人等，追征钱粮，勾摄〔人〕〔公〕事，追捕罪人，因而威逼人致死者，官司所行，皆（至）〔正〕法，彼自轻其生，又何罪焉？非因公务而威逼致死，与常人同，并追埋葬银十两。不以其有监临之尊耳，而宽之也。 ○若威逼期亲尊长致死者，绞；大功以下，递减一等。若人于期亲尊长，所当爱敬而不可以以威力者也，乃逼之致死焉，岂有人道者哉？故〔绞〕。大功以下，递减一等，至缌麻而（下）〔止〕。无服之亲，与凡人同。此不追埋葬者，恐以其亲而恕之也。律言威逼期亲尊长，不言子孙威逼祖父母、父母，妻妾威逼夫之祖父母及夫，非故遗之也。诚以父为子纲，夫为妻纲，以祖父母、父母及夫之尊，于其子孙、妻妾，殴之可也，出之可也，致之死可也，乃为其威逼死，为尚可以为纲乎？且了孙之丁粗父母、妻妾于夫及夫之祖父母、父母，其事皆不得自专，曷因事而用威也？既无所因事，又威不能加于所尊，而谓之威逼，可乎？此律之所不载也。今例于子孙，则以殴者律矣，于妻妾，将何比耶？要皆不必比耳。 ○若因奸、盗而威逼人致死者，斩。因奸、盗而威逼人致死者，斩。罪至于斩，已为极刑。虽奸、盗之为恶，亦须有逼迫之威，方用此律。若和奸、窃盗，本无威势，原不逼迫，不可轻坐。律言刁奸、和奸者，男女同罪；强奸者，妇女不坐，此亦当然。若因强奸而威逼人致死者，止坐奸夫，妇女不坐。若因和奸、刁奸而威逼人致死者，男女同罪。本律止言因奸，未尝专言奸夫，又无妇女不坐之文，安得独坐奸夫哉？又"人"字，所包者广，兼男女、合亲疏尊卑而言之。盖所逼之人不等，故概以"人"字包之。又斩为极刑，无庸更分刑也。如女（人）〔与〕妻妾与人通奸，而恣其骄悍之性，逼挟其父母与夫及其余亲属，使之无可奈何，不敢禁阻，因而羞愧自尽；或反诬以纵容、抑勒之情，因而窒碍自尽，此岂可以独坐奸夫哉？今同刑者，每于妻妾因奸逼夫致死者，辄以拟威逼期亲律，夫岂有三年之服者，可不比期亲绞罪哉！要皆不察"人"字之义，故弃本律不可耳。若妇女与人通奸，事发羞愧自尽，则又自作之孽，于夫何尤？其奸者本和，亦何威逼之有也？奸夫止坐奸罪，不用威逼之律。因盗威逼人致死者，如强盗，未入主家劫得财物，却于门外虚张声势，以致事主惊惧自尽；或窃盗，事主追逐，因而拒捕，以	○若官吏公使人等，追征钱粮，勾摄公事，追捕罪人，因而威逼人致死者，官司所行，皆是正法，彼自轻生，何罪之有？非因公务而威逼平民致死者，罪同。与常人罪同，杖一百。并追埋葬银一十两。亦追埋葬银两，通上句言，故曰"并追"。 ○若威逼期亲尊长致死者，绞；秋绞。大功以下，递减一等。大功尊长，杖一百、流三千里；小功尊长，杖一百、徒三年；缌麻尊长，杖九十、徒二年半。无服之亲，与常人同。 ○若因奸、盗而威逼人致死者，斩。秋决。若因强奸而威逼人致死者，止坐奸夫，妇女不坐。若因和奸、刁奸而威逼人致死者，男女同罪。律称"人"字者，包广而言，兼男女、合亲疏尊卑而言之。盖所逼之人不等，故以"人"字包之。如女、妻妾与人通奸，而恣其骄悍之性，逼挟其父母与夫及〔其〕余亲属，（皆）使之无可奈何，不敢禁阻，因而羞愧自尽；或反诬以纵容、抑勒之情，因而窒碍自尽，此岂可以独坐奸夫哉？若妇女与人通奸，事发羞愧自尽，则又自作之孽，于夫何尤？其奸者本和，亦何威逼之有也？奸夫止坐奸罪，不用威逼之律。因盗威逼人致死者，如强盗，未入主家劫得财物，却于门外虚张声势，以致事主惊吓自尽；或窃盗，事主追逐，因而拒捕，以致事主退避避石案死，或慌张扑跌而亡，皆威逼之类。大凡断威逼之事，但看生者有可畏之威，死者有不得己之情，方以威逼坐之。	○若官吏公使人等，非因公务而威逼平民致死者，罪同。并追埋葬银一十两。官吏公使人等，追征钱粮，勾摄公事，追捕罪人，因而威逼人致死者，官司所行，皆是（至）〔正〕法，彼自轻其生，又何罪焉？非因公务而威逼致死，与常人同，并追埋葬银十两。 ○若威逼期亲尊长致死者，绞；大功以下，递减一等。若人于期亲尊长，所当爱敬而不可加以威力者也，乃逼之致死焉，岂有人道者哉？故〔绞〕。大功以下，递减一等，至缌麻而（下）〔止〕。无服之亲，与常人同。此不追埋葬者，恐以其亲而恕之也。 ○若因奸、盗而威逼人致死者，斩。若因强奸而威逼人致死者，止坐奸夫，妇女不坐。若因和奸、刁奸而威逼人致死者，男女同罪。律称"人"字，所包者广，兼男女、合亲疏尊卑而言之。盖所逼之人不等，故概以"人"字包之。如女与妻妾与人通奸，而恣其骄悍之性，逼挟其父母与夫及其余亲属，使之无可奈何，不敢禁阻，因而羞愧自尽；或反诬以纵容、抑勒之情，因而窒碍自尽，此岂可以独坐奸夫哉？若妇女与人通奸，事发羞愧自尽，则又自作之孽，于人何尤？其奸者本和，亦何威逼之有也？奸夫止坐奸罪，不用威逼之律。因盗威逼人致死者，如强盗，未入主家劫得财物，却于门外虚张声势，以致事主惊惧自尽；或窃盗，事主追逐，因而拒捕，以致事主退走慌张，扑跌而亡，皆为威逼。大凡断威逼之事，但看生者有可畏之威，死者有不得己之情，方以威逼坐之。

续　表

《折狱指南》	《致君奇术》	《刑台法律》
致事主退走慌张，扑跌而亡，皆为威逼。大凡〔断〕威逼（威）之事，千形万状，不可悉数，但看生者有可畏之威，死者有不得已之情，即以威逼坐之。若妇女与人私刁奸，而父母与夫羞愧，窒（疑）〔碍〕自尽者，虽无（天）〔大〕威势，家门之辱，甚于威也。至斩者，不追埋葬，以其死而矜之也。		

开头"凡"的夹注——"军民人等"，出自《龙头律法全书》。对"凡因事威逼人致死者，杖一百"一句的注释，《刑台法律》依据《致君奇术》。从"若官吏公使人等，非因公务而威逼平民致死者"至"大功以下，递减一等"，《刑台法律》依据《折狱指南》，但进行了删减。从"若因奸、盗而威逼人致死者，斩"至结尾，《刑台法律》依据《致君奇术》，并稍加删减。

以上择要对《刑台法律》关于《大明律》注释的来源作了考察。总的来说，《刑台法律》关于《大明律》的注释，以参考《折狱指南》为主，且是大段参考；以参考《致君奇术》《龙头律法全书》为辅，篇幅相对较小。

四、编 撰 理 念

明代司法应用类律书的编撰目的，是为了便于司法实践，而不是探讨法理问题，故而较多地吸收其他律书的成果，为己所用。这种成书方式在历史文献学中属于编述。古籍的编撰方式有三种：著作、编述、抄纂。著作是独出己见，创造发明；编述是自创体例，对已有的文献加以剪裁、编次；抄纂是对已有文献的分门别类，整理为资料集。[①] 姑且不论版式、体例如何，单是对《大明律》的注释，大多数明代司法应用类律书就体现出编述的特色。而《刑台法律》对其他律书关于《大明律》注释的增加、删减、替换、组合，典型地体现了这一点。

---

① 参见郭英德、于雪棠《中国古典文献学的理论与方法》，北京师范大学出版社，2008，第24页。

首先应该肯定的是，《刑台法律》对其他律书关于《大明律》注释的增加、删减、替换、组合，并非简单的抄袭，而是花费了一番心力。以对"宰杀马牛"的注释为例（加重处为《折狱指南》《致君奇术》分别与《刑台法律》不同处）。

《折狱指南》	《致君奇术》	《刑台法律》
凡私宰自己马、牛者，杖一百；驼、骡、驴，杖八十。误杀者，不坐。若病死而不申官开剥者，笞四十。筋角、皮张入官。马能致远，牛能代耕，壮用其力，老弃其身，不仁也。故凡民间私宰自己马、牛者，杖一百。若驼、骡、驴，其于用稍轻，私宰自己驼、骡、驴者，杖八十。其误杀者，不坐。若病死而不告官，擅开剥者，笞四十。凡私宰、误杀及不告、擅开剥之皮张入官。	凡私宰自己马、牛者，马、牛，非郊天不宰，非祭杞不用，若壮而用力，老而食肉者，不仁之甚也。杖一百；驼、骡、驴，其用稍轻，但私宰者杖八十。误杀者，不坐。若病死而不申官开剥者，笞四十。查私开圈店例。筋角、皮张入官。凡私宰、误杀及擅开剥之皮张入官。	凡私宰自己马、牛者，马能致远，牛能代耕，壮以用其力，老弃其身，不仁甚也。杖一百；驼、骡、驴，杖八十。凡民间私宰自己马、牛者，杖一百。误杀者，不坐。其误杀者，不坐。若病死而不申官开剥者，笞四十。若病死而不告官，擅开剥者，笞四十。筋角、皮张入官。凡私宰、误杀及不告、擅开剥之皮张入官。
○若故杀他人马、牛者，杖七十、徒一年半；驼、骡、驴，杖一百。若计赃重于本罪者，准盗论。谓故杀他人马、牛，估价、计赃，得罪重于杖七十、徒一年半；驼、骡、驴价、计赃，得罪重于杖一百者，并准窃盗断罪。系官者，准常人盗官物断罪。并免剥，追价给主。○准者，依《名例》至死减一等，亦罪止杖一百、流三千里，免剥，追赔全价，还官主。	○若故杀他人马、牛者，杖七十、徒一年半；驼、骡、驴，杖一百。若计赃重于本罪者，准盗论。谓故杀他人马、牛，估价、计赃，得罪重于杖七十、徒一年半；驼、骡、驴价、计赃，得罪重于杖一百者，并准窃盗断罪。系官者，准常人盗官物断罪。并免剥，追价给主。	○若故杀他人马、牛者，杖七十、徒一年半，谓故杀他人马、牛，估价、计赃，得罪重于杖七十、徒一年半。驼、骡、驴，杖一百。若计赃重于本罪者，准盗论。驼、骡、驴价、计赃，得罪重于杖一百者，并准窃盗断罪。系官者，准常人盗官物断罪。并免剥，追价给主。
若伤而不死，不堪乘用，及杀猪、羊等畜者，计减价，亦准盗论。各追赔所减价钱。价不减者，笞三十。减价，谓马、牛等畜值钱三十贯，杀讫，止值钱一十贯，是减二十贯价；损伤不死，止值钱二十贯，是减一十贯价。即以所减价钱计赃，亦准窃盗断罪。系官者，亦准常人盗官物律断罪之类。仍于犯人名下，追所减价钱赔偿。价不减者，谓畜产值钱一十贯，虽有杀伤，估价不减，仍值钱一十贯，止笞三十，罪无所赔偿。○伤而不死，不堪乘用，如马、牛本值一百贯，今被伤，不堪乘用，止值四十贯，则减价六十贯矣，即以六十贯科罪。猪、羊等畜亦然。于犯人〔各〕〔名〕下，追补价钱，并所杀伤之畜，通给还官主。	若伤而不死，不堪乘用，牛不堪耕，马不堪乘。及杀猪、羊等畜者，计减价，亦准盗论。减价，谓马、牛等畜值钱三十贯，杀讫，止值钱一十贯，是减二十贯价；损伤不死，止值钱二十贯，是减一十贯价。即以所减价钱计赃，亦准窃盗断罪。系官者，亦准常人盗官物律断罪之类。各追赔所减价钱。仍于犯人名下，追赔所减价钱赔偿。价不减者，笞三十。谓畜产值钱一十贯，虽有杀伤，估价不减，仍值钱一十贯，止笞三十，罪无所赔偿矣。	若伤而不死，不堪乘用，及杀猪、羊等畜者，计减价，亦准盗论。减价，谓马、牛等畜值钱三十贯，杀讫，止值钱一十贯，是减二十贯价；损伤不死，止值钱二十贯，是减一十贯价。即以所减价钱计赃，亦准窃盗断罪。系官者，亦准常人盗官物律断罪之类。各追赔所减价钱。仍于犯人名下，追赔所减价钱赔偿。价不减者，笞三十。谓畜产值钱一十贯，虽有杀伤，估价不减，仍值钱一（千）〔十〕贯，止笞三十，罪无所赔偿。
其误杀伤者，不坐罪，但追赔减价。误杀官私畜产者，原无杀伤之心，不科其罪，止令赔偿减价。盖畜死而皮肉变变，亦足准其本价之一二，故但追赔所减价，亦以见其与故杀不同也。	其误杀伤者，不坐罪，但追赔减价。谓误杀官私畜产者，原无杀伤之心，不科其罪，止减价追赔。	其误杀伤者，不坐罪，误杀官私畜产者，原无杀伤之心，不科其罪，止令赔偿。但追赔减价。减价，谓杀死而皮肉变变，亦足准其本价之一二，故但追赔所减价，亦以见其与故杀不同也。

《折狱指南》	《致君奇术》	《刑台法律》
○为从者，各减一等。为故杀、故伤他人畜产，为从者言也。若系官者，准常人盗官物论，则不分首从矣。 ○若故杀缌麻以上亲马、牛、驼、骡、驴者，与本主私宰罪同；杀猪、羊等畜者，计减价，坐赃论，罪止杖八十。若故杀内外缌麻以上有服亲属之马、牛、驼、骡、驴者，与本主私宰同，马、牛，杖七十、徒一年半；驼、骡、驴，杖一百。杀猪、羊等畜，计所减之价，坐赃论，一贯以下笞二十，罪止杖八十。其误杀及故伤者，俱不坐，但各追赔减价。其误杀马、牛等畜，及故杀伤而不死、不堪乘用者，俱不坐罪，但与故杀，各追赔减价。在故杀者，问罪而追减价；误杀及故伤者，不同罪而追减价。与所杀伤之畜产，俱给亲属收领。此虽故杀，不追全价，以其异于他人之物也。	为从者，各减一等。通上而言。若系官，准常人盗官物论，则不分首从矣。 若故杀缌麻以上亲三月之服亲属。马、牛、驼、骡、驴者，与本（王）〔主〕私宰罪同；马、牛，杖一百；驼、骡、驴，杖八十。杀猪、羊等畜者，计减价，坐赃论，罪止杖八十。其误杀及故杀伤者，俱不坐。但各追赔减价。谓误杀，及故杀伤而不死、不堪乘用者，俱不坐罪。俱追赔减价，与所杀伤之畜产，给亲属收领。此虽故杀问罪，而追减价，不追全价，以其异〔于〕他人之物也。	○为从者，各减一等。为故杀、故伤他人畜产，为从者言也。若系官者，准常人盗官物论，则不分首从矣。 ○若故杀缌麻以上亲马、牛、驼、骡、驴者，与本主私宰罪同；若故杀内外缌麻以上有服亲属之马、牛、驼、骡、驴者，与本主私宰同。杀猪、羊等畜者，计减价，坐赃论，罪止杖八十。马、牛，杖七十、徒一年半；驼、骡、驴，杖一百。杀猪、羊等畜者，计所减之价，坐赃论，一贯以下笞二十，罪止杖八十。其误杀及故杀伤者，俱不坐。其误杀马、牛等畜，及故杀伤而不死、不堪乘用者，俱不坐罪。但各追赔减价。但与故杀，各追赔减价。在故杀者，问罪而追减价；误杀及故伤者，不同罪而追减价。与所杀伤之畜产，俱给亲属收领。此虽故杀，不追全价，以其异于他人之物也。
○若官私畜产毁食官私之物，因而杀伤者，各减故杀伤三等。追赔所减价，畜主赔偿所毁食之物。若官私畜损食官私之物，因而杀伤者，各减故杀伤之罪三等。如故杀他人马、牛，杖七十、徒一年半，毁食官物而杀伤者，杖九十。又如故杀他人马、牛等畜，伤而不死者，计减价，准盗论，毁食公私物，伤而不死者，亦计减价，准盗论。私者，一贯以下减三等，笞三十，罪止杖八十、徒二年。系官者，准常人盗官物论，亦减三等，一贯以下笞四十，亦罪止杖八十、徒二年。追赔所减价，给还畜主。又于畜主名下，追赔所损食之物，还物主。若（故）放官私畜产损食官私物者，畜主笞三十。所损食之物计赃重于笞三十者，坐赃论。五百贯之上，罪止杖一百、流三千里。虽官畜食官私物，亦不减；私畜食官物，亦不加。以所损食者，畜也。若无纵放之情，止是失于关防，以致损食者，减二等。笞一十。各赔所损食之物。私物于畜主，官物于牧养人名下，各追赔所损食之物，给与被害之人。若官畜产毁食官物者，止坐其罪，不在赔偿之限。若官畜毁食系官之物者，止坐应该牧养之人笞三十、笞一十之罪，不在赔偿之限。 ○若畜产欲触抵、踢咬人，登时杀伤者，不坐罪，亦不赔偿。若畜主欲触抵踢咬人，而人因制之，登时杀伤者，不坐罪，亦无追赔偿畜价，非登时而邂逅杀伤，即故伤杀矣。	若官私畜产毁食官私之物，因而杀伤者，守物之人将畜杀伤者。各减故杀伤三等。马、牛，杖九十；驼、骡、驴，杖七十。追赔所减价，减价者，谓畜产值钱三十贯，杀死讫，止值钱一十贯，就将一十贯之价赔偿。畜主赔偿所毁食之物。若放官私畜产指放放言。损食官私物者，损食官家、民间之物者。笞三十。罪坐畜主。赃重者，坐赃论。损食之赃重者，计物价，坐赃论罪，一贯以下笞二十，〔止〕杖一百、徒三年。失者，减二等。一贯以下，无科其罪。五百贯之上，止杖八十、徒二年也。各赔所损物。各字，指故与失而言。若官畜产毁食官物者，止（咬）〔坐〕其罪，牧养之人笞三十。不在赔偿之限。若畜产欲触抵、踢（坐）〔咬〕人，牛抵之以角，马踢之以蹄，犬咬之以口也。登时杀（死）〔伤〕者，谓人因制之，即时杀死者。不坐罪，亦不赔偿。非登时杀死，坐故杀论。	○若官私畜产毁食官私之物，因而杀伤者，守物之人将畜杀伤者。各减故杀伤三等。马、牛，杖九十；驼、驴、骡，杖七十。追赔所减价，减价者，谓畜产值钱三十贯，杀死讫，止值钱一十贯，就将一十贯之价赔偿。畜主赔偿所毁食之物。若放官私畜产指放放言。损食官私物者，损食官家、民间之物者。笞三十。罪坐畜（生）〔主〕。赃重者，坐赃论。损食之赃重者，计物价，坐赃论罪，一贯以下笞二十，〔止〕杖一百、徒三年。失者，减二等。一贯以下，无科其罪。五百贯之上，止杖八十、徒二年也。各赔所损物。各字，指故与失而言。若官畜产毁食官物者，止（咬）〔坐〕其罪，牧养之人笞三十。不在赔偿之限。若畜产欲触抵、踢咬人，牛抵之以角，马踢之以蹄，犬咬之以口。登时杀（死）〔伤〕者，谓人因制之，即时杀死者。不坐罪，亦不赔偿。非登时杀死，坐故杀论。

开头"凡私宰自己马、牛者，杖一百"至"笞四十。筋角、皮张入官"，《刑台法律》依据《折狱指南》，并进行了删减；从"若故杀他人马、牛者，杖七十、徒一年半"至"价不减者，笞三十"，依据《致君奇术》，并进行了删减；从"其误杀伤者，不坐罪"至"其误杀及故伤者，俱不坐，但各追赔减价"，依据《折狱指南》，但据《致君奇术》补充了"而不死、不堪乘用者，俱不坐罪"；从"若官私畜产毁食官私之物，因而杀伤者"至结尾，全依《致君奇术》。

《刑台法律》同时参考二书，并不时加以删减、补充，应是阅读、思考后的郑重选择。

《刑台法律》关于《大明律》注释的编撰理念，可总结如下。

1. 解释字词

以对"仓库不觉被盗"的注释为例。《刑台法律》开头，比《折狱指南》增加了对"守把之人"的注释——"攒典、仓夫、斗级、库子之类"。

2. 给出具体的惩处结果

以对"戏杀误杀过失杀伤人"的注释为例。《刑台法律》与《折狱指南》不同的 2 处，均是给出具体的惩处结果：将《折狱指南》对"其谋杀、故杀人而误杀傍人者，以故杀论"的注释中的一句——"与故杀何异哉"，改为"故以故杀论罪，秋后处决"；在《折狱指南》对"若知津河水深泥泞，而诈称平浅，及桥梁、渡船朽漏，不堪渡人，而诈称牢固，诳令人过渡，以致陷溺、死伤者，亦以斗杀伤论"的注释中的一句——"陷溺人以（至）〔致〕死伤，与殴人以致死伤何异？故亦以斗杀伤论"后，增加"至死者，绞，秋后处决"。

3. 较少揭示惩处原因

以对"戏杀误杀过失杀伤人"的注释为例。《折狱指南》关于"若过失杀伤人者，各准斗杀伤罪，依律收赎，给付其家"一句的注释，《刑台法律》仅保留"给付被杀、被伤之家，以为营葬及医药之资"之前的注释，而删除其后的注释——"若过失杀伤人者，耳目之所不及，思虑之所不到，原其心，非杀伤人之心也；即其事，非杀伤人之事也。但其人由我而死伤，故准斗杀伤科罪，收赎钱钞，给付被杀伤之家，以为营葬、医药之资"。此句揭示惩处原因，《刑台法律》未予保留。

4. 一般不进行法理上的探讨

以对"诈欺官私取财"的注释为例，《刑台法律》删除《折狱指南》两处关于法理的探讨，其余全同。

第一处，《折狱指南》对"若监临、主守诈取所监守之物者，以监守自盗论；未得者，减二等"的注释——"若监临、主守诈取所监守之物，以监守自盗论；未得财者，减得财二等"后，另有"监守本律不言不得财，而此以监守盗论，言不得财者，盖监则财自己掌，元未得财，无所执凭。若诈欺，则已用计，虽未得财，其计已可据矣；即其所用之计，而数可知也，故减得财罪二等"，其意，在于解释为何"监守本律不言不得财"，而此处言"监临、主守诈取所监守之物"，若"未得财者，减得财二等"——因为监守，财本自掌，言未得财，没有凭据；而监临、主守诈欺，虽未得财，据其所用之计，可以推知。《折狱指南》将类似的犯罪联系起来，并加以细致辨析，《刑台法律》将其删除。

第二处，《折狱指南》对"若冒认及诓赚、局骗、拐带人财物者，亦计赃，准窃盗论，免刺"的注释，最后有按语——"按：（谁）〔诓〕赚、局骗二事，若相类而实不同。诓之字，与诳同，欺也；赚，卖也。博所以行棋者为局，其外有垠（咢）〔堮〕围限。跃上马为骗，骗，乘也。盖设为欺言而卖其人，如古所谓卖友者，因得其财曰诓赚，若指称衙门打点，实不过付官吏而自用之之类。设为可行而有拘限之事，使人不能出其拘限，因得其财而乘之曰局骗，如数人假言买物而取其物，或假言卖物而取其银之类。要在有所分别，则虽罪同，而情则异也"，从语义、举例多个角度对诓赚、局骗加以细致区分，《刑台法律》予以删除。

综上，《刑台法律》关于《大明律》注释的编撰理念，可总结为明确、简洁。司法应用类律书注重实践，故此追求明确、简洁乃势之必然。此外，前文以"增减官文书"为例，比较《折狱指南》《读律琐言》的异同时，曾言"不计'傍注'与个别字词的不同"，指的是《刑台法律》通篇采用"夹注"的注释方式，故将《折狱指南》开头的两处"傍注"——"至徒流""所规避本罪"删除。这也是《刑台法律》删减《折狱指南》的原因之一。

《中国古代法律文献研究》 第十九辑

2024 年，第 277～294 页

清代的女性疾病医疗与国家治理

——基于张李氏"烧香治病"案的分析

郭瑞卿[*]

摘　要：张李氏"烧香治病"案展示了清代女性业医者与女性患者因疾病医疗而产生的复杂面相，她们不仅是物理层面的医、患关系，亦具有共同的精神信仰，并为此进行了积极的共建，产生了俗世内外的经济关系等。其关系超越了一般性的疾病医疗，疾病医疗的空间由封闭的隐私宅院延伸到了公共的寺庙空间，向社会展示了女性身体与精神的诉求。然而这样的行为显然逾越了礼法规范，国家从政治法律的视角消解了她们疾病医疗的诉求，并重新界定了其疾病医疗的行为性质。

关键词：清代女性　疾病医疗　法律治理

一、问题的提出

在中国传统的疾病医疗叙事中，女性的医疗活动，无论是女性医者抑或女性患者，皆强调她们各自行医或求医的实践，目前的论著亦呈现出对

---

[*]　中国政法大学法律古籍整理研究所副教授。

两者不同立场的研究，① 然而医者与患者在医疗的过程中是否可以简单地概括为医治或求治关系；有没有因此而产生的延展关系；如果有，延展有哪些；尤其是女性从业者与女性患者，她们在医疗过程中结成了怎样的关系，在疾病医治之外又有如何的延展；现今的研究尚不太清晰。根据清代文献记载，女性疾病医疗活动相对活跃，无论女性医者还是女性患者，她们的医疗活动不仅仅局限于一般医疗，且医疗空间也从家宅延伸至其他空间，当女性医者与女性患者将其医疗活动延伸出家庭宅院，并试图建构独立的宗教医疗空间时，法律会如何治理？本文试以清乾隆时期京郊西峰寺发生的张李氏"烧香治病诓骗财物"案（亦称"西峰寺"案）为例对上述问题进行探讨。张李氏一案在清时曾被作为奇案而传抄，直至民国时期依然有文献载录。② 当代学者对此案亦有研究，认为张李氏以"看香治病"欺骗满族贵妇捐施大笔钱财修建寺庙，"迷惑"了大量的信众，甚至将其活动视为"邪教"，③ 但皆没有注意到这个乡村农妇在给旗人贵妇医疗过程

---

① 见费侠莉《繁盛之阴——中国医学史中的性》（江苏凤凰出版社，2012，第 240～268 页），李志生《中国古代女性医护者的被边缘化》（《华南师范大学学报》2012 年第 6 期）。此方面的研究成果，如狄鸿旭《清代秘密教门中的民俗医疗现象与社会影响》（《理论界》2013 年第 9 期，第 123～126 页），邱丽娟《清代官方对民间秘密宗教医疗传教活动的审理——以乾嘉道时期为例》（《兴大历史学报》第 21 期，2009 年 2 月，第 39～69 页）、《清乾隆至道光年间民间秘密宗教医者的研究》（《台湾师大历史学报》2007 年第 37 期，第 85～118 页）、《清代民间秘密宗教的医疗活动：以病求医、人教为中心》（《台湾师大历史学报》第 38 期，2007 年 12 月，第 153～188 页）等，皆对女性行医或疾病治疗有所探讨。

② 关于该案的传抄，有浮楂散人的《秋坪新语》（见于方浚师《蕉轩随录》，中华书局，2008），周家楣、缪荃孙编纂的《光绪顺天府志》（北京古籍出版社，1987），徐珂的《清稗类钞·艺术类》第三十册（中央编译出版社，2009），小横香室主人的《清朝野史大观》（天台野叟《大清见闻录》下卷，中州古籍出版社，2000），古零后人姜斋的《清外史》（朝记书社，1914）。

③ 相关的研究成果有刘署刚《无知民妇愚官妇——西峰老祖活佛妖行惑众案》，刘署刚、移然编著《大清秘史》，吉林出版集团有限责任公司，2013，第 251～254 页；《张李氏兴亡史》，刘殿钰主编《顺义》，北京图书馆出版社，1999，第 132～135 页；《李妖婆巫术闹京城》，刘骥主编《潮白河畔的美丽传说：顺义三千年故事》，中国文史出版社，2007，第 111 页；柏桦《乡愚惑众——一人倡百人从》，《柏桦谈明清奇案》，广东人民出版社，2009，第 240～247 页；邓云乡《红楼风俗谭》，河北教育出版社，2004，第 282 页；赵永高《厚德与包容尽在故事中》，编委会编《首都非物质文化遗产保护 2012 北京文化论坛文集》，首都师范大学出版社，2013，第 312 页；宗春启："邪教惑人，有干严禁"：清乾隆对"西峰老祖活佛"案的处理》，《科学与无神论》2000 年第 4 期，第 36～37 页。

中形成的关系及其互动。她们之间究竟是否是"骗"与"被骗"的关系，其钱财关系代表着什么？笔者意欲通过此案探寻清代女性的疾病医疗与法律治理。

二、由"师巫邪术"到"诓骗财物"：张李氏的罪名

乾隆五十二年（1787）六月，负责京师治安的步军统领衙门统领、定郡王绵恩风闻京郊西峰寺有西峰老祖活佛为人看香治病，在京城内外十分有名，人们前往烧香，络绎不绝。这引起了他的警觉。其上呈乾隆皇帝的奏折中称："西山戒台寺之北有西峰寺一座，内有戴发修行之妇人，自号西峰老祖活佛能看香治病，请求符药者，服之即愈，动人观听，俱称灵验。京城以及四外之人，男女纷纷前往，竟似城市，殊堪诧异。臣思此处虽非京讯所辖，但附近京畿，似此煽惑人民，于风化有关，不可不速加查办。随于六月二十日，密派臣衙门司员前往。"查办的结果令其十分震惊，"此妇人法名了义，俗家张李氏，原系顺义县人，现住西峰寺。殿宇四层，计五十余间，俱系新盖之庙。又离此庙二里许石厂地方，有灵应寺大庙一座，计房六十余间，亦系新盖。张李氏在两庙往来居住，每日午前给人看香治病"，不仅如此，"又查出有二十余岁之旗装女子二名"，此外"又在该氏屋内搜查，有符咒、丸药、经卷、画像等项。其画像五轴，系张李氏出身源流，均系修庙商人任五觅人绘画……又查出金六十四锭，重二百八十两，银二千六百两，金镯四只，重七两零。其余衣服、器皿、什物，间有非该氏应有之物"。[①]

绵恩因此查封了西峰寺，将张李氏及伊长子张明德、三子僧人广月、商人任五等拿解到署讯问。经过初步审问，绵恩了解了基本案情。张李氏原籍顺义，以看香治病谋生，丈夫去世后，来到京城出家，落居于京郊西山西峰寺，继续为人看香治病，吸引香客。原任大学士三宝之寡媳乌佳氏、原云贵总督图思德之子恒庆之媳宜特莫氏亦因患病被其治愈，之后，

---

① 中国第一历史档案馆藏，军机处录副奏折，"奏为审拟煽惑人心骗财西峰寺尼姑事"，档号：03-1437-027。

二人拜张李氏为师，分别捐钱重新修建了西峰寺与灵应寺。官府在西峰寺查获的大量金银财物也主要来自她们的捐施。她们不仅捐舍钱物，还将自家使女各一名留于庙中，"双庆，年二十四岁，乃原任大学士三宝家使女"，"玉喜，年二十二岁，系原任巡抚图思德之子、现任户部银库员外郎恒庆家使女"，这即是官府查办西峰寺时发现的那"两名旗装女子"。她们二人对张李氏在京师地区的宗教活动起到了相当重要的推动作用。这令绵恩极为愤怒，在斥责乌佳氏、宜特莫氏身为高门贵妇，理应"谨守闺门"，却"远赴山庙""恣意妄为"的同时，对张李氏看香治病的宗教活动更为警惕，"本系乡野愚妇，并非僧尼，乃来京占踞大庙，戴发修行……近日以来自称老祖活佛，妄自尊大，以看香治病为名，施舍符药，煽惑人心，从中获利……甚至官员命妇在庙往来，施舍盖庙银至二三万两之多，而现起之金已有二百八十两，银有二千六百两，并该犯擅用黄缎坐褥、靠垫，种种情节，实出情理之外"，这不能不令绵恩心惊。清自入主中原后，帝国境内民间社会利用烧香治病招收信徒从事宗教活动的事件，频频发生，[①]其传播范围之广，参与者之众，已影响到了帝国的统治秩序。地近京城的河北、直隶地区此类活动亦一直存在。尽管自康熙以来，国家逐渐加强了对这些活动的治理，但屡禁不止，乾隆时代甚至有愈演愈烈之势。张李氏落居西峰寺不久，即能够令京城社会上层为之倾倒，事态不可谓不严重。因步军统领衙门不具有对案件的终审权，且牵涉前满族大学士三宝及原云贵总督图思德之家眷，故而绵恩迅速将案件上奏乾隆皇帝，以张李氏"邪教惑人，有干严禁"，指出张李氏等人"若不即加惩治，积之日久，恐生不法之事"，所供"多有不实不尽之处"，建议对张李氏等人严加讯问，以获取更多的信息。[②]

　　乾隆皇帝接到案件的奏报后，非常重视，迅速指定留京王大臣、绵恩和刑部堂官会同审理。案件具体由怡亲王永琅、质郡王永瑢和绵恩三人负责。他们经过详细讯问，明晰了张李氏看香治病、号称西峰老祖活佛以及

---

① 此方面的研究成果众多，代表性的例如庄吉发《真空家乡：清代民间秘密宗教史研究》（文史哲出版社，2002年），邱丽娟《清乾嘉道时期民间秘密宗教医疗传教活动之研究》。

② 中国第一历史档案馆藏，军机处录副奏折，"奏为审拟煽惑人心骗财西峰寺尼姑事"，档号：03-1437-027。

三宝儿媳乌佳氏和贵州巡抚图思德儿媳宜特莫氏捐施巨资、僭越使用黄缎等物品以及画制图像等细节，① 指出张李氏"本一民妇，出家为尼，辄假烧香治病为名，念咒画符，煽惑远近居民及官员眷属，舍银多至数万余两，并被人称为老祖活佛，居之不疑"，对于该案另一重要人犯任五，永琅等亦指出，"本系工匠，乃因修庙图利，辄敢起意为张李氏装点画像，妄称该氏为菩萨转世，哄骗众人，致该氏有老祖活佛称号……是张李氏假神画符烧香治病，敛钱惑众，固属为首，而该氏哄动远近，号为老祖活佛，实系任五起意绘画图像播扬所致"。可见他们认为任五对张李氏烧香看病灵验之名能够迅速在京师一带传播，起到了根本性的作用，"京畿为首善之地，尤宜肃清，此等惑众妄为之徒，未便稍为稽诛，应请旨即行正法，以昭惩戒"，建议对二人严加惩治。于定罪量刑上，永琅等认为张李氏与任五"情罪均重"，他们二人"未便分别首从"，所以，建议"张李氏除擅用黄缎坐褥等物，罪止满徒不议外，张李氏、任五均合依师巫妄称弥勒佛，隐藏图像，煽惑人民为首律，俱拟绞"。涉案的其他人，张李氏长子张明德、三子僧广月，"虽讯明无帮同煽惑情事，但分受伊母骗得银两数至盈千，未便轻纵。张明德、广月应于张李氏绞罪上减一等，俱杖一百，流三千里，交与顺天府定地发配，至配所折责四十板"。三宝儿媳乌佳氏和图思德儿媳宜特莫氏，"肆意滥费，实属妄为"，"应遵旨交该旗族长严加管束，不许出门"。②

经过永琅等人的会审，张李氏被认定为"邪教"犯罪。永琅于七月九日向乾隆皇帝上奏审判结果，次日绵恩也呈奏了一份案情审理说明，奏折中，他们均认为张李氏"师巫""念咒画符""妄称老祖活佛""隐藏图像""烧香集众""煽惑人民"等行为，皆符合《大清律例·礼律·祭祀》"禁止师巫邪术"律的规定，"凡师巫假降邪神，书符咒水，扶鸾祷圣，自号端公、太保、师婆（名色），及妄称弥勒佛、白莲社、明尊教、白云宗等会，一应左道异端之术，或隐藏图像，烧香集众，夜聚晓散，佯修善事，煽惑人民"①。张李氏的行为确实具有清帝国法律文本所描述的"邪教"的某些表象，但这是否说明她的活动即是"邪教"犯罪呢？这一问题的答案，可以从乾隆皇帝对永琅三人审理意见的批谕中找到。

乾隆皇帝审阅了永琅、绵恩所呈送的奏折及相关供证，认为"此案工匠任五，即任极盛，因修庙图利起意，为张李氏装点画像，妄称该氏为菩萨佛祖转世，惑诱远近民人，是张李氏之种种不法，皆该犯怂恿所致，实为此案罪魁，且骗得修庙工银八百余两，亦应依窃赃满贯例办理。任五著照留京王、大臣等所拟，即行处绞"，"至张李氏假神画符，以烧香治病为名，惑众敛钱，固属不法，但乡村愚妇，不过为图骗钱财起见，究无悖逆词语。张李氏著从宽，改为按例应绞监候，秋后处决。余依议。钦此"。②在其看来，张李氏"假神画符，烧香治病"，仅是骗财的手段，其言语并无"悖逆"。于京城轰动一时的西峰老祖活佛案在这样的定论中落下了帷幕。

该案案情并不复杂，其结案亦非常迅捷，从绵恩于乾隆五十二年六月二十日开始查办，至七月初十日颁发最终裁决的上谕，前后仅二十余天。

案件的落幕给我们留下了一些问题和思考：如何理解张李氏的"烧香治病"？她因何"骗钱"？乌佳氏与宜特莫氏捐施大笔钱财，真的是被骗？张李氏与她们之间的关系究竟是怎样的？乾隆皇帝因何不认同张李氏"师巫邪术"的罪名，而是以"图骗钱财"惩处？

三、 张李氏的身份： 医者？ 虔诚的宗教信徒？

绵恩及永琅的奏疏中都曾提及张李氏"看香治病"，那么如何理解张李氏的"看香治病"呢？这个问题的解答对于理解张李氏和乌佳氏、宜特莫氏各自的行为及其关系至为关键。此案中张李氏的身份究竟是什

---

① （清）薛允升：《读例存疑》卷二十八《刑律之四·贼盗》，"窃盗"律。
② 《清高宗实录》卷一二八四，第 207~208 页。

么？是疾病治疗的医者，还是假借医病的骗取财物者？她究竟会不会医术？根据永琅的奏折，张李氏"因伊夫患痰迷病症，闻有瓦子街居住民妇李氏常拉铁练募化，代人治病，即请为伊夫医治。见李氏用手按摩，针扎病处，病即痊愈。该氏从此与李氏往来学习，粗知针扎治病之法"①。按摩与针扎即是中国传统医疗中的按摩与针灸之术，在清代民间疾病治疗中相当流行。可见张李氏学习过按摩、针灸技术，懂得一定的医疗知识。据其供称，因丈夫罹患疾病，长子年幼，二子亡故，三子自幼出家，为谋生计，张李氏不得不承担挣钱养家的责任。在李氏亡故后，她"即取其铁练拴系颈项，出外化缘治病"。可见，她也视其行为为医治疾病。

其医疗水平究竟如何呢？永琅奏疏中曾提到张李氏走医时的一件事："至通州旷野地方，时值隆冬，风雪交作，迷失路径，难以行走。该氏随在雪地，带锁打坐，适有居民路过，见而诧异，随向盘问，该氏即以在此结缘治病为答，随有人延请到家看病。该氏即学李氏按摩针扎，并假念经咒，病即痊愈。自此附近居民共相传播，多请该氏治病，往往有验。"说明张李氏具有一定的医疗水准。这反映出张李氏曾是一名走方的医生。据档案记载，张李氏因治病"有验"，她作为医者的名声在京城内亦有所闻，曾经被礼部侍郎请去为其母治病。②

从档案中可以看出，张李氏不仅治病行医，她还是一名虔诚的宗教信徒。她通过行医，不仅化解了家庭的经济困难，也为她的宗教信仰活动提供了可靠的经济来源。行医为其获得了声誉和收入。不久，她即用自己为人治病所得，将其家兴周营附近的一座年久毁损的庙宇——七圣庙重新修复，作为自己看病的场所，不再四处化缘走医。张李氏之所以如此，一方面是由于她已经具有了一定的资本，不需要继续化缘走医；另一方面七圣庙为其提供了更好的医疗场所。张李氏不同于一般的走方医生，她从一开始即具有浓厚的宗教色彩。其一，拉铁链化缘走医，是仿效其习医之李氏

① 中国第一历史档案馆藏，军机处录副奏折，"奏报将宛平县西峰寺尼姑诈骗财物交官变卖事"，档号：03-1437-031。
② 中国第一历史档案馆藏，军机处录副奏折，"奏报将宛平县西峰寺尼姑诈骗财物交官变卖事"，档号：03-1437-031。

所为，说明李氏是一名宗教信徒，这可能在很大程度上影响了张李氏。其二，在为人治疗疾病的过程中，张李氏一边为患者按摩针灸，一边念经咒。经咒是人们出于神灵信仰而产生的行为，通过这些行为或仪式以期获得神灵的庇佑，使其医疗具有神验。这也反映出张李氏对于自身的医疗技术并不具有完全的信心，这在她的个人口供中也有说明，"我素不识字，亦无药方医书，初时不过学李氏针扎按摩的诀……混念几句俗语，编几个佛号，作为咒语……一心专求观音菩萨，并叫人服药时心心念佛……不料竟有灵验，致大家布施"①。她将宗教行医"有验"视为是神灵保护的结果，因此对于宗教的信仰更为热切。寺庙空间是神灵供奉之地，其在此为人看病神验更胜于一般居处。在七圣庙行医期间，她在看病时烧香，是继给人治病念咒后的另一仪式行为，透露出了其宗教信仰的虔诚，亦是她后来被绵恩等人视为邪教"烧香集众"的由来。在寺庙空间为人看病，也成为她宗教修炼的一种方式。从档案资料所揭示的内容来看，她后来的一切活动都是在复制其在七圣庙行医时的模式。

宗教不仅可以给人带来精神上的慰藉，也具有转化行为上的使用功能，令人们希望能够借助于对神灵的崇拜获取精神上的支撑，同时利用这种精神慰藉帮助他们解决实际的需要。张李氏希望通过神灵的庇佑，使其治病具有更好的效果。七圣庙为人看病的经历不仅提升了她为人治病的声誉，也可能催化了她的宗教渴望。张李氏在给人治病时，有意识地借助这些宗教仪式使人们对其产生信任，以此建构其医疗权威。可见，张李氏在践行着自己宗教信仰追求的同时，也在利用着它，在利用中累积着追求宗教信仰的资本。

为了更好地修习佛道，乾隆四十五年（1780）张李氏离开顺义，来到京城内，拓展其宗教资源，积累宗教社会资本。所谓社会资本，布迪厄解释为："是实际或潜在的资源的聚集，而这些资源与或多或少制度化的熟悉和认识关系组成的持续网络有关。或者换句话说与一个群体的成员资格有关，因为成员资格可以给群体中的每一个成员提供集体所有的资源，为

---

① 中国第一历史档案馆藏，军机处录副奏折，"奏为审拟宛平县西峰寺行修民妇诓骗财物事"，档号：03-1437-033。

他们被别人信任提供一个'信任状'。"① 美国学者林南则认为社会资本是"在目的性行动中被获取的和/或被动员的、嵌入在社会结构中的资源"②。对此，学者徐忠明进一步解释为："当个体行动者被嵌入到等级结构和其他社会关系网络时，他们通过互动和网络运行来获取那些嵌入在等级位置中的资源。"③ 一个"槛外"之人，如欲获取更多的宗教资源，取得更高的成就，只有将自己嵌入"佛门"，成为其中的一员。为此，张李氏一方面将自幼出家的儿子广月送至戒台寺受戒。戒台寺是一座修建于唐代的著名寺院，累经重修，该寺历来与皇室关系密切，清时，康熙和乾隆皇帝曾多次亲临寺院，院中名僧汇集，威望颇高。广月在戒台寺修习了一段时间的佛法，后来成为张李氏在西峰寺、灵应寺修行时"编佛号""画符""写咒"的重要帮手。另一方面，她自己亦来到位于京城、落驻于总布胡同的泰山庵，正式拜尼僧福山为师，取名了义，成为佛门的俗家弟子。因丈夫尚在人世，她只能带发修习。由此可见，张李氏对于自己的宗教追求有着清醒的认识，并有计划地设计着自己的信仰追求之路。

乾隆四十七年（1782），张李氏的丈夫再次患病，她回到了顺义兴周营的家中为夫侍病，但此次其夫没有康复，不久病故。她安排好家中的事情后，于乾隆四十八年（1783）重新回至京城泰山庵，准备落发剃度出家。其师傅福山领她至当时京师另一著名的大寺院——潭柘寺，剃度受戒。然而剃度时发生的一段插曲，打断了她的出家计划，也直接影响到她后来的命运。在潭柘寺，她发现女子落发受戒，"系男人代为剃发"，"心中不愿"，因此未经落发而归。随后，福山将她带至西山西峰寺修行居住。西峰寺亦是一座千年古刹，明代时曾经重修，英宗赐名"西峰禅寺"，清时成为戒台寺的下院，在当地也颇具名望。张李氏来至此寺后，立誓欲在西峰寺"立女常经，为女僧传戒"④，"以后凡

---

① 转引自刘永根《社会网络与劳动力市场回报》，上海人民出版社，2015，第59页。
② ［美］林南著，张磊译：《社会资本——关于社会结构与行动的理论》，上海人民出版社，2005，第28页。
③ 见徐忠明《谁是真凶——清代命案的政治法律分析》，广西师范大学出版社，2014，第76页。
④ 中国第一历史档案馆藏，军机处录副奏折，"奏为审拟宛平县西峰寺行修民妇诓骗财物事"，档号：03-1437-033。

有女僧，尽到西峰寺来受女僧的戒"①。故此，她准备重建毁损严重的西峰寺。

当时寺庙的兴修，一般情形下，如经济不足，向大众募化钱物是通常的选择。张李氏也意欲采此方式，重修西峰寺，然因其未曾剃发受戒，恐难以募化，所以她"用油捻在左右臂膊烧点数处"，自我受戒。受戒本是皈依者为表示笃信佛法、虔受佛规而由传戒僧人以戒香炙烧其头部传戒的一种出家仪式，受戒者受持戒律，是僧尼身份的重要凭证。故此，张李氏的自我受戒不符合正规寺院的身份剃度，也不为国家所认同，这在档案中被乾隆皇帝视为诱惑他人的欺骗性行为，不承认其"出家人"的身份。司法档案中称其为"乡村愚妇"。但是，她自我受戒的行为却得到了寺院周围村民的称许，"附近居民闻知往视，见其坚忍，致相传播，偕往进香者渐多"。自我受戒，对张李氏本人来说，不仅是其身份由俗世向世外人的转化，也是其精神上的一次转变。她在西峰寺依然坚持给人看病，这也是她吸引香客的一种方式和手段。但看病的仪式更加系统、郑重化，由其给人看病仪式的变化也可以看出，"有因病求治者，该氏即令跪香，假念经咒，为之求神"②。

张李氏在寺庙空间——西峰寺庄严、肃穆的神像前，举行跪香、念经咒、求神、画符施药这一系列的看病仪式，传达出了以下几个方面的信息：其一，突出身份，她首先是一个佛门中人，其次是一个医者；其二，塑造西峰寺神灵的灵验，建立信众对西峰寺神灵的信赖和崇拜，吸引更多的信众前来烧香布施。美国心理学家西尔瓦诺·阿瑞提曾指出："宗教信仰意味着两个含义：仅相信存在着神灵，而且对它也抱有希望或信赖。因此，宗教不单是一种对世界的解释，而且也是一种希望。"③ 张李氏希望通过庄重的仪式，强化人们对西峰寺所供奉神灵的依赖，并增加对她医疗的信心。事实上，她的做法也确实起到了这样的效果，"竟有病即痊愈者，

---

① 中国第一历史档案馆藏，军机处录副奏折，"奏报将宛平县西峰寺尼姑诈骗财物交官变卖事"，档号：03-1437-031。

② 中国第一历史档案馆藏，军机处录副奏折，"奏报将宛平县西峰寺尼姑诈骗财物交官变卖事"，档号：03-1437-031。

③ ［美］S·阿瑞提：《创造的秘密》，辽宁人民出版社，1987，第314页。

因而祈求布施者益众"①。绵恩之所以关注到她，即是由于其治病灵验之名已满京城。

由上，通过对张李氏自丈夫患病、化缘行医起，直至丈夫病逝、出家居住西峰寺人生轨迹的考察，我们可以发现其行为的背后是对宗教信仰的追求与实践。无论她前期以医者的身份，实践着信仰的追求，还是后期以"出家人"身份自居，践行着"医者"的工作，她都靠"为人治病"累积着修学佛道的资本。尽管如此，她的行为表明她对佛教的了解非常初浅，如她本人所编的"消灾延寿真经"②，被永琅等称为"俚俗不堪"。其宗教知识，应是佛、道、巫等常识的杂集。她给人治病的仪式，佛、道、巫兼行，"妇女对于佛教的信奉与态度，除了接受社会所给予的一般价值认知外，内在的深层思维，与其个别的人生经验密不可分"③。18 世纪的清朝境内，北方民间宗教组织非常发达，这些组织宗教信仰杂糅了佛、道等多种宗教经典仪式，兼采各种神鬼信仰，传播于乡间，吸引信徒。张李氏化缘行医，奔走在外，耳闻目染，亦是可能。但恰恰正是她"烧香治病""画符念咒"以及佛、道、巫等兼杂的仪式表象，使其宗教活动染上了一层非正宗的色彩，而被官府视为"邪教"，引发了官府对她的关注。其在信众间的募化和布施，也构成了其"惑众敛财"的由来。尤其是两个布施者的布施，成为张李氏"骗财"案真正的幕后起因，她们就是大学士三宝

---

① 中国第一历史档案馆藏，军机处录副奏折，"奏为审拟宛平县西峰寺行修民妇诓骗财物事"，档号：03-1437-033。

② 附于绵恩于乾隆五十二年七月十日的奏折中，内容如下：南海观，落迦山，免三灾，救八难，救苦。灵感慈悲观音菩萨，大方光明华严经，华严海会佛菩萨，长安乐佛祖，长欢喜菩萨，长安乐佛祖发慈悲，慈悲达救愚众生。百般遇巧诸事巧，每时见喜诸事遂心，有香炉满供桌，焚香叩拜要请佛，请佛来，对佛说，终生作下百般苦，自求佛爷与消魔。南无消灾药师佛，消灾延寿药师佛，消灾退病药师佛，消灾延寿药师佛，消灾增福药师佛，求佛祖，与忏悔，与解冤，解冤家，解了众生冤和孽，解五灾，救无灾，说解无孽，救无孽。大方光明华严经，华严海会佛菩萨，长安乐佛祖，长欢喜菩萨，长安乐佛祖发慈悲，慈悲达救愚众生，百般遇巧诸事好，每时见喜诸事遂心。金吒，金吒，僧金吒，吾今为我解金吒，中部胃里解金吒，强中强，急中急，般若会上来助力，一切魔孽离我身。摩诃般若婆罗密，佛说扶立灯，莲花就地生，一灯能引百盏灯，仙家不传难得亮，临危烈焰转分明，弟子本来生得猛，佛祖面前求聪明，哀求空中诸佛祖，慈悲达救愚众生，西峰老祖，西峰老祖。

③ 参见陈玉女《明代妇女信佛的社会禁制与自主空间（上）》，《成大历史学报》第 29 号，2005 年 6 月，第 164 页。

之儿媳乌佳氏和原贵州巡抚图思德之子恒庆之妻宜特莫氏。她们二人的捐施，不仅导致了张李氏梦断西峰寺，也在满族贵族统治上层掀起了一场波澜。

四、 寺庙空间的医患： 张李氏与
乌佳氏、宜特莫氏

张李氏为人治病灵验之名渐渐远播之时，京城内罹患血气凝结病症的大学士三宝之寡媳乌佳氏也亲到西峰寺找她治病。据张李氏供词所言，"三中堂的儿媳患病，到我庙内请我看香，吃我的符药病就好了"①。永琅的奏疏也曾谈及此事，"乌佳氏患血气凝结病症，闻该氏素能治病，延至家中。该氏为之按摩，假念咒语，并代为祈祷"②。此后原贵州巡抚图思德之子户部员外郎恒庆的妻子宜特莫氏因患痰喘病症，也来到西峰寺请张李氏为其治病，是"我给他看香，吃我符药病好"③。

这二人病好之后，各自愿意捐施巨额的钱财帮助修建西峰寺与灵应寺。其时旗人中颇为盛行捐施财物于寺庙或捐建庙宇，④ 许多贵族之家也各自建有自己的家庙，如乾隆时代的福康安在京城建立了著名的天宫庙。乌佳氏病好了后，据张李氏的口供，拜其为师，"将西峰寺叫商人任五监工重新修理。原估银四万两修庙用过她银二万两，她零星还有布施约银一万余两"。宜特莫氏病好后，每个月其夫恒庆给张李氏养赡银三五十两不等，"我又向他募化在石场地方修理三教寺一座，改名灵应寺的银二万两"⑤。绵恩在查封西峰寺时，所查封的财物绝大多数都来源于两家的布施。据绵恩的奏折，"病愈后，乌佳氏感激，欲向伊重谢，拜伊为师。该

---

① 中国第一历史档案馆藏，军机处录副奏折，"奏报将宛平县西峰寺尼姑诈骗财物交官变卖事"，档号：03-1437-027。
② 中国第一历史档案馆藏，军机处录副奏折，"奏报将宛平县西峰寺尼姑诈骗财物交官变卖事"，档号：03-1437-031。
③ 中国第一历史档案馆藏，军机处录副奏折，"奏报将宛平县西峰寺尼姑诈骗财物交官变卖事"，档号：03-1437-027。
④ 刘小萌对于旗人向庙宇捐舍田产等多有研究。
⑤ 中国第一历史档案馆藏，军机处录副奏折，"奏报将宛平县西峰寺尼姑诈骗财物交官变卖事"，档号：03-1437-027。

氏令其施舍金银，修整西峰寺。乌佳氏允从，当今管事家人许禄招工匠任五即任极盛修盖庙宇，先后给修庙下价银一万七千两，又置办供器银三千两，共计银二万两。其余陆续施给衣服器物，并施金镯及零星银钱不计确数，约亦不下万余金"①。两座寺庙修建后，张李氏担任了这两个庙宇的主持，轮流在这两个庙宇中为人看香治病。乌佳氏和宜特莫氏两家各自捐舍使女一名，在寺庙跟随张李氏习佛，亦时常至"寺庙烧香"②。

由上可知，张李氏与乌佳氏、宜特莫氏因疾病医治而结识，她们之间首先形成的是医患关系。随后在宗教信仰上达成共识，共同建立了信仰空间——西峰寺和灵应寺，在寺庙空间因信仰结成的物质关系正是基于她们各自世俗与出家人身份而形成的施与受的关系。③

张李氏经历了由"医者"到"出家人"身份的转变，其身份的变化自然也影响着她与病人之间关系的变化。"出家"以前，她为人治病，与病人是医者与患者的关系，他们间的经济关系是医者给人治病的酬劳。"出家"以后，与尘世之间形成了两个不同的世界，她首先是世外之人，其与世俗之间没有金钱酬劳之说，其与世俗的经济往来是布施者的布施与受施者的受施。可以说，这两座寺院也分别是乌佳氏、宜特莫氏和张李氏因为疾病医疗而产生的共同宗教信仰而建构的宗教活动空间。但张李氏本人对于其身份转变并未有清醒的认识，她一直游离于这两个身份之间。在修建庙宇修行方面，体现出了出家人的一面，但在收受处理寺庙香客财物方面，又体现出了其世俗之人的一面。档案中记载了她从寺庙香火银中拿出了二千银两分别给予两个儿子，其长子以此"置房开铺"，三子广月修复

① （清）方浚师：《蕉轩随录》卷二，清同治十一年刻本，第29页。方氏的记载内容与第一历史档案馆永琅的初审奏折同，应是抄自该奏档案。
② 中国第一历史档案馆藏，军机处录副奏折，"奏报将宛平县西峰寺尼姑诈骗财物交官变卖事"，档号：03-1437-031。
③ 她们之间存在"出家人"与信众的募化与布施关系，在张李氏的口供中显现无疑，"三中堂的儿媳患病，到我庙内请我看香，吃我的符药病就好了，她拜我为师。她将西峰寺叫商人任五监工从新修理，原估银四万两"，"她叫使女双庆跟着我替他上殿念佛。他主母时常到西峰寺庙内烧香住宿。""现任银库员外郎恒老爷的夫人也是我给他看香，他吃我符药病好。每月恒老爷给养赡银三五十两不等。我又向他募化石场地方修理三教寺一座，改名灵应寺。约银两万两。他又叫使女玉喜每日跟随我上殿烧香"。（见礼部侍郎蒋赐棨、宛平县令吴省钦奏折，"奏报将宛平县西峰寺尼姑诈骗财物交官变卖事"，档号03-1437-031。）

了庙宇圆光寺以自住，这被绵恩称为"以肥囊橐"①。这亦可能被乾隆称为"图骗钱财"的原因之一。

五、 法律治理： 张李氏三人医患关系的消解

如本文的第一部分所言，张李氏的宗教行为由起初的被官府视为"邪教"，到后来被乾隆皇帝认定为"假神画符"的"图骗钱财"，都意在表达张李氏的行为非法，需要加以惩治。因此，官方话语需要建构张李氏"烧香看病""煽惑敛财"的形象，所以在永琅的奏折中，她和乌佳氏、宜特莫氏的关系被描述为"病愈后，乌佳氏感激，欲向伊重谢，拜伊为师。该氏令其施舍金银，修整西峰寺，乌佳氏允从"，宜特莫氏"听从该氏修理石场地方三教寺"②，通过"令""允从""听从"这样具有明显的上、下位色彩的词语，塑造了张李氏"挟恩""图财"以及乌佳氏、宜特莫氏"知恩相报"的关系。乾隆皇帝更是一语将她们的关系定为"骗"与"被骗"的关系，张李氏"假神画符，烧香治病"，"不过图骗钱财"。这样的言语建构，完全消解了她们因为疾病医疗而产生的、基于共同的精神信仰而结成的布施者与受施人的物质关系，其目的有二：一方面是突出张李氏的犯罪；另一方面是官府有意识地淡化乌佳氏和宜特莫氏在此案中的地位和影响。在档案中，乌佳氏被表述为"大学士三宝之媳，自宜谨守闺门"，因轻信张李氏看香治病灵验，"远赴山庙，往来住宿看病"，陷入骗局而不自知，"堕其术中，甚至拜师修庙"。③

上文提及乾隆皇帝对张李氏骗财一案的判决，否决了永琅等人对张李氏、任五两人以"邪教"犯罪而作出的惩罚意见，将张李氏、任五二人改以图骗钱财罪论处，他将推动张李氏扩大声誉影响的任五定为首犯，张李

---

① 中国第一历史档案馆藏，军机处录副奏折，"奏为审拟煽惑人心骗财西峰寺尼姑事"，档号：03-1437-030。
② 中国第一历史档案馆藏，军机处录副奏折，"奏为审拟宛平县西峰寺行修民妇诓骗财物事"，档号：03-1437-033。
③ 中国第一历史档案馆藏，军机处录副奏折，"奏为审拟煽惑人心骗财西峰寺尼姑事"，档号：03-1437-027。

氏定为从犯，似是对张李氏"从宽"地处以"绞监候"。我们应如何理解这个改判呢？其实，早在永琅、永瑢、绵恩三人审理完毕时，案情已经明朗，张李氏除了给予长子一千两银子外，其余的钱财都用于和准备用于修建寺庙，除前面所提到的七圣庙、西峰寺、灵应寺，她还令三子广月负责修复了圆广寺。乾隆皇帝在审阅了绵恩、永琅奏折以及张李氏等人的供词后，就已经清楚了张李氏一系列修庙行为表象背后的实质。这个案件，如果是从"出家人"和施主的关系来理解乌佳氏、宜特莫氏的布施修庙行为，那么张李氏和乌佳氏、宜特莫氏是无罪的，她们之间的物质关系是施与受，国家法律无法规制。但乌佳氏和宜特莫氏的巨资施舍损害到了旗人的利益和声誉，尤其是统治上层的声誉，她们施舍的背后有其夫家族的支持，令乾隆不得不对其进行严惩。然而对她们的惩治，并非是一件简单的事情，需要综合考虑多种因素，尤其是她们背后的家族、民族等。案件牵连到乾隆皇帝的当权大臣之家，一位是受其宠信的大学士三宝，一位是曾经的贵州巡抚、现任的云贵总督图思德，他显然不希望将此事暴露在公众面前，即使要对两位满族贵妇进行惩治，也不需要将其展示在幕前。① 但是案件已经暴露在了公众的面前，他需要给公众一个态度和结果，这样任五和张李氏被推到了公众的面前，承担起了案件的前台罪责，因此，他们是以图骗钱财罪而被处罚，并非以永琅等人提议的"邪教"犯罪论处。如果以"邪教"论惩，张李氏则"邪教惑众"，乌佳氏和宜特莫氏及其背后的家族也难脱其罪，这于乾隆来说，无异于难堪的政治丑闻，后果与影响则更为严重。故此，乾隆以法律手段将该案件的恶劣影响消解到最小范围。即使如此，从案件发生后，清代官员对此案的传抄记载来看，未尝不是一场政治丑闻。

---

① 事实上，乾隆皇帝也确实是这样做的，他在六月二十六日发布了一道对乌佳氏和宜特莫氏加强管教的谕令。这是一道满文谕令，译文如下：乾隆五十二年六月二十六日大学士领侍卫内大臣字寄正红满洲旗都统、镶蓝满洲旗都统等，乾隆五十二年六月二十六日奉上谕：三宝之寡媳、员外郎恒庆之妻，不守妇道，听信邪教之妇蛊惑，于西山西峰寺、灵应寺两处烧香，拜邪教之妇为师治病，各自户下均有应交之银，并未速交，反糜费数万两银，修缮寺庙房屋，实属不堪入目。业已降旨，著应将此二人支出银两，于各自数目相比，增加五倍追缴。等语。将此复札付该管都统等，由各旗如数速缴，断不可随意推诿延迟。钦此。（见中国第一历史档案馆，"寄谕正红镶蓝满洲旗都统等著追征三宝之寡媳等名下应缴银两"，档号：03-139-1-069。）

张李氏罪名的确定，经历了从"邪教"到"图骗钱财"、由具有政治特性的犯罪到财产性犯罪的变化，这种变化反映了清朝统治者内部在其宗教活动及信仰的认识方面存在着分歧。其罪名的认定是确立乌佳氏及宜特莫氏二人罪名的前提。如果张李氏的宗教活动是"邪教"，那么她与乌佳氏二人就具有师徒传授之关系，乌佳氏二人的罪名也应是学习"师巫邪术"。张李氏被认定为"图骗钱财"，乌佳氏及宜特莫氏二人就只能定性为被骗，她们的捐舍，是"肆意滥费，实属妄为"，将被处以"严加管束，不许出门"之惩罚。她们背后的家族也将被施以严重的经济惩罚。我们不知道乾隆皇帝更改张李氏罪名的真正原因，但经过更改，张李氏在西峰寺与他人间发生的施与受的物质关系，就成了法律意义上的"骗"与"被骗"关系，乌佳氏与宜特莫氏则成了受张李氏诱惑而被蒙骗的对象，受骗捐施巨额财富，相比学习"师巫邪术"更利于旗人形象的树立。这也许是乾隆基于政治各方面考虑的结果。当然也许在乾隆看来，张李氏于案件中可能更无辜一些，因为她当时已经在西峰寺"出家"，法律并未禁止其募化修建寺庙，所以，她在案件处理中被安以两人共同"图骗钱财"犯罪中的从犯。对于张李氏的处理，乾隆皇帝可能还有一个考量，即从表面看来张李氏的危害性不大，但细思极恐，两个满族贵族妇女因被其治愈疾病，出于"感激"，捐施巨资，修建寺庙，且屈身俯就，拜其为师，任其所求。她们的关系，在乾隆皇帝的眼中，不是僧俗间的募化与布施关系，而是阶级甚至是政治治理的问题，这可能会影响甚至动摇国家的统治。因此，出于政治因素的考量及对国家统治的忧虑，乾隆皇帝将张李氏处以绞监候。但无论他出于哪个方面的考虑，对张李氏的处决都不是他所谓的从宽处罚。

结　　语

综上，张李氏作为医者，在行医实践中践行其宗教信仰理想与精神追求，在为乌佳氏、宜特莫氏二人医治疾病的过程中，发展出了医患关系外的共同的精神需求和共建庙宇的活动，亦即她们将身体的物理医疗延展到精神、心灵的医疗，医疗空间则由家宅延伸到庙宇，她们亦由医患关系，进而发展为师徒关系，在宗教领域跨越了阶级，建立了世俗内外的身份关系；同时，她们又因物质的捐舍，形成了施与受的关系，展示了清代女性在疾病医疗领域的认知及建构主体行为。然而，她们的行为被认定为逾越了法律、政治的边界，以乾隆为代表的统治者以法律消解了她们因疾病医疗而形成的关系，其实也否定了她们疾病医疗的话语，这亦表明了国家关于疾病医疗的态度——疾病医治应与宗教分离。

《中国古代法律文献研究》第十九辑

2024 年，第 295~308 页

治水共生：碑刻所见清代
昭通府的水利社会*

刘建超　梁　婷**

摘　要：昭通地区自雍正年间设府建置，开始正式纳入清朝的国家治理体系。然此地山高水深，用水极不方便，严重影响了地方社会的正常发展。为解决农事灌溉和百姓用水等问题，官民通力合作，浚疏河渠，兴修堤坝，添建水闸，调息纠纷，并勒碑纪事，体现了国家对基层社会的治理逻辑，呈现出国家与社会共同作用于地方事务的社会运转模式。这些水利碑刻内涵丰富，内容众多，如兴修水利的过程、分水的条约条规、水利纠纷解决机制和神龙信仰祭祀等，均成为研究清代昭通府水利社会的关键要素。

关键词：碑刻　昭通府　水利社会　地方治理

"水利为农政之要端，民食之命源。"① 昭通位于滇东北，地处青藏高原东南翼，是四川盆地与云贵高原的过渡地带，地形由乌蒙山和五莲峰两

---

* 本文系 2021 年国家社科基金中国历史研究院重大历史问题研究专项重大招标项目"中国古代地方治理的理论与实践及借鉴"（LSYZD21006）、昭通市 2024 年度（第十五届）哲学社会科学课题"中华民族共同体视域下昭通碑刻研究"（zt2024076）阶段性成果。

** 刘建超，昭通学院人文学院讲师；梁婷，昭通学院教育科学学院助教。

① 符廷铨：(民国)《昭通志稿》，民国十三年刻本，第 128 页。

座大山及牛栏江、横江、金沙江三大河谷构成，山高谷深。可以说，昭通不乏水源，但随着清朝在昭通设府建城，人口不断增加，① 田地不断开辟，高产作物不断引进，② 人水矛盾逐渐显现。有关水利事务的碑刻由此产生，集中反映了清代昭通府的水利建设情形。

目前关于水利的研究多聚焦于华北、山西等地，内容多集中于黄河、运河等水系，较少关注云南的水利社会，而云南水利社会的相关研究又多聚焦于大理、曲靖等地，有关昭通地区的水利研究更加付诸阙如。③ 本文立足水利碑刻，对清代昭通府的地方水利治理情况展开研究，供各方家批评指正。

一、碑刻概况

雍正九年（1731），昭通府设立。"农事为立国之本，水利乃务稼之

① 据（宣统）《恩安县志》和（民国）《昭通志稿》记载，昭通地区在乾隆四十年（1775）共九千零七户，男二万六千五百三十八丁，女一万九千零一十八口，比乾隆三十年（1765）增加了四百三十户，男增加二千零二十一人，女增加九百口。要之，十年内增加了三千人左右。等到光绪十二年（1886），昭通地区共二万八千七十四户，男六万八千三百一十丁，女五万零七百六十九口。宣统二年（1910），人口增加至十三万三千七百六十八人。终清一代，昭通地区的人口增加了十六万有余。详情参见汪炳谦（宣统）《恩安县志》，《中国地方志集成·云南府县志辑》第 5 册，凤凰出版社，2009，第 256 页；符廷铨（民国）《昭通志稿》，第 90 页。

② 详情参见潘先林《高产农作物传入滇川黔交界地区彝族社会的影响》，《思想战线》1997 年第 5 期，第 61 页。该文认为改土归流之后，玉米和马铃薯传入滇川黔交界，促进了山区经济的发展，亦促进了彝族传统的领主制经济向地主制经济的过渡。该文认为，玉米和马铃薯虽为旱地作物，但亦需要水源灌溉。同时据（乾隆）《镇雄州志·物产卷》记载："包谷，汉夷贫民率其妇子垦开荒山，广种济食。"见屠述濂（乾隆）《镇雄州志》，乾隆四十九年抄本，第 374 页。（宣统）《恩安县志·物产卷》记载，"苞谷，俗名玉麦，可酿亦可救饥，乡人园圃皆种"。见汪炳谦（宣统）《恩安县志》，第 177 页。（民国）《昭通志稿·物产志》记载："玉麦，陆地山坡均产之……昭之粮食此其最大宗也。"见符廷铨（民国）《昭通志稿》，第 417 页。可见该类农作物的传播速度之快、种植范围之广。这在一定程度上进一步加剧了人水矛盾。

③ 相关研究详情参见葛剑雄《河流与人类文明》，《民俗研究》2021 年第 6 期，第 5 页；张俊峰《中国水利社会史研究的空间、类型与趋势》，《史学理论研究》2022 年第 4 期，第 135 页；行龙《以水为中心：区域社会史研究的一个路径》，《史林》2023 年第 6 期，第 193 页；吴连才《清代云南水利研究》，云南人民出版社，2017；董雁伟《水权制度演进与明清基层社会——以云南为中心》，《思想战线》2022 年第 5 期，第 118 页；赵志宏《云南水利碑刻辑释》，民族出版社，2019；杨天虎《清代曲靖地区的社会变迁——以水利碑刻为中心的考察》，《曲靖师范学院学报》2017 年第 2 期，第 1 页；等等。

源。"① 昭通府深处云贵高原，以传统农业经济为主，但深受地质和气候影响，境内"高亢则水源缺乏，低洼则淤积不消；地未能尽其力，农未能尽其材"②，因此时任云南巡抚的鄂尔泰称："窃惟地方水利为第一要务，攸系民生国计。"③ 现有可查的清代昭通府水利碑刻 7 通，将其汇总，以时间为序，按照碑刻名字、刻立时间、具体事务、碑文撰者和具体出处进行整理。见表 1 如下：

表 1　清代昭通水利碑刻一览表④

序号	碑刻名字	时　间	事　务	撰者	出　处	备　注
1	恩安添建蓄水闸坝碑记	乾隆二十一年（1756）	兴建蓄水闸	恩安知县	原碑	官府主导多次
2	重修龙神庙水塘义学碑记	乾隆二十八年（1763）	迁建龙王庙	昭通府知府傅垐	（宣统）《恩安县志》	官府主导
3	泽流不朽碑	乾隆五十四年（1789）	修建拖姑寺龙义水闸	马膺瑞	原碑	百姓自发多次
4	改祀龙硐神祀碑记	乾隆年间	迁建龙王庙，疏通河渠	昭通总兵佟国英	（民国）《昭通志稿》	官府主导
5	三多塘碑记	嘉庆十六年（1811）	兴修龙硐庙，新建蓄水池	欧阳道瀛	（民国）《昭通志稿》	官府主导
6	师人塘堤埂碑记	嘉庆二十一年（1816）	处理水利纠纷，新修水闸	张应祥	原碑	官府主导多次
7	卧龙石水沟碑记	道光元年（1821）	疏通卧龙石	乡亲	（乾隆）《镇雄州志》	百姓自发多次

---

① 《云南通史》，纪昀等编《影印文渊阁四库全书》第 570 册，北京出版社，2012，1500 - 史 - 0570 - 0439。

② 张本钧等编：《昭鲁水利工程志》，昭通旧志汇编委员会编《昭通旧志汇编》第 2 册，云南人民出版社，2006，第 504 页。

③ 鄂尔泰：《兴修滇省水利疏》，《皇朝经世文编》卷一一八，《魏源全集》第 19 册，岳麓书社，2004，第 561 页。

④ 本文表格系笔者整理，数据来源于昭通各地方志书收录的碑刻、笔者田野调研获得的碑刻等。需要说明的是，清代昭通府的水利碑刻当不止 7 通，笔者整理资料时发现许多碑刻仅记载只言片语，无相关碑文，故未收入本表。

《恩安添建蓄水闸坝碑记》刻于乾隆二十一年。雍正年间，昭通地区改土归流，设昭通府，附恩安县。此时人少地稠，不乏水源。但随着招徕民众数量增加，水源问题暴露。乾隆元年（1736），曾兴修水利，疏通利济河、旧河和洒鱼河，同时在擦拉水塘、八仙营、芦柴冲、李子湾、西戈寨等处，分水官坝、官沟做了蓄水池。但乾隆二十一年四五月间，昭通大旱，旱魃肆虐，水源几尽。知县探寻原因，原来是村民私开龙洞闸用水，使得大源泉成为涓溪，于是官府紧急下令，关闭了龙洞闸，并且派人守护，放谕各村庄，"盈科迟输"，缓解了百姓的痛楚。

《泽流不朽碑》记录了修建龙兴闸之事。龙兴闸处于鲁甸县拖姑，在该闸修建之前，此地曾经多次修建堤坝，但均被毁坏。乾隆五十四年，乡民再次修建堤坝和水闸，共费银一千两，并立定规约，凡私开闸门者，罚款五十两。同时规定闸内所卖鱼钱，归拖姑清真寺，添作香火，如果遇到私自打鱼售卖者，罚款五十两。

《改祀龙硐神祀碑记》① 记录了乾隆年间昭通总兵佟国英迁建龙神祠之事。是年夏五月，天干池涸，引城西利济河河水灌溉田地，然而日落时分，尚灌不及亩。佟国英追溯河源，北上二十里地，发现原来利济河在此处的龙神硐转流，该龙神硐"蜗墙蛸户，苔侵草窬"，发出利济河"其细已甚，无怪汲饮之难也"的感叹。于是会同太守傅堑迁神祠，新选地址，"蠲饰神像……建斋宫两楹础"。

《重修龙神庙水塘义学碑记》② 同样记述了迁建龙神祠之事，此外该碑还详细记载了恩安县居民饮水问题。早年间，恩安县城内蓄水池仅"掘地九韧，深不及泉，烟火万家，污尊杯饮，等若沆瀣"。知府徐德裕曾经进行整修，"堵截溪流，引泉开沟池"，但徐堵截溪水的做法在夏日容易干涸，农业灌溉和居民饮水都比较困难；知县沈生遴亦曾在城西开凿水池，但时有土崩，淤泥污浊流入其中，加之"居民且纵放牛、猪，为畜牧场。旱则池水仍涸，雨则街巷积污，汇入池中，食之多染疠疫"，不利于城中百姓健康。其后，傅堑调守昭通，除了迁建龙神祠外，傅堑还与昭通县令

---

① 符廷铨：(民国)《昭通志稿》，第 365 页。
② 汪炳谦：(宣统)《恩安县志》，第 418 页。

汪任商议，扩大、加深城中原蓄水池，并将其改为石制水池，将城外水引入池中，上覆石板。同时新开石渠，专门收纳各街积污，后流出城，"则垢秽可无虞矣"。汪任又在蓄水池四周"环以石栏"，至此迁建神龙祠和兴修城内蓄水池工作完成。

《三多塘碑记》①记录了嘉庆年间恩安县令王禹甸修蓄水池之事，"昭郡袭乌蒙旧址，背山为城，距大河十数里，关以内无井泉，唯资涓涓之龙硐水，由沟入城，停蓄于大小两池"。"越辛未，夏大旱，龙硐以支分流细，不能远达城沟，致城内两池俱竭"。王禹甸于是在北城外，"择地浚深池，余则潴，溢则泄"。有效缓解了昭通城居民用水和农业发展的难题。

《师人塘堤埂碑记》为嘉庆二十一年刻立，主要记述了恩安县、鲁甸县两地的水利纠纷。师人塘连接恩、鲁两地，乾隆二十五年（1760）被恩民筑堤，致使鲁甸缺水；乾隆四十五、四十六年（1780、1781），恩民又筑二堤，鲁甸人民"具控在案，屡批未结"，以致嘉庆七年（1802）三月酿成恩、鲁命案。后嘉庆二十年（1815），"巡宪大人檄文，飞催府主，委命恩鲁二主，会堪讯断"。最终商定"自堤北进山脚开闸口，……沿山脚顺古沟修成大沟，引水灌入查拿大闸，……上修石桥以利行人"。由于前几年修沟银两，由恩民负责，与鲁民无干。令鲁民出银一百五十两，作为修沟建桥之资。"定成铁案，县文申详，永不许壅塞，复起讼端。至荒海原系恩半鲁半，各守界址，亦勿得再行争占。"

《卧龙石水沟碑记》②记述了道光元年兴修镇雄县李官营卧龙石水沟的过程。李官营可引绰河作为灌溉水源，但途径卧龙石"航噪难通"，乙卯年（1795）虽"筑墩搭枧"但遭水灾，当地人"砌堰凿疏至卧龙"，但"工惮于力，携资潜逃"。丙子年（1816）再次修建，却因分水不均"衅起，同类抗阻、构讼"。辛巳年（1821）大旱，"当年之纠阻者方始回心同虑"，重新商议修建之事，河堰终成。时人"分水立法，镌石为记"，"各守轮规，永遵碑盟"。

从乾隆朝至道光朝，均有水利碑刻存在，说明兴修水利一直是清代昭

---

① 符廷铨：(民国)《昭通志稿》，第369页。
② 屠述濂：(乾隆)《镇雄州志》，第509页。

通府在地方社会治理中的重要内容。昭通府水系网络发达，仅恩安县境内就有大龙洞水、波罗闸水、居乐河、白坡坝等水系31处。水资源的利用关乎国家的兴亡。昭通府成立之后，整顿水利，发展农业，造福百姓，也便成为当地社会发展的重点。就目前的水利碑文来看，昭通府的治水内容主要包含抗旱治河、农事水利和城市汲水几方面。治水过程又涉及建设水利工程、处理水权之争和发挥神龙信仰等内容，体现出了清代昭通府治水共生的生态观、民俗观和文化观。整修水利的过程虽然复杂多样，但最终都在官民的互相配合下顺利完成。

二、治 理 过 程

"夫昭自成平后，四方来集，并土著夷民，生齿日繁，户口不虞其寥落。惟缺于泉源，兼以山多田少，故财赋难增。即今城内军民汲饮之水，历二十余里自龙洞引入，凿池资用，每年春夏之交，时忧匮乏。此昭郡第一要务也。"① 昭通建城之后，随着人口的增加，加之昭通大山大河众多，人水矛盾逐渐凸显，严重影响了地方的发展。基于此，昭通府开始了整治水利的工作，治理过程呈现出了处理形式灵活多样和工程修建渐进漫长的特点。

（一）形式灵活

昭通山河众多，地势起伏大，人口分布不均，这都对整修水利造成一定困难。当地因地、因时制宜，灵活处理，在一定程度上有效缓解了人水矛盾。

官府负责地方民生，在兴修水利时会设立专职来处理水利问题。《恩安添建蓄水闸坝碑记》因为村民私自开闸用水，导致水量变小，官府知道后，紧急下令关闭了闸门，同时安排专员负责看管闸门。（宣统）《恩安县志》记载："近来虽设有水长看伺，每遇城内水涸，必差役率众，寻流溯

---

① 汪炳谦：（宣统）《恩安县志》，第10页。

源，疏抉拥塞……"① （民国）《昭通志稿》亦载："凡值栽插之际，或雨泽愆期，许头人等赴县禀请开放，始执旗往命闸夫启板，待水下完，即将板全上。"② 此处"水长""闸夫"即官府所设看管水利工程的专职。明清时期，水利职官已经成为专职，除了黄河、运河等防洪工作，其余水利事务均由地方管理，即知府、知县等兼管水利事务，但水利专员的设置并无严格规定，一切视具体情况而定，此处"水长""闸夫"即为临时委派。"闸夫"需要严格看管水闸的使用情况，并且承担一定社会责任，"若遇大雨时行，山水暴注，则责成闸夫启板二三块宣泄涨潦……闸夫……循私者，重责不贷"③。另外，对建好的水闸，如对留余闸"雇闸夫专管，按年培修堤埂，植柳保护，勿令倒塌"④。对三济闸亦雇闸夫，使其住居闸旁，"拨给养赡田亩，专司其事，随时巡视"⑤。

颁布水法水则亦是整修水利的常见手段。《卧龙石水沟碑记》因水源分配问题，导致百姓构讼，引起纠纷。官府出面后进行整修，按照出钱多少，立法分水，刻立石碑，平息了百姓的这场官司。乾隆年间所整修的通济闸、惠济闸等十八道水坝，均由恩安知县沈生遴督办，修建水坝之后，沈生遴"拟定条规，刊板颁发各乡民遵守"⑥。如龙洞闸修成之后，"需要水田户等若自行开放以便一己之私者，查出，罚银十两作修闸费"⑦。可谓罚款数额多，惩处力度大。咸丰元年（1851），知县傅公疏通擦拉河天生石坝，"定为章程"。同治四年（1865），知府王栋疏通全河，"规定岁修章程"⑧。虽具体章程遗失，但可以看到，官府极其重视分水法则。除了官府颁发的水则外，百姓也会制定村规乡约来保障水源。《泽流不朽碑》为乡民修建龙兴闸之事，新闸修成后，乡民约定不准私开闸门，否则鸣官罚款。"水例分配既是一个划定权属边界的过程，也是一个不同利益主体合

① 汪炳谦：(宣统)《恩安县志》，第167页。
② 卢金锡等：(民国)《昭通县志稿》，《中国地方志集成·云南府县志辑》(第4册)，凤凰出版社，2009，第128页。
③ 符廷铨：(民国)《昭通志稿》，第129页。
④ 符廷铨：(民国)《昭通志稿》，第130页。
⑤ 符廷铨：(民国)《昭通志稿》，第130页。
⑥ 符廷铨：(民国)《昭通志稿》，第130页。
⑦ 符廷铨：(民国)《昭通志稿》，第129页。
⑧ 符廷铨：(民国)《昭通志稿》，第131页。

作与协调的过程。"① 不断完善水权制度，亦是时人治理水利的重要理念。无论官方水法还是民间条规，均有赖于官民之间的互相支持和协作。要之，水利碑刻是水法水则的载体，是水利治理结果公示化和法律化的重要见证。

此外，民间信仰在水利整修中也发挥着重要作用。《重修龙神庙水塘义学碑记》和《改祀龙硐神祀碑记》均记载了迁建龙神庙之事。调查水源过程中，发现主管水系的龙王庙破败倾圮，当地设法迁修，将龙神庙从城内改建到城外西北隅。寄希望于神灵，这与民间祈雨仪式异曲同工，说明民间信仰在治理水利过程中能起到一定催化和粘合作用。通过神灵祭祀，国家能够有效聚拢民心，"从精神层面弥补国家和人在大自然面前的能力不足"②，从而实现对社会的管理。（天启）《滇志·祠祀志》记载明朝云南有龙王庙 31 座，（光绪）《云南通志》记载云南龙王庙增加至 170 座，可见云南地区的龙王庙数量众多，神龙信仰的范围较广。神龙信仰能够满足民众的精神需求，但更符合民众的生活需求。农业经济为主的昭通府，以水作为生产之源和生存之本，将神龙信仰纳入水利社会，希冀神灵庇佑，具有一定的现实意义。

在具体的整修水利过程中，除了常见的浚通河道，进行加深、加宽工作外，百姓还会依据现实需要，新开闸门和修建沟渠。《师人塘堤埂碑记》即称因为原堤坝被毁，故而另辟新地修建闸门，并且在闸门外修建了大沟，新引外水进来。同时，在大沟上面修建了石桥，方便了四方黎民。

（二）过程渐进

昭通位于我国由东北至西南延伸的山地农牧过渡带上，气象与地质灾害频仍，泥石流、滑坡、地震等多发，这都给兴修水利带来了困难。同时人口的不断增加，也给水利工程的建设带来了挑战。据此，昭通地区的水利工程需要多次兴修，体现出了水务治理的长期性和渐进性。

---

① 董雁伟：《水权制度演进与明清基层社会——以云南为中心》，《思想战线》2022 年第 5 期，第 127 页。

② 金安平：《水治理中的国家与社会共治——以明清水利碑刻为观察对象》，《北京行政学院学报》2022 年第 3 期，第 33 页。

《恩安添建蓄水闸坝碑记》虽记新修水闸之事，但据碑文称，乾隆元年，恩安县就曾整顿过水利，历时两年，疏通利济河、旧河和洒鱼河，同时还修建了几处蓄水池，作为农田灌溉和居民用水。此次整修确实起到一定作用，但乾隆二十一年，闸少不便的局限性逐渐显现，随着人口不断增加，水闸的位置也不再适用，故而又重新建立水坝。《泽流不朽碑》记录了龙兴闸的修建过程。碑文称雍正十一年（1733）拖姑即修建了水闸堤坝，但乾隆二十七年（1762）堤坝被毁，三十七年（1772）重修石闸；五十一年（1786）堤坝再次被毁，五十二年（1787）乡民再次修建，但尚未完工即毁；五十四年，乡民再次协商，出资出力，修成了龙兴闸。

《师人塘堤埂碑记》记录师人塘堤坝的修建过程。师人塘地接恩安县和鲁甸县，由于鲁甸县高于恩安县，为防止水漫毁田，乾隆二十三年（1758），鲁甸乡人拆堤；乾隆二十五年，恩安乡民再次筑堤；乾隆四十五、四十六年，恩民又筑二堤，鲁甸乡民"具控在案，屡批未结"；嘉庆七年，因水利问题，鲁民被恩民所害；嘉庆二十一年，复修堤坝，新建了师人塘堤坝，至此解决了两县纠纷。实际上，该堤坝在刻碑之后的咸同"回乱"时被毁。光绪六年（1880），时任知县荣昭又对该堤坝进行了重修。《卧龙石水沟碑记》亦称为整治绰河，乾隆六十年（1795）曾筑墩搭枧，被毁；嘉庆二十一年，乡民众议，但是因水资源分配问题，互相构讼，未成；道光元年，因当年大旱，乡民迫不得已，最终用时两年，才顺利整顿了绰河卧龙石一段。

中国古代水利的发展具有"历史性和连续性"[1]，所谓历史性是指治水历史悠久，所谓连续性是指治水过程不断实践并不断进步。水利事务攸关国计民生。昭通地区虽然水资源丰富，但受限于地形和气候，实际用水困难重重。自昭通府设立以来，即不断修建水利工程，甚至一件工程需要多次翻修，深刻说明了该地兴修水利的复杂性和艰巨性。在具体治理的过程中，当地因地因时制宜，设立专职，新建水闸，祭祀神龙，立法分水，种种做法又体现当地兴修水利的形式多样性和灵活性。

---

① 郭涛：《中国古代水利的基本内容及主要特征》，郑晓云主编《水历史与水文明研究》第1辑，社会科学文献出版社，2021，第16页。

三、治理主体

水利工程是地方进行农事生产的重要项目，是民生建设的主要内容。官府作为国家权力的执行者，在兴修水利工程时，往往扮演着动议并组织修建的角色，但当面临国家权力制度的不足和地方事务的繁琐，以及地方社会发展日益加快的现实需求时，往往会借助民间力量，官民合作，共同治理，以此完成水利工程修建。

（一）官府主导

徐德裕，雍正九年任昭通府知府。徐在任期间浚疏大龙洞，连接利济河，以此作为恩安县城北的灌溉水源，又在城内开凿水池，引水进城，作为民用饮水。乾隆元年，俞升担任恩安县知县继续兴修水利，"其河有三，一利济，一旧河，一洒鱼闸。则龙洞擦拉水塘、八仙营、芦柴冲、李子湾、西戈寨及北门外，分水官坝、官沟，暨城内积水池"。《恩安添建蓄水闸坝碑记》虽为沈生遴所撰，主要记录了恩安县添建水闸堤坝的经过和起因，但是对徐和俞修建水利之事均有记载。沈生遴于乾隆二十一年任恩安县知县，彼时大旱三年，水源急缺。沈生遴携一众官吏，寻找水源，一路至大龙洞，发现水闸被开，"尽急下令，闭龙洞闸，募夫守之，阅六日夜满盈，启。放谕村庄，各筑拦河坝，盈科迟输"。之后，"二旬中获栽十之七，盖时已六月中旬矣"。水闸修整之后，农业用水得到缓解，仅月余，农事生产便完成了十分之七。

除了农事用水外，沈生遴还对恩安县城内居民用水进行了改造。原来恩安县城内蓄水池为徐德裕修建，但水池较浅，污秽较多，因此沈生遴在城西重新开凿水池。《重修龙神庙水塘义学碑记》记载该水池为土凿，泥土围绕四周，一遇雨雪，"岸土崩颓，淤泥污浊，居民且纵放牛、猪，为畜牧场。旱则池水仍涸，雨则街巷积污，汇入池中，食之多染疬疫"。乾隆二十七年，傅堃知昭通府事，决心重新修建蓄水池，于是"先议浚塘，扩而大之，浚而深之……俱易为石沟，上覆版。复别开石渠，纳各街积污，去庙后一丈余流出城，则垢秽可无虞矣"。同年，恩安县知县"复议环以石栏"。由此，恩安县居民用水问题方才解决。除了修建城内用水外，傅堃还带领民众，祭祀龙王，改迁神龙祠，《改祀龙硐神祀碑记》对此进行了详细记载，上文已述，不再论及。

同时，官府还在水利纠纷方面起着重要的审判作用。《师人塘堤埂碑记》所记鲁、恩两县师人塘堤坝之争，最后由政府出面，"省宪檄府同恩鲁两属长官……力除民害，当堂讯断"，并以此定成铁案。宣统二年（1910），鲁人又欲拆除该堤，纠集数百人，持锄决堤，知县姚佐清紧急出面制止："此堤乃数百年物，成案具在，敢动一锄者，死之。"这才平息了水利纠纷。光绪十年（1884），昭通大旱，乡民因放水起了争斗，知县荣昭"为之厘正规则，勒石纪事"①。

（二）民间自发

《卧龙石水沟碑记》记录了镇雄县李官营人民自发修建卧龙石水沟的事件。绰河一直是当地农用灌溉水源，但绰河流经卧龙石的时候，"屼嵝难通"。乡民为更好利用绰河的农事灌溉作用，多次商议整修该处。乾隆六十年，曾经整修一次，"筑墩搭枧，才建旋坍"，乡民再次"齐集相度，作久远计"，但是由于工程艰难，"工惮于力，携资潜逃"。嘉庆二十一年，乡民再度复议，募捐费用"百十余金"，由于分水不均，内部爆发冲突，以致工程再次搁浅。直至道光元年，乡民又重新估价募捐，"费至七十余金"，终于疏通卧龙石。乡民们按照出资多少，分配水源，并"镌石为记"，该石碑由"乡众立"。

《泽流不朽碑》所记龙兴闸亦为乡民自发修建。雍正九年，乡民在拖姑清真寺"建闸于兹"，并规定："从闸下至海田边河为界，共田五百三十五亩。□出水，分河，外海田并无水分，不容放此闸水。"乾隆二十七年，堤毁。三十七年，再次兴修石闸，照依前例，仍以五百三十五亩引出水。五十一年，受水涝影响，石堤再次被毁。五十二年，乡民积聚，依照旧例，按亩分摊修建石闸的费用，但是堤坝修筑不善，尚未完工即破。五十四年，乡民再次商议，还是按亩分摊，计银一千余金，聘请石匠，修好了

---

① 符廷铨：(民国)《昭通志稿》，第200页。

石闸。同时乡民还约定："有私情买放闸水过河入海者，合众鸣官罚银五十两修闸。至闸内买蓄塘鱼，按年租卖。所获鱼价，归入拖姑清真大寺，作常住添修之项，永远为定。若有阻挠私拿售价射利者，鸣官究治，仍罚五十两修寺。"此外，乡民还将所分的水源一同刻在了石碑上。"戚马等姓门首，□水分田三百一十五亩。马阮等姓门首，□水分田二百二十亩。"

《师人塘堤埂碑记》虽主要记录官府解决民间水权之争的问题，但是同样记录了师人塘堤坝的修建过程。师人塘为恩、鲁交界水塘，早年四周筑有大堤，但由于鲁甸县高于恩安县，为防止水漫毁田，乾隆二十三年，鲁甸乡人纠集乡民，拆堤泄水；乾隆四十五、四十六年，恩民连筑二堤，以致嘉庆七年，恩安廪生李周被鲁人王安太"戳毙"；后嘉庆二十一年，官府出面，判定复修堤坝，刻碑纪事，"定成铁案，具文申详，永不许壅塞，复起讼端"。该碑由"六甲士民同立"。可以看到师人塘堤坝反复拆修，均为民间自发行为。

水利工程的修建需要全社会参与，既有官员的主导管理，又有民间自发组织，质言之，水利碑刻集中体现了官方和民间的意志。据（民国）《昭通志稿》记载，终清一代，昭通府共有包括利济河十八道坝在内的水闸 52 处，其中官府主导修建 38 处，乡民修建 11 处，修建不详 3 处。[①] 正是官民之间的互相协作，才使得昭通地区的水务治理得到有效推进。民间追求水资源的合理分配和使用，而官方则赋予了这份公平权威性。当涉及居民饮水时，多为官方主导；而当涉及农事用水时，民间力量则更加及时和强大，双方互相配合，体现了清代昭通府基层社会进行地方治理的逻辑。

总　　结

水利碑刻的刻立是官民共同作用于地方治理的结果。围绕水资源的使用问题，无论居民饮水，还是农事用水，官方和民间均发挥着自身的作用，并在具体的治理过程中，表现出了兴修水利的复杂性和解决手段的灵

---

① 符廷铨：（民国）《昭通志稿》，第 132 页。

活性。

在居民饮水方面，官方作为地方的父母官，有不可推卸的责任和义务。凿池蓄水、浚疏河渠、祭祀龙王等是常见的手段和方法。在农事用水方面，由于百姓处于农事生产的第一线，对水源的需求和水资源利用情况更为了解，因此民间力量往往冲锋在第一线，但也由此产生了大量民事纠纷。官方力量虽迟于民间力量，但当民间自发行为无法解决水利问题时，往往需要官方下场进行处理。

在具体治理过程中，无论是官方还是民间力量，都会因时、因地灵活处理水利问题。水资源分配不均、不便使用、自然灾害频发等问题都会成为兴修水利的障碍，因此水利工程需要反复修建和完善。另外，为了确保兴修水利工作的有效性，官方和民间会制定相应的水规水法，并通过刻碑公示，以此来保障各方的利益。

兴修水利一方面解决了水资源分配的问题，另一方面也为国家力量介入民间社会提供了重要途径。水治理代表着国家力量在基层地方治理中发挥着重要作用，而水利碑刻则是国家力量在场的有力证明。由于水域无固定边界，当视为地方的共同财产。围绕水资源的使用问题，国家制度性力量强制介入，从而使得中央和地方的关系更为紧密。而水利碑刻所表现出官民协作、灵活处理、长期坚持等理念，在事实上形成了清代昭通府的地方治理逻辑。

《中国古代法律文献研究》第十九辑
2024 年，第 309~336 页

祖先、酋长与"夷妇"：
明清云南东川府的土主崇拜、
女性土司与跨族通婚

黄　菲著　孙　烁译[*]

摘　要：本文以明清时期位于川滇黔交界的东川府为例，从清代方志编撰者对东川本土仪式空间的识别与定义所起的争论中，讨论与其相关的明代东川土司袭替和与本土贵族女性先祖相关的截然相反的历史记忆与书写。在清代官方的修订版本重新命名之后，东川府中的"孟琰祠"是当地"夷变汉"后诸姓家族后裔的祖先堂，而修订之前的名称"孟达祠"则出自本土族群视角的"汉变夷"叙事结构，并与东川禄氏土司的世系史有密切关联。本文呈现了在官方与民间话语中，不同版本的禄氏土司世系与袭替的历史叙述。为了符合各自不同的历史叙事目的，本土女土司形象也在不同版本中大相径庭：从借王朝力量成为女性知府，到与外来汉官私通产子，又成为效忠王朝的土酋之妻。本文的个案展示出某些看似本土势力向王朝攀附的种种策略，只是符合王

* 　黄菲，德国图宾根大学（Universität Tübingen）汉学系教授；孙烁，中国社会科学院大学（中国社会科学院研究生院）法学院博士研究生。

朝与官方视角的土司承袭记录，以及士大夫固有的谱牒文书书写
成例的展现。这些历史叙述不见得是边陲当地权力运行的实际情
形。相反，在本土其他群体的口耳相传之中，这些与外来王朝势
力结合的行为，反而会使其在本土社群中丧失优越地位。同时，
这些对土司世系与本土女性先祖的不同讲述，也透露出游移于边
地社群的汉与非汉之间的中间群体留下的历史痕迹，以及长时段
内西南地域不同人群与性别相遇之下糅杂混合的过往。

关键词：明清西南　土司袭替　女土司　跨族通婚

　　今滇东北的乌蒙山区是历代中央王朝难以渗透之地，此地的本土族群
长期享有高度的自治空间。明廷在此地任命土司、承认世袭的土官，使明
朝能够延续在此地的间接统治。清康熙三十八年（1699）至雍正九年
（1731）之间，清王朝在此完成改土归流，新设了东川府、昭通府和镇雄
州，并控制了此地的铜矿开采与转运。从清乾隆时期开始，东川府的铜矿
开采和转运是京师钱局得以维系的命脉。清王朝推行改土归流之后，东川
府的地方局势对当地人口结构产生了巨大的影响。来自其他省份的汉人如
潮水一般涌入该地区，定居于此，与各本土群体为邻。其实东川矿业的巨
大吸引力，使得这种趋势早在改土归流之前就已经出现。由于在同一地区
彼此紧邻，他们必然在日常生活中相互交流。这个过程尽管可以被理解为
"汉化"，但并不是单向的。同时，不同的汉人群体之间，以及不同的本土
族群之间也各自充满了纷争。在汉人和本土族群之间的互动或冲突中，分
歧并不局限于这对立的两极。不同地方群体之间的接触点（points of
contact）也可呈现于不同人群对同一景观以及空间在物质上或在话语中的
重塑当中。① 本文将回溯在边陲一地的景观当中所呈现的改土归流之前的
土酋势力与中央王朝之间、本土人群与外来汉人之间的早期相遇与接触。

　　不同社会群体间的互动（不论是和平友好，还是尖锐对立）作为中国

---

① 请参阅拙著 *Reshaping the Frontier Landscape：Dongchuan in 18th century Southwest China*
（Leiden：Brill，2018）的第六章 "Two Wenchang Temples"，并可参阅拙文《移建文昌
宫——清代云南东川府的景观再造与空间争夺》，《历史人类学学刊》第 11 卷第 1 期
（2013 年 4 月），第 115~141 页。

西南最迷人的历史进程，是吸引该领域学者的主要议题之一。关于这方面研究的一个例子是最近由科大卫、何翠萍编辑的文集《从酋长到祖先：中国西南的帝国扩张与本土社会》（*Chieftains into Ancestors：Imperial Expansion and Indigenous Society in Southwest China*）。此书是历史学家和人类学家合作的成果，试图揭示西南边陲社会当中"本土"的历史声音。^① 作者们通过追溯与本土酋长、祖先和地方神明有关的传说和仪式，展示了这三股强大的力量如何成为连通本土族群和中央王朝之间至关紧要的中间接触点。其中，何翠萍从人类学的角度出发，对此书所收诸多地方仪式中的性别元素进行了整合性分析。她提出，西南地区所见各类女性神灵崇拜可以总结为两类结构：在王朝国家一统地方局势的时空背景下，女神崇拜往往以被敬仰的地方神灵或民族英雄母妻的角色出现，在此结构中不会呈现对其受孕过程的性别建构（non—conceptive procreative gender construction）。而往往在边陲地方社会面对来自强大的他者政权的威胁、从而引发本土社会转变之际，在与女神崇拜相关的传说中会有女性与外来他者力量结合、进而怀孕产子的情节，从而展现出繁衍再生能力的性别建构（conceptive procreative gender construction）。^② 换言之，这些与女性相关的崇拜仪式与传说，不仅反映了对性别的不同建构方式，更体现出西南边陲与中央王朝之间互动的不同历史进程。

这种边陲与王朝之间的互动进程，也展现在学者们对身处边缘的非汉族群通过书写谱牒建构出理想祖先，从而"攀附"成为华夏族系一分子的论说当中。^③ 此书所收录的连瑞枝与谢晓辉的文章，展现了两位作者长期以来对西南地区联姻结盟、祖源传说、女神崇拜等议题的思考。另外，温春来的相关研究也讨论了黔西北彝族身份认同的演变。^④ 这些研究都已说

---

① Faure and Ho, eds., *Chieftains into Ancestors：Imperial Expansion and Indigenous Society in Southwest China*, Vancouver：UBC Press, 2013.

② Ho Ts'ui—p'ing, "Gendering Ritual Community across the Chinese Southwest Borderland", in Faure and Ho, eds., *Chieftains into Ancestors：Imperial Expansion and Indigenous Society in Southwest China*, pp. 206 – 246.

③ 如王明珂《论攀附：近代炎黄子孙国族建构的古代基础》，《"中研院"历史语言研究所集刊》第 73 本第 3 分（2002 年），第 583~624 页。

④ 温春来：《从"异域"到"旧疆"：宋至清贵州西北部地区的制度、开发与认同》，生活·读书·新知三联书店，2008，第 279~309 页。

明，改用汉姓、书写谱牒是身处边缘的非汉族群认同中原正统的文化策略。借此，某些本土地方大姓群体得以提升阶层地位，从而获得在地优越身份的"合法性"。不过，连瑞枝注意到，在云南洱海地区本土族群祖先论述的长时段发展中，这类论述会因政治因素和外来环境产生阶段性的改变，有时反而会由汉人祖先认同转变回本土认同。[①] 谢晓辉则指出，在攀附王朝的策略之外，改土归流之前的湘西不同土司家族之间也借由长期的联姻来巩固地域联盟并扩张势力，甚至以此与王朝抗衡。[②]

本文同他们的研究相呼应，将从东川本土群体的仪式空间的识别与定义过程所起的争论中，讨论其中蕴含的东川土酋世系和与本土贵族女性先祖相关的截然相反的历史记忆与书写。然而，笔者试图跳出"汉"与"非汉"之间的二元对立，探寻长时段内西南地域不同人群与性别相遇之下糅杂混合的历史片段，以及这些仪式空间与传说同"假汉人"或"假夷人"这类具有模糊双重身份的中间群体（inbetweener）之间的隐秘联系。更重要的是，本文的案例展现出来，某些时候所谓地方势力向王朝攀附的种种策略，可能只是由于符合王朝与官方视角以及士大夫固有的谱牒文书书写成例，从而作为历史话语被不断强化以此展现王朝认定土司宗支的权威地位，不见得是当地权力运行的实际情形。甚至这种看似借由攀附外部王朝力量以在邻近社群中获得优势的操作，在地方不同群体之间可能会带来完全相反的效果。与外部王朝的攀附，反而在本土社群内部构成了一种污

---

① 这种阶段性的转变，特指从南诏建国之后采用汉人姓氏的名门贵族，到明朝统治之后从汉人后裔的认同转变为自认哀牢夷的后代。Lian Ruizhi, "Surviving Conquest in Dali: Chiefs, Deities, and Ancestors", in Faure and Ho, *Chieftains into Ancestors: Imperial Expansion and Indigenous Society in Southwest China*, pp. 86-110; 连瑞枝：《女性祖先或女神——云南洱海地区的始祖传说与女神信仰》，《历史人类学学刊》第 3 卷第 2 期（2005 年 10 月），第 25~56 页；连瑞枝：《姓氏与祖先——云南洱海地区阶序社会的形成》，《历史人类学学刊》第 4 卷第 2 期（2006 年 10 月），第 1~36 页。

② Xie Xiaohui, "From Woman's Fertility to Masculine Authority: The Story of the White Emperor Heavenly Kings", in Faure and Ho, eds., *Chieftains into Ancestors: Imperial Expansion and Indigenous Society in Southwest China*, pp. 111-137. 谢晓辉：《联姻结盟与谱系传承——明代湘西苗疆土司的变迁》，载常建华主编《中国社会历史评论》第 13 卷，天津古籍出版社，2012，第 306~337 页。此文经修订后收录于谢晓辉最近新出的专书《制造边缘性：10—19 世纪的湘西》一书当中，她另在导言中详细阐述与梳理了"攀附""逃离"与"挪用"三种作为研究与理解边缘地区与中原王朝互动的理想模型。谢晓辉：《制造边缘性：10—19 世纪的湘西》，生活·读书·新知三联书店，2021。

点。而在改土归流前后越来越多的跨族通婚的记录,更衍生出一群在汉与非汉之间的身份流动的群体。在本文探讨的东川十景之一"金钟夕照"之下的土主庙一例中,对于此处仪式空间的不同名称与双重身份的争执,暗含着不同群体对于同一建筑和仪式空间及其相关的祖先传说完全相左的解读话语。古老的景观空间记忆封存在世系史、酋长、"夷妇"的传说以及对西南边疆通婚的描述与记载当中,本文就将从不同角度讲述不同人群在这些记忆中相逢、共处的故事。

一、 孟琰祠: 降服的本土将领

位于翠屏山以西的金钟山,以其"金钟夕照"的美丽景致跻身乾隆《东川府志》所载东川十景之列。在其山脚下,有一处名为孟琰祠的本土信仰空间:

> 金钟山,翠屏之西麓也。磷磷青石,自末竟巅。俨若覆钟,山腹空洞。登眺城郭,了如指掌。土人以"金钟夕照"为一景。山麓有祠,祀孟琰,系武侯所举为辅汉将军治南中者。[①]

引文所记金钟山山麓祠庙所祭祀的辅汉将军孟琰,可对照《华阳国志》所记蜀相诸葛亮(181—234)于建兴三年(225)率军平定南中之史事。[②] 朱提孟氏正是在此役中被蜀汉讨平的诸多南中大姓之一。[③] 在历史叙

---

① 乾隆《东川府志》卷四,清乾隆二十六年刻本,第4a页。
② 参见(晋)常璩撰《华阳国志校补图注》,任乃强校注,上海古籍出版社,1987,第241页。
③ 任乃强注"大姓"为"各地区氏族集团之强大者,全属汉民,或少数民族之已从汉俗,有汉姓者"(《华阳国志校补图注》,第246页)。方国瑜认为孟获并非本土夷类,而是迁往南中的汉人移民所构成的南中大姓豪强之一,其他代表性的大姓有爨、李、毛、董。大姓之间亦相互有所冲突。方国瑜推论《三国志》中所言"南土平定……徙其豪帅于成都"中的"豪帅"可能即对应《华阳国志》中所提及的爨习、孟琰和孟获。在南中大姓的地方势力之外,还有"夷帅"。蜀汉并不重用夷帅,只收服大姓,以大姓统摄"夷区"。参见方国瑜《彝族史稿》,四川民族出版社,1984,第98~99页。江应樑认为孟获应是建宁郡内叟族的酋长。然而笔者认为,其所引资料仅能说明孟获能够在汉"夷"之间沟通无碍。更多相关讨论回顾,参见江玉祥《论彝族民间传说和故事中的孟获形象》,《西南民族学院学报》总21卷《中华彝学专辑》(2000年8月),第62~67页。

述当中，孟获终于折服于诸葛亮的智慧和宽容，向蜀汉投诚并宣誓效忠。① 当各类有关三国的演义故事最终在元末明初定型为《三国演义》之后，孟获在其中被描述为蛮王，征服孟氏的故事成为一个重要的富有戏剧性的分支情节，诸葛亮南征也被表述为汉人与西南地区本土族群互动的早期历程中最重要的时刻之一。② 在以汉人为视角所叙述的演义故事当中，这个关于本土的孟氏一族成员臣服于蜀汉治下的戏剧性描述，强化了生活在西南地区的本土酋长愿意降服于汉官并与之合作的叙述。

乾隆《东川府志》遵从早期的历史记录，指出另一位孟氏出身的本土领袖孟琰也与孟获同时归顺蜀汉，并被诸葛亮任命为辅汉将军。③ 在关于孟琰祠的记载和关于"种人"的章节中，乾隆《东川府志》都把前来祭祀孟琰的本土族群称为"孟人"：

> 孟人：亦靡莫种，蜀汉孟琰部民也。有赵、苏、李、钱、冯、卜、金、杨、张、王、吴诸姓。当诸葛征南日，斩雍闿、释孟获、擢琰为辅汉将军，召诸蛮赐以汉姓。祠琰于金钟山下，岁时祭祀。旧志作孟达，似误。④

---

① 参见（晋）陈寿撰《三国志》卷三十九，中华书局，1959，第984页。关于孟获七纵七擒之事，史家屡有异议。例如清代刘统勋《评鉴阐要》所评："七纵七擒为记载所艳称，无识已甚。盖蛮夷固当使之心服，然以缚渠屡遣，直同儿戏。"参见（清）刘统勋《评鉴阐要》卷三《诸葛亮生致孟获七纵七擒目》，台湾商务印书馆《景印文渊阁四库全书》本，第11a页。吕思勉亦言《三国志》"不详述其战绩者，亮军实无多战事也。七纵七擒事同儿戏，其说信否，殊难质言"。参见吕思勉《三国史话》，中华书局，2009，第192页。

② 云南大部分地区至今仍流传着各种关于诸葛亮的故事，很多村镇都建有武侯祠来纪念他。江应樑于1936年在滇西的调查表明，在云南全省各个地区武侯祠的祭祀中，夷民较汉民更为虔诚崇敬。其中西部边区的边地夷民更加崇拜武侯，而与其相关流传最广的传说便是武侯征遗事。实则诸葛亮南征并未到达滇西一带。根据江应樑在滇西各县境中的考察，地方口述传说中的武侯故事都是从《三国演义》相关故事情节中转述出来。参见江应樑《诸葛亮与云南西部边民》，《西南边疆》1939年第6期，第42~55页。另见郭汉林《云南诸葛亮的传说及其崇拜现象》，《云南民族学院学报》1992年第3期，第24~28页。关于今彝族民间传说《勒格诗惹》在四川与云南宣威的不同故事版本中的孟获故事简介，参见江玉祥《论彝族民间传说和故事中的孟获形象》，第62~67页。

③ 《华阳国志校补图注》，第241~242页。

④ 乾隆《东川府志》卷八，第18b页。

该志将某一群本土族群"孟人"与汉代史家司马迁(约公元前145—?)提到的"靡莫"联系起来,并认为其属于孟琰的部落。[①] 在乾隆《东川府志》纂修者看来,在东川为孟琰立专祠是为了纪念他归顺蜀汉的事迹。孟琰在被蜀汉任命为辅汉将军后,召集他的部民,并赐予他们不同的汉姓。于是,诸姓族人建起了孟琰祠,此后一直共祭孟琰于金钟山下。

乾隆《东川府志》以这样的春秋笔法暗示,孟琰祠与三国时期的本土部落被降服的早期历史有关。该志还记录,时人误将该祠堂认为"孟达祠"而非"孟琰祠":

> 孟琰祠:在金钟山下,人以为孟达祠。达淫夷妇致死,何祀之有?今考定为孟琰祠,甚正。[②]

修志者从他们听到的孟达故事中得出结论:孟达不是一个值得尊敬的人,因为他"淫夷妇致死"。乾隆朝的修志者们坚信这个犯有淫行的孟达"何祀之有"。相比于孟达,孟琰以其支持汉军的英勇事迹,更应该被视为名正言顺的祖先。尽管修志者成功地把他们的论点包装得冠冕堂皇,但他们假定的"误解"表明,"孟琰"这个鸠占鹊巢的新名字实际上是由当地文人赋予该祠堂的。他们的更正可能恰恰表明,孟达恐怕才是金钟山脚下这座祠堂所要供奉的祖先。

乾隆年间的修志者对雍正旧志所载较早版本的祠祀故事轻描淡写,当我们追溯这个版本,这段历史就出现了矛盾。"孟达祠"的记录也出现在雍正《东川府志》中。雍正《东川府志》"种人"有记:

> 又一种,乃通判孟达所遗汉人,久,变为夷。有赵、苏、李、钱、冯、卜、金、杨、张、王、吴各姓,于金钟山下为祠祀孟达。雍正十三年,各姓重修。[③]

---

① 参见(汉)司马迁撰《史记》卷一一六《西南夷列传第五十六》,中华书局,1959,第3625页。

② 乾隆《东川府志》卷七,第4a页。

③ 雍正《东川府志》卷之一《种人》,清雍正十三年刻本,第28b页。

尽管雍正《东川府志》确实提到了与乾隆新志所载相同的诸姓汉人，但这个诸姓早期史的别样版本声称，这些人是汉官孟达的后裔，而非乾隆《东川府志》所言本土将领孟琰的后人。这些汉人在此"久，变为夷"。雍正十三年（1735）正是东川府武力改土归流尘埃落定之时，也正是在此时，这些久变为夷的诸姓重修此祠，并恢复了对孟达的祭祀（见表1）。遗憾的是，官方记录没有提供关于孟达和诸姓之间联系的更多细节。尽管如此，这仍然引出了一些问题：孟达是谁？他同当地"夷妇"之间是何关系？被诸汉姓"孟人"所祭拜的是孟达还是孟琰？

表1　方志中的孟达与孟琰

雍正《东川府志》	乾隆《东川府志》
孟达	孟琰
——汉人官员	——土夷首领
——与"夷妇"有私	——归顺蜀汉
诸姓	诸姓
——汉人后裔	——孟琰部落后人
——转化为本土族群（汉变夷）	——被赐予汉姓（夷变汉）

二、摄赛、孟达与禄氏源流

乾隆《东川府志》的修纂者对孟达和一位已婚"夷妇"之间的风流韵事感到痛心疾首，而雍正《东川府志》已经更加详细地叙述了此事：

> 禄氏源流：东川禄氏窃据最久。洪武初，自禄鲁祖授土府后，十世孙禄信承袭。时设汉官粮捕通判一员。信瞽目，其妻摄赛来官纳粮，通判孟达私之。信怒，命营长刺杀孟达。蜀中发兵讨之，信自杀。系摄赛送京师九年，与锦衣卫某私通，生二子，长名革赦，次名矣式。自京赦回，生一子，名古你。以东川生者立为长，袭世职。古你生三

子，其一名天恩，生千钟。①

在这个版本中，孟达因其在"禄氏源流"的叙事中现身，从而与东川的禄氏本土世系密切联系起来。这段叙述称，从明朝洪武年间开始，东川就一直掌握在禄氏的手中。洪武皇帝授予禄鲁祖土府官衔。十代之后，禄信承袭了这个官职。禄信发现其妻摄赛与汉官孟达有染，孟达的行为使禄信感到愤怒和受辱，他命令部下杀掉孟达。这一事件被视为对朝廷的反叛，而禄信最终在朝廷出兵之后自杀，摄赛则被押往京城做了九年的人质。在京城，摄赛又与一名锦衣卫生下两子，而她最终被赦回东川后又生一子，名叫古你。古你得以承袭土司职位，为明末土司禄千钟之祖父（见图解1）。

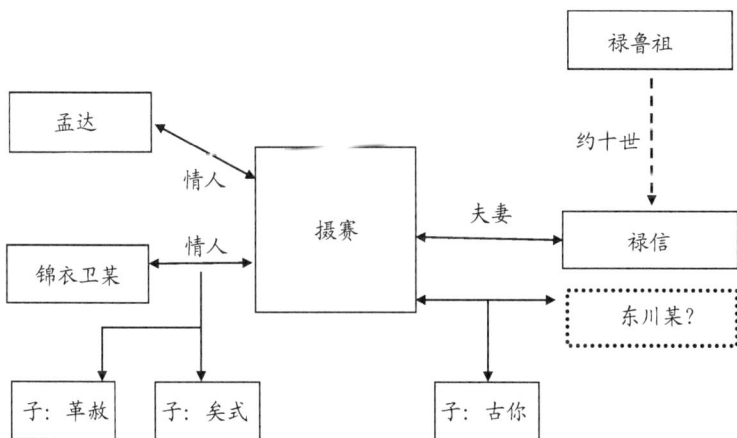

图解1 禄氏源流示意图

正是摄赛与孟达之间的风流韵事，使得修志者认为孟达完全没有资格享受香火。在这一点上，应该考虑方志编撰的过程。值得注意的是，东川第一部地方志大约编纂于雍正十三年，当时清廷刚刚平定土酋"反叛"，建立了新的官府，并建造了新的城池作为统治中心。与乾隆《东川府志》相比，不得不说，匆匆拼凑的雍正《东川府志》是以一种不甚"有序"（orderly）的方式纂成的。忙乱之中，当地士大夫似乎是从道听途说当中收

---

① 雍正《东川府志》卷之一《沿革》，第14a~14b页。

集了关于"禄氏源流"的叙述。这个故事似乎并不像人们所看到的那么简单。对摄赛风流事的叙述尽管采用了文言风格，但其情节本身实际上反映出基于本土视角的叙述结构。故事情节中，摄赛成为一名被污名化的女性，她以土司之妻的身份出现，先后与本地以及京城的汉官有染。因此，只有生在东川之子被认为有资格继承爵位。显然，在雍正方志收录的这则禄氏源流的讲述者看来，拥有汉人血统的后裔是没有资格继承本土权力地位的。

关于摄赛以及东川土官头衔继承的类似争议也可以在其他明代记载中找到。明前期可能据官府案牍成书的《土官底簿》记录了嘉靖（1522—1566）之前明朝官府在云南、广西、四川、贵州、湖广和广东认可的363家土官世系。① 在该书关于东川府的记载中，摄赛是较早的女性当权者，她在明初被任命为东川的土知府：

> 摄赛，系乌撒军民府前知府实卜长女。军民府女土官知府姑胜古长男阿发娶为正妻。夫故，前知府姑胜古年老，洪武二十年，钦依承袭知府。二十一年，本府蛮民为逆，大将军收剿。二十四年，复职。二十六年，奉太祖皇帝圣旨："依旧设做府治土官，摄赛还着他做知府。钦此。"故，男普合备马赴京进贡。永乐四年正月，奉圣旨："准他袭。钦此。"②

据此记载，摄赛是前任乌撒女土官知府实卜的长女，后来与东川女土官知府姑胜古的长子阿发成婚。③ 阿发死后，姑胜古年事已高，无法继续履职，洪武二十年（1387），摄赛继承了东川土知府的头衔。在镇压了一场激烈

---

① 《土官底簿》不著撰人名氏，四库馆臣认为"观其命名与缮写之式，疑当时案牍之文，而好事者录存之也"。参见（清）永瑢等撰《四库全书总目》卷七九，中华书局，2003，第685页。

② 《土官底簿》卷下，台湾商务印书馆《景印文渊阁四库全书》本，第599册，史部三五七，第65b页。

③ 乌撒女土官知府实卜是明初大军南下，率众归顺的明代首位乌撒土知府，《明史》《明实录》《土官底簿》中皆有记录。关于明初乌撒土府袭替的详细分析，参见温春来《从"异域"到"旧疆"：宋至清贵州西北部地区的制度、开发与认同》，第106~113页。

的内乱后,她重新赢得权柄,并于洪武二十六年(1393)再次得到朝廷的正式认可。她去世之后,其子普合到京进贡,永乐四年(1406)获准继承爵位。

以《土官底簿》比照《明实录》中有关东川土司的记录,两者大体一致,仅在某些细节上有所出入。① 《明实录》中关于摄赛进京来朝被授为"试知府"的时间为洪武二十一年(1388):"甲辰,东川军民府女土官试知府摄赛来朝,始实授之,仍赐纱帽金带文绮袭衣,遣还。"② 摄赛于洪武二十六年五月正式被授予东川军民府知府一职。③ 关于摄赛的记录在率领明军入滇的将领之一沐英之子沐春的传记中也得到了证实。沐春在云南最早的举措之一,是在洪武二十六年支持摄赛为东川土知府。④ 可见,摄赛乃是在明初真实存在的历史人物,且是当时位高权重的女土官。但《土官底簿》与《明实录》对其承袭细节的记录,显示出她获得土官之位的过程并非一帆风顺,而是历经了内乱纷争,并借助外来的"大将军"之手平乱,方得继任知府。

根据《土官底簿》后文所述,另一场复杂的权力争夺战在摄赛之子普合死后展开:

> (普合)故。男阿得年幼,众议亲弟阿伯暂袭,候阿得长成袭替,具本差小土官以车等赍奏。永乐十年正月,奉圣旨:"不准他兄弟袭,只着他儿子袭,便十岁以下也着袭了。他那兄弟既是夷民信服,着他做首领官名头,帮那小的办事。钦此。"故。后保堂弟普得就府冠带。

---

① 《明实录》当中提及洪武十六年(1383)五月"诏赐乌撒女知府实卜、及乌蒙东川等知府朝服一通并常服一袭"(《明太祖实录》卷一五四,"中研院"历史语言研究所校印本,洪武十六年五月甲辰条,第2401页),但未言明此时东川知府之名号,仅是在他处记录洪武十七年(1384)七月"以东川土酋宁隆之母胜古为其府知府"。参见《明太祖实录》卷一六三,洪武十七年七月辛亥条,第2526页。
② 《明太祖实录》卷一八八,洪武二十一年正月甲辰条,第2817页。
③ "丁巳,复置东川军民府,以土官摄赛为知府。"《明太祖实录》卷二二七,洪武二十六年五月丁巳条,第3316页。
④ "东川酋弗靖,奏复摄赛为知府,境遂宁谧。"参见(明)焦竑《国朝献征录》卷五,台湾学生书局《中国史学丛书》本,1965,第150页。疑《土官底簿》中所记"大将军收剿"即指沐春。

正统三年正月，奉圣旨："既有三司委官保结，且准他袭。还行文书去照勘，若有不实，奏来定夺。钦此。"故。男乌伯查勘应袭，准令就府冠带。天顺三年四月，奉圣旨："是。钦此。"嘉靖五年，奏保禄庆承袭。本月奏，圣旨："是。禄庆准照例纳谷完日，就彼袭替。钦此。"①

据载，作为权宜之计，众议普合之亲弟阿伯暂袭，等待普合幼子阿得成人之后再袭替其位。然而，这个建议被永乐皇帝（1402—1424 年在位）拒绝，依然以幼子承袭土司之职，以阿伯作为辅臣。正统三年（1438），阿得的堂弟普得被推荐袭位。② 普得死后，其子乌伯袭位。在《明实录》中，摄赛之子普合未见记录，而普合之子阿得则作为东川知府现身于永乐朝的记录当中。③ 至宣德年间，有关阿得之记录，已为"故土官知府"，因此时负责来朝贡马者为"故土官知府阿得妻摄克"。④ 正统年间又有"已故土官知府弟普得"或"故土官知府阿伯男普得"负责朝贡之记录。⑤ 最终，在正统四年（1439），普得成为东川军民府土官知府，并于正统八年（1443）获赐诰命，并其父、母、妻一同封赠。⑥ 对照《土官底簿》之记录，可见在阿得与普得之间，可能曾有一段地方权力的动荡期，阿得之妻摄克、阿得之叔阿伯、阿伯之子普得或曾先后掌管地方事务，并负责入朝献贡。最终，普得成为下一任获得朝廷认可的土官知府。

在《土官底簿》的记录当中，至嘉靖五年（1526），朝廷以"禄庆准照例纳谷"为标准，而承认了禄庆的土司职位。这样的行文结构表明，在

---

① 《土官底簿》卷下，第65b~66b页。东川土知府阿得的名字也见于《明实录》。《明太宗实录》卷一五九，"中研院"历史语言研究所校印本，永乐十二年十二月甲午条，第1811页；《明太宗实录》卷二六六，永乐二十一年十二月癸酉条，第2419页；《明仁宗实录》卷一下，"中研院"历史语言研究所校印本，永乐二十二年八月戊辰条，第32页。
② 普得之父即阿伯，也曾出现于《明实录》中。《明英宗实录》卷三七，"中研院"历史语言研究所校印本，正统二年十二月乙亥条，第719页。
③ "甲午……四川东川军民府土官知府阿得……遣人贡马，贺明年正旦，赐钞币有差。"《明太宗实录》卷一百五十九，永乐十二年十二月甲午条，第1811页。
④ 《明宣宗实录》卷三十九，"中研院"历史语言研究所校印本，宣德三年三月壬辰条，第970页。
⑤ 《明英宗实录》卷十六，正统元年四月丁巳条，第315页。《明英宗实录》卷三七，正统二年十二月乙亥条，第719页。
⑥ 《明英宗实录》卷一百五，正统八年六月，第2139页。

禄庆的时代，对于谁来继承东川土知府头衔，应当存有争议。在《明实录》嘉靖元年（1522）的记载中，禄庆作为"东川军民府署印舍人"被提及，且其"屡违贡期，诉称僰苗梗路不得达"；① 另据《明实录》嘉靖五年记载："命东川军民府土官知府禄宽弟禄庆替职，免其赴京。"② 这也是"禄氏"第一次出现在东川府土知府的书面记录中，但《明实录》与《土官底簿》中都未有禄宽或禄庆与前任土知府乌伯之间是否为同一支系的记录。这表明本地土酋势力中的某个群体，开始冠以汉姓"禄"。而以禄氏自称的这一支在 16 世纪中叶已经获得了足够的权力，来攫取东川土知府一职（见图解 2）。

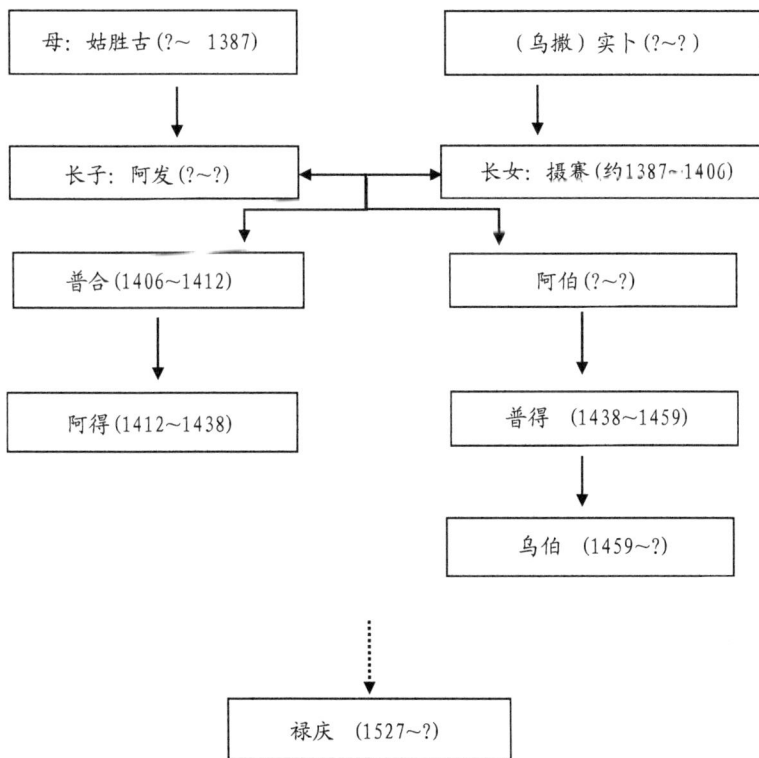

图解 2　据《土官底簿》所得东川土知府简表（以上纪年为土司在位时间）

---

① 《明世宗实录》卷十六，"中研院"历史语言研究所校印本，嘉靖元年七月辛酉条，第512 页。
② 《明世宗实录》卷六十，嘉靖五年正月乙巳条，第 1415 页。

《土官底簿》所载东川土知府到禄庆为止，但东川内部不同土著派系并未就此停止争夺权力。我们可在《明实录》和《明史》中找到对于后来东川内乱的记述（见图解3）。据其记载，嘉靖年间东川爆发了不同部族之间争夺土府的缠斗，水西、乌撒的本土各大族以及云南、贵州和四川的汉官都卷入了东川的这次内乱。禄庆死后，其妻安氏及其幼子禄位，与东川营长阿得革及其子阿堂争夺土府职位。阿得革被杀后，其子阿堂引乌撒土官安泰杀回东川，从安氏手中夺取了土知府印信。① 这种行为逾矩太过，其他大族对此无法接受，东川内斗是以更甚。此时的贵州宣慰使（水西土司）安万铨与禄氏家族有姻亲，派兵攻破阿堂所居寨。阿堂之妻被迫携幼子逃往沾益州，却为沾益土官安九鼎所杀，因此阿堂又与安九鼎为敌。

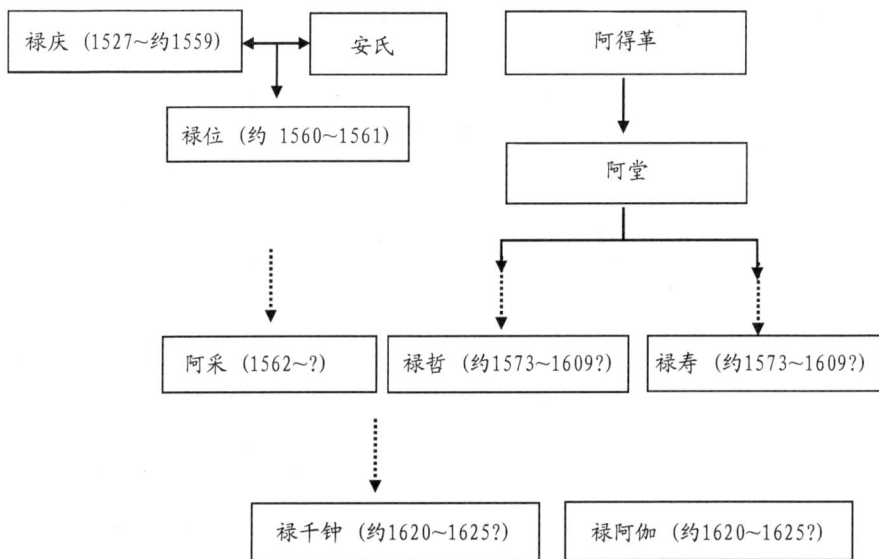

图解3 《明史》及《明实录》所载禄庆以后东川土知府简表
（以上纪年为土司在位时间）

当嘉靖三十八年（1559）云、贵、川抚按官会勘，通过查考争夺者的家世和背景来干预这场冲突之时，官员认定阿堂乃是易其另一幼子名为"禄哲"，从而"冒禄氏之宗以图世职"。这次干预并未解决地方纷争，之

---

① 阿得革后"纵火焚府治"，纵火后"走武定州，为土官所杀"。参见（清）张廷玉等撰《明史》卷三百十一《列传第一百九十九·四川土司一》，中华书局，1974，第8009页。

后该地区再次陷入更大的混乱。嘉靖四十年（1561），阿堂被另一位营长阿易所杀，后者擒拿时年仅 8 岁的"禄哲"，但府印不知所在。安万铨以东川府经历印，支持禄位之妻宁著夺回东川大权。巡按王大任谏言当令川、贵总督及镇巡官再次介入，"并访禄氏支派之宜立"。但"禄位近派悉绝。惟同六世祖有幼男阿采"。明廷依据巡按官呈请，以阿采承袭土司职，但暂时仅授予同知职位，并令宁著在他成年之前"署掌"。这一决定暂时结束了东川及其周边地区的这场乱局，然而此地局势"终不能靖也"。① 作为阿堂的幼子，禄哲虽然在此段官方记录当中因冒姓图任而被排除于土司大位继承人之外，但至万历年间，正是东川酋长禄寿、禄哲兄弟，成为云南官员眼中"目无汉法"的肘腋之患。② 晚明朝廷在西南统治愈加式微，所谓六世祖之后人阿采不知所终，在官方记录中再无东川一地土司承袭的详细记录。③

三、 祖先故事： 三种叙述视角

禄氏和摄赛的故事还在另一个后出的版本中被重述。当清军于顺治十六年（1659）入滇时，东川土酋禄千钟之子禄万兆向清军投诚，并"详叙世家"，这个世系版本被记录在乾隆《东川府志》中。在此不嫌文烦，征引如下（下划线俱系笔者引用时所加）：

---

① 《明史》卷三百十一《列传第一百九十九·四川土司一》，第 8010 页；《明世宗实录》卷四百八十四，嘉靖三十九年五月甲戌条，第 8078 ~ 8080 页；《明世宗实录》卷四百九十六，嘉靖四十年五月乙亥条，第 8223 ~ 8224 页；《明世宗实录》卷五百十，嘉靖四十一年六月己未条，第 8397 页。《明实录》与《明史》所记由明朝官员介入土司世职承袭的过程，符合明廷所指定的一套土司承袭批准程序：在地方官员的监督下，要求查验土官宗支图本。关于土官承袭之全面讨论，参见吴永章《中国土司制度渊源与发展史》，四川民族出版社，1988；龚荫《中国土司制度》，云南民族出版社，1992；李世愉《清代土司制度论考》，中国社会科学出版社，1998。

② 请参阅拙著 *Reshaping the Frontier Landscape*：*Dongchuan in 18th century Southwest China* 的第一章 "Paving the Way"。另见《明神宗实录》卷四百五十五，"中研院"历史语言研究所校印本，万历三十七年二月甲戌条，第 8588 ~ 8589 页。

③ 明代嘉庆之后有关东川土酋之记录仅有禄寿兄弟以及禄千钟、禄阿伽。其前后承袭关系以及具体任土司职（或是否任土司职）不详。参见《明熹宗实录》卷四，"中研院"历史语言研究所校印本，泰昌元年十二月己巳条，第 220 页；《明熹宗实录》卷十九，天启二年二月二月癸酉条，第 960 页；《明熹宗实录》卷三十，天启三年正月乙未条，第 1498 页。

禄万兆：千钟长子，崇正［祯］十六年袭。本朝顺治十六年，王师南征云南，贼兵走省城，万兆截其辎重，射死牙象一、获牝象一献军门，并旧给印信二颗，又详叙世家。略言家在东川，历代数百，羲皇屡更其国，守土未尝有迁。洪武初升军民府，辖有营目，表帅雄师，广罗诸方，人材骈集。遭元末造，谱牒失亡，获事故明，恩纶迭降。始祖禄胜古于洪武十六年归附，以从征云南功，赐诰命三加忠顺大夫，赍银三千两，三十一年卒。子阿乃嗣，以从征迤西功，赍银三千两，宣德十年卒。子都宰嗣，以从征建昌功，赍银三千两，天顺六年卒。子鲁祖嗣，以协剿沾益土贼功，赍银五百两，弘治十年卒。子信嗣，时敕印，灾营长叛，信讨平之，请颁给新印，嘉靖二十一年卒。子庆嗣，以从征武定功，赍银二千两，三十五年卒。妻安摄赛署府事，奉调入觐，赐蟒土［衣］金花表里，驰驿归，隆庆四十年卒。子阿色嗣，以调征建昌沙骂功，赍银三千两，万历六年卒。妻安严古署，十五年卒。子天波嗣，以调征寻甸安铨功，赍银五千两，三十一年卒。子勇袭，以从征寻甸乐浪海冲功，赍银一千两，三十八年卒。子天恩袭，与沾益安绍庆争讦，四十八年卒。子承祖袭，以从征武定凤克功，给银一万两，崇正［祯］元年卒。子千钟袭，以从征水蔺功，进副使，十六年卒。子万兆袭，今际清朝定鼎，诸事维新，壶浆满路，知天命之有归。遐迩讴歌，又人心所共戴，虽受恩一十五世，历官二百七十余年，似当与同休戚然。①

这个版本（下文统称"禄氏宗谱"）同以往相比是最连贯的，因为它确定了连续十三代的家系，包括禄氏土知府的名讳和年龄（见图解4）。禄万兆"详叙"的禄氏宗谱，强调其家族历代为明王朝征伐西南其他本土"叛乱"而立下赫赫战功，以及因此所受诸多重金赏赐。《明实录》中所记女土司姑胜古，在此家谱中被改为男性始祖禄胜古。禄阿乃、禄都宰皆不见他处记录，禄鲁祖在此为第四代，为禄信之父。这段记载也记录了在嘉靖年间由某营长领导的"叛乱"，这次"叛乱"被土知府禄信镇压，禄信

---

① 乾隆《东川府志》卷十四，第 16a~17a 页。

```
┌─────────────────────────┐
│   禄胜古(1383~1398)      │
└─────────────────────────┘
            │
            ▼
┌─────────────────────────┐
│   禄阿乃(1398~1435)      │
└─────────────────────────┘
            │
            ▼
┌─────────────────────────┐
│   禄都宰(1435~1462)      │
└─────────────────────────┘
            │
            ▼
┌─────────────────────────┐
│   禄鲁祖(1462~1497)      │
└─────────────────────────┘
            │
            ▼
┌─────────────────────────┐
│   禄信  (1497~1542)      │
└─────────────────────────┘
            │
            ▼
┌─────────────────────────┐        ┌─────────────────────────┐
│   禄庆(1542~1556)        │◄──────►│  安摄赛(1556~1570?)      │
└─────────────────────────┘        └─────────────────────────┘
            │         │
            │         └──────┐
            ▼                ▼
┌─────────────────────────┐        ┌─────────────────────────┐
│  禄阿色(1570?~1578)      │◄──────►│  安严古(1578~1587)       │
└─────────────────────────┘        └─────────────────────────┘
            │         │
            │         └──────┐
            ▼                ▼
┌─────────────────────────┐
│   禄天波(1587~1603)      │
└─────────────────────────┘
            │
            ▼
┌─────────────────────────┐
│   禄勇(1603~1610)        │
└─────────────────────────┘
            │
            ▼
┌─────────────────────────┐
│   禄天恩(1610~1620)      │
└─────────────────────────┘
            │
            ▼
┌─────────────────────────┐
│   禄承祖(1620~1628)      │
└─────────────────────────┘
            │
            ▼
┌─────────────────────────┐
│   禄千钟(1628~1643)      │
└─────────────────────────┘
            │
            ▼
┌─────────────────────────┐
│   禄万兆(1643~1659)      │
└─────────────────────────┘
```

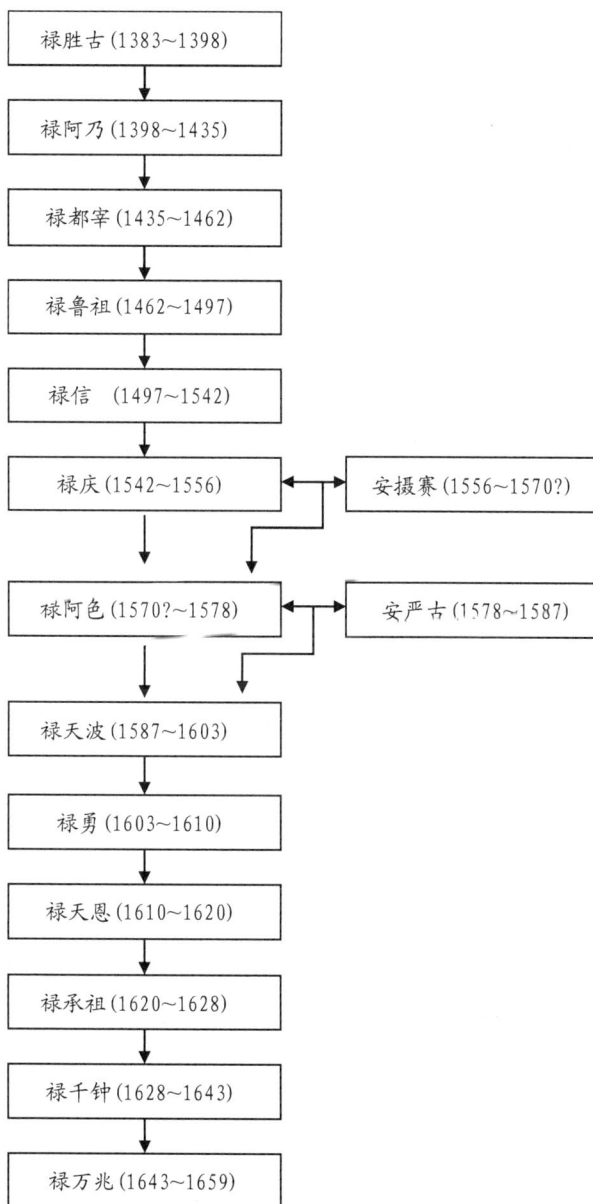

图解4　禄万兆所叙东川土府世系（以上纪年为土司在位时间）

因而获得新印。一位叫摄赛的女性也出现在禄万兆的叙述中，但这次她被冠以安姓，其身份是禄信之子禄庆之妻。这位摄赛没有被槛送京城，也没有与锦衣卫有私情，她在此被描述成一位可敬的女性领袖，进京向皇帝进贡，并带着朝廷的厚赐荣归故里。① 记述还说，摄赛卒于"隆庆四十年"②。这里的叙述说不太通，隆庆皇帝在位总共只有六年（1567—1572）。这可能是方志编纂中的笔误，但它也反映出禄氏宗谱有关摄赛史事叙述中含混不清的特质。在禄氏宗谱的叙述当中，《明实录》所记禄庆之兄禄宽、禄庆之子禄位、后来寻访来的"六世祖阿彩"，以及晚明称霸滇东北的禄哲、禄寿兄弟都未出现。换言之，禄庆其后各代皆不见其他记录，直到禄千钟的出现。然而在《明实录》当中，禄千钟被记载成"武（定）、寻（甸）等处之患"，并非"禄氏宗谱"所言从征有功之人。③

　　对这些不同版本的比勘表明，由不同视角出发所讲述、书写与记录呈现出的当地政权的早期本土史相当紊乱和复杂。由于《明实录》《明史》与《土官底簿》的记录大体一致，可将其视为从中央王朝视角出发的官方正史记录。官方叙事会尤其强调，本土的当权者需要通过入京朝贡、照例纳谷并证明其宗支谱系来主动寻求明廷的认可，这种承认的仪式包括授予官衔和印信。借此，他们方可获得对地方统治的正统性。由此，官方叙述的重点，是明廷得以展现其对边陲地区权力结构所拥有的决定性影响。然而，明廷对于地方权力结构的实际控制与影响力度却未必如其所言。例如，在《土官底簿》的记录中，永乐帝虽反对地方推荐普合之弟阿伯，而坚持以幼子阿得继任土司职，但其后土司一职却依然为阿伯之子普得所承袭。另外，虽然禄氏作为土司汉姓见于官方记录的时间在 16 世纪中叶，但实际上明廷对东川土府的控制力正由此开始进一步衰退，由于此时官方记录无法详细说明禄庆为谁人的父系后裔，同时禄庆又"屡违贡期"，明廷则以"免其赴京"的方式承认了其土司地位。此外，在禄庆去世之后，到了嘉靖年间，整个滇东北、黔西北随即出现了大规模的地方内乱。尽管官

---

① 实际上，根据《明实录》记载，摄赛确于洪武二十六年向皇帝进贡，并得到厚赐。《明太祖实录》卷二二四，洪武二十六年正月丁未条，第 3273 页。
② 乾隆《东川府志》卷十四，第 16b 页。
③ 《明熹宗实录》卷三十，天启三年正月乙未条，第 1498 页。

方记录力图展现王朝认定土司宗支图本的权威地位,但由其认可的六世祖之后人阿采不知所终,而所谓冒认宗亲的禄哲一支则持续壮大势力,可见官方确认的权威已然脱离地方实际运行的权力脉络。由此,虽然官方叙事力图呈现出本土当权者需要主动寻求明廷的认可,以获得在地统治的权威与合法性,而实际上明廷往往陷于对地方局势几乎无从理解的复杂情况。至明中晚期,这一地区长时期处在鞭长莫及的情势下,使得禄氏本身在这一时期的历史也更为错综复杂。

与《明实录》的官方视角不同,禄万兆所叙述的"禄氏宗谱"与雍正方志所收录的"禄氏源流"都是出自本土视角的叙述,两者都经过了由口述进入文字再进一步整理的过程。比照《明实录》的记录,禄万兆口中这个高度连贯的"禄氏宗谱"非常可疑。在乾隆《东川府志》当中,修志者已经注意到,"禄氏宗谱"以及旧志所载"禄氏源流"与其所见记载互相矛盾之处甚多。但修志者所见明代中晚期的正史当中关于东川府的记录又多所缺漏,因此他们并不敢轻易更改"禄氏宗谱",而是依样录入。修志者又怀疑"禄氏宗谱"中所记的禄信和禄庆实系一人,而"营长叛"即对应正史中所言嘉靖时期阿得革、阿堂之乱。比照正史的记录,乾隆修志者认为雍正旧志记载的摄赛风流史可能是阿堂为了夺权而故意散布的谣言。①

流传至清代的摄赛风流史的污名化故事,未见得直接出自阿堂。回顾明朝不同时期东川内部本土各方势力争霸的诸多乱局,这类叙述体现出东川本土不同时期内部纷争所遗留下的历史记忆。对比禄万兆所叙述的"禄氏宗谱"与雍正方志所收录的"禄氏源流",两者的叙事在结构上都以禄鲁祖("Lulu"的祖先)为出发点,连接到禄信时代发生继承人之争、并

---

① "按:禄氏宗谱及旧志所载,大与史抵牾。备录于此,亦春秋郭公夏五之意,而史于成、弘、万历三朝,亦似多缺略,不敢竟补者,恐乱真也。禄信疑即禄庆,摄赛疑即摄格,营长畔〔叛〕疑即阿得革,请给新印疑即巡按王大任。孟达私摄赛、锦衣通摄赛疑皆出于阿堂、阿哲诪张诬蔑之辞,不可尽信。……谱之错谬如是。不敢径改者,存疑也。"乾隆《东川府志》卷十四,第17a~17b页。在此评论之前,修志者亦试图追述禄氏世职,却没有摄赛的记录,其所能追述的禄庆之前土官知府共有四位:洪武十六年首位土官知府宁隆、洪武十七年摄土官知府宁隆母胜古、洪熙朝阿得,以及"摄格:阿得妻,摄土官知府事。宣德三年入贡"(乾隆《东川府志》卷十四,第14a页)。考虑到读音相近性,此处所记"摄格"大致可以对应《明实录》中提及的阿得妻"摄克",而非乾隆修志者所怀疑的与摄格或为同一人的"摄赛"。

最终获得"新印"的情节，随后引出禄万兆之父禄千钟。两者的区别首先是"禄氏宗谱"的世系更为连贯，并且符合士大夫书写家谱中强调兴邦卫国的书写惯例。其中摄赛被颂扬为进京亲受皇帝赏识的女杰，成为展现禄氏家族地方权力正统性的证据。而"禄氏源流"虽也由士大夫根据地方口传转录入方志书写当中，但在本土贵族女性与外来汉官结合生子并导致土司袭替之争的情节当中，摄赛所生三子都以本地人所知的土名（而非官方以及宗谱中所记的汉名）来指代。这是从东川另一群本土群体视角出发之叙事结构的历史痕迹。这样的叙事结构也可以被理解为：原本各大土酋势力之间通过联姻来巩固地域联盟的方式，被外来汉官所代表的王朝势力所打破。① 不过，这段叙述不仅极度贬低与汉官结合的摄赛，同时也强调最终还是本土所生之子方为正统。因此，在这个本土叙事结构中，那些攀附王朝势力、与汉官合作或进京朝贡的行为，非但不能获得地方正统性，反而相当负面，甚或可以被污名化。在这些本土群体所讲述的"禄氏源流"中，连接外来者与外来文化的女性就成了这种论述角度下的替罪羊。而叙述中那些与外来汉官相关的子嗣，在这些本土群体眼中，也因此失去了统治的合法性。

回到文章开头所讨论的"孟达祠"与"孟琰祠"之争，关于当地景观和仪式性建筑彼此竞争的话语论述，揭示了在本土社群中与权力和声望转移之间相关的高度争议性。这处祭祀空间的记录，仅有前文所引的方志中寥寥数笔，限于资料，我们无法得知具体所祭神祇与仪式详情。假若"孟达祠"确为此地原名，那么，将其奉为共祖并在此祭祀的本土诸姓家族对孟达与本土贵族女性结合的故事可能还会有第三种本土角度的叙述。一则20世纪90年代收集的关于金钟山与石鼓山的当地传说《夜郎公主》，为我们提供了体悟这种叙述的可能。

---

① 温春来在对水西与乌撒地区土司承袭的分析中，提出其过程从"更迭而为"走向嫡长子继承制。在改土归流之前，川、滇、黔三省交界处有若干部落政权林立，彼此之间互通婚姻，构成血缘与姻亲关系的联盟。土司承袭也有在不同君长国之间"彼绝此继"的情况。温春来认为，父死子继以及嫡长子优先的原则是明廷介入的结果，明廷借此扶助某一支地方酋长势力，而一些地方首领也会以此借助王朝力量来垄断更多地方资源。参见温春来《从"异域"到"旧疆"：宋至清贵州西北部地区的制度、开发与认同》，第107~121页。

同样位于城西十里的石鼓山，亦是被称为"石鼓樵歌"的东川十景之一，与作为"金钟夕照"的金钟山两相呼应。在这个故事中，汉朝夜郎国的一位公主经常去金钟山玩耍散心，因为那里可以看见五光十色的凤凰。有一天，她在那里遇见了一位打猎的青年，与他一见钟情。这位青年每次将随身携带的小鼓拿在手里，敲打三下，公主听到鼓声，便寻着声音与青年在金钟山相会。之后，公主知道这位青年是汉人，是汉朝进驻夜郎官员的儿子。青年姓石，又经常带着小鼓，所以公主称他为"石鼓"。不久，他们的情事被挖泥寨土司的儿子知道了。土司之子认为，石鼓是来抢夺他的未婚妻，乃横加干涉，令公主与石鼓不得相见。最后青年在金钟山对面的山峰上郁郁而终，人们便把这座山称为石鼓山。公主闻讯，也跳下金钟山而死。天上的玉皇大帝知道之后，命太阳神每天傍晚放出五彩光霞照耀金钟山顶，同时为了惩罚挖泥寨的土司，让挖泥寨的鸡不会叫，使他们不知道天明。从此，石鼓山和金钟山永远相峙对望。①

这个故事里出现了孟达祠所在的金钟山。挖泥寨是一处重要的本土据点，② 挖泥寨土酋之子干涉夜郎公主和汉官之子的关系，这个情节也与前文所论"禄氏源流"中汉官孟达、本土女贵族摄赛和土酋之间三角关系的故事在结构上是相似的。故事中还萦绕着本土族群内部一派人所持对于与外族通婚冷淡态度的回响。故事的结尾，是对本土土司势力的惩罚，也隐含着对改土归流之后土司权力丧失的历史记忆。而《夜郎公主》故事中对外来汉人与本土女子之间恋情的正面描述，以及孟达故事中的外来汉人与本土女子通婚生子的情节，则可能也是早期进入滇东北地区的汉人以及一群流动在汉夷之间的中间群体留下的历史痕迹。

四、中间人群："假"汉人或"假"土人

无论是在清代改土归流之前的官方正史里，还是在当地传说中，与王

---

① 《夜郎公主》，李荧搜集整理，收入会泽县建设局、会泽县老年书画诗词协会合编《会泽轶闻趣事》（第一辑），会泽彩印厂印制，2002年8月，第33~35页。
② 关于这一点，请参见拙著 *Reshaping the Frontier Landscape: Dongchuan in 18th century Southwest China* 的第六章 "Two Wenchang Temples"，并可参阅拙文《移建文昌宫——清代云南东川府的景观再造与空间争夺》。

朝相关的督抚及其下属都是以远方权威的角色出现，遥遥地施加影响。在东川一地或者整个滇东北，他们只在地方紧张局势升级时才会介入。除了与土知府官衔继承之争相关的故事外，像摄赛或孟达以及"夜郎公主"这样的支线情节也反映出对一群在较早时期进入此地的汉人的历史记忆，他们早在清廷对这处边陲之地确立有效治理之前就已经与本土族群建立了深厚的关系。因此，除了分析本土统治者的地位以及他们彼此之间的政治冲突之外，还必须讨论生活于本土社群中的早期汉人的模糊身份。

前述故事中，孟达和石鼓都被描写成由中央王朝派遣到该地区任职的汉官或其家人，成为一种外来汉人势力开始对山乡社会施加影响的隐喻。事实上，18世纪之前的大多数时候汉官并未涉险进入他们的辖地，仅仅"遥奉文书于成都"。① 晚明清初时期在滇东北一带的汉人新来者并非朝廷官员，而是直接受聘于当地土酋政权的汉人幕僚。这些人都是应试不第的学者，故转而为本土政权服务，以协助本地土酋处理与中央王朝之间的联络事务。这些服务于当地土酋的汉人在官方记录中常被称为"汉目"或"汉把"。② 前述充满了兴邦卫国话语的"禄氏宗谱"，也极有可能是这些熟悉家谱叙述格式的汉人幕僚代替禄万兆所撰写，以便于其向清军投诚。在这些供职于本土族群的汉人生员当中，只有少数人得以在清早期东川官方记录中留名。其中最值得注意的是余联甲、陈清和吴应选，他们受聘于献土改流的禄氏遗孀，最初在争夺土府官衔的激烈内斗中支持她，但后来说服她于康熙三十八年向清朝投诚，以换取对她安全的保证。③ 这些文人

---

① 乾隆《东川府志》卷二十上，第47b页。实际上，一些汉人早在清朝完全掌控东川以前就出现在这里。比如，一份关于早期东川客商的奏报可以追溯到16世纪。根据邓渼（1569—1628）的奏疏，客商要面临重重险阻，而当时位于滇川交界的东川、寻甸、武定等地的官兵经常受到骚扰。乾隆《东川府志》卷二十上，第10a~14a页。相关讨论请参阅拙著 *Reshaping the Frontier Landscape：Dongchuan in 18th century Southwest China* 的第一章 "Paving the Way"。

② 例如温春来在其研究中所举来自贵州遵义的何若海的例子。何若海最初希望在京城从政，虽然从吏部得了一个官职，但不久就感到怀才不遇。忿忿不平的他辞了北京的官职，在贵州永宁的土酋政权中任职，协助其在天启年间（1621—1627）与明朝政府打交道。后来，他被永宁、水西、乌撒、乌蒙、东川和芒部的土酋政权任命为"丞相"。见温春来《从"异域"到"旧疆"：宋至清贵州西北部地区的制度、开发与认同》，第122~123页。

③ 请参阅拙著 *Reshaping the Frontier Landscape：Dongchuan in 18th century Southwest China* 的第三章 "The Walled City"。

在地方志中被赞誉为"忠义"，因为他们在实行改土归流后襄助了清政府。① 我们可以推测，当本地土酋政权无力抵御清军时，服务于土酋的汉人幕僚会选择站在王朝一边。另一方面，我们也不难想象，他们会处于一个非常棘手的位置，成为典型的两头落空的例子。一些零星的材料表明，除了所谓应考不第的失意文人之外，还有不少进入此地经营矿场的外省汉人也与土酋关系密切。在雍正八年（1730）本土势力起兵反清之时，清军迅速集结军力平定地方局势，最终所谓"附逆"都被一并剪除。而其中就有服务于在地土酋的江西客民："其俘至省城者，如欧阳清、范中淹，皆江西厂徒，常为土酋参文书，于四月廿一日斩于南校场。"②

和主要与本地土酋政权上层打交道的汉人生员不同，另一群抵达这一地区的早期汉人移民则与普通的本土族群组建新的家庭，融入本土社会当中。昭通方志中就有类似的关于所谓"假汉人"的记载：

> 假汉人，原系外省无籍之徒，于未改土之先，潜入倮地。土司留配夷女，所生男女遂名"假汉人"。从前尚夷制，迨归流以来，衣服、器具咸仿汉俗。婚丧祭仪，亦特举行。……在诸夷中狡猾特甚。③

这个群体由来自其他省份的汉人流民组成，他们进入夷区，被土司接纳并获准定居。后来，他们与本土夷女婚配，同她们生儿育女，并且适应了本土族群的生活方式，即所谓"夷俗"。改土归流实行后，他们又转而仿效"汉俗"。这群人显然已经自我改造，却被清廷记作"假汉人"。清廷在心中给他们打上了大大的问号，认为他们"在诸夷中狡猾特甚"。如前所述，"禄氏源流"的故事也讲述了本土女性与汉人之间的关系。目前，由于资料缺乏，我们无法确定前文提到的在金钟山山麓祭祀孟达的诸汉姓人是否也同样从他们的角度来讲述这个故事。如果是，那么东川这群被记作本土群体的"孟人"可能和昭通的"假汉人"一样，将自己讲述为汉人与本土

---

① 乾隆《东川府志》卷十六，第 1b~2a 页。
② 乾隆《东川府志》卷二十一下，第 37b 页。
③ 宣统《恩安县志》，收入《中国地方志集成·云南府县志辑》第 5 册，凤凰出版社、上海书店、巴蜀书社，2009，第 277 页。

族群通婚所生的后代。

"假汉人"的故事当然可以与涉险进入这片艰苦之地的早期汉人移民联系起来，他们出于各种原因来到这里。他们当中，有很多人负担不起（也可能只是想逃避）在家乡纳税服役的义务。他们来到这片险阻丛生的边陲之地，与各类本土族群比邻而居。他们中的一些人放弃了在家乡户籍中的身份，作为"无籍之徒"转而成为当地本土族群的一分子。① 因此，清政府的官员到达这一地区后，将这群人归类为"夷人"的一种。事实上，清廷认为他们比其他本土群体更难应对，因为他们狡猾地操纵着自己的双重身份。

除了寻找新的土地之外，驱使这类汉人进入本地山区的另一个诱因在于这里丰富的矿产资源。② 矿厂中人，大多数都是来自江西、湖北、广东、四川、陕西、贵州等省以及云南省内其他地区的汉人，而每当发现新的矿区，更多外来汉人就会迅速赶来。采矿带来的巨额利润成为他们最重要的谋生方式，如乾隆《东川府志》中所记：

> 其后铜厂大旺，鼓铸新添，各省其旁郡民聚二三万人，其娶妻生子凿井耕田，著籍称民者虽多，终不敌蛮，此又东川汉人之一种也。③

采矿业无疑利润丰厚，但它也有着极大的风险。除了艰苦的环境和本土族群社会的复杂性所造成的天然威胁之外，开采矿藏本身也有高度的不确定性。最坏的情况下，投资者和他的工人即使花光了全部银两，也可能

---

① 除了自愿迁来的移民之外，也有故事说起，有些刚巧路过这里的汉人或汉人客商有时会被本土部落掳掠、奴役。详细讨论请参阅拙著 *Reshaping the Frontier Landscape：Dongchuan in 18th century Southwest China* 的第二章"Valley and Mountain"与第三章"The Walled City"。有关云南汉人土著化之讨论甚丰。关于秦汉至明清长时段内的云南汉人土著化之讨论，可见林超民《汉族移民与云南统一》，《云南民族大学学报》2005年第3期，第106~113页。林超民提出，明代文献大都将汉人移民称为"寄籍"，但在清代志书中，汉人移民也被称为"土著"。即是说，从明代到清代，存在着外来移民逐渐成为世居土著、与更早之前定居于此的土著"夷人"相互依存融合的过程。
② 请参拙著 *Reshaping the Frontier Landscape：Dongchuan in 18th century Southwest China* 的第二章"Valley and Mountain"。
③ 乾隆《东川府志》卷八，第15b页。

找不到合适的矿藏。或者，当矿藏开尽时，他们没有足够的回乡盘费。他们中的一些人走投无路，只能留在大山里，同本土族群一起过活。乾隆《东川府志》"种人"中对此也有特别叙述：

> 雍正间，冶坑大开。炉户、砂丁蚁附。硐老山空，逃蛮寨为谋主，蛮妻以女，生子，并化为蛮。此东川汉人之又一种也。①
>
> 东川有僰人，自唐代宗大历间始，近日僰人多江西、湖广炉户砂丁赘僰女生者，非真尽僰人也。②

可见，从江西湖广一带进入此地从事采矿业的外省汉人，入赘于当地不同的本土族群之中，同其后代都"化为蛮"。具有讽刺意味的是，这群人不单被目为"假汉人"，而且还被斥为"假夷人"。这类进入"夷区"的汉人与本土女性之间相互通婚的现象遍及云南以及整个西南地区，尤其是在改土归流之后愈演愈烈。③例如，18 世纪中叶，一份意在禁止汉族人同西部滇缅边界地区本土居民通婚的奏折摆到了乾隆皇帝的面前：

---

① 乾隆《东川府志》卷八，第 15a~15b 页。
② 乾隆《东川府志》卷八，第 17a 页。
③ 在整个西南一带都可以找到关于这类中间人群的记录。但由于材料所限，很难判断这类中间人群在西南地区整体人口中占比究竟如何。温春来也收录了不少在汉彝之间身份流动的口头传说与族谱文本。他认为，明代水西乌撒土司辖地的"土著"中有些人是汉人移民，但这样的"土著汉户"数量应该极少。而且，"汉变夷"的情况通常在改土归流之前彝人势力强大、外来汉人势单力薄的情况下会出现。改土归流之后（尤其是乾隆朝之后）的黔西北社会当中，汉人为主体、人口密度高的情况逐渐形成。因而在身份认同上，主要的情况是"彝变汉"。总体而言，"彝变汉"是主流。此外，即使是"汉变彝"的传说，它除了反映出汉人"彝化"的情形之外，还可被理解为彝人试图证明自己先祖为汉人，以此转换自己的身份认同为汉人，以谋求更高的社会地位，因此它也可以被视为"彝变汉"的过渡型。在对彝人黄氏家族个案的分析中，温春来特别注意到黄氏虚构祖先历史，声称自己祖籍为江西吉安，属于"汉父夷母"，不过温著并未深入讨论有关"夷母"的细节。参见温春来《从"异域"到"旧疆"：宋至清贵州西北部地区的制度、开发与认同》，第 279~309 页。笔者认为，"汉父夷母"之说正与本文所讨论的汉"夷"通婚的情况相对应。尽管针对这类介于汉与非汉之间的中间群体的描述也可理解为一种话语建构，然而无论是重新书写家族史、将其追认为"汉父夷母"，还是官方材料中对各类汉"夷"通婚是否允许或禁止的讨论，都可能从侧面说明此一现象在西南已经相当普遍。

（乾隆）四十二年，云贵总督李侍尧条奏：滇省永昌之路江、顺宁之缅宁二处，皆属通达各边总汇，应特派员弁专司稽察，遇有江楚客民，即驱令北回。其向来居住近边之人，或耕或贩，查明现在共若干户，男妇共若干口，仿照内地保甲之例，编造寄籍册档，登造年貌，互相保结，并严禁与附近摆夷结亲。①

这则材料虽然针对滇南边境，但也反映出，清廷逐渐察觉到，居于边境一带的汉人群体需要受到更加严格的监管。为此，云贵总督李侍尧（？—1788）建议在滇缅边境"特派员弁，专司稽察"，"遇有江楚客民，即驱令北回"。"向来居住近边之人"有义务在保甲系统中登记户籍，这些人被严格禁止同他们的本土邻人相婚配。这一严禁通婚的政策是为了缓和西部边陲的局势而制定的，它揭示了萦绕在清廷心头对边陲社会失控的恐惧：汉人和本土族群之间的通婚可使这些人和他们的后代脱离自己的控制范围，牟取国家所不允许的各类私利。②

虽然在东川官方没有出台严格强制的禁止通婚规定，但东川地方官对待跨族通婚的态度从上述引文中可见一斑。在雍正旧志所载的"禄氏源流"中，纂修者仍然重述了摄赛、孟达和诸姓的故事，但诸姓作为"孟人"都被牢牢扣上"夷"的帽子。当同样的材料在乾隆年间经过更老练的修志者之手时，它就被认为是错漏百出，修志者觉得他们有纠正这些错漏的义务。在他们修订过的记载中，孟琰作为一位已经投诚、乐意合作的土酋，被认为是一位值得崇敬的祖先，而不是与"夷妇"私通的汉官孟达。一字之差，所代表的故事也随之发生了变化：由汉人与夷女的结合并繁衍后代，变成了夷人将领归服汉人将领的故事。显然，对于同一处景观空间，在名字

---

① 《皇朝文献通考》卷十九，台湾商务印书馆《景印文渊阁四库全书》本，第632册，史部三九〇，第56b~57a页。

② 康、雍、乾三朝，不少西南地区的地方官员都将汉与非汉群体通婚视为棘手的地方议题。关于西南其他地区的相关讨论，参见黄梅《清代边疆地区"汉奸"问题研究：以西南边疆为中心》，云南大学博士学位论文，2016，第88、104~105页；温春来《从"异域"到"旧疆"：宋至清贵州西北部地区的制度、开发与认同》，第283~284页。黄、温二人的研究都指出，清廷处理这类跨族通婚的政策时弛时禁。黄梅认为，政策的变动与地方局势休戚相关。一旦地方出现动乱，清廷对于跨族通婚的控制就会收紧，反之则会较为宽松。

上的转写,表明了完全不同的空间叙述和意识形态的表达。而这里所可能代表的一段重要的本土与汉人融合的过往则仅留下零星的片段。

结　语

以上关于东川孟达祠的个案研究展现的是,对一个仪式性空间和与其相关的景观的多样诠释的历史过程最后怎样终结于单一的、标准的官方版本。本文特别强调改土归流之后的地方士大夫如何对孟达祠重新定义,并使之变为孟琰祠。通过追溯关于"孟达祠"或"孟琰祠"名称的争议,并对比分析相关传说,一个由东川诸汉姓构成的模糊群体——"孟人"浮出水面。由于资料所限,本文无法呈现出在此信仰空间中能据以追溯神明形象和具体祭祀仪式的细节,亦未敢担保准确解说诸姓人所讲述的故事,甚至对于仪式空间以及与景观直接相关的史料也仅能寻得寥寥数笔。然而,本文尝试从士大夫化的文字记录以及以汉文讲述和转载的本土民间传说中,尽可能探寻其中所隐含的历史情境。

借助于当地不同时期方志纂修成果中的各处有关"孟人"诸姓记载之间相互抵牾之处,我们仍有可能利用间接证据,探讨汉人和本土身份之间的模糊性。在诸姓家族共同立祠传说的较早版本中,诸姓有一个共同的传说中的祖先。这个传说出人意料地将诸姓与第一大姓——禄氏家族的世系史联系了起来。这些说法的流传,体现出在土知府官衔继承本不稳定的时期发生于彼此竞争的群体之间的社会变化。从不同的说法之间,我们能够观察到,官方史书的叙事尤其强调,地方土酋需要获得王朝的认可。而清初土酋禄万兆所叙述的家谱也着重构建出连续的谱系,呈现出一直听命于朝廷的家族历史。不过,本文通过比对不同版本的禄氏源流,发现这些叙述首先都是符合官方叙事与面对官方所呈的家谱编撰模式的结果,并不见得是地方土酋攀附王朝的策略。由此所体现出的王朝对地方事务的权威,不见得与地方实际情形一致——实际上,尤其在改土归流之前的地方局势的运行并非完全由王朝所左右。相反,在本土其他群体的口耳相传之中,这些与外来王朝势力结合的行为,反而会使其在本土社群中丧失其优越地位。为了符合各自不同的历史叙事目的,作为女性土酋的摄赛在不同版本的讲述与转述中被描绘成了截然相反的角色:从借王朝力量成为女知府,到与外来汉官私通产子,又成为效忠王朝的土酋之妻。而在这些官方版本与文字记录之外流传的民间故事中,也流露出对本土女性与外来汉人结合的同情与惋惜。正如何翠屏所言,反映出的是不同立场的男性书写记录者对本土女性的不同建构,也展现出边陲山乡社会与中央王朝之间整合的不同历史进程。

发生在东川和滇东北的事情并非孤例。它还展示了早期汉人移民的一些历史遗迹,并保留了汉人与西南本土族群之间感情和通婚的记忆。改土归流之后新来的汉人、早期的汉人移民和本土族群之间杂糅的三角式互动,是普遍存在于整个西南地区的社会现象,也给官府带来了最令人头痛的难题。"假汉人"和"假土人"或"假夷人"这类中间群体,既很难归类,也不能被轻易置之不理。这是身份模糊不清或者其身份认同随时处于流动当中的人群。在改土归流之后的东川,这一群体认为有必要为他们自己重建一座仪式性建筑,来强化他们的集体记忆。他们可能会通过寻认一位与本土贵族女性相关的汉人祖先来实现这一点。与此同时,当地社会其他有幸在采矿或其他商业形式中发家致富的移民群体的经历却与之大异其趣。逢勃兴起的客商们建立了专属于自己的会馆。同乡商人的仪式性活动与社交活动都以这些会馆为中心,他们因此保留了自己的地域身份认同:他们仍是拥有具体省籍的汉人,而没有"降格"为"夷"。新来的移民被鼓励建造他们自己的宏大会馆。① 而金钟山之下的诸姓与他们共祖的祠庙则很明显地被贬到具有混合身份的含混位置,成为夹在"夷人"和汉人之间的中间人群所祀之地。

[本文主体部分为作者所撰英文专著 *Reshaping the Frontier Landscape*: *Dongchuan in 18th century Southwest China*(Leiden:Brill, 2018)的第七章 "Ancestors, Chieftains and Indigenous Women"。译文经作者审校修订,并增补了部分关键史料原文与细节表述。

---

① 请参拙著 *Reshaping the Frontier Landscape*:*Dongchuan in 18th century Southwest China* 的第八章 "The New Mansions"。

《中国古代法律文献研究》第十九辑

2024 年，第 337~350 页

刑案汇览的编辑、刊刻与资料来源

张　驰*

　　摘　要：刑案汇览类文献是清代法制研究的重要史料。自 20 世纪 70 年代开始，卜德、陈张富美、小口彦太等学者利用其中的案例探讨清代中央裁判的特点，这些研究方法和视角对国内法律史学界影响甚大。但在案例利用的热潮下，部分研究并未充分考虑刑案汇览类案例集的材料来源和编辑过程。本文试图说明，《刑案汇览》编辑者通过挑选和裁剪说帖，实现案件内容的流畅和完整，弱化了说帖的讨论文书特点，容易造成今日研究者对裁判细节的误解；而《新增刑案汇览》是商业书坊为营销而推出的商业性赠书，材料来源存在诸多疑点，很难代表道光以降的司法实践。

　　关键词：《刑案汇览》　《新增刑案汇览》　说帖　清代法律史

　　"刑案汇览"一语来自道光十四年（1834）祝庆祺和鲍书芸所辑《刑案汇览》，此后陆续出现《续增刑案汇览》《新增刑案汇览》《刑案汇览续编》《刑案汇览三编》① 四种以"刑案汇览"为名的案例集。这些案例集

---

　　*　清华大学人文学院历史系博士研究生。

　　①　本文使用刑案汇览一词指代以刑案汇览为名的清代案例类书籍，包括：道光十四年（1834）由祝庆琪和鲍书芸编辑的《刑案汇览》（后文称《刑案汇览》），道光二十年（1840）由鲍书芸编辑的《续增刑案汇览》（后文简称《续增》），光绪十二年（1886）由潘文舫和徐谏荃编辑的《新增刑案汇览》（后文简称《新增》），光绪十三年（1887）由何锡俨、蓝佩青等编辑的《刑案汇览续编》（后文简称《续编》），以及沈家本编辑的《刑案汇览三编》。

收录清中后期大量中央司法案件，是目前法律史研究利用最多的刑案汇编类材料。本文在梳理刑案汇览研究史的基础上，以《刑案汇览》中说帖文书的编辑过程，以及《新增刑案汇览》的成书过程为例，试图说明刑案汇览的编辑活动如何影响了今日的学术研究。

一、 刑案汇览的学术史

刑案汇览进入学术研究的视野始于 19 世纪。1882 年英国汉学家哲美森（Geo. Jamieson）选译了《刑案汇览》九则婚姻继承案例发表于《中国评论》上，[①] 英国人阿拉巴德（Ernest Alabaster）在 1899 年出版的《关于中国刑法和同类性质论题的评注》一书视《刑案汇览》为清代官方出版的案例集，引用其内容说明传统中国刑事司法制度。[②] 而真正将刑案汇览带入更多研究者视野的，则是瞿同祖先生 1961 年出版的经典著作《中国法律与中国社会》，其中使用《刑案汇览》《续增》案例讨论在子孙违反教令、杀伤父母等案件中官员的裁判倾向，[③] 随着此书在西方学界的广泛影响，《刑案汇览》也为更多西方学者所认识。

1964 年，美国学者 Judy Harrison 利用《续编》案例讨论清律"决罚不如法"，提及当时美国宾夕法尼亚大学正在进行的"XAHL Translation Project"。[④] 这一项目由汉学家卜德（Derk Bodde）和法学家莫里斯（Clarence Morris）主持，翻译《刑案汇览》中的 190 件案例。此一翻译活动直接催生了经典著作《中华帝国的法律》，[⑤] 该书利用案例讨论清代司法中的先例、类推适用、法律解释等议题，被认为是"第一本展示了清代司法事实

---

① 于明：《晚清西方视角中的中国家庭法——以哲美森译〈刑案汇览〉为中心》，《法学研究》2019 年第 3 期，第 190 页。

② Alabaster Ernest, *Notes and Commentaries on Chinese Criminal Law and Cognate Topics*, England：Luzac & Co., 1899.

③ Qu Tongzu, *Law and Society in Traditional China*, Paris：Mouton, 1961.

④ Judy Harrison, "Wrongful Treatment of Prisoners：A Case Study of Ch'ing Legal Practice", *The Journal of Asian Studies*, 1964, 23 (2)：227 – 244.

⑤ Bodde Derk & Morris Clarence, *Law in Imperial China: Exemplified by 190 Ch'ing Dynasty Cases: With Historical, Social, and Juridical Commentaries.* Cambridge (Mass)：Harvard University Press, 1967.

上成熟的运作机制，改变了过去对于清代司法的看法"。

学者陈张富美时任哈佛大学胡佛研究所研究员，她在书评中高度肯定《中华帝国的法律》对清代法律研究的开创性意义，同时也指出书中部分翻译错误，① 在之后发表的《清代法律中的类推》一文中更详细分析《中华帝国的法律》所引用的 60 件类推案例中的翻译讹误，以及未区分入罪类推和刑罚类推等技术性问题。② 作为华人学者，陈张富美在史料的阅读和整理上较西方学者无疑更为精准。此后，为讨论清代私家注律对司法判决的影响，陈张富美《沈之奇〈大清律辑注〉对清代司法判决之影响》一文广泛检索了《刑案汇览》《续增》《新增》《续编》的九千多件案例，找出援引了沈之奇《大清律辑注》的案件共 21 件。③ 这篇文章首次运用对刑案汇览案例进行全面检索的方法，有力地回应了此前对于有限案例的证明力问题，④ 这种对数千个刑案汇览的案例进行系统整理的方法直接影响了之后的学者。

此后日本学者小口彦太聚焦"成案是否为清代法律渊源"这一命题，在《清代中国刑事审判中成案的法源性》一文中检索《刑案汇览》4 001 件案例，梳理判决、原拟过程中援引成案的事例 465 件，其中成案援引被驳回的案件 46 起，以此讨论成案被否定的原因。⑤ 受此文影响，王志强整理出《刑案汇览》援引成案的 367 件案例，分析清代成案的效力及其司法

---

① Fu-mei Chang Chen, "Law in Imperial China by Hsing-an hui-lan" (review), *Harvard Journal of Asiatic Studies*, 1969, 29: 274 - 284.

② Fu-mei Chang Chen, "On Analogy in Ch'ing Law", *Harvard Journal of Asiatic Studies*, 1970, 30: 212 - 224.

③ Fu-mei Chang Chen, "The Influence of Shen Chih-Ch'i's Chi-Chu Commentary upon Ch'ing Judicial Decisions", in J. A. Cohen, R. R. Edwards & C. F. Chen (eds.), *Essayson China's Legal Tradition*, N. J.: Princeton University Press, 1981, 170 - 221.

④ 收集多少个案件才对议题具有足够的证明力？卜德（Derk Bodde）在 1973 年的一篇文章中以《刑案汇览》四十个案例讨论"老小废疾收赎"问题时，面对 40 件案例的证明力问题，他自信地认为更多案例不一定能够推翻据此得出的结论，但显然并非所有研究者都具有这种自信。Bodde Derk, "Age, Youth, and Infirmity in the Law of Ch'ing China", *University of Pennsylvania Law Review*, 1973, 121 (3): 437 - 470.

⑤ ·[日]小口彦太：《清代中国の刑事裁判における成案の法源性》，《東洋史研究》第 45 卷第 2 号，1986，第 267~289 页。译文收入 [日]寺田浩明主编《中国法制史考证第 4 卷》丙编，中国社会科学出版社，2003，第 285~307 页。

推理方式；①《试论清代中期的君权与司法——以律例和〈刑案汇览〉为中心》一文则通过《刑案汇览》中皇帝对刑部奏上进行驳改的 86 件案件，探讨君权在刑事司法实践中的运作实态，由案件的批驳论证和改判比例等证明君权在司法中实质上受到制约。②

上述经典研究的问题意识和研究方法极大地影响了此后法律史的研究。尤其是随着刑案汇览类史料的点校出版，刑案汇览一跃成为清代法律史研究最热门的史料。热门的标志之一是越来越多的硕士论文将刑案汇览作为主体史料，从法学视角出发，讨论特定议题如罪名、律例、刑罚、法律论证等，通常都穷尽关联案例，分析中辅以图表和数据。

在案例利用的热潮中，一些学者关注到《刑案汇览》的成书过程和材料来源。邱澎生认为《刑案汇览》产生于清代审转制度的压力之下，地方官员为避免案件因部驳而被惩处，不仅需要在法律适用的说理论证上更为周延，而且在刑案的格式和内容上也需要符合标准，在这种需求下，作为刑案范本的《刑案汇览》就应运而生了。③ 陈新宇也指出刑案汇览是一种以刑部意见为中心的案例摘要，并非原始的判决记录，预设的读者是"以法律为业"之人。④ 此外，《历代例考》从材料来源的角度，指出由于《刑案汇览》的案例材料取自刑部说帖这种"内部咨询报告"，因此案例中引用的成案只是具有法理上的论证效力，而无法证明是实际司法审判中的判案依据。⑤

这些讨论点明了刑案汇览在本质上并不是现代法学意义上的"司法案例汇编"，其实质是由特定人基于特定目的编辑产生的法律书籍，编者中既有薛允升、沈家本这样的著名律学家，也有鲍书芸、吴潮等中央刑部官员，以及刑部书吏祝庆祺，和长期任地方知县的何锡俨，不同编者在案例

① 王志强：《清代成案的效力和其运用中的论证方式——以〈刑案汇览〉为中心》，《法学研究》2003 年第 3 期，第 146~160 页。
② 王志强：《试论清代中期的君权与司法——以律例和〈刑案汇览〉为中心》，《法制史研究》2008 年第 13 期，第 69~117 页。
③ 邱澎生：《真相大白？明清刑案中的法律推理》，熊秉真编《让证据说话——中国篇》，台北麦田出版社，2001，第 135~198 页。
④ 陈新宇：《清代的法律方法论——以〈刑案汇览三编〉为中心的论证》，《法制史研究》2004 年第 6 期，第 99~133 页。
⑤ 杨一凡、刘笃才：《历代例考》，社会科学文献出版社，2012，第 389~392 页。

的选择和裁剪中的主观取向，直接影响到今日研究者从刑案汇览中所看到的清代司法图景。下文以《刑案汇览》和《新增》的编辑活动为例，说明法律书籍的编辑和出版活动，如何造成了研究者对史料的误读。

二、《刑案汇览》的说帖编辑

《刑案汇览》刊刻于道光十四年（1834），全书共六十卷，由祝庆祺与鲍书芸前后花费十年时间编著而成。编者祝庆祺曾在刑部云南司做书吏，后任闽浙总督孙尔准的幕友。在当时这种刑部书吏出身的幕友在外省十分受到重视，道光年间四川按察使张集馨曾夸赞在刑部清吏司多年的两位幕友刑名老练，"真所谓南山可移，此狱不可动也"①。刑部书吏的法律专业能力之高，甚至有习幕之人专门拜师。② 祝庆祺能为闽浙总督延请为幕友，其刑名能力应为出众。

另一位编者鲍书芸来自著名的盐商家族——歙县棠樾鲍氏。根据《棠樾鲍氏宣宗堂支谱》记载，鲍书芸生于乾隆六十年（1795），父亲鲍志道是当时扬州著名的盐商，担任两淮盐业总商长达二十余年，书芸为鲍志道第四子。③ 鲍书芸成年后通过家族捐纳入仕，曾任职于刑部直隶司，④ 但任职时期不明，道光四年（1824）的《缙绅全书》显示其当时为刑部额外司员员外郎。⑤

道光五年（1825）前后，鲍书芸因服母丧而返回扬州，与同在扬州的祝庆祺相识，当时祝庆琪正在编辑案例集，鲍氏读后引为知己，二人于是共同编辑，"商榷是非，悉心对勘，昕夕忘疲"，此后因祝庆祺被延请为幕

① （清）张集馨撰，杜春和、张秀清点校：《道咸宦海见闻录》，中华书局，1981，第115页。
② 《绍兴县志资料》记载孙定楠，山阴人，欲学幕，所拜的老师不是郎中、员外郎、主事之类的刑部司官，而是下属的书吏，学成后受到一位知县的聘请。见郭润涛《官府、幕友与书生：绍兴师爷研究》，中国社会科学出版社，1996，第125页。
③ （清）佚名：《棠樾鲍氏宣宗堂支谱》卷十，页14b，嘉庆十年（1805）刻本，国家图书馆善本室藏，索书号12691。
④ 据道光《徽州府志》卷十二《选举志·例仕》："鲍书芸，棠樾人，刑部直隶司员外郎，以捐输武陟河饷议叙，赐知府。"鲍书芸的捐输应当不是个人行为，因鲍均、鲍泰圻、鲍时基、鲍彤轩、鲍继培等家族成员均在武陟河饷议叙之列。（清）马步蟾修，夏銮纂：《徽州府志》，《中国地方志集成·安徽府县志辑》第49册，江苏古籍出版社，1998，第202页。
⑤ 清华大学图书馆、科技史暨古文献研究所：《清代缙绅录集成》卷九，《缙绅全书》（道光四年夏），大象出版社，2008，第205页。

友，编辑工作因此暂停。① 一直到道光十一年（1831），孙尔准以病乞休，祝庆琪才结束幕友生涯返回扬州。② 鲍书芸服完母丧之后未再返回刑部，一直留在扬州。

在扬州重聚后，二人共同编辑三年，《刑案汇览》终于成书，此书经扬州鲍氏盐商家族的书坊"棠樾慎思堂"刊刻出版。从凡例来看，《刑案汇览》的编辑材料来源多样，既有说帖、成案、通行、邸抄，也有同时期其他案例集《所见集》《平反节要》《驳案新编》，以及在刑部时自行抄录的案件等。其中以说帖最多且最重要，《刑案汇览》使用的说帖从乾隆四十九年（1784）一直延续到道光十四年（1834），涉及不同省份，数量多且分布广。沈家本认为《刑案汇览》的特点在于"以说帖为最多，约占四之二"，而《续编》"说帖仅十之一"，说帖数量差异为"此两《编》纂订之不同也"。③

说帖原本是清代官方衙署中常用的一种文书，文书形制简单，多用于表达意见和见解，撰写者既有官员，也有属僚、技术人员等，内容通常涉及水利、军事、赋税等特定事宜，具有一定的专业性。乾隆末年，时任刑部尚书胡季堂开始将疑难案件交付给律例馆查核，律例馆使用说帖表达对案件的裁判意见。④ 自乾隆四十九年（1784）起，刑部开始了对说帖文书的制度化使用——针对疑难复杂的案件，司官首先撰写说帖文书表达裁判意见，并将说帖呈送堂官，堂官尤有疑虑，则移送律例馆，律例馆撰写新的说帖发表意见，堂官审议无误后交回清吏司，最终司官根据说帖意见办稿。⑤

说帖制度运作多年，刑部也逐渐积累了大量记载司官、堂官、律例馆对案件真实裁判意见的刑部说帖。这些说帖原本储存于刑部律例馆，编订序号按年成卷，便于遇案查核，⑥ 嘉庆年间经刑部官员、书吏的传抄开始

---

① （清）祝庆琪、鲍书芸，杨一凡等点校：《点校本刑案汇览全编·刑案汇览》"序言"，法律出版社，2007，第 1 页。
② 孙尔准在闽浙总督的任期始于道光五年，终于道光十一年，推测祝庆琪任职幕友也在此期间。
③ （清）沈家本：《寄簃文存》，商务印书馆，2015，第 194～196 页。
④ （清）佚名：《说帖类编》"戴敦元序"，道光十五年刻本，国家图书馆普通古籍馆藏，索书号 9779。
⑤ （清）宋谦：《说帖不分卷》"陈廷桂序"，抄本，日本东洋文库藏，索书号 B3854200。
⑥ （清）胡调元辑，张曾需校刊：《刑部说帖揭要》"栗毓美序"，道光十三年金匮乐全堂刻本，国家图书馆普通古籍馆藏，索书号 12708。

向外流传，目前可见《说帖不分卷》《说帖辑要》《刑部说帖不分卷》《律例馆说帖不分卷》等十二种说帖抄本。

《刑案汇览》编辑中使用的说帖文书，除了编者任职刑部期间自行抄录的，以及由私人关系网络①提供的之外，最可能来自当时广泛流传的说帖抄本。以日本东洋文库所藏的《律例馆说帖不分卷》抄本为例，该抄本一函六册，无封面无序言，收录嘉庆十九年份的说帖 125 件（小注 2），经过仔细对比，其中有 68 个能够在《刑案汇览》中找到对应的案件，可见说帖抄本是《刑案汇览》中说帖的主要来源之一。

由于说帖抄本基本保持更为完整的文书内容和形态，因此对比同一案件在说帖抄本和《刑案汇览》中的细节差异，可以更为清楚地了解《刑案汇览》对案件内容的编辑过程。《刑案汇览》对说帖文书的编辑可总结为如下两个特点：

1. 弱化文书特点

在格式上，说帖文书一般以清吏司为标题，如"四川司""云南司"等。《刑案汇览》则将清吏司置于文首，并凝练案情拟写新标题，如《奴婢殴死凶犯家主过后身死》《宗室家辞出雇工殴伤旧主》。此外，说帖行文中"钧""谕""批""饬"等字都另起一行顶格抄写，这些书写格式在《刑案汇览》中也未保留。

在内容上，由于说帖是司官或律例馆馆员所撰写的案件意见，尚需呈送堂官审阅，因此文书措辞上都较为谦虚和恭敬，通常以"谨查"起头，表达见解时自称"职等"，意见结尾处有"谨具说帖同原稿封送，是否有当，恭候钧定"等语。这些用语在《刑案汇览》中大部分被删去。

此外，有的案件因意见不一致而多次交馆查核，因而产生多份说帖，②《刑案汇览》中均有收录。③ 但有的情况下，《刑案汇览》只收录多份说帖中的一份，例如在湖北省的雷顺买赃牛宰杀一案中，《刑案汇览》只收录了雷顺

---

① 鲍书芸的侄子鲍继培道光年间一直在刑部任官。见秦国经主编《中国第一历史档案馆藏清代官员履历档案全编》第 3 册，华东师范大学出版社，1997，第 440 页。

② （清）佚名：《律例馆说帖不分卷》第六册，页 17a。

③ 《夺犯伤差为从帮殴未便加军》，《刑案汇览》卷十五，第 878 页。

案的第二份说帖，① 并作了少许改动。②

在说帖文书中，"谨查""职等""伏候钧定"等文书用语，一个案件的数份说帖，这些文书特点意味着案件尚处在讨论商议阶段，并非最终的裁判意见。而《刑案汇览》对说帖格式的调整、公文用语的裁剪、文书的选择性抄录，弱化了说帖原本的文书特点，说帖原有商酌讨论的意味也随之消失，内容看起来更像是确定的审判意见。事实上，有的说帖意见与最终裁判意见大相径庭。在嘉庆间陕西李家果一案中，李家果葬母时棺材意外破损，于是取出棺内衣裙典当以买新棺。陕西司说帖认为李家果因贫开棺，并非为盗卖谋利，应照子过失伤父母律拟杖一百徒三年，而刑部的题本中，李家果最终照子孙盗父母尸柩例减等拟杖一百流三千里。③ 可见，刑部说帖的裁判意见并不一定是案件的最终裁判结果。

2. 混同文书

在《刑案汇览》中有的案件标注来自"稿尾"。此前已有学者注意到稿尾"采用正式文书体例"，"内容几近正式题本"，④ 但多数研究并未特别关注"稿尾"。事实上，同一案件的稿尾和说帖在内容上存在着或大或小的差异，如果对两种文书不加区分，利用时混为一谈，不仅不能准确理解史料，也无助于呈现刑部在裁判过程中的真实样貌。

"稿尾"一语中"稿"指刑部说堂稿。早在清前期，刑部就形成了"说堂画稿"的运作流程，案件到达刑部后，通常由一位司员负责拟写说堂稿，其余司员随同在稿面签字画押，然后由主稿司员向堂官说明案件情况、拟稿缘由等，堂官审阅后在稿上画行。之后，为了避免拟稿舛错而招致堂官批驳，司官开始提前拟定说堂稿的草稿，因说堂稿的前半部分为案件情节和地方官意见，后半部分才是司官的裁判意见，因此通常只拟写说堂稿的后半部分，故称"稿尾"。在说帖制度下，清吏司将拟写的稿尾随

---

① （清）宋谦：《说帖不分卷》第十五册，页27a。

② 《买赃牛宰杀二罪相比从重论》，《刑案汇览》卷十八，第1019页。

③ 李家果一案的说帖：《棺被压破殓母无资抽取尸衣》，《刑案汇览》卷二十一，第1179~1180页。李家果一案的题本：大学士管理刑部事务董诰《题为会审陕西泾阳县李家果抽取生母刘氏棺内浮盖衣裙一案依律拟杖流请旨事》，嘉庆二十二年九月初八日，档案号02-01-07-09975-008，中国第一历史档案馆。

④ 张田田：《清代刑部的驳案经验》，法律出版社，2015，第16~29页。

着说帖文书一同传递至律例馆，律例馆会对稿尾进行十分仔细的文字审阅，指出其中律例援引、论证说理、措辞用语的错误，有时甚至直接改写新的稿尾。经由律例馆的修订，司官在正式拟稿时仅需誊录稿尾即可，大大降低了被堂官驳回的几率。

可以说，说帖文书内容为清吏司、律例馆对案件定罪量刑的论证说理，而稿尾文书的内容则是司官提前拟定或律例馆改定的公文草稿。两者虽然裁判结果一致，但一种是对内的讨论意见，一种是对外的公文草稿，除了文书用语不同，论述中也存在不可忽视的差异。有的案件说帖详细说明裁判缘由，而稿尾只简单叙明；① 有的则相反，如郑景顺一案，说帖意见仅为"殊非情理，似应驳令覆审"，而稿尾则对拟驳缘由进行了详细的说理；② 此外，说帖中援引某些依据如成案、《大清律辑注》等，在稿尾中则被省略；说帖中真实的裁判原因，在稿尾中也可能被改写。

《刑案汇览》中有的案件来自说帖，例如郭五殴死通奸的小功兄和大功兄嫂一案，抄本中保留了说帖和稿尾，说帖意见认为此案应当照故杀律而非斗杀律定拟，而稿尾中并未直接纠正错误，只对原先的判决进行微妙调整，③《刑案汇览》仅收录此案说帖。④ 有的案件来自稿尾，例如四川省南部县的文德应杀妻图赖一案中，律例馆说帖抄本中保留了说帖和稿尾，⑤《刑案汇览》只抄录了稿尾。⑥ 有的案件则同时保留了说帖和稿尾，戴文松在金华入伍安插，因平日嗜酒懒惰被判处永远监禁，地方巡抚就戴文松能否存留养亲咨请部示，从说帖来看，刑部发现戴文松永远监禁的判罚有误，"若按照拟定章程，似不应将该犯永远监禁，彼时未照所议章程，误行照覆"，对此错误，刑部一方面以"事越多年"不愿更正，另一方面又有怜悯之心"若竟老死囹圄，未免向隅"，最后还是同意了戴文松存留养亲。而在稿尾中掩盖了过去的裁判错误"拟以永远监禁故为罪所应得"，

---

① 《强盗搜赃遗火烧毙事主二命》，《刑案汇览》卷十四，第816页。
② 《首犯先已开棺从犯后至剥衣》，《刑案汇览》卷二十，第1155页。
③ （清）佚名：《说帖辑要全类》第一册，页67a，国家图书馆普通古籍馆藏，索书号9599。
④ 《捉奸杀死小功兄大功嫂》，《刑案汇览》卷二十四，第1335页。
⑤ （清）佚名：《律例馆说帖不分卷》第五册，页26a。
⑥ 《挟恨图赖杀死二命放火烧房》，《刑案汇览》卷十九，第1061页。

以"究与始终怙恶者有间"，①最终准予留养，① 此案的两种文书都在《刑案汇览》中被保留下来。

综上所述，《刑案汇览》的编者在编辑来源于说帖文书的案件时，删除了文书中原有的文书用语和文书格式，根据情节重新拟定案件的名称，从数份文书中拣选一份，删去部分繁冗的行文，这些编辑做法使得《刑案汇览》所载案例篇幅简短、文字精炼，提升了案件的可读性以及查阅的便利性。在删繁就简的同时，编者也尽可能补足案件的信息，有的说帖不够详细，就寻找其他材料补足案情，"说帖简略，复照原案补录"②；有的说帖只记载了驳回地方裁判的意见，编者根据邸抄、《驳案新编》补足驳后的情形。③ 编者的这些用心使得《刑案汇览》成为清中后期流传最为广泛的案例汇编，道光、咸丰、光绪年间陆续刊刻，书坊更是遍及广州、安徽、上海等各地。④ 这些编辑做法虽然提升了刑案汇编的质量，但却无形中造成今日研究者对材料的一些误读。

三、《新增刑案汇览》成书与出版

在现存五种刑案汇览类史料之中，利用率最高的是《刑案汇编》《续增》《新增》，这主要是因为 2004 年北京古籍出版社将这三种刑案汇览点校出版而成《刑案汇览三编》，因而学术研究常常将三种一并利用。在史料介绍时，常有"收录乾隆至光绪年间的案例 7 600 余件""收录 146 年刑案，跨越乾嘉道咸同光六朝"之类的讲法。事实上，《刑案汇览》和《续增》收录的是乾隆末至道光年间的案例，而《新增》收录的案件范围则从道光跨越到光绪年间。也就是说，之所以能够将案例代表范围扩充至道光以后，主要是因为《新增》的存在。那么成书于光绪十四年（1888）的

---

① 《投首洋盗滋事监禁亲老留养》，《刑案汇览》卷十四，第 851 页。
② 《救亲情切点放铁炮致毙功尊》，《刑案汇览》卷四十二，第 2149 页。
③ 《诈为制书虽未传布即应拟绞》，《刑案汇览》卷五十一，第 2634 页。《欲行自戕误伤劝阻之人身死》，《刑案汇览》卷五十一，第 2678 页。
④ 目前可见《刑案汇览》的版本有道光十四年棠樾慎思堂版，咸丰二年棠樾慎思堂版，光绪十四年图书集成局版，光绪十九年鸿文书局版、棠樾文渊堂版，道光二十四年金谷园版，光绪八年广东省城西湖街藏珍阁版等。

《新增》能够代表道光以降的司法实践吗？本节主要利用报刊史料再现《新增》的成书过程。

在清末上海的书籍市场中，商业书坊为提升书籍销量，多在报纸上刊载广告进行宣传，其中 1897 年英国人美查创办的《申报》因销量较大而颇受出版商青睐。光绪十一年（1885）六月末，刑案汇览的重印广告出现在《申报》："本号等现在摆印白纸袖珍刑案汇览四百部，系照原板细心校对，一字无讹……倘蒙诸翁愿意预定，每部作洋七元。"① 介绍重印计划、书目价格等，署名书坊包括皖省聚文堂、上海扫叶山房、金陵万轴山房等。

自当年七月开始，皖省聚文堂开始单独发布售书广告，广告中增加"并录各处近年办过疑难新案续添于后"②。这种附赠新案的营销手段似乎颇受欢迎，在九月的广告中被作为卖点大加渲染："近承诸君附搭甚伙，兹自咸同至光绪八年止，各省办过新案录成四本，附赠于后"③，此时附赠的新案数量已多至四本。待至下一年，广告中新案数量又增至十六卷："本堂摆印刑案汇览并新增四卷，原定每部价洋七元五角，嗣复广搜溯，自道光廿二年至光绪十一年，共增十六卷"④。

可以看到，在皖省聚文堂这场营销活动中，"附赠新案"被作为卖点不断加码，新案的数量不断扩充，从最初数量不详的"近年办过新案"到"各省办过新案录成四本"，最终扩至十六卷。此后聚文堂未再继续刊登广告，推测这四百部刑案汇览连同附赠的新案应当销售一空。结合出版时间、卷目、书坊等信息判断，这场营销活动所产生的新案集正是《新增》。成书于商业营销活动的《新增》，不论在内容还是排版上都体现了较高的商业化程度。案件选择注重时新与社会影响，收录咸丰戊午科场案、同治九年刺马案等清末大案，以及军兴以来的新类型案件。书籍排版上更加考虑读者的阅读体验，不仅"目录该书单行大字以便醒目"，并且"改刊袖珍本用便舟车"。

---

① 《新印袖珍刑案汇览》，《申报》1885 年 6 月 28 日第 5 版。
② 《摆印新书招股》，《申报》1885 年 7 月 21 日第 5 版。
③ 《新增刑案汇览招股》，《申报》1885 年 9 月 9 日第 5 版。
④ 《刑案汇览告成》，《申报》1886 年 3 月 14 日第 5 版。

根据何维楷的序言，《新增》由潘文舫和徐谏荃编辑而成，"熙州潘文舫从事于此，遇祝书以后成案之引断精确者，辄登之记载，积久累多，复邀其同治徐谏荃君博搜精择，商定编辑，一仿前书体裁"①，虽然自称"博搜精择"，但《新增》的成书"系急就章，三阅月即蒇事"②，短短三个月的成书时间不仅远少于鲍祝二君的十余年之功，与同时期出版的《续编》相比，成书时间也相距甚大。如此仓促的成书过程无疑影响了《新增》的案件内容。

在刑案汇览类案例集编辑中，刑部说帖文书是最重要的材料来源。以说帖类文献为例，《新增》291 件案件中注明来自"说帖"的有 69 件，时间分布上以同治八年（8 件）、同治十年（9 件）、同治十一年（7 件）、同治十二年（5 件）数量最多，可见说帖并非来自广泛搜集，很可能是取自较集中的几批材料；此外，69 份说帖中有 57 份注明来自"皖抚"，记载了来自安徽省的 56 个案件（其中一个案件两份说帖）。安徽不仅是刊刻书坊聚文堂的所在地，也是序言作者何维楷的籍贯地。③ 结合三个月的成书时间，《新增》的说帖很可能取自安徽省内的几批资料，而非来自广泛搜求。

《新增》材料收集的局限导致了案件分布极不均匀。在时间上，《新增》收录的案件范围虽然从道光二十二年（1842）跨越到光绪十一年（1885），但同治八年（1869）至十二年（1873）的案件就占到一半。在地域上，虽然有的案件来自四川、山西、直隶等地，但绝大多数来自安徽。在案件类型上，以强盗类案件为例，《新增》仅收录 3 件伙盗案，相比而言，《刑案汇览》收录强盗类案件 109 件，不仅涵盖多种强盗情形，说理论证也更为丰富多样。由此可见，《新增》在材料收集上的局限性导致了案例内容大打折扣。但是，利益优先的商业书坊并不介意这一点。

在皖省聚文堂的销售活动成功后，上海各大书坊察觉其中的商机，开始推出《刑案汇览》《续增》《新增》的合刊本，合刊本广告开始大量出

① （清）潘文舫、徐谏荃著：《新增刑案汇览》，"何维楷序"，图书集成局光绪十四年版，日本东洋文库藏，索书号 B3860300。
② 《新增》目前存四种版本，分别为光绪十四年（1888）皖省聚文堂版、光绪十四年（1888）上海图书集成局版、光绪十六年（1890）紫英山房版和光绪十九年（1893）上海鸿文书局版。
③ 何维楷在光绪十二年撰写序言时任刑部员外郎、浙江司行走，籍贯安徽定远。

现在《申报》上。紫英山房的图书广告以"新例"作为卖点大加宣传，"刑案汇览久已风行，惜新例缺如，不无遗憾，是书将近今新例精雠校对，总汇成编，诚吏治之必需"①。图书集成局刊登的"新增正续刑案汇览"广告中，夸赞合刊本"搜采愈多，卷帙益富"②。上海鸿文书局的广告强调在正续二集之外，"新增十六卷"③。

值得注意的是，在此后刊登的简短广告中，开始直接使用"刑案汇览"一词指称合刊本，④ 反而使用"祝松庵、鲍季芸刑案汇览"来指称《刑案汇览》和《续增》，⑤ 可见随着书籍广告的传播，最初作为商业性赠书的《新增》，已经逐渐与祝庆祺、鲍松庵所著《刑案汇览》《续增》正式融合在一起，被认为是刑案汇览的一部分。

其中，资产雄厚的图书集成局相较其他书坊具有更大的优势。⑥ 图书集成局在《申报》上发动了密集的广告攻势，从 1892 年 7 月起至 1893 年 12 月，合刊本广告多达上百，平均三天一个。同时，图书集成局合刊本采用石印技术，印刷于连史纸上，字迹清晰且便于携带，并采用双栏印刷，上栏中列明题目便于检索，书籍文字排列更为紧密。宣传渠道和书籍质量上的双重优势，使得图书集成局版合刊本的发行数量更大。

图书集成局合刊本是目前国内外各大研究机构保存最多的版本，《中华帝国的法律》所使用的也是此合刊本。这一版本的传播优势直接传递到此后的学术出版活动之中，1968 年台北成文书社出版的刑案汇览就影印自图书集成局合刊本，2004 年北京古籍出版社根据台北成文书社的影印版整理而成点校本《刑案汇览三编》，这一点校本也是目前研究利用率最高的刑案汇览类材料。

综上所述，《新增》产生于皖省聚文堂对《刑案汇览》和《续增》的

---

① 《新增刑案汇览三编》，《申报》1891 年 3 月 22 日第 8 版。
② 《新增正续刑案汇览》，《申报》1891 年 12 月 20 日第 1 版。
③ 《新出刑案汇览》，《申报》1893 年 9 月 8 日第 6 版。
④ 《新印正续新增刑案汇览出售》，《申报》1892 年 7 月 1 日第 1 版。
⑤ 《新出刑案汇编出售》，《申报》1897 年 12 月 4 日第 1 版。
⑥ 图书集成局由英国人美查创办，美查同时也是申报馆、点石斋石印书局、申昌书局的创办人。参见张树栋、庞多益、郑如斯等《中华印刷通史》，印刷工业出版社，1999，第 637 页。

图书营销活动之中，是促进销量而仓促编辑的一种商业性赠书，随后在上海图书集成局等商业书局的推动下，将《刑案汇览》《续增》《新增》作为合刊本而合并发行。由于在发行数量、印刷质量上有着无可比拟的优势，合刊本成为中外学术机构广泛收藏的版本，并随着近年来学术资料的影印出版，成为研究者利用频率最高的刑案汇览史料。

商业书坊的出版行为无形之中造成了对史料的误用，不少研究将三种刑案汇览合并利用。在这些研究中，常常看到关于《新增》"收录道光二十二年至光绪十一年的案例约 300 件"等类似说法，这些说法通过强调案件数量和时间跨度，以佐证《新增》的代表性，但成书时间仅三个月的《新增》，在材料来源上存在诸多疑点，并且案例的时间和地域分布极度不均，使得《新增》无法代表道光以后的清代司法实践状况。

结　　论

本文以《刑案汇览》对说帖文书的编辑和《新增刑案汇览》的刊行为例，说明文本的生成过程如何影响学术研究。《刑案汇览》的编辑材料多来自刑部的讨论文书，为使案例内容简短精炼，从案件的多份文书中进行了拣选，编辑过程中删去了公文用语和冗余论述，这些编辑做法虽然提升了案例集的参考性和便利性，但使得案件内容看起来不再是尚在商榷的讨论意见，更像是确定的裁判结论，容易造成今日研究者的误解。而《新增刑案汇览》最初是为促进销量的商业赠书，在上海大书局的推动下，出现了将《刑案汇览》《续增》《新增》合并发行的合刊本。由于有发行数量、印刷质量的传播优势，合刊本成为后世留存最多的版本，也成为学术研究最常用的版本，在案例研究热潮下，基于合刊本的研究结论也随之被扩展到了《新增》所代表的清后期。

《中国古代法律文献研究》 第十九辑

2024 年，第 351~368 页

从官代书到缮状处：
近代缮状制度的变迁[*]

张昊鹏^{**}

摘　要：缮写诉状是司法活动的开端。在传统社会中，代书扮演着代他人书写的角色。清末民初，官代书制度虽遭裁撤，然司法实践中百姓代写诉状的需求未减。由此各地司法机关开始设立专人代百姓缮写诉状，后逐步建立起系统的缮状制度。近代缮状制度的建立体现在缮状机构的建立、缮状权的统一、缮状生的规范和缮状费的征收四个方面。由官方设立的缮状机构，选取具备法律知识的缮状生，通过收取一定费用的方式，代替当事人"缮写"或"撰写"诉状。在近代百姓识字率较低、律师人数有限的背景下，各地设立的缮状机构成为百姓发起诉讼活动的重要枢纽，在客观上促进了法律知识的传播，但同时也产生了一系列司法腐败问题。

关键词：近代　缮状处　缮状权　缮状生　缮状费

---

* 本文系国家社科基金重点项目"中华优秀传统法律文化的近代传承与文明互鉴研究"（23AZD045）阶段性成果，并受到国家留学基金资助。

** 四川大学法学院博士研究生，京都大学联合培养博士研究生。

一、问题的提出

代书在传统社会诉讼当中扮演着代他人书写诉状的角色。唐至清初的代书总体上属于民间行为,清代政府为杜绝讼师兴讼开辟了官代书制度。代书经官方考试录取,由衙门颁发印章,故称官代书。① 作为法律史学研究中的重要议题,中外法史学界对于代书,尤其对清代官代书形成了丰硕的研究成果。② 然而从时间上看,相关研究大多止于清末,并未对代书在近代的变迁进行深入研究。

既有研究中,吴佩林、邓建鹏关注到了清末新政时期官代书制度的废除与其近代走向。吴佩林认为,"随着清末变法修律和西方律师制度的引进和发展,作为官方考选录用的官代书在全国各地退出了历史舞台","随着律师制度的推行,写状生也退出了历史舞台,为乡民写状的代书虽然存在,但已经不复具有官方色彩"。③ 然而从近代法律史来看,清末官代书制度废除后,一方面律师承担了部分为诉讼人撰写书状的职能,但另一方面官方仍以"写状处""缮状处"等形式延续了传统社会中代他人缮写诉状的制度。邓建鹏曾论及清末时"写状处"和"收状处"的出现,他认为"官代书亦官亦民色彩及抄写状纸这一事务性工作被融入到各级审判厅的人员设置中"④。刘昕杰提出作为"专司诉状的缮写"的机构,缮状处的设立具有"明确法源依据"。⑤ 谢超则提到了民国时期的地方司法机构设立的缮状制度。⑥ 除上述研究外,学界对近代缮写诉状制度未有系统性研究。

---

① 参见邓建鹏《清朝官代书制度研究》,《政法论坛》2008 年第 6 期,第 123 页。

② 相关研究参见吴佩林《清代县域民事纠纷与法律秩序考察》,中华书局,2013 年,第 247~274 页;[日]唐泽靖彦,牛杰译《清代的诉状及其制作者》,《北大法律评论》第 10 卷第 1 辑,第 25~44 页;郑小春《清朝代书制度与基层司法》,《史学月刊》2010 年第 6 期,第 34~43 页;于帅《清朝官代书的戳记与写状职能再谈——以浙南诉讼文书为中心》,《清史研究》2021 年第 5 期,第 46~54 页。

③ 吴佩林:《法律社会学视野下的清代官代书研究》,《法学研究》2008 年第 2 期,第 160 页。

④ 参见邓建鹏《清朝官代书制度研究》,第 136 页。

⑤ 刘昕杰:《纸面上的统一:传统中国状纸的近代变革》,《法学家》2023 年第 6 期,第 51 页。

⑥ 谢超:《民国铅山县土讼群体研究——以河口司法档案为中心》,华东政法大学博士学位论文,2021,第 24~29 页。

职是之故，本文拟基于前人研究，探讨近代官代书制度废除后，官方缮写诉状制度的设立、变迁及其之于近代司法实践的影响。

二、 缮状机构的设立与变迁

清代中后期官代书制度积久弊生。根据吴佩林的研究，官代书制度在法律实践中出现了"官通吏役""勾结讼师""教唆词讼""勒索百姓"等一系列问题。① 尤其在清末新政后关于取消官代书的呼声不断，全国各地开始大规模裁撤官代书。光绪二十八年（1902），南昌县代书李自芬"有需索情弊，即行斥革"，南昌县"嗣后不用代书"。② 光绪三十年（1904），端方任江苏巡抚期间裁撤代书，并颁《裁撤代书后续颁章程》规定"将代书名目永远革除"③。光绪三十四年（1908），四川总督赵尔丰认为代书积久弊生，下令各属不用代书，四川省内各县大多裁撤代书。④

然而清末官代书制度被废除后，百姓写状呈词的需求未减，部分地区任由百姓自行写状，反而留给民间讼师挑唆词讼的空间，且所递状纸程式不一，给司法过程造成极大繁难。清末审判机构改革时，部分地方新式审判厅便明确规定了书记生缮写诉状的职能。1907 年，袁世凯于天津试办新式审判厅，并颁行《天津府属试办审判厅章程》，该章程第一百三十八条规定："书记抄录案卷之费每百字连纸征收五分。"⑤ 袁世凯在奏折中阐述了天津审判厅的机构设置，"厅局雇佣之人皆由招考而得，写状录供、整理公牍则有书记生，收受民事诉状、递送文书传票则有承发吏，搜查逮捕、执行处刑则有司法巡警"⑥。在《天津府属试办审判厅章程理由书》中专门规定了写状书记的职责，"写状书记应照递状人之口述简明叙入状内，其有来稿者，须与口述符合始为写录，但来稿有冗长可删者，得

---

① 参见吴佩林《法律社会学视野下的清代官代书研究》，第 160 页。
② 《裁撤代书》，《申报》1902 年 12 月 13 日第 10653 号，第 2 页。
③ 《裁撤代书后续颁章程》，《济南报》1904 年第 92 期，第 8 页。
④ 《四川官报》光绪三十四年，第十八册，第 2 页，转引自吴佩林《法律社会学视野下的清代官代书研究》，第 159 页。
⑤ 《直隶天津府属试办审判厅章程》，《东方杂志》1907 年第 4 卷第 1 期，第 30 页。
⑥ 《直督袁世凯奏天津地方试办审判折》，《申报》1907 年 8 月 1 日第 12314 号，第 10 页。

节要写录之"①。1908 年，法部奏准《各级审判厅试办章程》，要求全国各地设立新式审判机构，章程第九十条规定"录事抄录案卷每卷百字连纸征收银五分作为录事公费"②。1909 年，吉林仿照京师初级审判厅招考书记生，负责缮写文牍、代诉讼人写状等职能。③《直隶省各级审判厅办事规则》第一百十二条规定"书记生专司缮写文牍，呈状招录供词"，《贵州各级审判检察厅办事细则》第六十条规定"凡刑事来厅具诉者，由检察厅书记代写诉状"。④ 可见，在清末地方审判机构改革中，"缮写诉状"便已经被确立为新式审判厅的职能之一。

随着百姓进行司法诉讼时请求代写诉状的需求日益增加。诉讼人碍于知识水平，无法自行写状，民间诉状"多系各代书代为书写"⑤，"遇有紧急告诉，持一纸诉状辗转求人，耗费时日，方能状诉"⑥，部分"讼棍"更借机操弄词讼，造成诸多弊端。各地为便利人民诉讼起见，纷纷设立缮写诉状机构，其中上海和江苏等地较早地在审判厅内部设立了"写状处"。《上海各级审判厅办事规则》第一百一十条规定"本厅设写状处一所，无论何项人等买定诉状后应赴该处请为代写"⑦，《江苏各级审判厅办事规则》和《江苏各级检察厅办事规则》均明确设立"写状处"，并分别订定写状处规则。⑧

由于民国初年未颁行统一法令，各地方设立的缮写诉状机构区别较大。在名称上，该机构被分别冠以"写状处""写状室""写状所""缮呈

---

① 《天津府属试办审判厅章程理由书》，吴铮强《龙泉司法档案职权主义民事诉讼文书研究》，中华书局，2021，第 379 页。

② 《京师高等以下各级审判厅试办章程》，《陕西官报》1909 年第 30 期，"专件"，第 17 页。

③ 《书记生每厅二名共十名》，《申报》1909 年 5 月 5 日第 13020 号，第 26 页。

④ 《直隶省各级审判厅办事规则》《贵州各级审判检察厅办事细则》，汪庆祺编《各省审判厅判牍》，李启成点校，北京大学出版社，2007，第 376、407 页。

⑤ 《招考缮状生》，《盛京时报》1913 年 7 月 16 日第 6 版。

⑥ 《批黑龙江高等厅详请设立代写诉状所拟具规则应准备案文（原详并规则）（三年九月十八日）》，《司法公报》1915 年第 28 期，"例规：审判"，第 5~7 页。如未特别注明，本文关于黑龙江省规则的引述均出于该文。

⑦ 《上海各级审判厅办事规则》，汪庆祺编，李启成点校《各省审判厅判牍》，北京大学出版社，2007，第 363 页。如未特别注明，本文关于《上海各级审判厅办事规则》的引述均出于该文。

⑧ 《江苏各级审判厅试办章程、办事规则（附各级检察厅办事规则、职务纲要）》，载《中华民国法学全书》，法学书局石印，第 145~146、227~228 页。

处""缮状处""收状处"等称谓。1912 年铁岭县设立"缮呈处"，1914年改设"写状处"；① 1913 年江西司法筹备处规定各县审检所一律设置"收状处"，代诉讼人写录诉状；② 1914 年黑龙江高等厅设立"代写诉状所"，长春地方审检厅添设"写状所"；③ 1915 年奉天核准各厅县设立"写状室"；④ 1916 年云南高等厅参照黑龙江省设立"写作状纸处"；⑤ 贵州则由法院设立缮状生代当事人撰写状纸。⑥

鉴于各地的缮状规则分歧较大。1917 年，司法部订定《高等地方各审检厅缮状处规则》三十一条，以统一规范各地方缮写诉状机构规则，并于 1920年改订后重新颁布。⑦ 该规则统一命名各地缮写诉状机构为"缮状处"，此后颁行的中央法令亦沿用了"缮状处"这一称谓，各地方机构称谓由此逐渐统一。除名称外，该规则在综合各地方规则的基础上，系统规定了缮状事项之办理、缮状费用之征收、缮状生之管理等事宜。1920 年根据司法部颁行规则，天津地方审判厅设立缮状处，并于 1927 年重订缮状办法。此外，1927年颁行的《江西各法院司法委员公署各兼理司法县政府缮状处规则》、1928年颁行的《湖南各级法院缮状处规则》、1931 年颁行的《河北各级法院缮状处规则》等均以该规则为模板。可以说，《高等地方各审检厅缮状处规则》成为 1920 至 1935 年期间各地方设立缮状机构、办理缮状事务的重要参考。

南京国民政府成立后，各地方法院的缮状规则各自订立，虽经由司法

---

① （民国）《铁岭县志》卷八《县公署行政改革志》，民国六年铅印本。
② 《江西司法筹备处修正审检所代写诉状施行细则（二年七月五日）（附表）》，《江西司法公报》1913 年第 4 期，"法制"，第 14~15 页。如未特别注明，本文关于江西省规则的引述均出于该文。
③ 《审检厅添设写状所》，《盛京时报》1914 年 1 月 16 日第 7 版。
④ 《核准各厅县写状室简章批（四年二月二十四日批奉天高等厅第一七二二号）（附表）》，《司法公报》1915 年第 35 期，"例规：审判"，第 9~14 页。如未特别注明，本文关于奉天省规则的引述均出于该文。
⑤ 《核准写状处规则批（附原详并规则）（四年十一月二十九日批云南高等厅第一二○七○号）》，《司法公报》1916 年第 54 期，"例规：审判"，第 13~16 页。如未特别注明，本文关于云南省规则的引述均出于该文。
⑥ 《贵州法院暂设缮状生简章》，《司法公报》1916 年第 52 期，"例规：官规"，第 10~13页。如未特别注明，本文关于贵州省规则的引述均出于该文。
⑦ 《修正缮状规则令（附规则）（九年四月二十八日训令京外高等厅第三一五号）（附表）》，《司法公报》1920 年第 121 期，"例规：审判"，第 51~59 页。如未特别注明，本文关于《高等地方各审检厅缮状处规则》的引述均出于该文。

行政部核准，但仍未能完全统一。加之缮状事项办理日久，弊端逐渐显现，各地缮状处常有强制代撰、故意留难、格外需索等事情发生。1935年，司法行政部颁布《各级法院缮状处通则》十四条，再次统一各地办理缮状规则。①《通则》颁行后，各级法院已设的缮状处依照通则进行改组，各地高等法院分别订定《缮状处办事细则》。1936年颁行的《贵州各级法院缮状处办事细则》、1939年颁行的《山东省各级法院及兼理司法县公署缮状处办事细则》和《四川高等法院缮状处办事细则》均按照《通则》制定。1942年，司法行政部修正《通则》，颁行《高等以下各级法院缮状处规则》十六条指导各地缮状办理事项。②

清末民初各地方审判厅确立书记生负责"写状录供"，随后黑龙江、奉天、云南等省专设缮写诉状机构，并分别制定了办事规则。此后，各地缮状机构依法院诉讼需要而设立，但渐有逐步增加的趋势。1935年《各级法院缮状处通则》颁行后，各地缮状处的设立明显增加。以四川省为例，四川于1939年制定《四川高等法院缮状处办事细则》，并于1940年训令各法院普遍设立缮状处，从严取缔代书。至民国中后期"各地司法机关，几无不设置缮状处"③，即使在尚未设置缮状机构的地方亦常有录事承担缮状事宜。可以说，在官代书退出历史舞台后，以"缮状处"为代表的官方缮状机构延续了为百姓缮写诉状的职能。

三、缮状权的统一与规范

（一）缮状权的统一

清代的官代书制度赋予了官代书对状词的垄断权，在告诉制度中常有

---

① 《司法部划一各级法院缮状办法》，《中华法学杂志》1935年第6卷第4、5期，"国内要闻"，第168~169页。如未特别注明，本文关于《各级法院缮状处通则》的引述均出于该文。
② 《高等以下各级法院缮状处规则》，《司法法令汇编》（第5册《行政法令》），上海法学编译社，1947，第31~32页。如未特别注明，下文关于《高等以下各级法院缮状处规则》的引述均出于该文。
③ 汪辑宝：《民国司法志》，商务印书馆，2017，第86~87页。

"无代书戳记不准（阅）"等强制性规定。虽然在制度设计中，官代书是清代百姓写状的唯一选择，但在清代中后期的基层司法当中，官代书代民写状的职能逐渐被歇家、讼师等群体侵蚀，并未形成垄断写状渠道的局面。①

清末民初官代书制度被取缔后，各地方受理诉状的政策纷纷不一。一些地方采用放任主义，任由当事人自行缮写并投递诉状。囿于百姓教育水平较低，大多没有自行缮状的能力，民间讼师、代书借机"利用私设招牌，把持包揽收费"，导致"虚伪告诉，层见迭出"。② 部分法院设有缮写诉状机构，委派书记生、录事代当事人写状，但仍尊重当事人意愿，如江西省规定当事人于状末签名画押并注明"自写"字样便无须代写，径行呈递诉状。③ 此外，奉天等地允许诉讼当事人和律师自行缮写，并设立写状室代民写状，限制讼师、代书等人写状。另有法院严格限制诉讼人的状词来源，仅承认由写状处缮撰的状词。如上海规定诉讼当事人"买定诉状后，应赴该处请为代写"。《江苏各级检察厅办事规则》规定"刑事诉讼人买定诉状后务须赴该处请为代写，不得携所购诉状出外"④。为保障百姓诉权，司法部于《高等地方各审检厅缮状处规则》中沿用奉天等地的做法，统一规定"缮状处置缮状生一人至三人，专代诉讼人缮写民刑诉状及其他各状，但能自行缮写或由律师代缮者，不在此限"。该条从中央层面规定了状词的三种合法来源，即缮状处缮写、自行缮写和律师代缮，此后所见各地缮状处细则多依该条规定。虽然南京国民政府时期颁行的《各级法院缮状处通则》和《高等以下各级法院缮状处规则》明确缮状生"不得强制代写代撰"，并未强调律师代为缮撰的权力。但从地方缮状细则来看，四川规定各缮状处分别刻置"诉讼人自缮撰""律师代缮撰""本处代缮撰"

---

① 参见［日］夫马进《明清时代的讼师与诉讼制度》，王亚新、梁治平编《明清时期的民事审判与民间契约》，法律出版社，1998，第389~430页。
② 《核准缮状生取缔简章批（附原详并简章）（元年一月十一日批贵州高等厅第一六八号）》，《司法公报》1916年第52期，"例规：官规"，第9页。
③ 参见《令各县审检所代写诉状应照此次修正细则各条办理文（二年七月五日）》，《江西司法公报》1913年第4期，"公牍"，第27页。
④ 参见《江苏各级审判厅试办章程、办事规则（附各级检察厅办事规则、职务纲要）》，《中华民国法学全书》，法学书局石印，第227页。

的木戳，并于状面加盖；夏勤在视察四川司法时，提出"凡法院收受案件，如非当地律师所撰缮者，一律须在法院自行缮写"①，这说明律师的缮撰权利仍能得到保障。

（二）缮状行为的规范

缮状处的设立一方面旨在为"诉讼人之不能书写或不通文义者"提供便利，另一方面能够起到防止讼棍包揽词讼的作用。然而通观近代缮状制度的地方实践，各地缮状事项办理过程弊病较多，不时发生违背缮状规则的行为。总体而言，缮状机关对于缮状行为的规范首先表现为对"强制代缮"行为的严令禁止，以保护当事人诉权；其次是规范当事人和律师的缮写过程，以防止讼棍挑唆词讼。

民初缮状规则尚未完全统一时便存在强令当事人于缮状机构写状的现象。由于缮状费可增加司法收入，这种"强制代缮"的做法一度被效仿，江西"对于诉讼人自行缮写投递之状，亦照代写价额征收费用"②。1915年司法部便发现地方法院"不问当事人能否写作，一概强予代缮"，"其所征费用往往漫无限制"。③ 1934年司法行政部在训令中再次指明缮状处"于应征费用外多所需索，或设法强制代为缮撰以图收费"，"致诉讼人等受累无穷，或因此而迟误期限"。④

鉴于强制代缮行为的危害，民国时期中央和地方均三令五申，保护当事人自写诉状的权力。1913年江西明确规定"系诉讼人在外自写之状，收状处不准需索丝毫费用"⑤。《高等地方各审检厅缮状处规则》规定，缮状生强制当事人代作代写状纸将被立即撤换，如该行为触犯刑律则严格按律惩办。南京国民政府时期，《各级法院缮状处通则》要求，缮状人依据诉

---

① 夏勤：《调查四川司法报告书》，《夏勤论学集》，商务印书馆，2019，第317页。
② 参见《令各县审检所代写诉状应依照此次修正细则各条办理文》，《江西司法公报》1913年第4期，"公牍"，第27页。
③ 《预防缮状室流弊通饬（四年十月二十二日第一四八三号，登十月二十六日政府公报）》，《司法公报》1915年第45期，"例规：审判"，第38页。
④ 《法部整顿各省法院缮状处》，《法律评论（北京）》1934年第11卷第11期，"法界消息"，第28页。
⑤ 《江西司法筹备处修正审检所代写诉状施行细则（二年七月五日）（附表）》，《江西司法公报》1913年第4期，"法制"，第14页。

讼人之口述撰拟状词，但不得强制代写代撰。《高等以下各级法院缮状处规则》除要求不得强制代撰外，规定"诉讼当事人或其代理人请求在缮状处自缮书状者应准许之并予以便利不得收费"，进一步保护当事人的自缮权。

与讼师对于官代书的侵蚀类似，民国时期的缮状制度虽仅赋予诉讼当事人和律师缮撰诉状的权利，但在司法实践中仍不断面临民间讼师群体的挑战。民间代书或与缮状生勾结呈递诉状，或假托当事人名义缮写状纸，或与律师勾结，假借其名义前往法院购状并加盖律师名章。虽经各地司法机关多次严令禁止，但代书包揽词讼的司法案件层出不穷。为杜绝讼师影响诉讼，各地缮状机构严格规范当事人和律师的缮状权利。通观民国时期的缮状规则，规范措施主要包括以下几个方面：

其一，规定并宣传严禁代书讼棍代撰代缮。《高等以下各级法院缮状处规则》规定"如发见有讼棍代书包揽缮撰之情形者，应呈明院长或首席检察官核办"；在四川高等法院，"讼棍顶冒包揽从中渔利，一经查出，依法承究"；重庆地方法院则规定，"布告严禁代书讼棍代撰代缮民刑诉状"。①

其二，严格选取并约束缮状生。《高等地方各审检厅缮状处规则》规定，缮状生应"品行端正，确无嗜好，并非前清胥吏又非素以作状为营业者"充任。《各级法院缮状处通则》规定，缮状人不得有干预诉讼或介绍律师之行为。

其三，登记当事人和律师的信息。在奉天如果诉讼人自带稿件请求缮写，"原稿应记明作状人之姓名主持，无姓名住址者，写状室应拒绝之"。江西规定，诉讼人自行缮写稿件，"应令其本人于状末签名画押"。1919年司法部规定，无代理关系的律师为他人撰写诉状，应于状末署名盖章。②《四川高等法院缮状处办事细则》规定，缮状后应于"状尾加盖'本件代缮或代撰若干字，征收缮状费或撰状费几元几角'戳记，以备查考"③。

其四，要求当事人到缮状处缮写诉状。为防止当事人在外缮写受讼师

① 胡觉、朱观：《云南高等法院训令：文字第二四一三号》，《云南省政府公报》1940年第12卷第73期，第31页。
② 《律师撰书词状不署名盖章者应即遵令提付惩戒令（八年五月三日训令京外高等厅第三〇一号）》，《司法公报》1919年第106期，"例规：审判"，第13页。
③ 《司法部、四川高等法院关于成立缮状处的通则、办事细则及成立日期的指令、呈牌示》，民国四川高等法院档案，档案号：民167-07-13872，四川省档案馆。

影响，天津规定当事人"须到本厅缮状处亲自缮写，其在外缮作之诉状仅凭状尾填注本人自缮或亲友代缮字样者概不收受"①。在徐州，"凡登录律师或本人所撰缮者免收费用，但本人撰缮须于缮状处内行之"②。四川高等法院第一分院也要求诉讼当事人缮写诉状时，应携带状稿亲自前往缮状处缮写。③

其五，核对当事人和律师的笔迹。1939 年司法行政部指令规定，在外已经缮写完毕的诉状，"须诉讼人本人或其代理人本人到院投递，核对笔记"④。在四川绵竹，诉讼人"带稿来缮，须查问笔记词意确系自为"⑤。重庆地方法院规定，"诉讼关系人经核对笔记如非其本人或代理人所缮，得因防止包揽词讼之弊拒绝收受"，"法院对于某律师或其雇用之书记认为有调取笔记之必要时，律师不得拒绝"。⑥

除此之外，重庆地方法院还要求，机关长、主任书记官每日前往缮状处巡查稽核，检察官存查法院和检察院附近的茶肆，如发现包揽词讼之人或事，应加以究办。⑦ 各地法院缮状机构还特别重视"号薄""日记簿""稽核薄"的登记核查。河北规定，"每日实收缮状费应于散值时就日记薄内总结一数，连同现款及收据存根送由本院会计主任核收，并于薄内总数加盖名章后，再送书记官长转呈院长核阅"⑧，审计稽核缮状费也能够起到防止缮状生包揽词讼的效果。

---

① 《天津地方厅重订缮状办法》，《法律评论（北京）》1927 年第 5 卷第 16 期，"法界消息"，第 11 页。

② 《徐州地方法院检察处缮状处暂行规则》，《苏北公报》1939 年第 5 期，"司法"，第 159 页。

③ 《四川高等法院第一分院布告》，民国四川高等法院档案，档案号：民 167-7-12544，四川省档案馆。

④ 《四川高等法院一分院关于抄发江北法院缮状处办事细则成立分院缮状处、发售状纸、收受诉讼、代缮状书办法的指、训令、呈》，民国四川高等法院档案，档案号：民 167-7-12544，四川省档案馆。

⑤ 《绵竹陈长风具诉缮状处违法案》，民国四川高等法院档案，档案号：167-22-8106，四川省档案馆。

⑥ 参见胡觉、朱观《云南高等法院训令：文字第二四一三号》，《云南省政府公报》1940 年第 12 卷第 73 期，第 31 页。

⑦ 参见胡觉、朱观《云南高等法院训令：文字第二四一三号》，《云南省政府公报》1940 年第 12 卷第 73 期，第 32 页。

⑧ 《河北各级法院缮状处规则（附表）》，《河北高等法院公报》1932 年第 8 期，"法规"，第 23~27 页。

四、 缮状生的选取与职责

（一）缮状生的来源与考选

清末民初时，各审判厅多由书记生负责"写状录供"，写状事项日渐增加后，有书记生专司写状事宜，上海、江苏等地称之为"写状书记"，又有地方称"写状生"或"缮状生"。1920 年《高等地方各审检厅缮状处规则》将缮状机构统称为缮状处后，各地将负责缮写诉状的人员统称为"缮状生"。

民国时期设有缮状处的地方须选取一定数量的缮状生承担缮状工作，如"未专设缮状人"则可"派录事兼充之"。陕西省洛川县因讼事较少，不设专人办理缮状事宜，"由司法处录事一人兼任缮状员"；同官县因经费紧张，缮状员"奉令取消"，缮状事务"改由录事兼办"。① 谢超在考察江西省档案时也发现，各地因人员、经费不足未设缮状处，由录事兼办缮状等情形。② 缮状生规模依缮状细则和实际需求所限各有不同。奉天规定"各地方厅得设写状室置雇员一人或二人经理其事"；贵州法院审检厅"设缮状生十人"；云南写作状纸处选取"写状生一人至三人专任写状作状等事"；山东省缮状处则并未限制缮状人数，"其员额视事务之繁简定之"。③

各地方对缮状生的选取资格亦有不同限制。总体而言，应考缮状生者年龄应在二十五岁以上，④ 需符合"稍有法律知识""文理清顺""品行端正""字迹端楷""确无嗜好"等条件。此外，贵州还要求缮状生"未受过徒刑以上处分"，云南规定需"有身家资产"，《高等地方各审检厅缮状处规则》要求缮状生应非清朝胥吏，且不能是以写状为业的民间代书。为保证缮状生履行职责，法院要求缮状生应向缮状处提供铺保，贵州还规定缮状生需缴纳保证金十元，"如始终未经处罚，退职时仍准原数领回"。

---

① 《洛川县志》卷十六《司法志》，民国三十三年铅印本；《同官县志》卷二十一，民国三十三年铅印本。
② 参见谢超《民国铅山县土讼群体研究——以河口司法档案为中心》，第 26 页。
③ 《山东省各级法院及兼理司法县公署缮状处办事细则》，临时政府法部编辑室编《司法行政法令辑要（上）》，临时政府法部编辑室，1939，第 608 页。
④ 云南、山东等地还规定不得超过五十岁。

各地缮状细则并未规定选取缮状生的详细流程，从荣县档案的记载来看，四川荣县招考缮状生需经笔试和口试两道程序。1939 年荣县筹设缮状处并招考缮状生，共计有宋家声、黄克勤等 20 人报名，年龄分布在 20 至 46 岁之间。荣县司法处拟定四道笔试试题，其一考察缮状人对于缮状宗旨的认识，其余三题考查其法律知识，内容如下：

1. 缮状人代当事人撰缮词状，应持何种宗旨，各述所见以答。

2. 刑事自诉案件，须向何种司法官吏提起，又在何种罪名，方能提起自诉，并限制何项人等，不能提起自诉，及自诉之撤回，应向何种官吏呈请。其不能撤回之自诉，又在徒刑若干年以下，应分别言之。

3. 有何种情形，得共同诉讼，及参加诉讼，何谓诉讼救助，何谓反诉。

4. 撰拟执行诉状，就应具备何种条件，而声请诉讼费用给付，又应以何时为适当，并应附具何种附件以为裁判之基础，试详言之。①

最终荣县司法处选取成绩前十者进入口试阶段，举行口试，并经体检合格后，由林佑乡、蔡如襄两人担任荣县缮状生。荣县报考缮状生的考试试卷大多干净整洁，基本达到了"字迹端楷"的要求。应考人的法律知识水平虽有差异，但已对所问题目有基本了解。再如 1937 年合江县考取十名缮状生都有一定的教育文化水平，且有从事文牍、录事的工作经验，这一定程度上展现出当地缮状人员的基本素养。

合江县政府考取缮状生姓名一览表②

姓　名	年　龄	出　　身
蒲仲伟	39	由县立中学校毕业以来，历任江津合江公私各学校教员，民国二十二年连任合江县立国术馆文牍兼国术校文科主席
卓崇正	47	由合江速成师范毕业，历任本邑官立初小校长三年，民国九年任二师预备团二等书记，现充斯职

---

① 《四川高等法院、荣县司法处关于缮状招考、取缔代书、法警办公费计算的训令、办法、布告》，民国荣县地方法院档案，档案号：9-1-202，四川省荣县档案馆。

② 《合江县政府考取缮状生姓名一览表》，《四川合江县县政年刊》1937 年，第 776 页。

姓　名	年龄	出　　身
赵杏村	47	由合江速成师范毕业，任初级模范教员及监务，川黔军三等书记，现充斯职
成於中	50	前清省自治学校毕业，通省法政修业，反正后陆军将校学校毕业曾任纵队、团长及参谋书记秘书各职，现充斯职业
周毅夫	38	由县高小毕业，历任县中法团书记并任黔军编修，县党务委员会文书干事
王仲伯	32	由合江县中学修业，迭任川军一二两军录事书记及成都兵工厂司事、卫厂司务长等职，现充斯职
王　兰	36	由合江县中学校肄业，迭任川黔军书记暨重庆各报馆访事校刊等职，现充斯职
马锡蕃	61	由前选任私塾教读，民国七年任本邑县署警备队部文牍，八年滇军第二军第三旅步团一营部二等编修，九年充缮状，计今九次团充斯职
赵如渊	62	由故清宣统元年合江县立一高毕业，历任公私初级学校教员，继任团务文牍，现充斯职

（二）缮状生的职责与奖惩

各地在缮状生内部制定了规范的等级制度和奖惩规则。河北省按薪资将缮状生分为四级，分别给予二十元至十四元不等的四级开支，福建规定了不同级别缮状生所应缮写的事务，"代作状词应由一级缮状生办理，以示郑重"①。湖南将缮状生划分为三级，"缮状生在职半年以上，确系勤慎称职，或有异常劳绩者"可记功一次，每记功三次可以晋升一级，级别无可晋升时则给予现金奖励。

为防止挑唆词讼，清朝巴县《状式条例》中便有"代书依照口笔，不许增减情节，违者严惩代书"②的规定。民国时期缮状生作状时应首先秉持"据实直书"的宗旨，严格依照诉讼人的来稿或口头陈述缮撰诉状，不能违反诉讼人本意任意增减。缮状生缮撰状纸完毕后，应将诉状交由诉讼人阅览审查，如果诉讼当事人认为诉状不符合本意，缮状生应立即改正；若诉讼人承认无误，缮状生应当在状末签名盖章，以备核查。

---

① 《福建闽侯地方法院检察处缮状规则（二十二年六月十日核准）》，《司法行政公报》1933 年第 36 期，"法规"，第 26 页。
② 转引自吴佩林《清代县域民事纠纷与法律秩序考察》，第 271 页。

缮状生在工作时不能有干预诉讼、强制代缮、额外需索等行为，还应承担保密义务和回避义务。缮状生在工作过程中不能将案件事实、证据等情形透露于一方当事人或律师。如果与案件案情相关，该缮状生应申请回避，请求其他缮状生代为办理。《高等地方各审检厅缮状处规则》规定对于"应声请回避而不回避"和"向具状人之相对人或他人私行传述"两种行为均给予立即撤换的惩罚。

此外，缮状生应在办公时间内，按顺序为当事人服务，当日所收状纸应一律写毕，不能拖延至次日；撰写诉状需字迹端正，不得有字迹潦草或缮写错误等情形，面对当事人需态度和谐，不能有故意刁难、辞色倨傲的行为。缮状生触犯上述规则也将面临记过、撤换等处分。

五、 缮状费的种类与征收

自清末司法转型以来，司法经费便是影响司法实践的核心要素之一。民国时期具有代表性的四次全国性司法会议当中，关于司法经费的议案始终是与会人员最为关心的问题之一。[1] 以1916年的司法会议为例，广东高审厅范贤方所提的《整理全国司法经费建议案》中便提出各省司法机关固有收入有四项，分别为罚金、状纸费、诉讼费和抄录费，[2] 其中抄录费便是缮状费用的形式之一。

早期的缮状费用多称为"抄录费"，各地对于征收标准的规定也较为简单。《天津府属试办审判厅章程》和《各级审判厅试办章程》中均规定抄录案卷"每百字连纸征收五分"。以此为参照，1910年浙江省规定胥吏抄录案卷"每百字连纸征收银圆五分"[3]。随着司法实践的发展，各地缮状

---

[1] 参见陈佳文《民国时期全国司法会议研究》，四川大学博士学位论文，2023，第47~70页。

[2] 《整理全国司法经费建议案议决书（附原案一件）》，载《司法公报》1917年第71期，第66~68页。学界对于前两种费用已经有较为系统的研究，对于缮状费用尚缺乏关注。关于诉讼费的研究参见邓建鹏《清末民初法律移植的困境：以讼费法规为视角》，法律出版社，2017；关于状纸费的研究参见刘昕杰《纸面上的统一：传统中国状纸的近代变革》，《法学家》2023年第6期，第43~56页。

[3] 《修订浙江讼费暂行规则法律案》，胡绳武主编《清末立宪运动史料丛刊23浙江谘议局》，山西人民出版社，2020，第554页。

费用的征收标准和种类日渐复杂多样，主要依据当事人的缮撰需要和状式种类有所区分。

各地缮状费用征收首先因当事人请求"代缮"或"代撰"而不同。自官代书时起，代人写状便面临两种需求，其一为按照状式规范抄录已有来稿，其二是根据诉讼案情，构思撰写诉状。于帅在对官代书进行研究时，即提出"官代书"的"写状"既包括抄录呈状的"誊录权"，也包括构思创作呈词内容的"创作权"。① 该问题在民国时期的缮状规则中进一步被表述为代当事人缮写原稿的"代缮权"和为当事人创作诉状的"代撰权"。② 民国初年，上海就明确了当事人写状式"有无来稿"的区分，"写状书记代写诉状时，如有来稿，则照原稿之意叙明，如无来稿，则据口述不得以己意增减"。

民初时缮状规则分歧，各地方对"代缮"和"代撰"制定了不同的处理规则。1925 年颁行的《上海地方检察厅缮状规则》即规定"缮状只限于代诉讼人缮写，暂不代撰"③。除此个例外，各地缮状机构大多同时承担"代缮"和"代撰"两种职能，且缮状费用的征收标准各有不同。部分地方对"代缮"和"代撰"适用同一规定，如江西省规定"代写诉状无论有无原稿，均应依照法定价额征收费用"。奉天规定"缮作状费每百字收小洋二角"。另有地方的缮状费征收采取缮撰分离的规定，如贵州法院规定如缮写民事诉状征费二角，撰写民事诉状则需征收三角至六角的费用。1920 年颁行的《高等地方各审检厅缮状处规则》对代作状词和代写状词两类行为进行了明确区分，如代作民事诉状在一千字以内，每满十字征收铜元两枚；代写状词则一律按照每满二十字征收铜元两枚计算。至民国中后期，各省征费标准除依经济情势有所变化外，仍对"代缮"和"代撰"进行了不同程度的区分。

近代诉讼状纸种类较多，清末法部奏准通行各省之诉状状纸格式有十二种，④ 民国不同时期的状纸在该基础上有所增减，各地费用征收也因缮写

---

① 参见于帅《清朝官代书的戳记与写状职能再谈——以浙南诉讼文书为中心》，《清史研究》2021 年第 5 期，第 51 页。
② 或称为"代写权"和"代作权"。
③ 《上海地方检察厅缮状规则》，《申报》1925 年 9 月 23 日第 18882 号，第 16 页。
④ 《状纸分为十二种》，《陕西官报》1910 年第 4 期，"时事要闻"，第 6~7 页。关于近代状纸的研究参见刘昕杰《纸面上的统一：传统中国状纸的近代变革》，第 43~56 页。

诉状种类有所不同。1914 年，黑龙江以民刑事上诉状、辩诉状和诉状征费最高，拟稿并缮写该六类状纸收费一元。缮写领状和声请书则征费四吊，和解状、结状和限状征费二吊。缮写委任状、保状和交状费用最低，征收一吊。云南征费标准又有不同，缮写民刑事上诉状、辩诉状和诉状征收当十铜元三十枚，民刑事委任状、和解状、结状、限状、保状、交状和领状征收当十铜元十四枚。1920 年《高等地方各审检厅缮状处规则》颁行，仍按诉状种类进行征费，至南京国民政府时期各地渐不再以此为缮状费征收的标准。

缮撰的诉状字数也是影响缮状费征收的重要标准。各地大多以百字计，每满百字征收费用，不满百字者按百字计算，超过百字依次递增。此外，如民国初期时的黑龙江未有相关规定，四川则规定缮撰诉状虽满百字递增，但最多不得超过二元，以此保护诉讼人权益。设置缮状处本出于便利百姓诉讼的目的，因此对于没有能力缴纳费用的百姓，各地大多制定优待政策。河北规定，如果请求缮状者属于赤贫无力之人，可以由长官酌情给予减征或免征缮状费的优待。

结　　语

缮撰状纸是司法活动的前端，因乡村百姓多不识字，承担代作书状职能的代书在传统社会的基层司法中扮演着重要角色。至近代时，官代书制度虽被取消，然而百姓的识字率仍未有较大提升，西法东渐背景下，新式法律知识的传入进一步提高了百姓自行缮状的难度。由于法律人才缺乏，在西方诉讼体系中代替当事人进行诉讼活动的律师不足以满足基层百姓的缮状需求。在讼棍挑唆词讼的文化背景中，民间讼师亦被排除于合法的缮状渠道之外。由各地法院设置的缮状处便承担着为百姓缮写诉状的重要职能。总体而言，缮状处在近代司法诉讼活动当中具有以下影响：

从积极意义来看，首先缮状处建立了请求缮写诉状的官方渠道。近代基层百姓识字率较低且新式法律知识有限，"黔省人民于撰缮诉讼，须假手于人者，十人而九"①，多数人民没有独自撰写诉状的能力。各地方设置

---

① 参见《核准缮状生取缔简章批》，《司法公报》1916 年第 52 期，"例规（官规）"，第 10 页。

缮状处，制定规范的缮状规则，并选取合格缮状生代诉讼人写状，严厉打击强制代缮、额外需索等行为，在客观上为百姓缮写诉状建立了正式且规范的渠道，起到了便利百姓诉讼的功用。

其次，在客观上促进了法律知识的传播。由于官方拒绝承认民间代书，百姓缮写诉状时多需亲自携带状纸前往缮状处请求缮写。缮状生缮写完毕后，需向诉讼人朗读原文，并用白话解释状纸内容。《高等地方各审检厅缮状处规则》还要求，缮状生应"注意民刑诉讼法规定"，"对于请求人不明书状之程式者应指示之"。因此在近代法律普及渠道较少的情况下，诉讼人于缮状处请求缮写诉状的过程，也是接受新式法律概念与法律知识的过程。

从负面影响来看，缮状处的设立本有取缔讼棍、整饬司法秩序的目标。夏勤在调查四川司法状况时发现"各地律师甚少，而讼棍特多，闻涪陵一邑，即有代书三千余人，唆使涉讼，无事生非，实为整饬司法之障碍，已告各地加紧取缔，并将缮状处从速设立"①。然而缮状处设立后，各地司法腐败现象仍不断。1947 年的司法行政检讨会议中，广州高等法院首席检察官张启鸿认为，"法院缮状处之设意在便民，今施行多年利未见而弊丛生"②，提案裁撤缮状处。表明缮状处存在的司法腐败已与其建立的目标背道而驰。此外，从现代司法理念出发，缮状机构对于缮状权的规定限制了当事人的诉权，加剧了司法腐败的危害。四川荣昌县乡民认为在缮状处请求缮状"三日或五日都不等撰缮完成"，而"另外觅人撰缮完成"，"亦要征费"，"设立缮状处以后，诉讼人民反受无限之苦"。在基层社会的司法实践中，缮状处几乎是百姓写状的唯一渠道，一旦缮状处产生司法腐败，百姓的诉权将在司法诉讼的开端被抹杀。

总之，在基层司法实践中，缮状处既起到了便利人民诉讼的作用，又因其司法腐败而限制了人民诉权。但在近代百姓识字率较低、律师人数有限的背景下，各地设立的缮写诉状机构是百姓进行诉讼活动的重要枢纽，对缮状机构的考察对细致化推进对近代基层司法的认识具有重要意义。

---

① 参见夏勤《调查四川司法报告书》，第 317 页。

② 张启鸿：《拟请裁撤法院缮状处案》，《全国司法行政检讨会议汇编》，司法行政部，1947，第 193 页。

《中国古代法律文献研究》第十九辑

2024年，第369~388页

中国古代"严禁私习天文"的再认识

——法律史与天学史交叉研究之一例

郑　豪[*]

摘　要：中国古代有关私习天文的禁令，应当准确表述为"严禁私习天文图谶"，它的具体指向，一为禁解说，二为禁国事。此类禁令出现在西晋至清朝时期，且多集中于王朝的前中期。在不同的历史阶段，禁令的内容和程度呈现出历时性的特征与变化。禁令的规定与运作之间存在着较大的差异，民间天学教育系统在中国古代也并未禁绝。

关键词：私习天文图谶　律令　天象解说　民间天学教育

在中国天学史的研究中，存在着一个普遍接受的说法，即中国古代严禁私习天文。例如著名的中国天学史专家江晓原教授反复强调中国古代天学的官营传统，认为天学作为王权的象征，乃是历代统治者之禁脔。特别是他认为北朝后期的张子信以私人身份在海岛观察天象长达30年，

---

*　清华大学数学系博士后。

并且还做出了重大成就，"此事件非同小可"①。也有学者从法律史的角度出发，指出严禁私习天文是中国古代官方对天学事务所进行的、来自外部的限制进入的法律和行政手段之一。②尽管也有学者对此表示异议，但上述说法仍然流传甚广，几成定论，但笔者认为这一说法仍有进一步商榷的必要。

以令江晓原感到大惑不解的张子信为例，他居于海岛进行天学观测之事之所以显得诡秘莫测，原因之一即在于他的私人身份。然而实际上，以私人身份进行天学观测在历史上并非个例，以往对中国古代天学官营传统的认知有必要予以重新认识。以下笔者将从三个方面对学界有关中国古代严禁私习天文的说法进行再考察，不当之处，尚祈博雅君子教正。③

一、时移世易：不同历史时期禁令内容的变化

在讨论中国古代私习天文之禁令时，学者们往往忽视了这一禁令的时段变化及其内容变化。虽然有法律史学者较为详细地梳理了中国古代有关私习天文的禁令内容，但其基本理路仍然是在严禁私习天文这一观念的主导下展开的。欲明了中国古代严禁私习天文的真相，必须对古代社会私习天文的禁令作出时段性的考察。

笔者勾稽史料，将历代具有代表性的私习天文禁令条列如表 1 所示。

---

① 江晓原：《谈历朝"私习天文"之厉禁》，《中国典籍与文化》1993 年第 1 期，第 97~100 页；《中国古代天学之官营传统》，《杭州师范学院学报》2002 年第 3 期，第 44~50 页；《天学外史》，上海人民出版社，1998，第 66~92 页。另参看赵贞《唐宋天文星占与帝王政治》，北京师范大学出版社，2016，第 93~108 页。

② 高阳：《古代中国的天学与法律——以"天文生"条款为缘起》，南京大学硕士学位论文，2010，第 9~25 页。

③ 这篇小文是以笔者的博士学位论文《治历改宪：隋与唐前期历法改革研究》（中央民族大学，2024）第一章第一节第三部分的内容为基础修订而来的。博士学位论文由于主题和内容限制，无法对此议题展开进一步的讨论，仅作了简要分析。

表 1 中国古代私习天文禁令一览表

序号	时间		禁 令 内 容	文献出处
	年号纪年	对应公历		
1	西晋武帝泰始三年	267	禁星气谶纬之学。①	《晋书》卷三《武帝纪》
2	晋律		二岁刑。若越城、作穽、走马众中、有挟天文图谶之属,并为二岁刑。②	(宋)李昉等撰:《太平御览》卷六四二《刑法部八·徒作年数》
3	东晋成帝咸康二年	336	禁郡国不得私学星谶,敢有犯者诛。③	《晋书》卷一〇六《石季龙载纪上》
4	北魏孝文帝太和九年春正月戊寅	485	九年春正月戊寅,诏曰:"图谶之兴,起于三季。既非经国之典,徒为妖邪所凭。自今图谶、秘纬及名为《孔子闭房记》者,一皆焚之。留者以大辟论。又诸巫觋假称神鬼,妄说吉凶,及委巷诸卜非坟典所载者,严加禁断。"④	《魏书》卷七上《高祖纪上》
5	北魏宣武帝永平四年五月	511	丙辰,诏禁天文之学。⑤	《魏书》卷八《世宗纪》
6	北魏孝明帝熙平二年五月	517	庚辰,重申天文之禁,犯者以大辟论。⑥	《魏书》卷九《肃宗纪》
7	隋文帝开皇十三年二月	593	丁酉,制私家不得隐藏纬候图谶。⑦	《隋书》卷二《高祖纪下》
8	隋炀帝大业初年	605	隋炀帝即位,乃发使四出,搜天下书籍,与谶纬相涉者,皆焚之,为吏所纠者至死。⑧	《隋书》卷三二《经籍志一》

---

① 《晋书》卷三《武帝纪》,中华书局,1974,第56页。
② (宋)李昉等:《太平御览》卷六四二《刑法部八·徒作年数》,中华书局,1960,第2877页上栏。
③ 《晋书》卷一〇六《石季龙载纪上》,第2765页。
④ 《魏书》卷七上《高祖纪上》,中华书局,1974,第155页。
⑤ 《魏书》卷八《世宗纪》,第210~211页。
⑥ 《魏书》卷九《肃宗纪》,第225~226页。
⑦ 《隋书》卷二《高祖纪下》,中华书局,1973,第38页。
⑧ 《隋书》卷三二《经籍志一》,第941页。

序号	时　间		禁　令　内　容	文献出处
	年号纪年	对应公历		
9	唐高宗永徽二年	651	诸玄象器物，天文，图书，谶书，兵书，《七曜历》《太一》《雷公式》，私家不得有，违者徒二年。私习天文者亦同。其纬、候及《论语谶》，不在禁限。【疏】议曰：玄象者，玄，天也，谓象天为器具，以经星之文及日月所行之道，转之以观时变。《易》曰："玄象著明莫大于日月。故天垂象，圣人则之。"《尚书》云："在璇玑玉衡，以齐七政。"天文者，《史记·天官书》云天文，日月、五星、二十八宿等。故《易》曰："仰则观于天文。"图书者，"河出图，洛出书"是也。谶书者，先代圣贤所记未来征祥之书。兵书，谓《太公六韬》《黄石公三略》之类。七曜历，谓日、月、五星之历。《太一》《雷公式》者，并是式名，以占吉凶者。私家皆不得有，违者徒二年。若将传用，言涉不顺者，自从"造妖言"之法。"私习天文者"，谓非自有书，转相习学者，亦得二年徒坐。纬、候及谶者，《五经纬》《尚书中候》《论语谶》，并不在禁限。①	刘俊文：《唐律疏议笺解》卷九《职制·私有玄象器物》
10	唐高宗永徽二年	651	造妖书及妖言者，绞。造，谓自造休咎及鬼神之言，妄说吉凶，涉于不顺者。【疏】议曰："造妖书及妖言者"，谓构成怪力之书，诈为鬼神之语。"休"，谓妄说他人及己身有休征。"咎"，谓妄言国家有咎恶。观天画地，诡说灾祥，妄陈吉凶，并涉于不顺者，绞。传用以惑众者，亦如之；传，谓传言。用，谓用书。其不满众者，流三千里。言理无害者，杖一百。即私有妖书，虽不行用，徒二年；言理无害者，杖六十。【疏】议曰："传用以惑众者"，谓非自造，传用妖言、妖书，以惑三人以上，亦得绞罪。注云："传，谓传言。用，谓用书。""其不满众者"，谓被传惑者不满三人。若是同居，不入众人之限；此外一人以上，虽不满众，合流三千里。其"言理无害者"，谓妖书、妖言，虽说变异，无损于时，谓若豫言水旱之类，合杖一百。"即私有妖书"，谓前人旧作，衷私相传，非己所制，虽不行用，仍徒二年。其妖书言理无害于时者，杖六十。②	刘俊文：《唐律疏议笺解》卷一八《贼盗·造妖书妖言》

---

① 刘俊文：《唐律疏议笺解》卷九《职制·私有玄象器物》，中华书局，1996，第763~764页。
② 刘俊文：《唐律疏议笺解》卷一八《贼盗·造妖书妖言》，第1329~1330页。

序号	时　间		禁　令　内　容	文献出处
	年号纪年	对应公历		
11	唐代宗大历二年	767	（正月）癸酉，诏："天文著象，职在于畴人；谶纬不经，蠹深于疑众。盖有国之禁，非私家所藏。虽神灶明征，子产尚推之人事；王彤必验，景略犹置于典刑。况动皆讹谬，率是矫诬者乎！故圣人以经籍之义，资理化之本，侧言曲学，实紊大猷，去左道之乱政，俾彝伦而攸叙。自四方多故，一纪于兹，或有妄庸，辄陈休咎，假造符命，私习星历。共肆穷乡之辩，相传委巷之谭，作伪多端，顺非侥泽。荧惑州县，违误间阎，坏纪挟邪，莫逾于此。其玄象器局、天文图书、《七曜历》《太一雷公式》等，私家不合辄有。今后天下诸州府，切宜禁断。本处分明榜示，严加捉搦，先藏蓄此等书者，敕到十日内送官，本处长吏常领集众焚毁。限外隐藏为人所告者，先决一百，留禁奏闻。所告人有官即与超资注拟，无官者给赏钱五百贯。两京委御史台处分。各州方面勋臣，洎百僚庶尹，罔不诚亮王室，简于朕心，无近憸人，慎乃有位，端本静末，其诚之哉！"①	《旧唐书》卷一一《代宗本纪》；又见于（宋）宋敏求编《唐大诏令集》卷一〇九《政事·禁约下·禁天文图谶诏》
12	唐文宗太和九年	835	（十二月丁丑）敕诸道府不得私置历日板。②	《旧唐书》卷一七下《文宗本纪下》
13	后周太祖广顺三年九月五日	953	辰象元远，罕克精研。术数幽深，骤难穷究。则有间阎之内，小祝之流，粗学阴阳，务求衣食，妄谈休咎，以诳民氓。比设律条，止兹诞妄。久疏法网，是启妖讹。自今后元〔笔者按：应为"玄"，清人避康熙帝讳改〕象品物、天文图书谶记、七曜历、太一雷公式法等，私家不合有，及衷私传习，见有者并须焚毁。司天台翰林院本司职员，不得以前件所禁文书，出外借人传写。其诸时日、五行、占筮之书，不得禁限。其年历日，须候本司算造奏定，方得雕印，所司不得衷私示外，如违准律科断。遍下诸道州府，各令告示。③	（清）董浩等编：《全唐文》卷一二四《周太祖·禁习天文图纬诸书敕》

①　《旧唐书》卷一一《代宗本纪》，中华书局，1975，第285~286页；又见于（宋）宋敏求编《唐大诏令集》卷一〇九《政事·禁约下·禁天文图谶诏》，系于大历三年，并改"诏"为"敕"，洪丕谟等点校，学林出版社，1992，第518~519页。

②　《旧唐书》卷一七下《文宗本纪下》，第563页。

③　（清）董浩等编：《全唐文》卷一二四《周太祖·禁习天文图纬诸书敕》，中华书局，1983，第1243页下栏。

序号	时　间		禁　令　内　容	文献出处
	年号纪年	对应公历		
14	宋太祖建隆四年	963	诸玄象器物、天文、图书、谶书、兵书、七曜历、《太一》《雷公式》私家不得有，违者徒贰年。私习天文者，亦同。其《纬》《候》及《论语谶》，不在禁限。【疏议曰】玄象者，玄天也，谓象天为器具，以星之文及日月所行之道，转之以观时变。《易》曰"玄象著明，莫大于日月"，故"天垂象，圣人则之"。《尚书》云："在璿玑玉衡，以齐七政。"天文者，《史记·天官书》云，天文，日月、五星、二十八宿等，故《易》曰"仰则观于天文"。图书者，河出图、洛出书是也。谶书者，先代圣贤所记未来征祥之书。兵书，谓《太公六韬》《黄石公三略》之类。七曜历，谓日月、五星之历。《太一》《雷公式》者，并是式名，以占吉凶者。私家皆不得有，违者徒贰年。若将用，言涉不顺者，自从造祅言之法。私习天文者，谓非自有书，相者，亦得贰年徒坐。《纬》《候》及《谶》者，《五经纬》《尚书中候》《论语谶》，并不在禁限。【准】周广顺叁年玖月伍日敕节文：今后，所有玄象器物、天文图书、谶书、七曜历、《太一》《雷公式》，私家不得有及衷私传习，如有者，并须焚毁。其司天监、翰林院人员，并不得将前件图书等于外边令人看览。其阴阳、卜筮、占算之书，不在禁限。所有每年历日，候朝廷颁行后，方许私雕印传写，所司不得预前流布于外，违者并准法科罪。①	（宋）窦仪等详定：《宋刑统校证》卷九《职制律·禁玄象器物》
15	宋太宗太平兴国二年十月甲戌	977	两京及诸道州府：阴阳卜筮人事，向令诸州传送至阙，询其所习，皆不通其业，无所取其所由。盖持祸福之言，于闾里间迋耀愚民，以资取给耳。自今后除二宅及易筮外，其天文相术六壬遁甲三命及他阴阳书，民间并不得私习。先有蓄者，限诏到一月，悉以送官。限外不送及违诏私习者，悉斩。有能告者，赏钱十万。州县吏匿不以闻者，亦重置其罪。②	司义祖整理：《宋大诏令集》卷一九八《政事五十一·禁约上·禁天文相术六壬遁甲三命以及阴阳书诏》

---

① （宋）窦仪等详定：《宋刑统校证》卷九《职制律·禁玄象器物》，岳纯之校证，北京大学出版社，2015，第136~137页。

② 《宋大诏令集》卷一九八《政事五十一·禁约上·禁天文相术六壬遁甲三命以及阴阳书诏》，司义祖整理，中华书局，1962，第731页。

序号	时间		禁　令　内　容	文献出处
	年号纪年	对应公历		
16	宋真宗景德元年正月辛丑	1004	象纬之书，典法所禁。戒其私习，抑有旧章。近闻士庶之间，显行星算之术。既资奔兢，□□□特示明文，用惩薄俗。宜令所在告示管内，除先准敕有□阴阳卜筮书外，应元象气物、天文星算、相术图谶、七曜太乙雷公式、六壬遁甲、并先停废诸算历，私家并不得停留，及衷私传习。有者限一月陈首纳官，逐处官吏焚毁讫奏。敢违犯隐藏者，许诸色人论告，其本犯人处死。论告人给赏钱十万。逐处星算技术人，并送赴阙，当议安排。瞽者不在此限。①	司义祖整理：《宋大诏令集》卷一九八《政事五十一·禁约上·禁习天文星算相术图谶诏》；节略本又见（宋）李焘撰《续资治通鉴长编》卷五六
17	宋真宗景德三年四月己亥	1006	天文兵法，私习有刑。著在律文，用防奸伪。顾兹群小，尚或有违。将塞异端，宜惩薄俗。两京诸路管内、除准敕合留阴阳卜筮书外，应元象器物天文星算、相术图书、七曜历、太乙雷公式、六壬遁甲、兵书、先诸家历算等，不得存留及衷私传习。有者限一月陈首纳官，释其罪。令官吏当面焚毁讫奏。限满不首，隐藏违犯，并当处死。内有私为诖惑、言及灾异情重者当行处斩。论告者赏钱百千。逐处有星算术数人，并部送赴阙，令司天监试验安排。瞽者不在此限。②	司义祖整理：《宋大诏令集》卷一九九《政事五十二·禁约下·禁天文兵书诏》
18	宋仁宗天圣五年三月	1027	五年三月，诏司天监："近日多有闲人僧道于监中出入止宿，私习乾象。又街市小术之人，妄谈天道灾祥，动惑人民。令开封府密切捉捕，严行止绝。"③	《宋会要辑稿·职官三一·司天监》
19	元世祖至元三年十一月	1266	（十一月辛亥）诏禁天文、图谶等书。④	《元史》卷六《世祖本纪三》
20	元世祖至元二十一年五月	1284	（五月）括天下私藏天文图谶《太乙雷公式》《七曜历》《推背图》《苗太监历》，有私习及收匿者罪之。⑤	《元史》卷一三《世祖本纪十》

① 《宋大诏令集》卷一九八《政事五十一·禁约上·禁习天文星算相术图谶诏》，第 733 页；节略本又见（宋）李焘撰《续资治通鉴长编》卷五六，上海师大古籍所、华东师大古籍所点校，中华书局，2004，第 1226~1227 页。

② 《宋大诏令集》卷一九九《政事五十二·禁约下·禁天文兵书诏》，第 734 页。

③ 刘琳等校点：《宋会要辑稿·职官三一·司天监》，上海古籍出版社，2014，第 3802 页。

④ 《元史》卷六《世祖本纪三》，中华书局，1976，第 112 页。

⑤ 《元史》卷一三《世祖本纪十》，第 266 页。

序号	时　间		禁　令　内　容	文献出处
	年号纪年	对应公历		
21	明太祖洪武三十年	1397	凡私家收藏玄象器物、天文图谶、应禁之书，及历代帝王图像、金玉符玺等物者，杖一百。若私习天文者，罪亦如之。并于犯人名下，追银一十两，给付告人充赏。①	《大明律》卷一二《礼律二·仪制·收藏禁书及私习天文》
22	明太祖洪武三十年	1397	凡造谶纬、妖书、妖言及传用惑众者，皆斩。皆者，谓不分首从，一体科罪。余条言皆者，并准此。若私有妖书，隐藏不送官者，杖一百，徒三年。②	《大明律》卷一八《刑律一·造妖书妖言》
23	清高宗乾隆五年	1740	凡私家收藏天象器物如璇玑、玉衡、浑天仪之类，图谶图像谶纬之书推治乱、应禁之书，及绘画历代帝王图像、金玉符玺等物不首官者，杖一百。并于犯人名下追银一十两，给付告人充赏器物等项，并追入官。③	《大清律例》卷一七《礼律·仪制·收藏禁书》
24	清高宗乾隆五年	1740	凡阴阳术士，不许于大小文武官员之家妄言国家祸福。违者，杖一百。其依经推算，星命卜课，不在禁限。④	《大清律例》卷一七《礼律·仪制·术士妄言祸福》
25	清高宗乾隆五年	1740	凡造谶纬妖书妖言，及传用惑众者，皆斩。监候。被惑人不坐，不及众者流三千里，合依量情分坐。若他人造传私有妖书，隐藏不送官者，杖一百、徒三年。⑤	《大清律例》卷二三《刑律·贼盗上·造妖书妖言》

　　表 1 摘录了历代具有代表性的 25 则禁令。需要说明的是，表 1 所引禁令并非中国古代私习天文禁令的全部内容，如两宋时期有关的禁令，大量见于《宋会要辑稿》等文献之中。如今各类电子古籍库检索十分便利，为免篇幅累赘，本文只选取其中较有代表性的数则予以考察。

　　从表 1 所附 25 则禁令来看，中国古代有关私习天文的禁令呈现出以下

---

① 《中华传世法典：大明律》卷一二《礼律二·仪制·收藏禁书及私习天文》，怀效锋点校，法律出版社，1998，第 91 页。

② 《中华传世法典：大明律》卷一八《刑律一·造妖书妖言》，第 135 页。

③ 《大清律例》卷一七《礼律·仪制·收藏禁书》，郑秦、田涛点校，科学出版社，1994，第 235 页。

④ 《大清律例》卷一七《礼律·仪制·术士妄言祸福》，第 245 页。

⑤ 《大清律例》卷二三《刑律·贼盗上·造妖书妖言》，第 305～306 页。

三个特点。

其一，此类禁令集中出现在西晋至清朝时期，与通常意义上所说的"中国古代"这一时段并不完全重合。这就提示我们，中国古代严禁私习天文，见于法律条文并具有法律史之意义者，是在西晋以后。

类似于后世的禁令，早见于秦朝。秦始皇三十四年（前213），始皇帝采纳李斯之议，制令焚书，私藏者刑。但其禁书范围十分广泛，《诗》《书》等典籍皆在其中。① 这与后世专门严禁私习天文的特定指向有所不同。究其原因，乃是秦汉以来谶纬之学大兴，成为解经的重要思想资源。天文玄象器物与王权关系密切，故亦受到谶纬之学的影响。关于此点，《隋书·经籍志》即指出："言五经者，皆凭谶为说。唯孔安国、毛公、王璜、贾逵之徒独非之，相承以为妖妄，乱中庸之典。故因汉鲁恭王、河间献王所得古文，参而考之，以成其义，谓之'古学'。当世之儒，又非毁之，竟不得行。魏代王肃，推引古学，以难其义。王弼、杜预，从而明之，自是古学稍立。至宋大明中，始禁图谶，梁天监已后，又重其制。及高祖受禅，禁之逾切。炀帝即位，乃发使四出，搜天下书籍与谶纬相涉者，皆焚之，为吏所纠者至死。自是无复其学，秘府之内，亦多散亡。今录其见存，列于六经之下，以备异说。"② 历代野心家多以谶纬之说为自己张本，蛊惑人心，煽动社会。故统治者出于稳定政权之目的，纷纷出台禁令以期禁绝之。

其二，从晋至清，此类禁令呈现出明显的阶段性特征。大体来说，可以划分为三个时期。第一期为晋至隋，第二期为唐至元，第三期为明至清。

第一期，禁令的内容都较为简单（或许有文献记载不足征的原因），主张严禁私家学习天文图谶，并对违者施以死刑（大辟）、徒刑、焚书的惩罚。

第二期在第一期的基础上，禁令的内容不仅有所深化，而且禁令的规

---

① 《史记》卷六《秦始皇本纪》，中华书局，1959，第254~255页；刘俊文：《唐律疏议笺解》卷九《职制·私有玄象器物》，第768页；李锐：《秦焚书考》，《人文杂志》2010年第5期，第140~146页。

② 《隋书》卷三二《经籍志一》，第941页。

范也逐步形成并影响后世。以唐律来说，它不仅是中国现存最古老、最成熟、最完备的古代法典，而且在中国法制史乃至东亚法制史上都具有承前启后的关键地位。① 私习天文的禁令亦是如此。具体来说，唐代的此类禁令具有三个特点。（1）它比较明确地规定了严禁私习的具体内容和范围，如玄象器物、天文、图书、谶书、兵书、《七曜历》《太一》《雷公式》、历书等，但纬、候、《论语谶》、时日、五行、占筮之书，则不在禁之列。（2）在严禁私习天文图谶之外，唐律又对造妖书及妖言者予以惩戒。究其本源，这一法律规定仍是从秦始皇时期的禁令演变而来的，但具体划分更为细致。（3）唐律对不同的违法犯罪行为进行了量刑上的区分，如私藏禁书，徒二年；造妖书及妖言者，绞；传用以惑众，绞；等等。② 从唐至元，这些禁令的具体规定或有变化，但基本精神都本自唐律。特别是五代和宋的律令，可以说是对唐律的进一步演绎和深化。

第三期出现了一些新的变化。可以看出，清朝基本沿袭了明朝的法令，但总体而言它们又与前代有所不同。主要表现在：（1）明清扩大了严禁的范围，不仅将纬、候、《论语谶》等"不在禁限"之书删除，而且还增加了帝王图像、金玉符玺等物。（2）明清禁令增加了不许术士妄言祸福的内容，并且明确增加了限定词"国家"。（3）量刑更重，唐律规定造妖书妖言判绞刑，明清律令则判斩首，唐律对造妖言妖书的各种情形分别予以不同的量刑，但明清律令对此并无详细划分，统一规定为"杖一百，徒三年"。③

其三，此类禁令大多出现在王朝建立的前中期。以中古时期常为人称

---

① 陈晓枫、柳正权：《中国法制史》，武汉大学出版社，2012，第226~228页；尤韶华：《隋唐法制考证举要·唐律对亚洲古代各国法典的影响考述》，杨一凡主编《中国法制史考证》甲编第4卷《历代法制考·隋唐法制考》，中国社会科学出版社，2003，第459~465页。

② 日本学者冨谷至认为，绞刑被采用为死刑始于北魏，后又为北齐、北周、隋、唐所继承。绞刑作为死刑，意味着它在执行理念上由究极的毁损身体的死刑转变为以剥夺生命为目的的死刑。这是中国刑罚制度史上的重要分水岭。在私习天文的禁令中增加绞刑，是唐律继承和发展北朝法律体系的重要表现之一，也可以说是胡汉融合观念在法律制度上的体现。参看［日］冨谷至《从终极的肉刑到生命刑——汉至唐死刑考》，周东平译，中南财经政法大学法律文化研究院编《中西法律传统》第7辑，北京大学出版社，2009，第1~48页。

③ （清）薛允升：《唐明律合编》，怀效锋、李鸣点校，法律出版社，1998，第179、187、463页。

引的两条禁令（即表 1 中的第 1 条和第 9 条，后者又见于《唐六典·秘书省》①）来看，这两条律令都颁布于新王朝建立后不久（分别是 3 年和 33 年）。即便是王朝中后期颁布的禁令，如第 11 条和第 12 条，分别颁布于唐代宗大历二年（767）和唐文宗太和九年（835），它们的具体指向也和前中期的情形颇有相似之处。唐代宗大历二年，刚刚从安史之乱（755—763）中稍稍得到喘息的唐王朝，先后经历了吐蕃劫掠京师、回纥掠夺洛阳、仆固怀恩之乱等重大历史事件，面对内忧外患，代宗亦需要加强对天学之事的管理，并且鼓励举报纠告，开后世"论告人给赏钱"之先河。②至于唐文宗时期禁民间私历之版，则是针对唐后期雕版印刷术普及后民间贩卖私历日益严重的情形而发的。

由此可见，中国古代有关私习天文的禁令，出现在西晋至清朝时期，且多集中于王朝的前中期。在不同的历史阶段，禁令的内容和程度也有所不同。在谈及中国古代严禁私习天文之时，必须注重此类禁令的历时性特征与变化。

二、 循名责实： 禁令的具体指向

接下来我们需要考虑的问题是，此类禁令的具体指向是什么？对此一问题，以往学者似乎并没有作出较为明确的界定。既然天学指的是天象、星占、历算（在中国古代，主要表现为推算日、月、五星位置及其数理天文学知识），那么所谓的"严禁私习天文"，它的具体指向自然也就是上述内容了。不过笔者认为这样的认识与上文所引的法律条文之间存在着一定的偏差。因此我们还是需要回到历史的语境之中，来认真考察严禁私习天文的具体指向。

首先，我们要注意到，历朝有关禁令中，常常把"天文""星气"与"谶纬""图谶"相关联。这一情形自晋朝始，至清朝终，贯穿了此类禁令的全部历史过程。如上所述，两者并举反映的是秦汉以后谶纬之学大兴的

---

① （唐）李林甫等撰：《唐六典》卷一〇《秘书省》，陈仲夫点校，中华书局，1992，第303页。
② 赵贞：《唐宋天文星占与帝王政治》，第96~98页。

历史现象。更进一步，我们还要认识到，禁令将"天文"与"谶纬"并举，说明两者不可分割。倘若我们只注意到禁令中偏重"天文"的一面，对诸多历史现象就无法作出合理的解释。因此，所谓的"严禁私习天文"的说法，准确的表述是"严禁私习天文图谶"。

其次，根据上文的分析可知，在禁令的三个阶段中，第一期的禁令指向不明确，涵盖范围过广；第三期的禁令涵盖范围大大扩展。比较明确禁令范围的是第二期。以表1中的第9条禁令为例。它将《五经纬》《尚书中候》《论语谶》列为"不在禁限"之书，比较明确地说明了禁令的范围是"禁谶不禁纬"。《疏议》明确说明："若将传用，言涉不顺者，自从'造妖言'之法。"[1]"言涉不顺者"，即不依顺礼教法制，[2] 点明了这一禁令的出发点乃是为了维护礼教统治，垄断话语权。至于将《五经纬》《尚书中候》《论语谶》列为"不在禁限"之书，则更为直白地道出谶纬之书对儒学的神化作用。[3] 这就说明禁令的一个具体指向是禁止人们随意对天象和历术进行解说。图谶，恰恰就是人们赖以解说的重要依据之一，因此它才会遭到官方的严厉禁止。

另外一个具体指向则是禁止与国事——与国家重大政治事件有关——的讨论。唐代宗在《禁天文图谶诏》中即指出："共肆穷乡之辩，相传委巷之谭，作伪多端，顺非饶泽。荧惑州县，诖误闾阎，坏纪挟邪，莫逾于此。"[4] 明清时期的禁令，虽然范围有所扩大，但仍然说明不可妄言者，乃是国家祸福、帝王图像以及治乱兴衰。至于"依经推算，星命卜课"，则"不在禁限"。禁与不禁，根本的出发点和目的都是为了维护统治秩序，捍卫政权的合法性。

因此，本文认为所谓的"严禁私习天文"，应当准确表述为"严禁私习天文图谶"，它的具体指向，一为禁解说，二为禁国事。

---

① 刘俊文：《唐律疏议笺解》卷九《职制·私有玄象器物》，第764页。
② 曹漫之主编：《唐律疏议译注》，吉林人民出版社，1989，第393页。
③ 李萌、吴予敏：《唐代政治传播的法律规制——以〈唐律疏议〉为中心的考察》，《新闻与传播研究》2023年第1期，第69~84页。
④ 《旧唐书》卷一一《代宗本纪》，第285~286页；（宋）宋敏求编：《唐大诏令集》卷一〇九《政事·禁约下·禁天文图谶诏》，第518~519页。

三、 事与愿违： 制度的规定与运行之间的纠葛

法律是对国家政治制度和政治关系规范化、法治化的一种表达。作为一种制度，它必然有着规定、运作和过程几个层面。因此在考虑此类禁令之时，我们也需要开展一项"活"的法律史研究，既讨论律令的"说法"，也要分析律令的"做法"。[①] 尽管从晋朝开始，历朝历代都试图严禁私习天文图谶，但这项制度究竟执行得如何呢？

遗憾的是，尽管自晋以下的历代王朝都严禁私习天文图谶，但这项制度的执行效果却并未达到统治者的初衷。北朝后期的张子信以私人身份从事天学观测，即从一个侧面说明了此类禁令的实际效果。与张子信同时的李业兴，曾以贫贱之身参与国家历法的制作，可知当时民间的天学教育并未受到朝廷的严厉禁止。[②] 事实上，古代社会始终存在着官方天学教育与民间天学教育两个系统，两者并行不悖，只是在某些阶段存在较为尖锐的矛盾与冲突。但民间天学教育从未被消灭过。[③] 相反地，如果出身民间的天学家能够为政权所用，为现实政治服务，那么统治阶层也不会对他的私习之举作过多的追究。唐代的傅仁均、僧一行，都是这方面的例子。

在官方明确提出严禁私习天文图谶之学的中古时代，天文历法知识却在民间社会有着广泛的流传。敦煌文献中有两幅星图。一为 S. 3326 中的 13 幅星图，现藏英国国家图书馆（参看图 1）；二为《紫微垣星图》，现藏甘肃省敦煌市博物馆，画在编号敦博 076 号《唐人写地志》的背面（参看图 2）。S. 3326 由三部分构成：（1）气象占，其中第 43 行有"臣淳风言"，尾部有给皇帝所上短奏，说明相关内容抄自李淳风上

---

① 邓小南：《走向"活"的制度史——以宋代官僚政治制度史研究为例的点滴思考》，《浙江学刊》2003 年第 3 期，第 99～103 页；《再谈走向"活"的制度史》，《史学月刊》2022 年第 1 期，第 103～111 页。

② 《魏书》卷八四《儒林·李业兴传》，第 1861～1865 页。

③ 陈晓中、张淑丽指出中国古代天学的私授之风非常盛行，风气相传，及于清朝，堪称富有洞察力的见解。参看陈晓中、张淑丽《中国古代天文机构与天文教育》，中国科学技术出版社，2013，第 304～307 页。

呈给皇帝的气象占卜材料；（2）13 幅星图，描绘了 1 348 颗星，前 12 幅图以十二次①为划分，最后为紫微垣星图；（3）一神像持弓射箭，右书"电神"二字，左书"其解梦及电经一卷"。整个卷子的内容由几种天文气象占书籍汇抄而成。第（1）部分气象占的内容采自李淳风给皇帝（唐太宗或唐高宗）的上书。天学官员给皇帝的上书竟然可以传抄流传，甚至流散到偏隅西北的敦煌，说明相关的气象杂占知识不为帝王所独占。第（2）部分的 13 幅星图，全图彩绘，甘德星用黑点，以墨线连接，石申和巫咸星画成圆圈，以橙红线连接。这种画法继承了三国陈卓和南朝刘宋钱乐之的方法。图中十二次的起讫度数和《晋书·天文志》所录陈卓数据一样，说明文字则与《开元占经》卷 64《分野略例》相同。这说明 S. 3326 星图的绘制大量借鉴了官方的天学知识。另一幅《紫微垣星图》虽然发现于敦煌，但据分析研究，它观测的地点却在北纬 35°左右，相当于长安、洛阳一带，与敦煌所处 39°40′—41°40′的纬度不相符合，可见这幅《紫微垣星图》的蓝本是在中原核心地区绘制的，但相关的图像却流传到了敦煌。②

---

① 中国古人把黄赤道带天区自西向东划分为十二部分，称为"十二次"，依次是星纪、玄枵、娵訾、降娄、大梁、实沈、鹑首、鹑火、鹑尾、寿星、大火、析木。参看徐振韬主编《中国古代天文学词典》，中国科学技术出版社，2013，第 200 页。

② 邓文宽：《敦煌文献中的天文历法》，《文史知识》1988 年第 8 期，第 48～53 页，收入氏著《敦煌吐鲁番天文历法研究》，甘肃教育出版社，2002，第 1～8 页；《隋唐历史典籍校正三则——兼论 S. 3326 星图的定名问题》，《敦煌吐鲁番天文历法研究》，第 25～37 页；陈美东：《中国科学技术史·天文学卷》，科学出版社，2003，第 390～392 页。关于 S. 3326 中 13 幅星图的定名，诸家有着不同的意见。李约瑟称之为"中国星图手稿"（specimen），席泽宗、马世长称为"敦煌星图"，邓文宽、施萍婷、黄正建称为"《全天星图》"。此处所引邓的两篇文章，在前一篇文章中，邓文宽将 S. 3326 中的 13 幅星图总称为《全天星图》，在后一篇文章中，他认为此前的定名不妥，应该称为《二十八宿分野图一卷》。其他诸家的论述，参看 Joseph Needham, *Science and Civilization in China*, Vol. 3, *Mathematics and the Sciences of the Heavens and the Earths*, Cambridge University Press, 1959, pp. 281－282；[英] 李约瑟：《中国科学技术史》第 4 卷《天学》第 2 分册，《中国科学技术史》翻译小组译，科学出版社，1975，第 252～253 页；席泽宗《敦煌星图》，《文物》1966 年第 3 期，第 27～38 页；马世长《"敦煌星图"的年代》，中国社会科学院考古研究所编《中国古代天文文物论集》，文物出版社，1989，第 195～198 页；邓文宽《敦煌天文历法文献辑校》，江苏古籍出版社，1996，第 72 页；敦煌研究院编《敦煌遗书总目索引新编》，中华书局，2000，第 101 页；黄正建《敦煌占卜文书与唐五代占卜研究》，学苑出版社，2001，第 51 页。

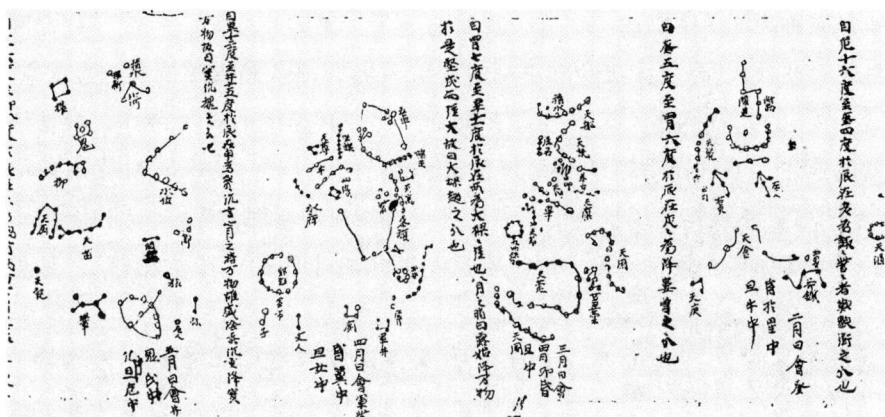

图1 S. 3326 中的星图5①

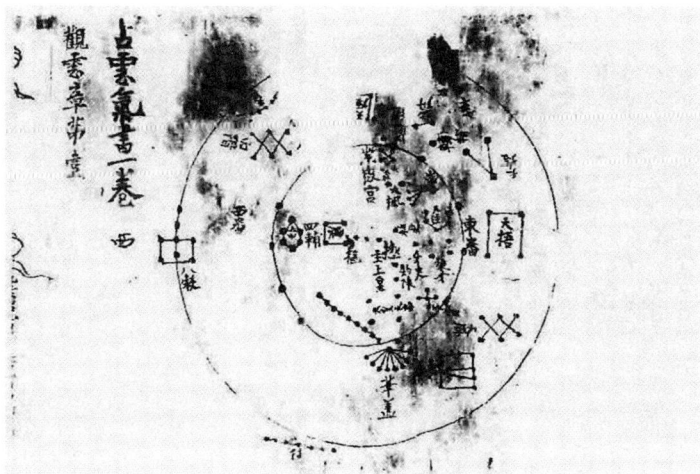

图2 敦博076号背《紫微垣星图》②

　　敦煌文献中还保存了两份《玄象诗》，均藏于法国国家图书馆。甲卷（P. 2512，参看图3）属于某种天文星占书的一部分，包括4个部分的内容：（1）星占的残余部分；（2）《廿八宿位次经》《石氏、甘氏、巫咸氏三家星经》；（3）《玄象诗》；（4）日月旁气占。乙卷（P. 3589，参看图4）

　① 图片采自中国社会科学院历史研究所等编《英藏敦煌文献（汉文佛经以外部分）》第5卷，四川人民出版社，1992年，彩版。
　② 图片采自段文杰主编《甘肃藏敦煌文献》第6卷，甘肃人民出版社，1999，第228页。

也是某种天文星占书的一部分，正面起于《玄象诗》残文，后接《许七曜利害吉凶征应瞻》、太史令陈卓《日月五星经纬出入瞻吉凶要决（诀）》，背面为《相书一卷》。其中的《玄象诗》是非常通俗的识星诗作，根据诗歌的描述，可以轻易地掌握星座的相对位置和形状。几乎同时代出现的《步天歌》不仅描述了星官的位置，还配有相应的星图使用。① 太史令陈卓的天学著作也在敦煌流传，更说明这些著作绝非什么"珍本秘籍"。足见

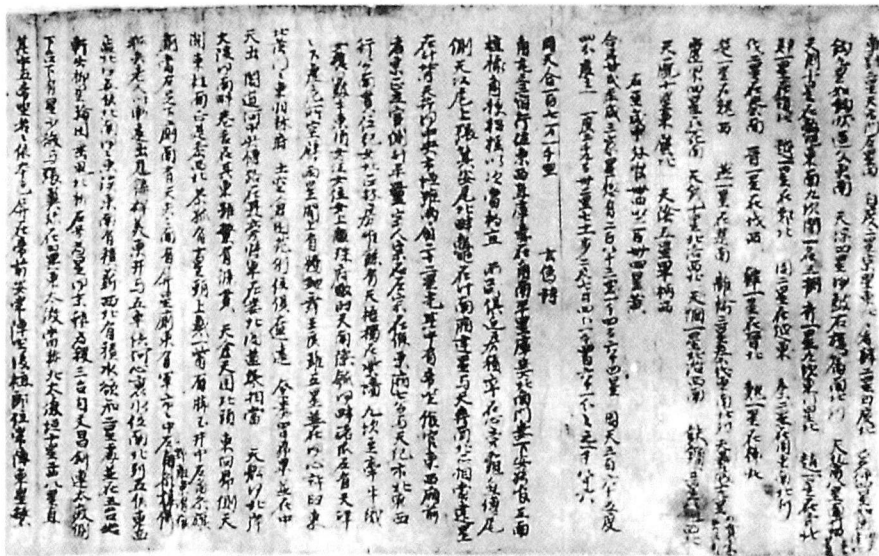

图 3　P. 2512《玄象诗》部分②

---

① 邓文宽：《比〈步天歌〉更古老的通俗识星作品——〈玄象诗〉》，《文物》1990 年第 3 期，第 61~65 页，收入氏著《敦煌吐鲁番天文历法研究》，第 17~24 页。关于《步天歌》与《玄象诗》的年代先后，陈美东有不同意见，参看陈美东《中国科学技术史·天文学卷》，第 340~344 页。新近有研究者在上海图书馆发现了一份题为"宋史天文志旧钞精本"的古籍，下署"□涵吴氏秘藏"。该书保存了一份较早版本的《步天歌》。陈志辉经过初步研究后，指出该本《步天歌》对全天星宿次序的描述，正与 P. 2512《玄象诗》第一段描述石氏中外官及二十八宿的次序一致，并认为该本《步天歌》当是《玄象诗》与郑樵《通志·天文略》所录《步天歌》之间的一份中间过渡性质的识星歌诀文本。由此可见《步天歌》的年代当晚于《玄象诗》。参看陈志辉《新见〈大宋天文书〉明钞本及其所载早期版本〈步天歌〉》，微信公众号"梧雨晨风"，2024 年 1 月 12 日，https://mp.weixin.qq.com/s/YtsZdGKUKDwzKAMxVrmAgA，最后浏览时间：2024 年 4 月 24 日；杨伯顺、何丽媛、褚龙飞《〈大宋天文书〉成书及流传新证》，中国科学院科技论文预发布平台，doi：10.12074/202406.00411V1。

② 图片采自上海古籍出版社、法国国家图书馆编《法国国家图书馆藏敦煌西域文献》第 15 册，上海古籍出版社，2001，第 39 页。

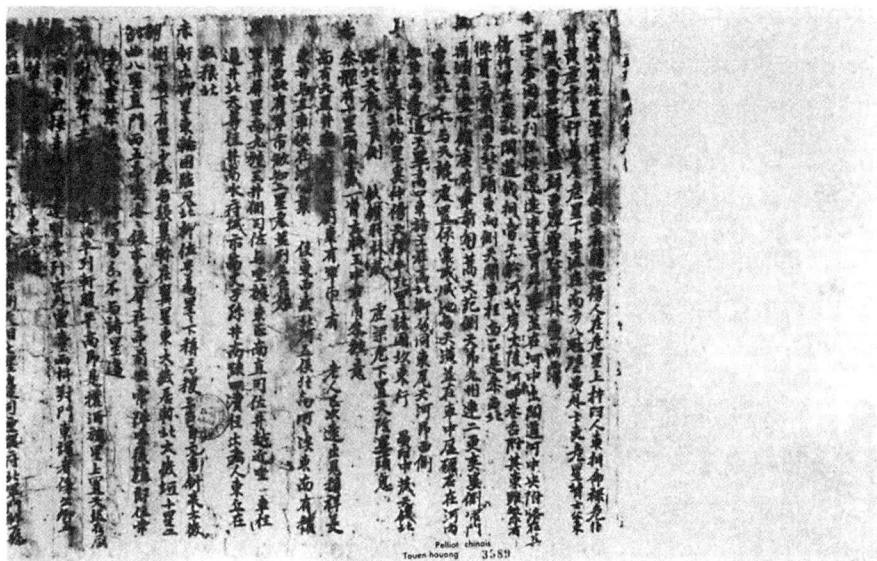

图 4　P. 3589《玄象诗》部分①

所谓的"禁私习天学",实际上没有达到完全禁绝的效果,相关的天学知识仍然在社会上或公开或秘密地流传。

特别是,官方越是严厉禁止,越能反证私习天学已成为一种较为普遍的现象。② 顾炎武指出:"三代以上,人人皆知天文。'七月流火',农夫之辞也;'三星在天',妇人之语也;'月离于毕',戍卒之作也;'龙尾伏晨',儿童之谣也。后世文人学士,有问之而茫然不知者矣。"虽然后世文人学士不一定了解其中的天学原理,但相关的天象却是可以比较方便地观察到的。③ 顾

---

① 图片采自上海古籍出版社、法国国家图书馆编《法国国家图书馆藏敦煌西域文献》第 26 册,上海古籍出版社,2002,第 6 页。

② 陈占山引用《旧唐书》卷三六《天文志下》所载开成五年(840)十二月敕令,以及通过梳理元朝政府禁止天算家出入王侯贵胄家的情况,再次重申中国古代"私习天文"之禁。但正如下文所分析的那样,官方越是严令禁止,越是说明这种情况在社会上已经较为常见,以致屡禁不绝。参看陈占山《伊斯兰文明的中国之路:以天文学为中心的研究》,中国社会科学出版社,2024,第 101~107 页。不过相较而言,民间系统的历法知识传承既不系统,亦不规范,在一定程度上限制了相关知识的传播与扩大。

③ 事实上,很多天学现象只需要凭借裸眼就可观测到,如行星相对位置的变化。每年 1 月 4 日前后的象限仪座流星雨、8 月 13 日前后的英仙座流星雨、12 月 14 日前后的双子座流星雨,只要在天气良好、没有月光影响的情况下,都可以用裸眼观测到(参看图 5)。古代社会不存在严重的光污染,平民百姓要想观测到一些常见的天学现象非常容易。

氏又引樊深《河间府志》云："愚初读律书，见私习天文者有禁。后读制书，见仁庙语杨士奇等曰：'此律自为民间设耳，卿等安得有禁？'遂以《天元玉历祥异赋》赐群臣。由律书之言观之，乃知圣人所忧者深；由制书之言观之，乃知圣人之所见者大。"① 可见所谓的"私习天文者有禁"，主要针对的是民间百姓。诚如上文所说，对天文现象及其原理的解释，属于官家严禁的内容。因为这些解释很容易与星占等内容结合在一起，形成政治隐患。故而官方的严令禁止，目的在于防范这种随意的解释对社会秩序造成的破坏。"禁"的重点，仍在于解释而非行为本身。②

尤其需要注意的是，此类禁令多是在王朝新建不久、一统格局出现的时期发出的，若是像南北朝乱世或是政局不稳、朝廷势力微弱的时期，中央朝廷往往无法掌控天学知识的流传范围。唐朝末期的张彦远在《历代名画记》中说："古之秘画珍图固多，散逸人间，不得见之，今粗举领袖，则有：……五星八卦二十八宿图，十二星宫图三，日月交会九道图，分野璇玑图八，……八卦八风十二时二十八宿音律图十一，……浑天宣夜图各一，日月交会图一，郑玄注。……黄石公五星图玄图一，占日云气图京兆夏氏、魏氏并有，二十八宿分野图一，风角五音图……"③ 张彦远能见到的名画中包含了众多与天学星象有关的图画，据此可知战乱之后散佚民间的类似图画应当不在少数，相关的天学历法知识也会在民间社会流传。这也是唐后期剑南东、西两川，淮南道以及西北敦煌等地区能够在与唐廷消息沟通不畅的情况下，自行编造历日的重要原因。④ 表1中的第12条禁令，也显现出

① （清）顾炎武撰：《日知录》卷三〇《天文》，华东师范大学古籍研究所整理《顾炎武全集》第18册，上海古籍出版社，2011，第1131页。

② 秦汉时期，朝廷对天象解说权的管控较为宽松，参与者包括了朝中天学官员、一般官员、诸侯王公大臣以及平民百姓。解说者面临的政治风险也较低。参看陈敏学《秦汉政治视野下的天象解说》，中央民族大学博士学位论文，2017，第73~84、156~171页。

③ （唐）张彦远：《历代名画记》卷3"述古之秘画珍图"，俞剑华注释，上海人民美术出版社，1964，第76、78、80~81页。按：俞氏点校本的标点略有问题，此处引文标点为笔者所加，与点校本不同。

④ 敦煌文献中的唐中和二年（882）《剑南西川成都府樊赏家历日》，即是从成都流传到敦煌的私撰历日。唐前期敦煌行用的历法为唐廷颁赐的历日，后期则大量使用私撰历日。参看邓文宽《吐蕃占领前的敦煌历法行用问题》，《敦煌研究》2013年第3期，第144~152页；赵贞《中古历日社会文化意义探析——以敦煌所出历日为中心》，《史林》2016年第3期，第64~75页。

在中央权力式微的情况下，中央朝廷很难对地方上私造历日的现象予以禁绝。而私造历日的背后，恰恰说明了相关天学知识在民间社会的流传。明朝中后期以后，随着耶稣会传教士来华，西方天文学知识引入中国，清朝皇帝任用耶稣会传教士领导钦天监。所谓的"严禁私习天文图谶"，也因西法的传播而丧失了生存的条件。① 至于清朝仍然在律令中坚持禁妖书妖言及传用惑众，很明显是出于一种"妖术恐慌"，担心这些妖书妖言会引发叛乱和谋反，进而造成对王权统治的冲击甚至颠覆。②

故而笔者认为，对中国古代天学的官营传统，应当注意到它主要控制的是天学历法信息的制作、产生、传播与管控，而非对天学知识本身的禁绝。而且这种禁令通常只在王朝一统的情况下才予以颁布，实际的行用效果则大为可疑。

图 5　2021 年在北马其顿观察到的英仙座流星雨天文现象，法新社档案照

本文对中国天学史研究中习见的"严禁私习天文"的说法提出了质疑并予以修正、补充和完善。天学在中国古代并不是单纯的、具有现代科学

---

① 高阳：《古代中国的天学与法律——以"天文生"条款为缘起》，第 28 页。
② 关于这一方面的研究，参看 Philip A. Kuhn, *Soulstealers: The Chinese Sorcery Scare of 1768*, Harvard University Press, 1992 及［美］孔飞力著，陈兼、刘昶译《叫魂：1768 年中国妖术大恐慌》，上海三联书店，1999 年。

意义的一种学说，而是国家政治与社会运作中的重要一环，因而和政治与制度的运作之间存在着紧密的关联。笔者希冀能够通过本文的考察，重新思考天学史上那些习以为常的说法和观念，并促进天学史与法律史的对话与交融，促进双方学术的发展与繁荣。

《中国古代法律文献研究》第十九辑

2024 年，第 389~408 页

法制史研究中的绝对与相对

——两部秦汉刑罚制度史著作的述评

张 琦[*]

摘 要： 从 20 世纪开始，简牍材料的持续出土不断推动着秦汉法制史研究的深入，但由于对出土律令中刑罚名目的理解不同，不同学者对当时的刑罚体系与制度的复原千差万别。其中，处在前沿的日本法史研究界就有着实证主义的史学传统与形式主义的法学理路两种倾向，这两类方法各有所长，又都能互见其短。以跨度近三十年的两部秦汉刑罚制度史的研究专著为例，可见实证史学在个案研究中对制度逻辑挖掘的优势，但对比融合法学与法社会学的制度研究，实证主义却又不免暴露其对制度的非体系性观察盲点，这两类钻研形而上、形而下的法史研究，正足资借鉴。

关键词： 刑罚制度 法制史 秦汉律令 劳役刑 实证主义

20 世纪七八十年代以来，以律令文书为主的睡虎地秦简与此后张家山 247 号墓汉简的相继出土、公布，使学界对秦汉刑罚制度的研究有了更为生动、具体的材料，尤其是从律令文书中几种"劳役刑"的

---

　* 清华大学历史系博士研究生。

研究出发，① 引申出对整个刑罚体系的论辩。② 在这一研究热潮中，研究

---

① 关于是否以"劳役刑"的命名方式说法繁多，如滋贺秀三从现代法学的自由刑和劳役刑角度对汉代此类处罚内容的区分，参〔日〕滋贺秀三著《中国上古刑罚考——以盟誓为线索》，姚荣涛译，收入刘俊文主编《日本学者中国史论著选译》第 8 卷，中华书局，1992，第 19 页；后收入杨一凡、〔日〕寺田浩明主编《日本学者中国法制史论著选·先秦秦汉卷》，中华书局，2016，第 182～183 页；还有从"劳役"的具体内容与性质出发来证明何为"劳役"的讨论，如〔日〕濑川敬也《秦代刑罚の再检讨——いわゆる"劳役刑"を中心に》，《鹰陵史学》24（1998），第 21～43 页。

② 日本学界的学术史叙述通常以"劳役刑"的论争作为该领域研究的焦点，睡虎地材料公布之前，就已有滨口重国对汉代刑期、刑罚种类的先行研究，以睡虎地秦简公布为契机，此后又有籾山明、冨谷至等学者通过简牍对秦代刑期、刑罚体系的重新讨论，其间还包括了堀毅、堀敏一、若江贤三、永田英正、大庭脩等对刑名性质——刑徒身份、赎刑制度的探讨，参〔日〕宫宅洁著《21 世纪以来日本学界秦汉史研究新进展》，石洋译，《中国史研究动态》2022 年第 5 期，第 70～84 页；〔日〕宫宅洁《近 50 年日本的秦汉时代法制史研究》，载黄留珠、魏全瑞主编《周秦汉唐文化研究》第 3 辑，三秦出版社，2004，第 261～265 页。在中国，除了早先沈家本、程树德等人对法典的考订外，大批秦汉法制史研究与论辩也出现在睡虎地简披露之后，主要围绕刑徒身份与性质等作考证。张家山汉简公布以后，对刑罚制度讨论的热度持续不断，各类会议、读书班、研讨会、课题组纷纷开展活动，个人与集体产出成果不断。就刑罚制度这一领域而言，围绕法律文书释读、诉讼制度、刑罚体系、律令编纂、刑法改革乃至所涉官、户、军、民、田、爵等上到统治机构、下到庶民生活，广至"四夷"，细至个案，不断产生出新的讨论。张家山汉简与法制史研究的相关综述可参李力《张家山 247 号墓汉简法律文献研究及其述评（1985.1～2008.12）》，东京外国语大学 AA 言语文化研究所，2009；2009 年之后的研究述评可参闫晓君《大陆地区张家山汉简〈二年律令〉与秦汉法律史研究》，日本中国史学会编《中国史学》23（2013），第 27～45 页；相关书目还见程令政《秦汉刑罚制度研究——以出土简牍资料为主要依据》，吉林大学博士学位论文，2020。百年来秦汉法制史研究的综述可参徐世虹《秦汉法律研究百年（一）——以辑佚考证为特征的清末民国时期的汉律研究》，《中国古代法律文献研究》第 5 辑，社会科学文献出版社，2011，第 1～22 页；《秦汉法律研究百年（二）——1920～1970 年代中期：律令体系研究的发展时期》，《中国古代法律文献研究》第 6 辑，第 75～94 页；《百年回顾：出土法律文献与秦汉令研究》，《上海师范大学学报》2011 年第 5 期，第 69～79 页；徐世虹等《秦律研究》，武汉大学出版社，2017，前言第 1～6 页；徐世虹、支强《秦汉法律研究百年（三）——1970 年代中期至今：研究的繁荣期》，《中国古代法律文献研究》第 6 辑，社会科学文献出版社，2012，第 95～117页。直到 2000 年前后的刑徒研究相关综述参陈中龙《秦汉刑徒研究评述》，《简牍学报》18（2002），第 271～286 页；沈明德《台湾学者研究睡虎地秦简概况》，《简牍学报》18（2002），第 331～364 页。刑役制度方面最近的研究综述可参孙志敏《秦汉刑役研究》，东北师范大学博士学位论文，2017，第 5～13 页。中日两国近代法制史学形成的源流与派别可参周会蕾《中国近代法制史学研究》，上海人民出版社，2013；新近的综述则有王立民、洪佳期、高珣《中国法制史研究 70 年》，上海人民出版社，2019；赵晶《近代以来日本中国法制史研究的源流——以东京大学与京都大学为视点》，《比较法研究》2012年第 2 期；日本法史学形成、研究方法、范畴及不同旨趣、相关综述的概况，可参〔日〕冈野诚《日本中国法史研究现况》，《法制史研究》1（2000），第 293～305 页。

者对律令条文的考订与对刑罚体系的复原一直以来莫衷一是，而新材料的出现又持续不断地挑战着此前的看法。站在今天，回看几十年的研究历程，与其说是材料的迭代抑或研究的方法促使着结论的差异，不如说是研究者本身信奉的学术标准与学科视角决定着他们的研究导向。以下就以时间跨度达三十年之久的两部有关秦汉刑罚制度的研究专著为例，① 来看法制史研究中实证史学与法学视角如何运用，其成效与局限又分别在哪。②

众所周知，要想构建历史意义上的法制体系，不能离开对古代律法条文的实证研究。具体到秦汉律令中的刑徒身份、处罚形式等问题，先期的研究集中在隶属关系的固定与否、劳役状态形式、阶段区分上，大致上延续了古典律学与现代法学框架下的问题脉络，至于律令条文为什么要做出如此具体的规定、数目管理的内涵，及其与当时社会、文化的关系、渊源，很难从实证研究上突破。不同于训诂、章句式的律令条文分析，长期在日本爱媛大学从事研究工作的若江贤三教授（已退职），自80年代起发表的一系列论文则独辟蹊径——他透过律令条文表面的处罚机制，联系反映社会经济的个同材料，探究律令条文设计的内部逻辑结构，从制度机制而非条文训诂来剖析律令，同样是实证，却以一套精密的考据方法重新分析、梳理了几种"劳役刑"的刑名、刑期、存在状态，并将简牍律令拓展、上升到《汉书·刑法志》中文帝的"刑法改革"诏令，以此来阐释所谓"刑期改革"的意义，以推演律令制定的内部逻辑，来回答秦汉刑罚的种类、性质、刑徒的身份与刑期等焦点问题。其于2015年出版的论文集，汇集了在这一方面数十年的研究成果。

首章标其目，所谓"内部逻辑"，作者在序言中作了简要提炼，即通过对徒隶劳役进行量化计算，来探究秦律等级框架的隐形逻辑，构成逻辑

---

① ［日］若江賢三：《秦漢律と文帝の刑法改革の研究》，汲古書院，2015。［德］陶安あんど：《秦漢刑罰体系の研究》，創文社，2009，后文以中文名"陶安"称呼作者。原书所附图表，直接贴至相关评论部分，不再注出页码。

② 《秦漢律と文帝の刑法改革の研究》一书分三部，第一部"秦漢の律と文帝の刑法改革"汇集了有关出土资料反映的刑罚制度研究，为拙文讨论的部分，其中所收论文的最早刊行年份为1978年；第二部"秦漢刑法史研究"汇集了作者对秦汉律、唐律、《元典章》中"不孝""不敬""不道"等罪，以及"禁锢"的考察，另外，从张家山汉简奏谳书"和奸案"来讨论"赎耐"的内容则可纳入第一部；第三部"中国古代史の基礎の研究"则包含了对汉代金、钱、谷价与古代尺度问题的精密考证，此处不赘。

链突破口的是睡虎地《秦律十八种·司空律》的记载：

> 有罪以赀赎及有责（债）于公，以其令日问之，其弗能入及赏
> （偿），以令日居之，日居八钱，公食者，日居六钱。居官府公食者，
> 男子参，女子驷（四）……①

上述《司空律》文表明"弗能入偿"而"居赀赎债"者，每日的劳作量相当于8钱。作者假定一年间的劳动时间是312.5日，那么一年间的劳动总量恰可取整为2 500钱，如此工作4年，则所赎钱计量为10 000钱。这一抽象数字所代表的实际意义是什么，还必须联系其他出土材料解释。作者以著名的居延"礼忠简"（37.35）为例，推得田宅与钱数的换算比价：

候长觻得	小奴二人直三万	用马五匹直二万	宅一区万
广昌里公	大婢一人二万	牛车二两直四千	田五顷五万
乘礼忠年卅	轺车二乘直万	服牛二六千	·凡訾直十五万

表明"宅一区万""田五顷五万"，而同样的，"徐宗简"（24.1B）也有反映田亩价值关系的"田五十亩直五千"的记载，② "田一顷"当10 000万钱。在秦代，田宅与军功爵联系紧密，于是作者想到《商君书·境内》篇的记载：

> 能得爵首一者（王时润谓："爵当依崇文本作甲。"）。赏爵一级，益田一
> 顷，益宅九亩，一除庶子一人，乃得人兵官之吏。（王时润谓："一除当作级
> 除，得人当作得入。"）③

在商鞅的头脑中，"田一顷"是与"爵一级"相当的，也就是说"爵一级＝田一顷＝一万钱"，这一换算逻辑也为此后出土的《二年律令·爵律》

---

① 睡虎地秦墓竹简整理小组：《睡虎地秦墓竹简》，文物出版社，1978，第84页。
② 《居延汉简（壹）》，"中研院"历史语言研究所，2014，第72、120页。
③ 蒋礼鸿：《商君书锥指》，中华书局，1986，第120页。

"爵一级""予万钱"的说法所佐证，① 虽然秦亡汉兴后钱价有所变化，但观念上的"一万钱"＝"爵一级"还是牢牢存在于当时人的头脑、律令体系中。② 将钱、爵关系联系起来的，还有爵在刑罚上的功能——爵作为刑罚体系中赎刑的重要手段，也表现在其抵罪的能力上，根据《秦律十八种·军爵律》的规定：

> 谒归公士而免故妻隶妾一人者，许之。③

由此，秦代的"隶（臣）妾"因"爵"的经济性格而可以被量化为一级一万钱，即相当于居作 4 年的劳动量，在此意义上，若江教授持秦代为有期刑说。④ 随着里耶和岳麓秦简中关于秦代赎刑材料的披露，更为准确的数字被计算出来，即隶臣＝隶妾的四年刑（"冗边五岁"除去"兴日"⑤），其劳役日数以 1 344 日为基准，换算为赁金 10 752 钱（呈 8 倍数等比增长），相当于爵一级＝八甲的价值。⑥ 以此展开，结合《法律答问》

---

① "诸当赐受爵，而不当拜爵者，级予万钱"（393），释文见彭浩、陈伟、［日］工藤元男《二年律令与奏谳书：张家山汉简二四七号汉墓出土法律文献释读》，上海古籍出版社，2007，第 242 页。

② 如晁错的"纳粟入爵"令中"六百石爵上造"，按居延简 303.3 中每石 35 钱计算，六百石约需 21 000 钱，即 21 000 钱当购爵二级，约 10 000 钱购爵一级，此令距二年律令和居延简的时代并不算远。

③ 《睡虎地秦墓竹简》，第 93 页。

④ 围绕张家山汉简对"隶臣妾"问题讨论再度掀起的论争热潮，参［日］宫宅洁《有期劳役刑體系的形成——"二年律令"に见える汉初の劳役刑を手がかりにして》，《东方学报》78（2006），第 1~68 页；及［日］宫宅洁著《中国古代刑制史研究》，杨振红等译校，广西师范大学出版社，2016，第 60~81 页。刑期有无说的概念之争，在睡虎地秦简出土后由法学出身的高恒先生刊文发端，多位学者先后参与到"无期刑说""有期刑说""不定期刑说"等讨论中。若江教授此说初发表时主要批判高恒提出的"无期刑说"（以及黄展岳的"隶臣妾"非刑徒说），但正如上论，其考证方法是从刑徒身份的经济性格及其与爵制的内部逻辑来说明的，如一切以量化为标准，那么刑徒身份、是否劳役刑、刑期等问题就有了确定的答案。

⑤ 此说应是编入论文集后修改、补充过的说法，80 年代若江教授提出的"爵二级＝二万钱＝四年刑"说，与除去"兴日"的五年刑说矛盾，批评见［日］堀敏一《云梦秦简にみえる奴隶身份》，氏著《中国古代的身份——良と贱》，汲古书院，1987，第 183 页。

⑥ 据里耶简 8-46 与岳麓《二》0957"赀一甲直钱千三百卅四"；另，岳麓简中有甲、盾与金、钱单位两、垂的详细换算关系；劳役日数与赀额对照表以及秦汉律盗罪钱额量刑对照表见［日］若江贤三《秦汉律と文帝の刑法改革の研究》，第 48、55 页。

与《二年律令·具律》的赀额及其等级的相关材料，可以发现无论是秦还是汉律，对罪犯科刑的劳动量、赀额都是按照罪名等级等比例分类的。

作者通过这样一套以劳作日数与钱数等比例置换的计算逻辑，在伴随着睡虎地到岳麓秦简公布的漫长时间中，逐步网罗了所有秦、汉律中有关赀额、赎金、爵价的材料，将城旦舂、鬼薪白粲、司寇与隐官等刑名通通纳入一条可以明确量化刑期的刑罚体系中。简言之，若江教授构筑起来的秦律"有期刑说"的等级框架大致可列为六年刑的"刑/黥城旦舂"与"鬼薪白粲"，五年刑的"髡钳城旦舂"，四年刑的"（完）城旦舂/鬼薪白粲"、隶臣妾，三年刑的"耐隶臣妾/鬼薪白粲"，二年刑的隐官/司寇。著者认为，文帝改革以后，肉刑废止，刑期省并，各种"完"刑统一于四年的"城旦舂"，耐刑则专为三年刑，主要施用于隶臣妾。同时，改革的"移行措置"包括身份等级向刑期等级的置换，且将原来的刑期用新的刑期代替（即出现了刑名仍旧，刑期变化的现象），[①]改革以后，至少可以确定汉代中期以降形成了形式上的髡钳城旦舂（五年刑）、完城旦舂（四年刑）、鬼薪白粲（三年刑）、司寇（二年刑）这一有期劳役刑体系。[②]

且不论具体方法，从学术史角度来划分，只要能论证"罪人有期"曾在秦代的存在，就自然可以与法学视野下的"无期刑说"对举而成为

---

① 日本学界用新的刑期组合、省并原来刑期的理解方式，基本上承自滨口重國的点读法。[日]滨口重國：《漢代に於ける強制労働刑その他》，《秦漢隋唐史の研究·上卷》，东京大学出版会，1966，第 615~658 页。

② 关于改革前后的刑罚体系，若江教授主要是以刑期而非刑名分等，这点并无疑问，但在其集结出版的专著中并未对前后数年发表的研究作一个整体性的框架叙述，只是诸篇对各类刑名的刑期考察导向了所谓的有期劳役刑体系。若按氏说，不同刑罚因材料不同而存在模糊不清的例外状态，考证出的结果似乎只是一个形式上的排列，无论是持有、无、不定或部分刑说，都会承认一个以刑名表示的大致形式等级，参韩树峰《秦汉徒刑散论》，《历史研究》2005 年第 3 期，第 32、58 页；不过正如邢义田所言，"睡虎地秦律最少是商鞅变法后上百年累积下来的，其刑罚有古老的肉刑和终身劳役，也有劳役加肉刑的复合刑，又有赎、迁和某些形式的有期刑，杂然纷陈"，"有期刑或许只是一局部现象"，这一段话同样适用于秦末汉初的刑法改革，即在纷杂的刑名中包含着性质迥异的刑罚内容，看似诏书、律令中整然的等级排列，抑或是如若江教授揭示出的形式逻辑，其实可能都只是不同的片段，本不成一体系、不具备完整的制度设计逻辑，参邢义田《从张家山汉简〈二年律令〉重论秦汉的刑期问题》，《治国安邦：法制、行政与军事》，中华书局，2011 年，第 113 页。

一派观点。① 不过简单的以结论分派会掩盖具体研究的价值。虽被划分作"有期刑说"早期的代表，但不同于照搬文书律令中的字面规定，支撑若江教授刑期说的，是通过繁琐、复杂的计算来归纳、演绎出的一套制度的形式逻辑，方法上可谓"本格实证主义"②。诚如籾山明所言，若江教授思考的基点其实源于"赎身而有期"这一史料所告示的简单逻辑，③ 不过再向前一步，揭示其赀赎换算关系的内部逻辑，不啻为这一领域独特的实证研究范式，④ 而自岳麓简公布以后，也部分印证了若江教授早年提出的换算等式，其研究成果一定程度上具备了超出限定材料的生命力。但是，正像若江教授先后修改、补充其说法所展现的——即使是极致的实证推演，也无法一劳永逸地解决哪怕是一个具体的问题。至于其系列研究，虽然每篇的计算、推理都前后相扣、互相补充，但最后却往往产生令人匪夷所思的结论，以下略举几点。

---

① 至少从刑期角度来论述秦的刑罚特征是法学家提出的，当然其解读也离不开文帝改革诏书这一核心材料，参高恒《秦律中"隶臣妾"问题的探讨——兼批四人帮的法家"爱人民"谬论》，《文物》1977 年第 7 期，第 43~50 页；《秦律中的刑徒及其刑期问题》，《法学研究》1983 年第 6 期，第 73~79 页。

② 即近似于科学"量化"的实证主义，虽然力求做到精确（似乎数字越精确越有说服力），但其观测视角依然是现代人主位的，反而距离历史主义下的文本实证更远。"本格"实证主义透露出与西方自然科学、社会科学追求极致"数字化"的推理理念相同，其源于力求为形而上学"本质（essence）"描述提供精确的概念工具，在近代以来的自然科学与社会学史中这种工具逐步发达，注重形式逻辑，方法特征是量化，却存在着用测量工具决定对象性质、只见片段、忽视"文化"意涵的问题，相关介绍参叶启政《实证的迷思：重估社会科学的经验研究》，生活·读书·新知三联书店，2018，第 81~90、127~132 页。

③ ［日］籾山明：《秦汉刑罚史的研究现状——以刑期的争论为中心》，《中国古代法律文献研究》第 3 辑，中国政法大学出版社，2007，第 165 页。

④ 以计算法在这一问题上继续探索者，管见有［韩］任仲爀《秦汉律的赎刑》，《简帛研究》，广西师范大学出版社，2010，第 185~213 页；［韩］任仲爀著《秦汉律的罚金刑》，［韩］朴美玉译，《湖南大学学报》2008 年第 3 期，第 26~31 页；［韩］林炳德《秦汉时期的罚金刑和赎刑的演变及其性质》，《简帛学研究》第 8 辑，甘肃人民出版社，2019，第 187~199 页；于振波《秦律中的甲盾比价及相关问题研究》，《史学集刊》2010 年第 5 期，第 36~38 页；吴佩芸《秦简"赀"、"赎"刑之比较》，中兴大学硕士学位论文，2015，第 39~63 页。相关综述并参吴佩芸文。对这一时代财产刑的讨论，既有研究集中在其种类、适用对象、等级、价格及其在刑罚序列位置、实际处罚形式、刑徒管理等方面，藤田高夫、角谷常子、冨谷至、水间大辅、池田夏树、张建国、石洋等人皆有讨论，主要研究概括参石洋《谫论古代财产刑处罚方式的演变：以战国后期至汉初为中心》，《中国文化研究所学报》61（2015），第 1~28 页。

其一，著者为了解释《二年律令》中赎"城旦舂"与"鬼薪白粲"同为"一斤八两"的问题，[①] 强行将"刑城旦舂"与"完城旦舂"从"赎城旦舂"一语中剥离、区分开来，认为其分别代表了两个刑罚等级，依据是文帝诏书中的"前令之刑城旦舂岁而非禁锢者，如完为城旦舂，岁数为免"。认定所谓的"刑城旦舂"和"完城旦舂"是分别代表六年刑与四年刑的两种刑罚，[②] 结合对其他刑罚的考证，认定"刑（六年）"以及"完（四年刑）""耐（三年刑）"共同构成了次于死刑、肉刑等一个等级，即将这些一般被认作为附加刑的实际惩罚手段视作一个独立的刑罚种类。这样的论述不但与文帝改革后刑罚移置、省并的论述自相矛盾，也大大异于一般的解释，令人费解。为了从实证上构筑起可计算的刑期等比体系，著者不但试图将"城旦舂""隶臣妾"等身份从"完整"的刑名框架中剥离出来，以置入有期劳役刑的序列中，甚至也统统舍弃"刑""完""耐"等具体的惩罚方式的本义，而将其转化到抽象的计算系统中。这样看来，作者花费很大篇幅去补全的张家山127简残缺的部分是否真的为"城=旦=舂=罪刑=为="，这一佐证"刑城旦舂"存在的论证就颇为可疑。

其二，除了一些互相矛盾的推论外，构成该著核心的计算逻辑也有疑问。作者在序章中依据睡虎地秦简司空律和居延汉简等相关记录，先假定一年间的劳动日数是312.5日，为了合于居赀赎债4年=爵1级=田1顷=10 000钱之说；而在第三章对秦代赀额的换算中（岳麓简公布以后，"甲"与"爵""钱"的换算标准出现），著者采取了一年间劳动日数336日的说法（月休二日），也是为了合于用赀钱换算得出的劳作1 344日=10 752钱=8甲=爵1级，为秦代隶臣妾服役4年之说依据。可以指出的是，目前

---

① 释文参彭浩、陈伟、[日] 工藤元男主编《二年律令与奏谳书：张家山二四七号汉墓出土法律文献释读》，第140页。

② 为了论证"刑"单独构成一个六年刑的刑种，若江教授还在《法律答问》中找出了"刑鬼薪"仅有的例证——"葆子狱未断而诬告人，其罪当鬼薪，勿刑，行其耐，有（又）系城旦舂六岁"，但原简紧接着又写到"可（何）谓'当刑为鬼薪'？·当耐为鬼薪未断，以当刑隶臣及完城旦诬告人，是谓'当刑鬼薪'"。（简111~112）"刑鬼薪"即"刑为鬼薪"，"刑"似不当理解为专称，释文参《睡虎地秦墓竹简》，第120页。

所能见到的材料中并没有直接反映刑徒年间劳役日数的材料，① 作者的推理逻辑颇有循环论证之嫌。比如作者对赎刑的计算，即先假定 4 年刑的存在，将之与爵一级的价格联系后，可以得出一年间 2 500 钱，除以 8 钱/日，即得 312.5 日——为其假定的劳役日数。这样看来，文章论证与叙述的逻辑其实是倒叙其计算的逻辑，而其所假定的工作时间，也只能说是近似值。实际上，通过严格计算而来的劳役日数并不成等比的均匀分布状态，冒昧猜想，作者能将这一近似值与劳作时间，进而与刑期、赎金联系起来的启发，可能来源于晋律对于岁刑的明确分等。②

刑　　名	黄　　金	钱	÷1 日 8 钱＝日（年）③
赎死罪	金二斤八两（40 两）	25 000	3 125（8.5）
赎城旦舂、鬼薪白粲	一斤八两（24 两）	15 000	1 875（5.1）
赎斩、赎腐	一斤四两（20 两）	12 500	1 562.5（4.2）
赎劓、赎黥	一斤（16 两）	10 000	1 250（3.4）
赎耐	十二两（12 两）	7 500	937.5（2.5）
赎迁	八两（8 两）	5 000	625（1.7）
罚金四两	（4 两）	2 500	312.5（0.8）
罚金二两	（2 两）	1 250	156.25（0.4）
罚金一两	（1 两）	625	78.125（0.2）

---

① 关于秦汉时代刑徒的工作与休息时间并无具体、确定的计算法，对官吏工作与休假则因简牍材料的日益丰富而出现不少讨论，曾有大庭脩、廖伯源、邢义田、宋杰、蔡万进等人专文探讨，按照邢义田对边塞卒吏的勤务考察，"十日休（即九日一休）"为一般原则，但也视情况而定，如果照此计算，则下级官吏一般"月休三日"，若江教授对刑徒工作日数的假定虽然近似于此，但不相合，不知何据。参邢义田《汉代边塞军队给假、休沐与功劳制——读〈居延新简〉札记之二》，《治国安邦：法制、行政与军事》，第 568～584 页。

② 程树德：《九朝律考》，中华书局，1963，第 246～248 页。

③ 实际计算的日期比例关系可以《二年律令》计算出的数值对照，引自［韩］任仲爀《秦汉律的赎刑》，第 205 页。

其三，无论是结论上的矛盾还是逻辑上的颠倒，都曾存在于作者的旧说之中。① 很早以前，关注该问题的研究者就已在其研究中找到前后矛盾的推论以及计算逻辑、结果上的偏差。如堀敏一曾围绕作者旧说"隶臣/妾＝爵二级"的命题逐条反驳，分别从论证分析上（所引"公士＝爵一级＝隶臣"的矛盾）、材料使用上（以农民收入的材料为基准换算罚金刑与赎刑、迁蜀刑规定的"日居八钱"无法适用于一般隶臣妾）提出具体质疑；籾山明更从计算逻辑这一立论基点提出批评，即利用不同的材料能计算出不同爵价，揭示了其等式适用范围的局限、差异性，对试图计算"赎"的根本动机无法赞同。②

其实，不管是结论上的矛盾还是计算上的偏差，都在于作者方法论上的问题，归根结底，若江教授整个系列的研究，都是通过极端的实证来缝合先后出现的材料。但这种具体、不留余地、计算到底的论证方法必然导向其对材料的极度依赖，只要出现不同的材料，就会出现不同的结果，制度实际运行中变化不断的"逻辑"绝非其在研究者面前所展现的那般整齐划一，而是因材料而异——这也就是为什么著者在跨度长达四十年的系列研究中，不断修改旧说，而新说中却又不断产生矛盾的原因。由此看来，实证研究本来的目的自然是追求准确、清晰、实在的图景，但推展至极端的量化（数值化）与确定性反而制造出越来越多的模糊与矛盾，看似牢不可破的逻辑链环却往往可以从头一破、哗然而解，实证的目标反而成了其自身的盲点。

当然，除了实证方法本身的二律背反性，其限制还在于研究者在处理研究对象时惯性的问题意识与处理方式。实证，抑或说考证，作为历史研

---

① 旧说的核心观点是"爵二级"与"隶臣妾"价值相等，参［日］若江贤三《秦漢時代の労役刑——ことに隸臣妾の刑期について》，《东洋史论》1（1980）；《秦漢における贖刑制度——秦律の体系の把握への試論》上、下，《爱媛大学法文学部论集（文学科编）》18、19（1985、1986），第 81~101、113~141 页；《秦律における労役刑の刑期再論》上、下，《爱媛大学法文学部论集（文学科编）》25、27（1992、1994），第 73~104、71~105 页；对旧说的修改参《秦漢律と文帝の刑法改革の研究》序章。

② 见［日］堀敏一《雲夢秦簡にみえる奴隸身份》，氏著《中國古代の身份——良と賤》，第 182~184 页；［日］籾山明《秦汉刑罚史の研究现状——以刑期の争论を中心に》，第 165~166 页；堀毅的赎刑金额则是通过"当赀盾，没钱五千而失之，何论？当谇"，即"赀一盾＝五千钱"换算而来，其赎刑金额换算表参［日］堀毅《秦汉刑名考》，《秦汉法制史论考》，萧红燕等译，法律出版社，1988，第 168 页。

究的基本方法，也是从经验科学而来的手段，① 但手段并不能代替目的，历史学大厦的构建不能仅仅依靠堆砌建材，为了砌上东墙的下一块砖而拆掉西墙的上一块砖只是为了实证的实证，永远不能封顶完工，成为一个真正的房子，设计的图纸才是搭建框架的灵魂。② 与之对比，三十多年后，陶安对秦法汉律的重新审视，正是先从法学的概念、视角出发，自上层框架的设计逐步而下，然后才通过实证的填充来铺砌其大楼的砖瓦。

陶安《秦漢刑罰体系の研究》一书旗帜鲜明地指出以往对于"秦律体系"的理解未能摆脱"后汉律学体系"的束缚，认为秦律与汉律绝非铁板一块的继承关系，应该分而视之。以往的研究未能剥离二者，在于沿袭了历代注家与近代法制史研究的视角，③ 以汉视秦，对刑名的理解依然不出匮乏的传世史料的限制。睡虎地秦简公布以后，结合对汉代刑名体系的了解，给予秦律体系关注最多的是以"劳役刑"为中心特质的讨论，"有期刑说"与"无期刑说"等刑期说的常年论争，也正是拿出土史料与文帝改革等传世史料注疏作二重对比而产生的问题意识。④ 张家山汉简公布以来，始能摆脱《汉书》等汉代史料的束缚，焦点可以集中于出土文献本身来作形式论理的分析，出现了强调秦汉律差异的研究倾向，⑤

---

① "实证"一词源于康德的实证主义（positivisme），是以经验确认的事实为基础，进行现象说明的方法。在中文学术语境下，实证和考证常常互换使用，可指在研究方法上与"理论"的历史学相对者。日本战后史学中，"实证"研究与"理论"研究相对，"实证"研究下的层次可称"考证"，再下则是具体的"史料批判"等方法，参［日］遅塚忠躬《史學概論》，东京大学出版会，2010，第243~248页。

② 以建筑中建材比喻历史学的基本条件而非本质，参［英］E. H. 卡尔著《历史是什么？》，陈恒译，商务印书馆，2007，第92页。

③ 沈家本对于秦汉刑制的复原总则，就是以经汉儒整理的基本经史文献为主线，参沈家本《历代刑法考》，中华书局，1985，第5~20页。

④ 针对从"劳役刑"展开的研究视角，不少学者有着与陶安类似的反思，认为这是过于注重文帝改革的刑期说且忽视"肉刑"（视其为附加性格）带来的失衡，应同时把握刑徒身份与附随肉刑的性格，参［日］瀬川敬也《秦代刑罰の再檢討——いわゆる"劳役刑"を中心に》，第21~43页。

⑤ 针对陶安所列举的三位研究者，新的研究趋向可分别概括为：（1）注重不同律法在体系变迁过程中的变化（宫宅潔）；（2）从处罚方式和刑徒身份综合考虑的秦刑罚体系的三大等级说（韩树峰）；（3）通过附着于其他刑罚的副次刑制措施，来窥见刑罚体系的等级与框架（石冈浩），分参［日］宫宅潔《有期劳役刑體系の形成——"二年律令"に見える漢初の劳役刑を手がかりにして》，第1~68页；韩树峰《秦汉刑徒散论》，第37~52页；［日］石冈浩《収制度の廃止にみる前漢文帝刑法改革の発端——爵制の混乱から刑罰の破綻へ》，《历史学研究》805（2005），第1~17页。

而陶安也正是在两批材料研究日益深入、成熟的情况下，总结、批判既有的研究范式，作出了整体性思考。

据其自述的研究旨趣，陶安认为法律本身具备固有的论理，该论理有着一定的普遍性，能超越时代与地域给予纷繁复杂的史料以正确的解读。与若江贤三的"本格实证主义"相比，其用力不在于挖掘一条条史料，而是以丰富、流动的"史料群观"，从中抽出其固有的论理，冲破注释学的壁垒，找出上层的制定法构造，作者称这样的信条为"法学的视点"①。

"法学的视点"与历史学的分析有何不同？若以材料发掘、研究方法、论证结果三个方面评价②——无疑，研究方法是展开其他两个层次的骨架，考证只是作为其论点的工具。从全书的篇章结构来看，作者的方法论乃是从对三种法制史研究范式的批判中产生，整理如下：

范　　式	特征—问题	批　　判
近代刑法学体系	"主刑·附加刑"的解释框架无法说明秦律的复合刑罚形式	"绝对定刑主义"视角下轻重统一的尺度——"刑名"
历史学的固定身份概念③	无法解释"演绎的身份制度"④下诸多并非反映社会实际的劳役·身份秩序（现实身份的有名无实化）	法学的相对身份概念
古典（后汉）律学体系	均质的有期劳役刑体系	文帝刑法改革前，并不存在整合的有期劳役刑体系（秦的身份劳役刑向汉的可持续劳役刑过渡）

① ［德］陶安あんど：《秦漢刑罰体系の研究》，创文社，2009，第585页。
② 此为高敏评论堀毅著作时提出的三个学术著作评介面向，李力也沿用来分别评介陶安的研究，参高敏《评（日）堀毅著〈秦汉法制史论考〉》，李学勤主编《简帛研究》第2辑，法律出版社，1996，第395～396页；李力《陶安あんど著〈秦漢刑罰体系の研究〉》，［日］土口史记译，《东洋史研究》69－3（2010），第381～390页。
③ 陶安以国家支配下固定的社会地位为历史学身份概念的定义，这一定义参［日］堀敏一《中國古代の身份——良と賤》，第3页。
④ 指内在于国家制度、法令、政策的统治理念，而演绎性的身份设置，并非律令本身创造了良贱制度，这一概念来自高桥芳郎对西嶋定生奴婢制说的批评继承，参［日］高橋芳郎著《宋至清代身份法研究》，李冰逆译，上海古籍出版社，2015，第154～156页。

全书共分七章，除去"终章"是对汉代律学争论的相关文献进行分析与对其刑罚思想的探讨外，其余六章即从上表的三个大的方向入手，通过整理、批判、考证旧说，来尝试建立秦汉刑罚体系的新说。以下便将该著的零散论点全部整合入这三个框架中，以见其研究特点。

首先，从近代法学与行政学概念回溯而得的秦代刑名，其分类界限并不清晰——一方面是原本文献记载简单、定义模糊（如"五刑"的制造，赀、赎与流、徒的含混等）；另一方面，现有的分类法无法准确概括秦代的刑罚与刑名的组合（虽有对代表规范领域与制裁措施的刑法有所区别，但过于一元、静态化①）；用"主刑和附加刑"来解释特有的秦律复合刑罚方式（"A 为 B"格式），则无法套用到如"刑"和"城旦舂"以下的刑罚群，即忽视了"派生刑罚"的政策设定。于是，为了表现出可以涵盖轻重尺度不一的刑罚，陶安从"换刑"可以间接表示"实刑"的尺度得到启发，从"赎死""赎刑""赎耐"推导出秦律的体系为"死—刑—耐"。在具体的考证上，陶安详细考察了"刑""耐"的用例与"耐"字义的古今演变，并得出秦律正刑体系正对应于私刑的"杀—刑—髡"。

其次是关于"身份刑"的重新检讨。通过对城旦舂、隶臣妾、鬼薪白粲、司寇的服役形态、劳役内容、社会行为能力的比较，陶安着重阐明了城旦舂与隶臣妾身份的悬绝（"小城旦舂"的存在），进而提出隶臣妾身份的特殊性。"臣妾"本身是个古老的概念，从法学视角来看，其反映的是相对的隶属关系而非历史学下的绝对身份限制。（隶臣妾虽然从事"贱役"性质的劳动，但并未被社会"放逐"，仍有一定的财产与婚姻权利，以往的"身份刑说"与"贱役说"有片面性。②）

---

① 朱绍侯：《"居赀"非刑名辨——兼论秦律中的几个问题》，《雏飞集》，河南大学出版社，1988，第 71~85 页。

② ［日］滋贺秀三：《刑罚的历史——东方》，徐世虹译，收入杨一凡、［日］寺田浩明主编《日本学者中国法制史论著选：先秦秦汉卷》，中华书局，2016，第 62~84 页；对滋贺"放逐刑"的申说参［日］冨谷至《中国古代の刑罚——髑髅が语るもの》，中公新书，1995，第 108~112 页；［日］籾山明《秦の隶属身分とその起源：隶臣妾问题に寄せて》，《史林》65-6（1982），第 795~828 页；［日］宫宅洁《有期劳役刑体系の形成——"二年律令"に见える汉初の劳役刑を手がかりにして》，第 1~68 页。

　　将自己的主张与流行的法制史研究比较之后，作者用余下四个篇章的分量详细申说了"死—刑—耐"体系怎样经由秦而演化至汉的"死—耐—赎"体系。依旧是从"赎刑"入手，陶安认为在睡虎地秦简的时代，已经能构建起一个清晰的从死刑、肉刑以下到各种轻刑的（置）换刑序列，而赎刑本身也在分裂为所谓的财产刑和有期劳役刑，可以说在此时期，秦的"死—刑—耐"体系已接近崩溃。至于对"完刑"字义的考证，认为其只是区别于"髡"的一种表达，并不构成轻重等级中的刑罚序列。而"刑"（"黥为城旦舂"）、"耐"（"耐为司寇"）则有出现细分化的倾向，作者从"盗犯罪"和"诬告罪"等场合的整理、分析来看，原来用作累积使用的科刑被用作加重的刑罚，而这些异质的"附随"刑罚又在文帝改革中被转化为同质的"劳役刑"，新的可以衡量轻重尺度的刑名体系诞生。（从《二年律令》的复合刑名组合以及《具律》的轻重量刑等级来看，原作为附随刑的"城旦舂""鬼薪白粲"等刑名逐渐作为主要的等级区分标志，古老的"刑"的刑名体系无法承担起衡量的尺度而被放弃。）除此以外，对比本用于行政与军事的"赀"罪也从非刑罚的"自由裁量"（"赀"本意"量"）措置被编入"制定法"，汉代的一般处罚大量出现罚金即为佐证。在此，作者也通过文法构造（"居赀赎债"）与字义字源（赎、赀、责）的详细辨析，讨论了赎（耐）罪与赀罪合于财产刑的情况。综合以上论考，作者得出了秦代表示轻重等级的新刑罚体系。

表 4·8　秦律的刑名体系——其 2

死		?
		?
刑	斩止为城旦舂	11
	剕（劓）为城旦舂	10
	完为城旦舂	9
耐	耐为隶臣妾	8
	耐为司寇	7
赎	赎死　劳役	6
	赎刑	5
	赎耐	4
赀	赀二甲	3
	赀一甲	2
	赀一盾	1

（■生命刑，■肉刑，■身分的劳役刑，□有期劳役刑，□财产刑·罚金）

　　在这一体系向魏晋"死—耐—赎"三大支柱体系形成的漫长过程中，"刑"的消失与"赎"的确立即关系到汉代的历次刑罚争论与改革。其中，死刑的"非殊死"化（赎死—减死），减免肉刑的"髡钳""颂刑"，劳役刑被财产刑自由置换这三面，最终造成了死刑以下至赎刑中间刑的空白区域，秦汉国家的"商业性格"与"利己主义"是侵蚀中间地带的动力，与之相对，"严罚主义"则是反作用力，史料中"减死徙边"与"肉刑复活论"的不断出现正是其例，作者称其为"刑罚的力学体系"：

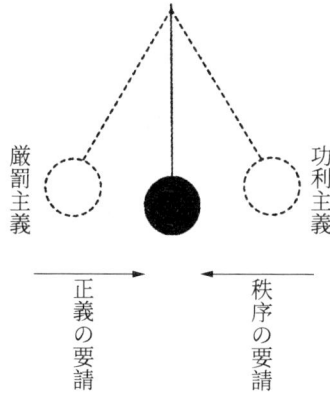

図7・1 刑罰体系の力学

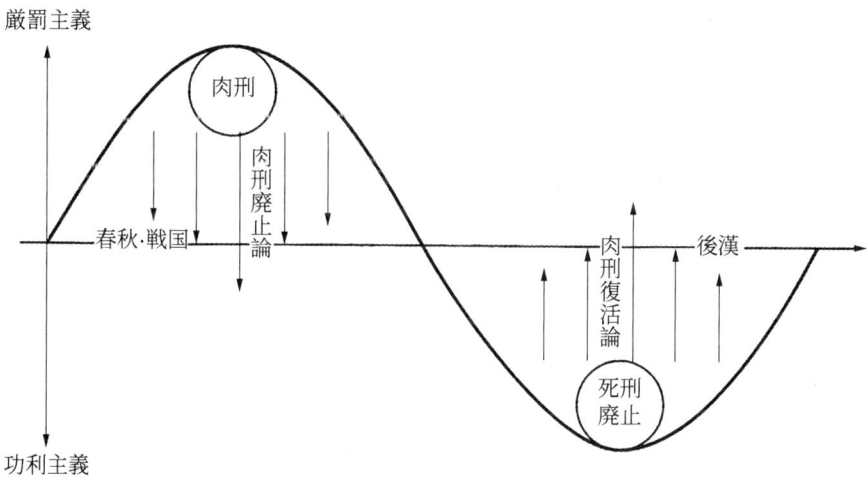

図7・2 秦漢刑罰体系の変遷——その1

再回到《刑法志》文献复原一篇,[1] 无论是汉注还是唐疏，以及后来的滨口重国与张建国之说,[2] 其补完的"均质劳役体系"的刑期设定，实则无

---

[1] 此前张建国与滋賀秀三在文本读法问题上有过争论，后来籾山明与石岡浩从版本、容字的角度提出意见，参［日］石岡浩《北宋景祐刊『漢書』刑法志第十四葉の復元——前漢文帝刑法改革詔の文字の増減をめぐって》，《东方学》111（2006），第37~55页；陶安在书中阐释了对复原的不同看法。

[2] 濱口重國所著见前注；张建国：《前汉文帝刑法改革及其展开的再检讨》，氏著《帝制时代的中国法》，法律出版社，1999，第191~206页。

法容纳汉初承秦而来的几种"异质"有期劳役刑（分别是"刑或完"、"耐"以及较轻的"赎"与"戍边"）。但从六国文献与边地汉简等文帝改革前后的实际材料来看，这些"异质"的、间接设定的、可以阶段性赦免的"有期刑"（指从终身刑而来，相对可得"免"的有期）又是确实存在的，所以后汉律学所构筑的、有着完整序列的刑罚体系并不曾真实存在，其与实际情况有着相当出入，《刑法志》所描述的只能是文帝改革很久以后的情况。①

	14b										14a										葉
項目	10	9	8	7	6	5	4	3	2	1	10	9	8	7	6	5	4	3	2	1	行
大字	8	18	19	19	15	15	8	17	13		15	13	14	19	11	0	10	11	12	14	大字
小字	16/15	1/1	0	0	5/5	15/15	2/2	5/5	8/8		0	11/11	27/27	13/13	11/11		10/7	7/7			小字
合計	19.2/18.5	18.7	19	18.5	18.5	18.5	8	18.4	18.6		18.5	18.6	18.9/18.2	19	18.7	18.9	19.1	18.7	19.0/18.3	18.9	合計

図 6・12　北宋景祐刊『漢書』刑法志第 14 葉の復元（全葉）

---

① 借此，陶安也分别批判了"有期刑说"与"无期刑说"的不足，即"无期刑说"以一份诏书来认定综合劳役刑体系的一夜形成，有法律万能主义之惑。而"有期刑说"虽然看到了从以肉刑中心到以劳役刑中心这一刑罚体系转换的长期过程，但却只想寻找在文帝改革之前的（均质）劳役刑体系，未发现这是遥远后代的后汉律学体系的表达。另，"不定期刑"的说法也只是关注到了"劳役—刑期"这一点，而未放在"劳役—身份"这一中心视角去讨论秦法体系。正如陶安所描述的动态过程——不定期刑的常态化到完全的定期刑化，经历了从古代国家的排除欲到秦的身份支配欲（身份的劳役刑），再到汉代在国家支配道路上的折中主义（可持续的劳役刑）的法制理念变化，以上参［德］陶安あんど《秦漢刑罰体系の研究》，第330~336页。

漢初の労役刑

刑/完/耐: 無期刑	
贖死 （繋城旦六歳）	
贖城旦・贖斬 （繋城旦四歳）	貲戍四歳
贖黥・贖耐 （繋城旦二歳）	貲戍二歳
	貲戍一歳

➡ ? ➡

後漢律学の労役刑体系
（『漢旧儀』にょる）

髠鉗城旦: 五歳刑
完　城　旦: 四歳刑
鬼　　薪: 三歳刑
司　　寇: 二歳刑
罰　作≦一歳刑

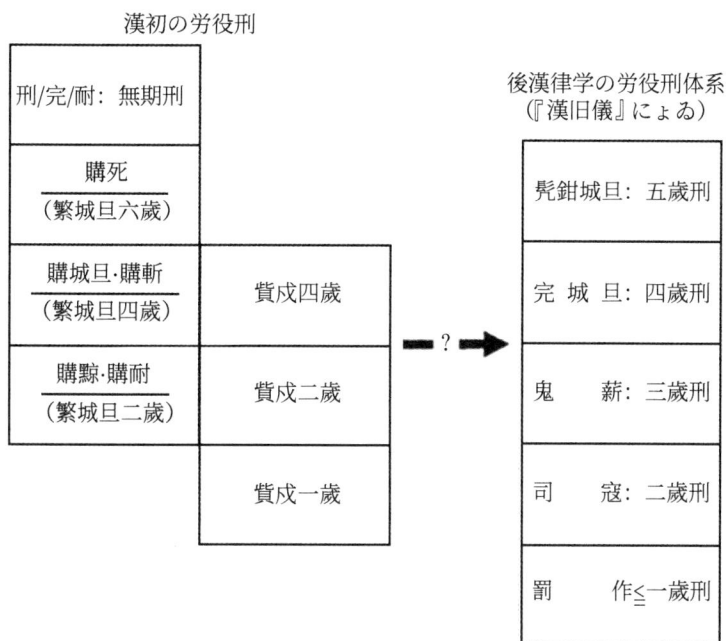

図 6・13　漢初の有期労役刑と後漢律学の労役刑体系

从三个框架的论证展开可以明显看到，无论是对古典律学体系还是对近代形式主义法学的批判，作者力图避免用静态的法体系来处理实际情况多歧的律令条文，细致地处理着法律的层次性与适用性——正如整部研究随处所展现的一样，源自作者对法制史研究中长期法典崇拜的反思。[①] 在面对如睡虎地秦简、张家山汉简这类内容庞杂、形式不一的早期整理律令时，虽然陶安也认识到重新回到过去的体系化、概念化中的危险，但仍然选择了用一套较为简单的"刑名"序列去描述秦汉的刑罚体系。比起单纯从法学概念组合与史料实证演绎搭建起来的框架，这样的选择一方面易贴近于历史材料本身，另一方面则有着更强的包容、适用性，体现了其"法社会学"与"历史学"学术背景的融合。当然在实证上，作者也花了相当的功夫，尤其表现在文字学考据上，不惜花大篇幅梳理解释"耐""完""赎""赀"等字义，相对厘清了从上古形义到汉注、唐疏、乾嘉考据学中

---

① ［德］陶安：《法典与法律之间——近代法学给中国法律史带来的影响》，《法制史研究》5（2004），第229~254页。

的变化，澄清了既往法制史研究中对其的若干"误解"，提示研究者在抽象的制度研究之下，对作为研究基盘的关键字词的考证同样重要。诚然，就陶安的材料分析与论证，学界亦有许多不同意见，如从语法结构证明"赎刑"与"赎耐"的差距过于迂曲与牵强；对景佑本《汉书·刑法志》复原时，容字空间与改字的行为在颇为严密的计算、比对中又不免过于主观；① 史料的运用在作者宏大的体系中更像打磨过的填充物与垫脚砖。不过，在看到实证基础难免被其上层体系牵着走的同时，也要意识到作者对两者分寸的把握才是关键——在陶安构筑的新"绝对刑名"体系下，过去积累下来的秦汉数种刑罚以一种虽不确定、清晰，但更有连续性、贯通性的排列方式纳入进来，对一直争论的刑期说与刑罚等级说，作者以刑罚体系分化组合的动态历史图像给予了响应，可谓融合了具体考证、方法创新、理论批判于一体，属秦汉法制史界近年少有的格局之作。

以上通过若江贤三《秦漢律と文帝の刑法改革の研究》一书具体说明了实证史学的问题、限度，又以陶安《秦漢刑罰体系の研究》一书的论点梳理，导入法学、法社会学的方法论作对比，一方是看似绝对无误的实证，却无法避免只能在真假二元的结构中左右摇摆；另一方的实证虽然开始就服务于抽象体系的论述，但每一个字义、每一条律文却具备了更广阔的解释空间，也因而取得了新的生命力，材料的"死去"与"活来"往往在于研究者是否能摈弃非黑即白的信念。

从若江贤三《秦漢律と文帝の刑法改革の研究》中的初刊篇章到陶安《秦漢刑罰体系の研究》的正式出版，其间有近三十年的跨度，而两者正分别代表了日本东洋史学坚实的史学实证传统与理论反思的不断推陈出新。再对比近年国内法制史部分领域的研究现状，虽然在材料整理、解读上具备一定优势，但就问题意识、理论构建方面，不免在话语、范式上有

---

① 刘欣宁：《陶安あんど〈秦漢刑罰体系の研究〉述评》，《法制史研究》16（2010），第364~368页；李力：《陶安あんど著〈秦漢刑罰体系の研究〉》，第382~383页；相关评介还有［日］廣瀬薫雄《秦漢刑罰研究の新たな試み——陶安あんど〈秦漢刑罰体系の研究〉》，《創文》530（2010），第23~26页；［日］水間大輔《陶安あんど著〈秦漢刑罰体系の研究〉》，《法史学研究会会報》15（2010），第179~187页。

慢人一步的感觉，况且就实证本身而言，对传统的文字训诂学也多少存在继承不够、批判不足的缺憾，在材料的整理与分析上亦有粗疏的地方。①不过回顾秦汉断代的学术史，我国法学家在法制史的研究中也提出不少重要论题，成为两国学者长期争论的对象。而随着出土法律材料数量的日益膨大，法学研究本身也能借此走向实践的法社会学领域，融合法学理论、史学意识、文献考据等不同学科的优势，是未来秦汉法制史研究合作、创新、交流的基石。

补记：文稿提交后，曾得到陶安先生对原作理解方面的意见，在此致谢！

---

① 西英昭就曾尖锐地指出："阅读中国学者（近代法制史）的研究必须慎重。不少著述基本要领不规范，如史料涉猎半途而废、原始史料注释不清晰因而无法确认等。史料收集本应认真、周全，总期自己走过之后不再有一页遗漏。但不少中国学者研究后，后来者还得再费工夫，就像收割庄稼，他们随便割几镰就走，别人不得不再仔细割一遍，令人困惑不已。无论怎么看，这都是在浪费资源。笔者身为外国人却不禁担忧的是，中国学术界如果不排除重复研究造成的浪费，学者人数再多，学术研究也不会有长足进步。"参［日］冈本隆司、［日］吉澤诚一郎编《近代中国研究入门》，袁广泉、袁广伟译，当代世界出版社，2022，第70~71页。日本方面，所谓东洋法制史，又往往以日本"律令制"国家的构造来解释中国——其以唐代律令制研究为基盘的研究趋向，以及近代中国特殊情况下产生对完整"法典"的偏执，而导致的过分追求（与唐律一样）形式上的律令，批判参［日］廣瀨熏雄《秦汉律令研究》，汲古书院，2010，第33~36页；［德］陶安《法律与法典之间——近代法学给中国法律史带来的影响》，第229~254页。

《中国古代法律文献研究》第十九辑

2024 年，第 409~420 页

评《文书之力：唐代奏敕研究》

李婧玉 *

摘　要：《文书之力：唐代奏敕研究》是郭桂坤于 2023 年出版的一部考察唐代文书与政务运作机制的著作。该著作将文书学与制度史的研究方法结合起来，以唐代奏敕体系的变化为切入点，从文书运作的角度探究唐代政治体制尤其是中枢体制的演进过程及后续影响，揭示唐代中央政府权力运行的一般规律。本文通过梳理作者的研究思路与论证逻辑，对《文书之力：唐代奏敕研究》的各个章节加以概述，并试图从文献解读、研究对象、观点创新等方面对该书加以评介。

关键词：文书之力　唐代奏敕研究　政务运作　中枢体制

本书是在作者博士学位论文的基础上修改而成，① 收于商务印书馆日新文库第二辑中，于 2023 年 7 月出版，其中部分研究曾以单篇论文的形式发表。② 所谓"汉所以能制九州者，文书之力也"③，从书名"文书之力"

---

* 　首都师范大学历史学院博士研究生。

① 　郭桂坤：《唐代奏敕研究》，北京大学博士学位论文，2016。

② 　郭桂坤：《唐代前期的奏事文书与奏事制度》，荣新江主编《唐研究》第 22 卷，北京大学出版社，2016，第 157~179 页；《"五花判事"、"六押"与唐代的政务运作》，余欣主编《中古中国研究》第 2 卷，中西书局，2019，第 123~145 页；《中晚唐宦官专权的文书学解读》，《史林》2018 年第 3 期，第 58~67 页；《唐代前期的奏抄与发日敕书》，《文史》2018 年第 1 期，第 133~158 页；《唐代帖式文书的基本性质》，朱玉麒主编《西域文史》第 13 辑，科学出版社，2019，第 153~166 页；《唐代后期奏授告身的应用问题》，叶炜主编《唐研究》第 25 卷，北京大学出版社，2020，第 381~402 页。

③ 　（东汉）王充撰，黄晖校释：《论衡校释》卷一三，中华书局，1990，第 591 页。

可以窥见本书即是尝试以奏敕文书为路径探究唐代的政务运作机制，荣新江的推荐意见深中肯綮："在论述过程中，特别注重结合政治体制的演变过程，用中枢权力的运行来解说公文书的前后变化，也反过来用现存的公文书来透视唐代行政体制的演进历程。"（362 页）全书除《自序》《绪论》和《结语》《附章》之外，正文共七章，可大体分为两个部分：前四章主要梳理分析了唐代的各种文书式，还原了唐代奏敕体系的基本面貌，在此基础上讨论了唐代前期政务奏报与裁决机制的变化；后三章则分析了唐代后期奏敕体系的变化，提出了对唐代中枢体制演变新的构想。

第一章《唐代奏事文书》对"下之通于上"的"六制"：奏抄与露布、表与奏弹、议与状进行了分类梳理，初步分析了六种奏事文书的文书特性及应用情况。奏抄的上行流程大致为尚书某司起草奏抄内容，预留所部尚书、侍郎、都省仆射的署位，呈交都省尚书、侍郎、仆射审署，移交门下省侍中、侍郎、给事中审署，最后上呈皇帝。奏抄主要应用于授官，但是并不局限于六品以下，尚书省处理奏抄严格按照律令格式。露布的处理流程与奏抄基本一致，其中尚书兵部的工作仅仅是将各道行军的露布内容转奏皇帝，因而露布不算是处理军国大政的文书，而是一套献捷的礼仪程序。作者根据赵和平所校录的表文并参照蔡邕的《独断》提炼出了表的基本格式，指出表的功能多样，包括诉讼、礼仪性的申贺、奏事等。唐代前期，表和状均可用于上奏军国政事，区别在于表主要以个人名义所上，而状主要是由具有特定身份的官员，代表官僚机构尤其是尚书省所奏。针对张雨对"奏弹式"的复原，作者提出奏弹最初是以御史个人而非御史台这个监察机构的名义奉上，在开元中期以前，奏弹一般只需发起奏弹之御史一人署名即可，皇帝对奏弹的处理也并非画"闻"，而是采取"御注"的方式，御史台接到御注奏弹，会留存台中作为案底，另抄一份移交大理寺或刑部。作者还参考现存唐人文集中与"议"相关的内容，对"议"的基本文书格式进行了复原，只是对"议"的日期和署名部分的复原来自《中书省议赋税及铸钱等状》（该文书的性质已被作者确定为"状"），并不十分令人信服（52~53 页）。议是官员个人而非官司的意见，集议的结果以议状上奏。在吴丽娱所复原奏状式的基础上，作者完善了唐代奏状的一般格式，认为状在原则上是诸司所进，唐代初期也有皇帝近臣个人奏状的情况，状也是诸司向皇帝面陈政务的依据。随着唐代中后期"近臣"范围的不断扩大，议、表、状这三种文书的上奏者身份限制被打破，状的押署格式废弛，造成了三种文书指称进一步含混的局面。本章主要是在前人的研究基础上复原了表、议、状的基本格式，对奏弹式的研究进行了补充。

第二章《制书、发日敕与敕旨的文书特性》讨论了与第一章涉及的奏事文书相对应的三种用于处理军国政务的政令类"王言"，即制书、发日敕、敕旨。制书由中书舍人或其他"兼知制诰"的官员起草，呈交皇帝御画发日（若皇帝不同意可留中不发），转交中书省由中书令、中书侍郎、中书舍人依次署名并"宣、奉、行"（遇中书令或中书侍郎不在的情况可以依次往后递署），再将制书发往门下，门下省应在侍中、黄门侍郎、给事中依次对制书进行署名后"覆奏而请施行"，由皇帝御画"可"，发还门下存档誊抄，钤印署名，牒送至尚书省施行，此即制书颁下的完整程序。这里作者指出中村裕一对《唐六典》卷八"给事中职掌"条的理解有误，并非制书分大小两类，而是制书处理的政务更为重大，需经门下署名后覆奏皇帝。而发日敕处理的政务重要性稍低，虽然也会经历起草进画、御画发日、中书署行，但是发往门下省后，不需覆奏，只需"署而行之"。针对现存史料中一些应为制授的官员授官文书却以"敕：……"开头的情况，作者从史源学的角度提出了与中村裕一不同的观点，认为其原因并非制敕混用，而是经过编纂的史料已无全貌，或是因为唐代"格后敕"的编订将王言系统整理为"敕：……"起首的形式，提示我们运用王言类史料时应当注意甄别。作者还根据中村裕一复原的敕旨式，补充复原了需要中书省覆奏的"发布皇命式"敕旨与无须中书省覆奏的"批复奏事式"敕旨两种类型，在"发布皇命式"敕旨中解决了"门下录事名"与"主事名"是否存在的问题，在"批复奏事式"敕旨中则是根据《制许翻译经论祠部告牒一首》完善了臣下奏状不应与敕旨剥离的不足。根据对现存史料中敕旨的分析，作者认为至晚从高宗统治时期开始，敕旨的主要功能即为批复奏事，"批复奏事式"敕旨的应用也日益频繁，初步分析原因为高宗头疾导致"面奏"被"进状"所代替，因而处理奏事的敕旨数量增加，深层原因还需从唐代奏事原则的变化中寻觅，但是后文实际未见对此问题的进一步分析说明。本章主要厘清了制书与发日敕的颁布过程，提示了王言类史料运用中需注意甄别史料性质，补充复原了"发布皇命式"敕旨与"批复奏事式"敕旨。作者的复原有一可商榷之处，根据中村裕一所复原的敕旨式以及红叶山文库所藏《令义解》所载《养老公式令》"敕旨式"条的注文"唐令此事，侍中下署一录事，给事中下署一主事"（参见 94 页），所复原的"批复奏事式"敕旨的门下省官员署名之处是否也应该体现"门下录事名"与"主事名"存在的可能？

第三章《唐代初期的政务奏报原则及其演变》以"授官"和"断狱"为中心讨论了奏抄与发日敕的应用范围，较前人有所推进，还论述了唐代不同时段尚书省的地位变化。在中日学者对发日敕与奏抄已有讨论的基础上，从"授官"的角度来看，作者认为以发日敕授官的"敕授"和以御画奏抄授官的"奏授"（"旨授"）应用范围虽然均为六品以下官员，但实际上其应用对象截然有别，敕授的具体对象为"六品以下守五品以上及视五品以上"以及"员外郎、御史及供奉之官（若起居、补阙、拾遗之类）"，为皇帝特敕授官，除此之外的六品以下官员才是奏授的应用对象，可以说是发日敕与奏抄共同构成了"授六品以下官"的范围。从"断狱"的角度来看，作者首先对史料进行了仔细审读，认为《唐六典》中除前人已校出的奏抄"断流以下罪"应为"断流以上罪"之讹误外，发日敕"除免官爵"亦应为"除、免、官当"之讹误，因此两者"断狱"的范围均为"流以上罪及除、免、官当"；据《唐律疏议·断狱》中"若大理寺及诸州断流以上，若除、免、官当者，皆连写案状申省，大理寺及京兆、河南府即封案送。若驾行幸，即准诸州例，案覆理尽申奏"[1] 一句，作者认为奏抄所断流以上罪及除、免、官当是针对诸州所申，发日敕则是针对大理寺及京兆、河南府所申。唐代前期尤其是初期，不论奏抄、发日敕抑或是其他王言，奏报主体都是尚书省，即"一切先申尚书省取裁"的政务奏报机制，在某些情况下也会导致行政效率相对低下，譬如奏抄如被驳回需来回倒转、尚书都省的勾检职能与六部二十四司的判案职能之间的矛盾、都省与六部之间还需经过"牒"沟通、政务是否上奏实际上取决于尚

---

① 刘俊文：《唐律疏议笺解》卷三〇《断狱》，中华书局，1996，第 2065~2066 页。

书左右丞等。作者着眼于奏状与奏抄应用范围的变化，对唐前期政务奏报机制的变化进行了论述，针对政务奏报机制的缺陷，统治者也在不断采取调整措施，一是缩小尚书省使用奏抄处理政务的范围，如部分奏授官被纳入敕授的范围，二是鼓励官员径直向皇帝奏事的行为，如设置匦使等，由此，尚书省的政务裁决权逐步被剥夺，《留司格》作为其处理日常事务的办事章程，卷数逐渐递减，至晚在中宗统治末期，"一切先申尚书省裁"的奏事原则已经消解，取而代之的是"事无大小，皆悉闻奏"的局面。只不过作者引用刘俊文《唐律疏议笺解》时，将"皆连写案状申省"与"大理寺及京兆、河南府即封案送"中的逗号录为了句号，可能会给读者理解史料带来困扰（134、137 页）。

第四章《唐代前期政务裁决机制的更革》讨论了高宗朝皇太子监国与"二圣"共同处理政务的分层决策机制，以及在这期间中书舍人地位的变化。随着"事无大小，皆悉闻奏"局面的形成，龙朔三年（663），高宗朝出现了"二圣"与监国皇太子分层决策的机制，即皇太子处理奏抄应用范围内的"小事"，而军国大政则由高宗与武则天处理；中宗即位后，试图参与军国大政，为武则天所废，也彻底终结了此前与监国皇太子分层决策的旧制，"敷奏文表，分判省事"的职责自然落在中书舍人身上，中书舍人的地位甄于极盛。在前人对中书舍人职掌认识的基础上，作者进一步提出"五花判事"与"六押"存在根本性的不同，"五花判事"是指中书舍人针对涉及军国大事的"准制敕"提出意见的一种防误之制，而"六押"则是中书舍人分别押判尚书六部之事，对诸司所进奏状进行取裁。中书舍人地位的突出，导致四等官制下作为其长官的中书令与中书侍郎反而受制于中书舍人的政见，针对这种情况，姚崇在开元二年（714）提出由中书令对中书舍人的预裁意见进行评判后再上奏皇帝。作者尤其肯定姚崇开元二年改革的重大意义，认为其理顺了中书省内部参议政务与署行制敕的权力，并且在奏请改革"六押"之制后不久，就命令中书主书将本由中书舍人参议之政务转移到了政事堂，政事堂的职能即拓展到处理日常庶务。另外，作者在论述武则天专政后中书舍人的地位时，认为"《封氏闻见记》中记载的宦途'尤为俊捷，直登宰相，不要历余官也'的'八俊'中，就有中书舍人，而'给事中不入'"（192 页）。作者对于"宦途八俊"中

"不入"的理解恐有错误，"不入"意为这八个步骤之外的其他出身与官职不入八俊之列，并非给事中不是八俊之一，中书舍人与给事中同属登宰相的重要一环，二者历其一即可；而且，刘后滨认为大概从大历、建中年间开始形成宦途八俊这样一个普遍的社会价值认同，[①] 此章用以论述武则天时期中书舍人的地位似有不妥。

第五章《中书门下敕牒与唐代后期王言体系》复原了两种"敕牒式"，讨论了中书门下敕牒的起源以及其在唐代王言体系中的应用。作者将敕牒式分为"发布皇命式"敕牒与"批复奏事式"敕牒，前者为中村裕一在《唐代公文书研究》中复原的敕牒式，后者则是作者将中村裕一在《唐代制敕研究》中复原的敕牒式稍作修订而成，实际上作者所谓两种敕牒式与中村裕一复原的敕牒式没有太大的差异，主要是平阙上的区别；对于中村裕一列出的五种敕牒的"异常形式"，作者也进行了解释，认为可能是在编纂或流传的过程中出现了文本遗漏或格式错乱，判定敕牒性质时，还是应当依据敕牒内容具体分析。中书门下敕牒至晚在开元二十四年（736）已经得到行用无疑，政事堂开始使用敕牒发布行政命令的时间上限不早于开元二年。作者认为在唐代王言体系中，敕牒可以说是为配合其他制敕而颁下的，就处理奏事而言，也可以认为其他制敕是为配合中书门下敕牒而颁下的；由于敕牒将中书省与门下省的出令权合二为一，其行政效率远高于敕旨，因而尽管安史乱后朝廷试图恢复尚书省的"会府"地位，但是敕牒取代敕旨已经成为必然。

第六章《唐代后期奏抄的应用问题》以官员奏授告身为切入点，对奏抄的应用范围以及应用时间进行了讨论。作者先是通过间接史料推论奏抄在唐宋之际可能一直行用不辍，并非元丰改制后才恢复，最有力的直接证据是《京兆翁氏族谱》中所存的《乾宁三年（896）刘翱将仕郎告身》，作者认为该录文实际上包括敕牒的一部分与奏授告身的一部分。据此，作者认为中晚唐举荐授官以敕牒答复举荐状与颁布授官命令，再针对授官对象分别颁给制授、敕授、奏授告身，可以说选官政务为敕牒所摄，告身仅

---

① 刘后滨：《宦途八俊：中晚唐精英的仕宦认同及其制度路径》，《北京大学学报》2019 年第 6 期，第 93～103 页。

是文书凭证而已。作者的论述或许有几点需稍加辨析。首先，作者认为录文中"定从九品下。准敕授"八字为族谱编纂中羼入的内容，原因是"将仕郎守建州建阳县尉"中的县尉应为从九品上才适合用"守"，据"注官阶卑而拟高则曰'守'"可知，散官品级低于职事官即可用"守"，将仕郎为从九品下散官，而建阳县为上县，其县尉为从九品官员，这里用"守"并无不妥，因而作者所论"定从九品下准敕授"为羼入并无证据；结合前句"附申敕头翁鄰，合依本阶序"，且建阳县尉为从九品，可以推知"定从九品下。准敕授"可能确实在编纂中发生了错乱，我们推测正确的语序或为"附申敕头翁鄰，合依本阶序。定从九品下。准敕授"，原因如下："敕头翁鄰"其人，现存史料中并无记载，而李军亦是在同一族谱——《京兆翁氏族谱》中发现了翁承赞的诗文、谢恩表文、墓志铭等，且翁承赞于乾宁三年中进士，又中宏词科敕头。① 博学宏词科是进士释褐的重要科目，"由于宏词科与进士科的考试内容和评判标准十分相似，进士科及第者在宏词科考试中占得先机，往往状元及第，就成了当年的宏词科'敕头'"②，那么翁承赞在乾宁三年即成为"敕头"也是极有可能的，《告身》时间为"乾宁三年"，我们有理由怀疑"翁鄰"为翁承赞之讹误；另翁承赞释褐官为正八品下京兆参军，其《初授京都府参军寄亲友》中又称"两枝丹桂虽堪贵，九品青袍又似卑"，实际上是指其散官为九品上下，③ 与"定从九品下"相符。其次，录文中"附申"一词以及翁承赞释褐官为京兆参军，说明翁承赞没有如其他三十人一样得到建阳县尉的官职，那么下文"等三十人"中"翁鄰"的出现或为族谱编纂者所加，若无"翁鄰"，其余仅剩二十九人，所以"刘翔"亦非作者所言为"刘翱"之误（258 页），而确是其弟刘翔。最后，作者认为李军将此告身定名为《授刘翱等人建阳县尉告身》不妥，应命名为《乾宁三年刘翱将仕郎告身》（257~258 页），作者也许是参照《建中元年（780）朱巨川朝议郎告身》而定，但是朱巨川告身中用词为"拟阶如右"即授散阶，而本告身中用词

---

① 李军：《唐梁之际福建士人翁承赞生平事迹考索》，《唐史论丛》2021 年第 2 期，第 295~312 页。
② 金滢坤：《士林华选：唐代博学宏词科研究》，《历史研究》2018 年第 1 期，第 52~67 页。
③ 李军：《唐梁之际福建士人翁承赞生平事迹考索》，第 295~312 页。

为"拟官如右"，重点并非授"将仕郎"这样的散阶，而是授"建阳县尉"的官职，也许可定名为《乾宁三年刘翱建阳县尉告身》或《乾宁三年刘翱将仕郎守建阳县尉告身》。从作者的结论来看，其认为唐宋间奏抄行用不辍的间接史料与直接证据，均与铨选及告身相关，或许可以说明奏抄用于官员告身一直未曾间断，但是唐前期奏抄广泛应用于日常政务的局面已经不复存在，奏抄的应用范围被极大压缩亦是不容置疑的事实，作者也承认奏状与中书门下敕牒代替了奏抄的政务申报与政令下达功能，从这个角度来讲，"中书门下体制"是有其合理性的。

第七章《中晚唐宦官专权的文书学解读》从文书运作的角度对宦官通过掌握敕牒而参与政务、进而与南衙行政系统对立并行进行了分析，提出唐后期中枢体制实为"双轨制"之说。作者从李辅国"口为制敕"谈起，认为其达到了唐代宦官专权的巅峰，李岘奏请改革后虽稍有制约，但是李辅国仍然以天下兵马元帅敕牒颁行政令，代宗即位后，李辅国任职中书令，成为名副其实的宦官宰相，作者指出虽然任职中书令助长了李辅国个人权力的膨胀，但是这种权力被纳入了中书门下，反可视为维护中书门下体制运作的一项举措。继李辅国之后，宦官群体仍以攫取政事奏报、政务参议、政令颁行方面的权力为手段参与军国大事。从政事奏报的方面来看，宫城诸门之上奏文书均由宦官诸使收入上呈皇帝，其中尤为重要的是右银台门奏事，在文宗朝或更早时期，就存在地方通过右银台门径直向内廷奏事的情况；类似的情况还有开成二年（837），观察使因监军使侵夺职权直申内枢密院。从参议政务的角度来看，宦官一是介入宰相在中书门下对政务的参议，如懿宗朝"宰相枢密，共参国政"，僖宗朝宰相郑畋自言"愿与内大臣参酌"；二是介入宰相与皇帝的延英奏对，文宗朝始，宦官获得了在延英殿参议政务的权力。但是作者指出宦官参与延英奏对并不能完全主导最终决策，还是受制于中书门下，因此宦官发展出了与中书门下敕牒并行的文书工具以取得颁行政令的权力。宦官功德使先是在政务上侵夺了祠部的职掌，进而通过"口敕"与直接"承敕而牒"的敕牒形式，侵夺了中书门下的职权；宦官杨复恭、西门季元通过"帖黄"的形式侵夺宰相权力，破坏中书门下体制，施行未久而唐王朝倾覆，所以综合而言，影响力更大的还是宦官敕牒的行用，与之相得益彰的是内侍省自身的系统化与宦官使职所覆盖政务的广泛化。安史乱后，神策中尉掌握禁军，威慑皇帝与朝官，宦官集团继而通过攫取颁布政令之权而参与外朝行政事务，发展出了庞大而系统的内诸使司行政体系，与宰相为首的南衙行政系统对立，因此作者提出"唐代后期的中枢体制实际上已经演变成一种双轨制，开北宋二府制之先河"（《自序》）。本章作者对唐代后期中枢体制的演变提出了"双轨制"的新说，难能可贵，如能参考李全德对枢密院的研究，或许会对唐后期宦官群体中神策中尉、枢密使以及北宋二府制的源流有更准确的看法。①

　　附章《唐代帖式文书的基本性质》主要讨论了帖的性质、对象以及一些特殊情况。作者首先对学术史进行了回顾，决定在前人的基础上进一步探究帖式文书的基本性质与行用场合。作者认为包括官府之帖与民间之帖在内的帖式文书，其性质都是晓谕行帖对象的通知；帖的对象实际上并不是某一级官府机构，而是具体个人；牓文实际上是帖的一种，即需要张榜公布之帖；对于一些特殊情况，如帖的对象为县与折冲府者，应当属于将紧急内容特别帖于县令与折冲都尉。作者的论证有几点或可补充，首先是在对《唐麟德二年（665）闰三月三日交河县下永安城主帖》定名的论述中，作者对"仰城主速（发遣赴县?）"内容的推测来自《武周长安二年（702）西州浤林城主王交行牒为勒僧尼赴县事》这样一份牒文（328—329页），推测依据并不充分，可参考邴朋飞对唐代城主职掌为"点检、考核与城防建设和维护有关人员的安排和运作、负责日常的乡城治安和管理等具体事务"的讨论。② 另外，第四节对唐代帖于城、乡的讨论遗漏了一份相关的帖文，即《唐开元年间西州交河县帖盐城为令入乡巡貌事》，该帖文直接帖于"盐城"，其中城主职掌亦为"点检排比"乡民，以供县令貌阅。③ 关于帖文与牓文的研究，还可参考雷闻的论著，对于帖的对象以及牓与帖的关系的说明与作者稍有不同。④

---

① 李全德：《晚唐五代时期中枢体制变化的特点及其渊源》，《中国人民大学学报》2005年第6期，第42~47页；《唐宋变革期枢密院研究》，国家图书馆出版社，2009年。
② 邴朋飞：《唐代城主相关问题考——以敦煌吐鲁番出土文献为中心》，《敦煌研究》2010年第2期，第81~89页。
③ 张荣强，张慧芬：《新疆吐鲁番新出唐代貌阅文书》，《文物》2016年第6期，第80~89页。
④ 雷闻：《官文书与唐代政务运行研究》，上海古籍出版社，2023年。"帖文"相关内容见第64~95页，"牓文"相关内容见第96~130页。

作者在《自序》中以刘后滨的研究为参照，提出了本书的三点主要看法，对此略作讨论：

一是作者认为不论唐代前期还是后期，政务奏报的主体始终是奏状，原因是唐代初期"一切先申尚书省"，尚书省把持着以奏状奏事的权力，高宗时期逐渐放开对臣民进状的限制，奏状成为奏事主体。但据作者第一章所论最初有资格以个人身份进状者，原则上应当是近臣，唐初个人奏状是被严格限制的，那么武断地讲"唐代前期与后期"就有自相矛盾之嫌，有待于进一步探讨与说明。

二是作者认为开元二年姚崇改革的重要性远远超过开元十一年（723）张说的改革，张说奏改政事堂为中书门下，不过是瓜熟蒂落的结果，而刘后滨则略显夸大了张说改革的意义。实际上，在《唐代中书门下体制研究》一书中，刘后滨并未否定姚崇改革的意义，反而指出在姚崇改革之下，"原本作为宰相议事之所的政事堂，也演变成为以中书令为首相的宰相裁决政务的常设机构"，对于张说奏改政事堂为中书门下的意义，也仅称为"中书门下体制建立的标志"而已，[①]与作者所论两者改革的意义并无二致，只是作者将姚崇改革视为唐代后期中枢体制变化的开端，刘后滨则将张说改革作为唐代后期中枢体制变化成熟的标志，侧重点不同而已。

三是对于"中书门下体制"的质疑，作者认为唐代后期的中枢体制已经演变成了南衙北司并行的"双轨制"。"双轨制"之说，不可谓不新，当然我们不否认唐代后期宦官专权的现象，但是针对其立论，还是有一些疑问。首先，从作者所列作为宦官行用"敕牒"参与政令颁行佐证的史料来说，几乎全部与宗教事务相关，并不具典型性。功德使为宦官充任，宪宗元和二年（807）二月："诏僧尼道士全隶左右街功德使，自是祠部司封不复关奏。"[②] 左右街功德使在皇帝授权之下管理宗教事务，而祠部郎中、员外郎职掌为"祠祀享祭，天文漏刻，国忌庙讳，卜筮医药，道佛之事"[③]，可见功德使对祠部职权的所谓侵夺也仅限于"道佛之事"而已，其中更为

---

① 刘后滨：《唐代中书门下体制研究——公文形态·政务运行与制度变迁》，齐鲁书社，2004，第176~177页。

② 《旧唐书》卷一四《宪宗纪上》，中华书局，1975，第420页。

③ （唐）李林甫等撰，陈仲夫点校：《唐六典》卷四《尚书礼部》，中华书局，1992，第120页。

重要的宗庙祭祀等权力仍然为祠部所掌，皇帝置功德使可能也仅是出于便宜考虑，退一步来讲，或可说明宦官通过使牒参与宗教事务的管理，却不能说明宦官通过敕牒参与其他日常政务。这里又涉及作者对敕牒与使牒的定义问题，在第五章作者即以宰相的使职性质认为"宰相行指挥权所用文书，自然就应是牒。究其本质，即可视为'使牒'。若属于'奉敕'而牒的情况，自然就可以称为'敕牒'"（226 页）。从作者的思路来看，其逻辑不错，但是我们通常认为敕牒为"中书门下敕牒"，"中书门下敕牒"与宦官功德使的"使牒"存在根本上的不同，即"中书门下敕牒"由中枢机构中书门下发出，功德使使牒即便是所谓"奉敕而牒"的"敕牒"，其性质、意义与唐代寻常使职所发使牒并无区别，而不宜与"中书门下敕牒"等量齐观。如按刘后滨所论，唐代中后期的中枢体制应为"中书门下体制"，而中央行政运作机制则是与北宋更接近的使职差遣体制，[①] 对宦官功德使的定位，似乎放在使职差遣体制中更为恰当。

本书的研究对象"奏敕"，即以"奏"统称向皇帝奏事的上行文书，以"敕"统称颁出皇帝命令的下行文书，前者主要包括奏抄、议、表、状，后者包括发日敕、敕旨、敕牒。作者希望通过"奏敕"体系的变化来探究"中枢政务运作机制"的变动（《绪论》）。论及"中枢政务运作机制"，自然会与皇帝、宰相、中书省、门下省、尚书省相联系。在中枢体制变化的过程中，尚书省的地位与职权的变化是最为明显且剧烈的，刘后滨认为"省符"承载"王言"，使"中枢政令直贯于州县乡里"，[②] 除"一切先申尚书省"到"事无大小，皆悉闻奏"的职权变化外，表现在文书上最明显的或许就是唐后期尚书省省符的职能为宰相堂帖所取代的现象，[③] 作者言未及此。皇帝在中枢政务运作中居于中心地位，本书《结语》亦揭示了在唐代政务运作机制变化过程中专制皇权的主导作用，那么就更加不能不关注唐代皇帝不经正式流程所颁下的政务文书，如墨诏、墨敕、政务

① 刘后滨：《唐代中书门下体制研究》，第 59 页。
② 刘后滨：《律令制与唐前期国家治理体系的基本特征》，《光明日报》2020 年 5 月 11 日，第 14 版。
③ 省符与堂帖相关研究可参考雷闻《唐代帖文的形态与性质》，《中国史研究》2010 年第 3 期，第 89~115 页；管俊玮《唐代尚书省"诸司符"初探——以俄藏 Дх02160Vb 文书为线索》，《史林》2021 年第 3 期，第 1~10 页。

性批答等，皇帝往往通过这些文书走向处理国家政务的前台，^① 不容忽视。此外，本书的研究对象"敕"实际是从"王言之制"中拣择而出，而王言中敕书政务文书性质的扩展亦为唐代中枢政务运作机制变化的一个重要方面，^② 敕书某种程度上也具有"敕"的含义，"作为政务文书的敕书，其在唐代中枢政务运行中内容与职能的变化，体现了行政运作新方式和君相权力分配新格局的形成"^③，也应加以关注。综上，仅通过对本书所定义的"奏敕"的讨论，恐未必能还原中枢政务运作机制演进的全貌。

总体来看，前四章作者均能在前人的研究基础上有所推进，譬如对奏事文书与"王言"文书的梳理与复原、对奏抄与发日敕应用范围的区分、对"五花判事"及"六押"的分析等；后三章则是针对唐代奏敕体系的变化以及中枢体制的演变提出自己的新说，譬如奏抄的行用与否、南衙北司"双轨制"的提出等，所有论述皆以文书运作为中心，正如书后朱玉麒对作者文献学整理品质的赞誉（360 页），无不显示作者在唐代文书上着力之深，亦不负书名"文书之力"。

---

① 墨诏、墨敕与批答相关研究可参考游自勇《墨诏、墨敕与唐五代的政务运行》，《历史研究》2005 年第 5 期，第 32~46 页；叶炜《唐代"批答"述论——以地方官所获"批答"为中心》，《北京大学学报》2010 年第 2 期，第 87~95 页。

② 敕文相关研究可参考禹成旼《试论唐代敕文的变化及其意义》，《北京理工大学学报》2004 年第 3 期，第 83~87 页；魏斌《"伏准敕文"与晚唐行政运作》，《中国史研究》2006 年第 1 期，第 95~106 页；魏斌《唐代敕书内容的扩展与大赦职能的变化》，《历史研究》2006 年第 4 期，第 21~35 页。

③ 刘后滨：《文书、信息与权力：唐代中枢政务运行机制研究反思》，包伟民，刘后滨主编《唐宋历史评论》第 3 辑，社会科学文献出版社，2017，第 279 页。

《中国古代法律文献研究》第十九辑

2024 年，第 421~436 页

李文良《契约与历史：
清代台湾的垦荒与民番地权》评介[*]

杨洁钫[**]

摘　要：李文良的《契约与历史：清代台湾的垦荒与民番地权》是近年来有关明清中国契约与地权制度研究的代表性成果，作者以各种公私文书为中心，结合各种文献史料，从清初政权转换过程中的地权纷争入手，分析了清初台湾垦荒政策的变动与效果。作者重新解释了番语与手印之特殊类型的契约的性质，指出这些特殊契约并非体现番民的自主地权意识，实际上是为了保障汉民买主的权利，体现出国家政策的变动对于地权关系、契约关系的影响。本书突破传统族群研究中的常用范式，从契约中发现历史，展现出清朝政府与台湾民间社会，以及台湾民间社会各族群之间的互动关系，勾画出了一幅极为全面的台湾开发活动图景。

关键词：李文良　清代台湾　契约　垦荒　地权

自从 19 世纪末、20 世纪初日本殖民政府开展台湾旧惯调查以来，台湾一直是了解传统中国契约社会特征的一个重要窗口。近代以来，明清中

---

[*]　本文系国家社会科学基金重点项目（22AZS011）、清华大学文科振兴基金研究专项"明清时代的契约与契约社会研究"（2021THZW）阶段性成果。
[**]　清华大学人文学院历史系博士研究生。

国契约文书研究的一系列议题，都与台湾的契约研究有着密切的关系。台湾也成为明清中国契约研究积累最为深厚的地区之一。2022 年，台湾大学教授李文良先生所著《契约与历史：清代台湾的垦荒与民番地权》① 则是这一领域研究最新、最重要的研究成果。不仅开拓了台湾社会经济史研究的新篇章，也极大地推进了明清中国契约文书研究的深入。

本书一共九章，除第一章绪论与第九章结语外，其余七章分为三部分，共 304 页。诚如本书序言所言，本书是作者在自 1991 年进入台湾大学硕士班以来 30 年间发表的 8 篇论文的基础上修改而成，反映了作者的研究历程。当然，最终成书时，作者对旧文进行了很多深入、细致的修改，使得本书不是一般的论文集，而是"有着内在架构、有机连结，可以反映学术累积并展望未来的专书"。而早在 2011 年，作者的另一本专著《清代南台湾的移垦与"客家"社会（1680—1790）》② 出版，此书关注"客家"人进入台湾南部的垦殖活动，以及客家群体的形成原因和定居过程。在此书中，作者就已经讨论了地方社会与国家的互动过程，虽然与《契约与历史：清代台湾的垦荒与民番地权》有所不同，但其学术旨趣与情怀都指向一致：想要为和自己父母一样，最接近土地，却隐没于传统文献，被历史切离得最远的乡村和农民们写些历史。这两部著作的出版，也在学术脉络上达成了内在架构的联结。

本书以契约、执照等相关公私文书为中心，深入地探讨清朝统一台湾之后的垦荒制度与民番地权的演变。虽然本书聚焦于康熙二十三年（1684）清朝政府正式任命的文武官员抵达台湾开始统治以后的时段，但本书也梳理了清朝统一之前的荷兰与明郑时期的台湾土地占有与变动情况，分析了政权变动背景下的地权演变过程。作者认为垦荒制度的演变是理解清代台湾地区的国家治理与地方社会互动发展的重要线索，这是朝廷进行地方开发与治理的重要一环，是清初移民社会形成的基础。政府需要控制土地资源，确保赋税征收，而原本生活在此地的汉民、番民，以及响应国家政策到台湾谋生的新移民，同样需要土地资源以保障生存。因此，

---

① 李文良：《契约与历史：清代台湾的垦荒与民番地权》，台湾大学出版社，2022。
② 李文良：《清代南台湾的移垦与"客家"社会（1680—1790）》，台湾大学出版社，2011。该书增订版于 2019 年出版。

契约、执照作为土地合法性来源以及纳税义务的凭证就成为国家与民众以及民众之间的媒介，成为了解当时国家与地方社会互动关系的重要史料。作者认为，"现存为数颇为庞大的契约，不仅曾是历史时期作为产权证明的重要文件，也是人们重建与理解地方历史的关键材料"（序言），"我们应该是从现存契约读到国家政策及法规，而皇帝是据此判读土地实况及其权利归属状态"（9 页），"相对于官府档案，民间契约只要加层滤镜或稍微转个弯，反而较易看到社会的动态"（14 页）。

一、本书的内容

从明郑到清朝的转换，"是一个连在偏远乡村辛苦垦耕过活的人，都会被卷进来的激烈变动的时代"。本书的第一章《绪论》就为我们揭示出那个变动时期军民、官民各方角逐与互动的实态。《绪论》开篇就讲述了一个平凡佃农倪六意外被历史记录下来的事件。康熙二十四年（1685）二月十一日，澎湖协镇（副将）詹六奇家丁林英禀告诸罗县，要求知县季麒光催促佃农倪六等人交租。季麒光传集两方质讯之后，认定倪六本是明郑时的宣抚陈寿之佃农，在政权转换之际，"隐故主之产，自愿领银输课"。而林英则是"乘此变迁徙易，假陈氏以渔其利"，双方皆有违理、法。最后季知县断令倪六等人须将本年度地租缴给詹六奇，但该田"自后永归各佃执业"。虽然倪六等人损失了一年地租，但最终成功由"佃农"转换为"业主"。透过这个诉讼案件，李文良指出，虽然从明郑到清朝的转换期，台湾岛内和平地政权转移，"但实际上当时乡村的地权争夺却极为惨烈，租佃关系几乎变了一遍"。这类记事显示了在明郑与清初的政权转换期间，土地产权所需要考虑的因素包含了明郑官员、攻台武将、清朝政府三方面的权利，同时普通小民的生活亦受到波及，因此在复杂的转换期妥善地处理土地产权关系，扩大作为赋役基础的"民田"的数量，成为清朝地方政府的一项重要任务。

本书第一部分"民田与番地"包括第二章、第三章，其中，第二章《清初田园接收与管理》梳理并讨论了明郑投降与清朝政府接收台湾这段政权转换过渡期中的田园接收与管理过程，这也是请垦制度实施的背景。

清初，因为攻台武官将领趁着政权转换期圈占了大量明郑时期由军队屯垦、未登记在官府税收账册上的营盘田及明郑文武官员、有力之家垦殖的"文武官田"，造成了清朝政府登录的应税田园大幅少于明郑时期的旧额。这给台湾民政经营的展开带来了难题。因此，政府如何在权力真空、业主权利混乱的前提下，尽可能多地掌握纳税土地，是地方官员必须认真考虑的问题，在此背景下，清朝政府开始在台湾推行"请垦制度"。

清朝初年，为了尽快恢复生产秩序，清朝政府在全国采取鼓励垦荒的政策。康熙二十三年统一台湾后，清朝政府鼓励招民垦耕，并发给执照，承认土地所有权，"一旦田园被登入官府账册，业主的土地控制就获得了一定程度保障"（21页），垦户也就合法地成为业主，"这些构成了清初所谓'民田'的基盘，也是地方行政官员在税收、差徭等行政事务上的主要对象"（39页）。这些土地也成为政府的合法税收来源（升科）。"请垦"作为中国传统土地产权合法来源的重要途径之一，构成了清初台湾土地产权关系的重要特色。书中所举的沈绍宏垦荒禀文便是请垦制度具象化的体现。

第三章《垦荒与熟番地权》进一步讨论请垦制度的变化。作者指出，与传统的"消极治台政策"刻板印象不同，事实上，清朝的中央政府与台湾地方政府官员，在统一台湾后开始积极推行请垦制度，招来垦民，鼓励开发。在康熙朝的不同时期，请垦制度有"募垦""报垦""劝垦"等不同的说法。这种文字表达的细微差异可以反映出土地开发政策的变化。正如作者所言："就清代官府文书的特性而言，文字的细微区别通常反映着法规的差异，而法规常常是政策与社会变动下的产物。"（57页）作者还特别分析了康熙五十四年（1715），康熙皇帝"突如其来强烈批评"，虽然造成招民垦荒政策发生了急剧的转变，但是并没有改变垦荒的趋势。本书通过对康熙五十四年的岸里社生番归化事件的分析，指出拓垦实际并未停止，民间只是根据政策的变化进行了调整，发展出"生番归化"和"瞨垦番地"的新模式，原先的荒地请垦制度变成了熟番版请垦制度。这一转变的主要意义就是"清初以来已在台湾积蓄的庞大移民垦荒动能，跟朝廷突然转变的移垦政策之相互遭遇后的新发明"（89页）。

本书第二部"契约与历史"包括第四章与第五章。第四章《番语与手印》以新港双语文书与手印契约继续讨论在国家对熟番进行保护的背景下，汉人如何利用契约去实现合法的权利主张。作者重新思考了罗马字母拼写原住民语言的"新港文书"的法律意义，指出"新港文书之特殊类型契约的制作目的，与其说是为了保障作为卖方的熟番，毋宁说是买方的汉民"，"新港文书反映的历史因此也就不是原住民地权意识及其文化复兴，而是乾隆朝积极的番地保护措施及番界整备运动"（11 页），这批契约"具体反映的并非熟番自主的地权意识、文化复振，而是 18 世纪清朝国家致力宣传却总是难有实效的熟番保护政策"（99 页）。同时，作者还分析中北部熟番"使用更原始却也因此被认为更接近其意愿的手摹脚印，来展示他们典卖土地给汉民的自主意识"而"番语及手印之特殊类型的契约提醒我们，契约作为主张主地权利最为重要的证件，制作时必须考虑国家政策及法规"（12 页）。本章有关番语与手印契约的研究，结合了制度史与文书学的方法，极具创新性，有助于重新思考这些契约成立的历史背景与法律社会关系。

第五章《熟番的地权主张》在探析了熟番与汉人之间的土地权利争夺之外，作者还将视角转移到熟番内部不同群体身上，作者透过对史料的精彩辨析呈现出同一案件的多种叙事成因，在岸里社主张地权的事件里，若不去探析文书的不同版本问题，很可能凭借"赏赐""归化"等字样，将此事简单归纳为熟番归化过程中，为政府提供武力支持，打击"叛番"以此"表忠心"的行为，但作者注意到文书中还有强调执照的细节，如若结合岸里社更为强调官员旧给执照来看，则会读取出熟番内部地权矛盾与主张的过程。流传的"赏赐""觐见"等说法，实际上是熟番主张地权过程中的一种"正统化"建构，也恰恰反映了当时的熟番地权及其稳定性并非如想象中一般的理所当然。

事实上，不仅台湾熟番如此，位于帝国西南一隅的云南、贵州等地也存在着同样的情况。连瑞枝在《边疆与帝国之间：明朝统治下的西南人群与历史》[①] 中所分析的僰夷之正统性建构实际上也可以与李文良的观点相互印证。我们可以见到的是，在帝国实施不同政策的各个时期，"话语"

---

① 连瑞枝：《边疆与帝国之间：明朝统治下的西南人群与历史》，联经出版事业股份有限公司，2019 年。

建构始终在不断发生，在国家或府州县治理层面，请垦制度和颁行土地执照为清朝政府对台湾进行赋税征收创造了足够灵活的话语空间，在此空间之下，无论汉人抑或熟番，都在利用契约、执照、传说等文书或文献资料来主张权利。李文良的最大贡献是通过对契约文书的活用，突破了传统族群研究的常用范式，让读者看到此区域中不同族群、主体的权力与权利的交互过程。

本书第三部分"边防与隘垦"，包括了第六章《18 世纪的边防整备》、第七章《番隘与界外开发》、第八章《从番屯到隘垦》。这三章从清朝政府的番汉隔离政策出发，探析了番隘之设立与越过番隘之外的土地资源开发，还原了当时"禁垦"语境下各族群间，以及民间与官府间的互动实态。

自康熙六十年（1721）朱一贵事件爆发至乾隆五十五年（1790）林爽文事件结束、番屯制度成立为止，乾隆皇帝一直着力推行划界隔离政策。在这样的背景之下，以隘寮、隘口为中心的边防整备，以及隘垦制度取代了原先的番界界线，成为 18、19 世纪台湾开发的新模式。18 世纪的边防整备主要包括"隘口"与"隘寮"的发展。两者虽然功能上类似甚至可以说等同，都是一种防御生番的设施，但是其制度起源却不同，"隘口"发端于山区与平原的边界地区，是汉民乡壮的自我防守系统，后因番汉冲突频发，官府辅以季节性巡防。而"隘寮"的防守主体则主要由熟番来承担，相比起"隘口"的社会惯习特征，"隘寮"则是清朝政府有意为之的制度性措施，其实际目的是在防守生番之外，也将频繁越界的汉人纳入防守范围。如果说本书前两部分考察汉人如何利用契约文书在不同语境下实现对熟番地权的利益争夺，这一部分我们则能看到熟番亦在学习这样的做法。"熟番和汉人相互结盟，和另一群熟番与汉人对抗，以争夺现实利益。"毕竟无论王朝实施怎样的禁垦政策，民间的生存需要与利益争夺始终不会随之停止，我们需要看到民众在政策规定下的能动性，"当时书写契约的双方其实很清楚政府的相关法律规范，他们并不轻易在白纸黑字的契约文书中明白写下违反政府法律规范的文字，让契约文书成为犯法的证据"（218 页）。

另外，"隘寮"与"隘口"并非此消彼长的关系，而是官府所允许的共存关系，换言之，官府在利用熟番进行隘寮守卫的同时，亦允许汉人进行自我防守。同时，作者进一步指出"隘寮"并不是一个纯粹的防卫设施，而是一种村落建设的构想，或者说是一种原本存在的熟番村落的结合体，只不过披上了禁垦语境下的垦殖活动的合法性外套。

日渐强化的番界政策在乾隆五十五年番屯制度成立之后发生质变，在这个以熟番为主角的制度之下，熟番因为被整编为屯丁，难以成为边防整备的主体。因此，汉人通过向官府申请设"隘"的方式实现了"抱隘进垦"的最终目的，成为19世纪拓殖活动的实际主角。作者在书中所举的垦照、佃批等契约文书，无疑是前文所述请垦制度在番界整备话语下的新形式，本质并无不同。总的来说，在这一部分中我们所能看到的是，王朝的上层构想与地方治理实践之间，在番汉问题上亦存在很大距离，也许康熙五十四年皇帝的一声令下使一切拓垦活动骤然停止，但边界的不断扩大、持续的番汉贸易活动，以及"隘寮"外衣下村落的增长，无疑证明了族群间的互动，人的生存需求与欲望会使事情变得远比制度性构想复杂得多。

二、 本书的学术创新

纵观全书，作者始终将契约与台湾历史作为一个整体来考虑，其背后涉及的是清朝台湾统一与治理过程中的政权转换、政策变动与族群互动，当这一系列的要素整合在一起时，我们所能看到的便是传统中国社会纠纷解决机制的问题，内地的百姓在日常纠纷或诉讼场合中，利用契约、执照等各种文书来证明产权的合理性与合法性，在清朝统一台湾之后，熟悉这套处理机制的官员与汉人移民便利用请垦执照、买卖契约等公私文书，强调地权的"合法性来源"，以此实现对土地资源的控制。因此，虽说清朝政府为了实现稳定的统治与保障租税的来源而实行了请垦制度，创造了一套保障地权合法性来源的话语体系，但从其实际过程来看，民间百姓更是积极主动利用这套话语体系，尤其是在康熙五十四年政策突然转向后，台湾南部的双语文书与北部手印文书成为确认汉民土地合法性的重要手段，将这种主动性最大限度地发挥出来，而隘垦制度则是根据国家政策调整后的改进策略。美国人类学家詹姆士·斯科特（James. C. Scott）在其《逃避统治的艺术》一书中探讨了东南亚山地民众如何通过各种方式逃避政府的控制，他曾提到文明化的趋中心描述（centripetal narrative）的概念，即"非国家空间的人逐渐向山下迁移、接受水稻农业、在语言和文化上同化"①，而这个过程与以宫廷为中心的自我描述相适应。然而，透过本书中所引的各种类型的契约文书，可以看出这样的趋中心描述并不只存在于国家典籍和正史记载当中，以符合国家统治的文明化理想。事实上，相当一部分百姓也在积极走入这个叙事，即使番语及手印文书为我们展现了一个带有屈辱意味的土地确权过程，也会有像岸里社大甲溪垦地之例子所展现的，有一股很强的民间力量让帝国版图扩张。诚如作者所言："清朝官府根本就不必费心向社会展示其强大的军政实力，社会就会努力将官府拉进地方，维护其统治正当性。"（16 页）

另外还需指出，李文良着眼于台湾社会，全书亦围绕番汉族群间的关系，以及清朝政府对番汉政策的调整来展开，但本书跳出了族群历史研究的传统范式，即聚焦清朝政府对于台湾是采取积极还是消极统治的讨论。从本书内容上看，无论清朝中央之决策是积极还是消极，我们所能看到的是整个台湾民间社会生活的积极性。王朝变换，政权更替，民间百姓仍在不变地努力生活，民间社会应对政策的变化创造出一套又一套合法话语，因此，与其去探讨清朝政府的统治态度为何，毋宁说民间社会，无论汉人移民还是熟番，都在适应国家的统治政策，并内化为现实可用的工具。

李文良对于这一点的讨论，实际上完成了对以往研究，特别是邵式柏（John R. Shepherd）、施添福、柯志明等人研究成果的对话。邵式柏与施添福都是通过对清代熟番土地流失的分析，讨论了清朝政府对于台湾治理的态度，但两人却得出了似乎完全相反的结论。比如邵式柏认为熟番掌握地权，向政府缴纳大租，而汉佃对他们贌垦的熟番地权缴纳小租的"番大租"模式，是清朝政府的一种抚恤政策，并认为清初政府对于何为"番

---

① 詹姆士·斯科特（James C. Scott）著，王晓毅译：《逃避统治的艺术：东南亚高地的无政府主义历史》（*The Art of Not Being Governed: An Anarchist History of Upland Southeast Asia*），生活·读书·新知三联书店，2016，第 142 页。

地"缺乏共识，而熟番地权的确认是在番社与政府不得不遏止汉人侵垦时才逐渐确定的，这是一个原住民番社、移民与政府三者达成调适的过程。① 换言之，清廷相对积极地保护熟番地权，顺应了民间习惯。施添福则认为汉佃瞨垦出现的根本原因是清朝政府的消极治理，未给熟番提供一个能够"力农"的安定环境。② 随后，柯志明非常有先见性地提出导致两种结论的不同走向的原因，多半在于研究者对于《台湾私法》与《土地惯行》等材料使用的一种以今推古的方法。故其也提出清代番地的流失，除了群体性的官吏违法失职之外，主要透过报垦升科的办法进行番地向民业的转换，另外在乾隆前期进行族群隔离政策之时，清朝政府主要将重心放在了界外开垦之上。③ 柯志明此处的讨论已给予读者一个看待番地与民业关系的新端绪。而李文良则将此端绪彻底展开，在他看来，从请垦制度到隘垦制度，与其说是跟随环境变化的被动调适，毋宁说是一种主动性的新发明更为合适。这让读者得以了解番业与民业的实际转换情况，以及清朝政府的态度与民间的灵活性都可以得到解释。在本书中，康熙年间的报垦制度与乾隆年间的隘垦制度便不是两个时期的两种治理态度，而是体现了政策调整背景下垦荒活动的不同范式。在此，清代台湾的土地契约没有单向地反映政府的态度，而是能够看到地方政府与民间社会对于政策的反应与互动情景。

李文良将不同类型契约文书进行比照，所以注意到了台湾南部新港双语文书与台湾北部手印文书的同质性。书中反思了以往对于新港双语文书的意义判断，与其说体现了番人或番社维护权利的意识，不如说文书中汉人争取利益、保障自我垦佃权利不受侵害的意志更为强烈。因为在没有使用西拉雅语的台湾北部，番人的手印契约也体现了相同的权利主张。因此，作者指出"新港文书和印有手模的两种特殊契约其实是一套组合，他

---

① 参见邵式柏（John R. Shepherd）著，林伟盛等译《台湾边疆的治理与政治经济（1600—1800）》下（*Statecraft and Political Economy on the Taiwan Frontier, 1600—1800*），第九章《熟番地权的演进》，台湾大学出版中心，2016 年。

② 施添福：《清代台湾的地域社会：竹堑地区的历史地理研究》，第三章《清代"番黎不谙耕作"的缘由——以竹堑地区为例》，新竹县文化局，2001，第 117~136 页。

③ 柯志明：《番头家：清代台湾族群政治与熟番地权》，"中研院"社会学研究所，2001，第357 页。

们是 18 世纪清帝国强力恤番政策下的时代新产物"（262 页）。这种新观点，开拓双语、手印契约研究的新思路，极具启发性。

　　同时，作者也关注乾嘉时期清朝政府对于西南的藏区与苗疆的政策，他指出，"台湾的番屯制度仿效自乾隆先前两次平定四川西北部大小金川的经验"，而在台湾发生林爽文事件后不久，"西南的云贵地区也在规模的'苗乱'之后推行了'均田屯勇'"，同一时期，西南与台湾都"共同出现屯的制度，看起来应该不会是单纯的偶然"（269 页），这种区域的比较研究，无论对西南边疆研究，还是对台湾研究，都提供了一个更为灵活的思路。实际上书中所谈到的熟番与汉人的关系、隘垦边界无法阻止汉人的流动与交往，以及官府设置官庄等情况，也在云贵等边疆区域也屡屡发生，这也从一个侧面反映了清朝政府处理族群及边疆问题时存在着一个整体的逻辑与观念。李文良的这本著作十分详细地为我们展示出这一逻辑与观念在台湾的实施过程，有助于重新理解清朝的边疆与族群政策。

三、　本书可进一步讨论的问题

　　传统中国的契约十分发达，到了明清时代，已经形成一套完整的体系。清代契约在很大程度上继承明代的契约传统，因此包括契约、执照在内的土地文书，虽然有一定的区域特点，但也有很大的同一性。因此，对于契约文书的分析，可以放到更大的时空之中去讨论。关于本文中有关契约文书的分析，笔者觉得有一些问题可以进一步讨论。

　　首先是关于台湾使用"契约"的时间问题。作者在书中第一章中根据倪六一案中"业佃双方都没有提到立有契约，负责审判的官府也没有要求他们呈堂供参"这一现象，就认为"台湾普遍使用契约作为产权证明，很有可能是清代以后才有的事情，明郑时代的官民之间大概不怎么盛行"（4页）。作者在第九章《结论》中更进一步指出"台湾在清代开始'普遍'使用契约来证明产权，有其特定的时空环境，主要是跟明郑到清的政权转换、'民田'的普遍成立有关"，"此一契约书写的新传统，影响了官府的土地管理、司法诉讼、番民的地权主张，以及现今社会对于地方历史的书写与认识"。因此，这可以"视为一个整体的文献类别与现象，来理解清代台湾出现大量土地契约文书的历史与社会意义"（263~264 页）。虽然作者并没有完全否定明郑时期存在着"契约"，但在政权转换的权利真空时期，有不少类似倪六这样的小民想要趁机成为业主，因此主动隐藏或销毁原先契约也不无可能。同时，明郑政权虽拥有一套独立的行政体系，但也很难否认其统治不受明代的契约习惯影响。因此，将台湾契约社会的建立认定为清朝统一之后的发明，笔者认为仍有讨论的空间。

其次，作者在第三章中认为沈绍宏的垦照禀文抄本不是后来常见的清代"垦照"，而应该是"一封文末带有知县批示的'禀文'"（45 页），对于"禀文"的执照性质提出了怀疑。下面就是《康熙二十四年沈绍宏请垦庇野草禀文抄本》：

> 具禀人沈绍宏，为恳恩禀请发给告示开垦事。
> 缘北路鹿野草荒埔原伪郑时左武骧将军旧荒营地一所，甚为广阔，并无人请耕，伏祈天台批准宏着李婴为管事，招佃开垦，三年后输纳国课；并乞天台批发明示一道，开载四至，付李婴前往鹿野草草地起盖房屋，招佃开垦，永为世业。须至禀者。
> 今开四至：东至大路及八撑溪，西至龟佛山及崁，南至抱竹及炭仔上，北至溪崁。
> 康熙二十四年十月　日
> 垦荒，现奉上令，准速给照，以便招佃及时料理；候垦耕成熟之后，照例起科。照。①

李文良认为这件文书"系沈绍宏为呈给官府而写，完全不是官发'垦照'的格式"（46 页）。不过，这是根据后来台湾广泛出现的新式"垦照"样式作出的推测。事实上，如果对比其他地区的垦荒执照，可以看出带有官府批复、押印的"禀文"被当作执照至少从明代起已经是一种常见的形

---

① 李文良：《契约与历史：清代台湾的垦荒与民番地权》，第 45 页，图版见彩图 1。

式。例如，徽州文书中保存明初的《永乐四年（1406）祁门县谢能静李胜舟垦荒帖文》：

> 徽州府祁门县，永乐四年四月十一日，据西都里长谢齐受申奉帖文，为开垦事，申乞，得此。案照：先为前事，已行体勘去后，今据见申，既已不系有额田土，拟合准令开耕。为此，使县今开前去文书到日，仰照各人所告田亩如法佝力开耕，永为己业，候三年后收科，仍将该科税粮依期送纳毋违。须至帖者。
>
> 一户　谢能静　李胜舟开田肆亩　麦捌升伍合陆勺　米贰斗壹升肆合
>
> 　　唐字四百六十八号，土名李家庄，内取田贰亩　东西南至山
> 　　　　北至田
>
> 　　唐字二百四十一号，土名清塌，内取田壹亩　东至山　西至坑
> 　　　　南北至田
>
> 　　唐字二百四十一号，土名清塌，内取田壹亩　东至山　西至坑
> 　　　　南北至田
>
> 　　右帖下告人谢能静　李胜舟　准此
>
> 永乐四年　四月十一日
>
> 　　（对同）　　（开垦事）
>
> 帖　（押）①

对比这件帖文与沈绍宏的垦荒禀文可以看出，两份文书在内容、格式、用语上都有很大的相似性，都是当事人向官府提出申（禀）文，要求开垦荒地，官府在确认所开垦的土地为"不系有额田土"后，直接在申（禀）文上批示"准照"之类字样，文书就由单纯的申（禀）文变成了"执照"。② 因此李文良在书中所引的沈绍宏禀文事实上就是清初颁发的"垦照"。

---

① 原件藏中国历史研究院图书馆，见王钰欣、周绍泉主编《徽州千年契约文书·宋元明编》卷一，花山文艺出版社，1993，第61页。

② 关于徽州文书中垦荒帖文的性质，参照周绍泉《徽州文书的分类》，《徽州社会科学》1992年第2期，第43页。

第三，本书第四章《番语与手印》在探讨熟番主张与维护地权一节引用了《康熙六十年（1721）下淡水社文书》，这是一份"合同"契约，契约一开始就写作"同立合约人"，文书最后也是以"立合约"作为结尾。而且保存了作为合同文书性质的"半字"。但这件契约的立契人只有作为熟番的代表"土官"，而没有汉佃一方。因此，李文良推测"契约这种单方面的意志表现，通常是形势立场上有求于人的'弱势者'写下，而交给'强势方'"（109页），"正因为如此，康熙六十年下淡水社文书参与立约者主要是番社（业主），而未及于汉人（佃户）"，"表面上看，下淡水社文书是番社内部领导阶层共识下的产物，然其内容实充分展现了维护汉佃利益的强势立场"（110页）。因此，作者得出结论："传统中国契约成立基础虽在于涉约关系人的'合意'，却不直接等于契约是一种平等、共同意志的表现。"（109页）

不过，该件契约左侧保存"半字"，由于笔者没有看到原件，仅仅根据图版猜测应该是"合同执照永为照证"之类的文字，表明这是一件合同文书。因此，应该还有一份相对应的文书。对于这个问题，作者并没有解释。事实上，合同文书中除了合同一样书写两纸或多纸外，还有一类合同文书各自书写合同，言明各自权利和义务，最后在两张合同上符书"合同各执存照"字样。每一份合同只由本方具名押署，对方不在这张合同中押署，徽州文书中就保存有这样的合同文书。① 因此，可以猜测，《康熙六十年下淡水社文书》或许还有一件汉佃所立契约，交给熟番收执。而不是熟番单方面立下合同文书，交给汉佃收执。因此，对于这件合同文书，还有进一步讨论的必要。

最后，笔者想要就康熙五十四年的政策停止问题，提出个人的猜测。李文良关于此，提到了族群矛盾的问题。康熙六十年的朱一贵事件便是重要例证，但时间退回朱一贵事件爆发前的康熙五十五年，福建浙江总督觉罗满保还曾上疏曰："今据台湾镇道详报，南北生番四千七百余口，倾心

---

① 《万历二十二年张垍立合同文约》，载《徽州千年契约文书·宋元明编》卷三，第276、277页。关于这种特殊的合同，参照周绍泉《明清徽州契约与合同异同探究》，中国史学会《中国史学》第3卷，东京，1993，第81~82页。

向化、愿同熟番内附。"① 然后，康熙皇帝回复说："生番远居界外、从未投顺。今慕义输诚、请入版籍。著地方官加意抚恤。"② 这一旨意看上去又似与垦荒制度的戛然而止有所乖违，因此笔者猜测康熙皇帝的考虑不止于简单的番人与汉人之间的矛盾。

事实上，为了更好地理解这一问题，可以将视角移至与台湾族群构成情况相类似的西南边陲。清初的西南各省也实行鼓励垦荒政策，顺治十八年（1661），云贵总督赵廷臣上疏："滇、黔、田土荒芜、当亟开垦。将有主荒田、令本主开垦。无主荒田、招民垦种。俱三年起科。"③ 康熙五年（1666），贵州巡抚罗绘锦建议对贵州荒地免行丈量，"俟百姓复业，荒地开垦，再行清丈"④。到了康熙末年，因为广西、贵州等地屡次发生族群冲突，"奸民"之弊也逐渐显现。康熙四十七年（1708），湖广总督郭世隆谈及苗人生事时，认为"内地奸民与苗人结亲，往来勾通，不可究诘"⑤。同时，台湾周边，东南沿海地方海盗频发，兵部也建议"严查内地奸民，使不得出洋行劫，则民生自然安辑"⑥。这种情况一直延续至雍正年间，并成为一个难题。雍正十三年（1735），贵州黄平施秉一带发生"苗变"，雍正帝指出"此番苗变，既勾结熟苗汉奸，料难即速平靖……至贼苗败遁之后，必仍归还巢穴。其助恶熟苗汉奸，知无所逃"⑦。也即是说，"苗变"中最棘手的问题实际是苗汉勾结，因此平定"苗变"后，要让苗人回归巢穴，使"熟苗""汉奸"知难而退。因此隐藏在番汉、苗汉矛盾背后的"奸民"实际是"苗乱"的不安因素，他们与不同族群相互"勾结"，行动无常，难以管控。诚如詹姆士·斯科特（James. C. Scott）所言，属于"熟"的这部分人占据着阈限（liminal）空间，一方面不再是提供劳役、接受驯化的"生"的那部分居民，但又还未被同化成汉族臣民。⑧ 而与熟

---

① 《清圣祖实录》卷二六八，康熙五十五年九月丙子，中华书局，1982，第635页。
② 《清圣祖实录》卷二六八，康熙五十五年九月丙子，第635页。
③ 《清圣祖实录》卷一，顺治十八年二月乙未，第49页。
④ 《清圣祖实录》卷二十，康熙五年九月辛卯，第280页。
⑤ 《清圣祖实录》卷二三五，康熙四十七年十二月乙未，第355页。
⑥ 《清圣祖实录》卷二四五，康熙五十年三月丙辰，第905页。
⑦ 《清世宗实录》卷一五六，雍正十三年五月癸卯，第902页
⑧ 詹姆士·斯科特（James C. Scott）著，王晓毅译：《逃避统治的艺术：东南亚高地的无政府主义历史》，第143页。

番、熟苗"勾结"起来的所谓"汉奸"，则属于斯科特所指出的包括逃避纳税、兵役、瘟疫、贫穷、监禁，进行贸易在内的有理由逃离国家权力的人，他们利用边陲的性质，进行自我部落化与"蛮夷"化，以逃避成为一个赋税征收单位。[①] 因此，将康熙朝晚期台湾与同一时期西南边陲相对比，我们或者可以猜测，相比起单纯的番汉族群的对立，逐渐适应与习惯当地生活的汉人与拥有阈限空间的熟番所共同打造的自我边陲化空间，也许更是远离天边的中央朝廷的隐忧。

总而言之，李文良所著《契约与历史：清代台湾的垦荒与民番地权》以清朝统一之后的国家垦荒与台湾土地关系实际变化为中心，勾画出了一幅极为全面的台湾开发活动图景。其对于各种史料与文书真伪的分析足见作者深厚的史料分析功底，而将不同类型的史料进行罗织，最终展现出清朝政府与台湾民间社会，以及台湾民间社会各族群之间的互动关系。正如作者提示到"社会的基本结构常是对应于地方的开发过程"（261 页），本书对社会基本结构的分析为清朝台湾治理政策的研究提供了一个合理的答案。

---

① 詹姆士·斯科特（James C. Scott）著，王晓毅译：《逃避统治的艺术：东南亚高地的无政府主义历史》，第 144 页。

《中国古代法律文献研究》第十九辑

2024 年，第 437~444 页

2023 年度台湾地区中国法律史研究论著目录

吴景杰

一、通　　代

【论文】

1. 陈韵如《2020 年至 2022 年法律史发展回顾：实务与研究的对话》，《台大法学论丛》52 卷特刊，2023 年 11 月。

2. 渡邉义浩、顾盼《"古典中国"的成立：以丧服礼的展开为例》，《成大历史学报》64，2023 年 6 月。

3. 郭羽楠《诸侯与王臣——早期中国政治伦理演变及对经学阐释的影响》，《鹅湖月刊》579，2023 年 9 月。

4. 林毓生、江逸宾《比较视野下的中国政治秩序观念史》，《中国文哲研究通讯》33：3，2023 年 9 月。

5. 林毓生《中国古代的祖先崇拜、宇宙论与政治秩序的观念：一项初步的省察》，《中国文哲研究通讯》33：3，2023 年 9 月。

6. 石昇烜《"四分溪简牍读书会"简介》，《法制史研究》40，2023 年 12 月。

7. 尹嘉越、朱腾《中国人民大学法学院"法律史料研读班"回顾与展望》，《法制史研究》40，2023 年 12 月。

8. 张官鑫《清华大学"简牍研讨班"报导与展望》，《法制史研究》40，2023 年 12 月。

9. 周东平《厦门大学法学院"中国早期刑法志轮读会"报导》，《法制史研究》40，2023 年 12 月。

【书评】

1. 张玉燕《书评〈万物之秩序：从传统中国知识到科学植物学〉》，《中华科技史学会学刊》28，2023 年 12 月。

二、先　　秦

【论文】

1. 狄君宏《论〈仪礼·乡饮酒礼〉的"缭祭"》，《清华中文学报》29，2023 年 6 月。

2. 佐藤将之《〈管子〉"法"论的多层构造和其思想形成》，《政治科学论丛》98，2023 年 12 月。

【书评】

1. 萧振声《书评：佐藤将之〈后周鲁时代的天下秩序：《荀子》和《吕氏春秋》政治哲学之比较研究〉》，《哲学与文化》50：1，2023 年 1 月。

三、秦汉魏晋南北朝

【专著】

1. 陈俊强《从肉刑到流刑：汉唐之间刑罚制度的变革》，元华文创股份有限公司，2023 年 10 月。

2. 卢建荣《中国司法长夜微光乍现》，暖暖书屋，2023 年 7 月。

【论文】

1. 陈志峰《刘向〈诗〉学传承问题及其与西汉政治现实关系重探》，《清华学报》53：2，2023 年 6 月。

2. 邴尚白《北大秦简〈鲁久次问数于陈起〉补说——兼论中国古代看待"数"之两类观点》,《清华中文学报》30,2023 年 12 月。

3. 高震寰《试论五一广场东汉简中的"待事掾"——兼论东汉"掾"的发展》,《"中研院"历史语言研究所集刊》94:4,2023 年 12 月。

4. 何维刚《南北朝外交移书初探》,《汉学研究》41:3,2023 年 9 月。

5. 黄怡君《从西汉皇帝的决策流程论中朝官的职能》,《台大历史学报》72,2023 年 12 月。

6. 刘可维《汉唐间的征文主义——兼与冨谷至先生商榷》,《台大历史学报》72,2023 年 12 月。

7. 林俊宏《〈潜夫论〉的政治思想研究:一个东汉中晚期思想的侧面》,《政治科学论丛》95,2023 年 3 月。

8. 林益德《黄金一斤值钱万——汉代法律制度中的黄金问题》,《新史学》34:1,2023 年 3 月。

9. 石昇烜《汉代简牍公文书的形制、性质与行政程序——论"两行"的制度地位》,《台大历史学报》72,2023 年 12 期。

10. 汪华龙《"制曰闻"与奏呈记录:扬州蜀秀河 M1 木牍的文书学考察》,《"中研院"历史语言研究所集刊》94:3,2023 年 9 月。

11. 魏慈德《〈岳麓书院藏秦简(肆)〉简 13—14 子及奴婢亡后自出律文及其相关问题探讨》,《政大中文学报》40,2023 年 12 月。

12. 吴惠玲《天命与天分——试就班彪〈王命论〉与刘劭〈英雄篇〉论帝王与英雄之定位》,《台北大学中文学报》34,2023 年 9 月。

13. 吴晓昀《缘饰与汉法:西汉尊儒政策思维的纠葛与变化》,《清华中文学报》29,2023 年 6 月。

14. 郑伊凡《传槥——秦汉国家对归葬乡里的制度设定与文书行政》,《"中研院"历史语言研究所集刊》94:2,2023 年 6 月。

15. 郑宗贤《西汉武功爵对应军功爵的释疑与评价》,《法制史研究》40,2023 年 12 月。

【书评】

1. 李启成《旧学新知,清渠活水——读张伟仁〈寻道:先秦政法理论刍议〉》,《法制史研究》40,2023 年 12 月。

四、隋 唐 五 代

【论文】

1. 陈俊强《唐代流刑的特质——兼论汉唐刑罚的变革》，《法制史研究》40，2023 年 12 月。

2. 桂齐逊《唐代法官形象举隅——"守法型"与"严酷型"的比较研究》，《法制史研究》40，2023 年 12 月。

3. 黄子晏《康业与史君墓志所见西魏粟特人官职札记》，《早期中国史研究》15，2023 年 12 月。

4. 李志鸿《隋代王权与礼仪空间：以佛教文献中的隋文帝为中心》，《中国文哲研究通讯》33：1，2023 年 3 月。

5. 吕安妍《"背恩"何以"无行"？——从李商隐的政治评价谈干谒文化下"公私"观的转变》，《佛光人文学报》6，2023 年 1 月。

6. 苏军玮《汉唐崛起对周边的"冲突—回应"模式》，《政治科学论丛》96，2023 年 6 月。

7. 石冬梅《〈俄藏敦煌文献〉第四至九册、第十二册文书考辨》，《书目季刊》57：3，2023 年 12 月。

8. 王德权《为国惜法，期守律文——隋、唐前期的"守法"争议与国制变动》，《政大历史学报》59，2023 年 5 月。

9. 姚鲁元《〈孝经皇帝感〉所见唐玄宗〈御注孝经〉的传播与接受形式》，《早期中国史研究》15，2023 年 12 月。

五、辽 宋 金 元

【论文】

1. 高婉瑜《检验书〈洗冤集录〉急救法研究——兼论古代检验与医学之关连》，《政大中文学报》40，2023 年 12 月。

2. 林君宪《从护学到卫国——南宋的太学祠祀信仰》，《早期中国史研究》15，2023 年 12 月。

3. 林煌达《宋代州县长吏的举留》，《淡江史学》35，2023 年 9 月。

4. 童永昌《溧阳县相府献田案所见十三世纪财政压力下的南宋地方社会》，《新史学》34：4，2023 年 12 月。

5. 袁承维《从〈东坡易传〉看苏轼的思维模式和变法观》，《政治科学论丛》95，2023 年 3 月。

6. 翁育瑄《宋代诉讼中的再嫁妇女——以〈名公书判清明集〉赵宗姬案为例》，《法制史研究》40，2023 年 12 月。

7. 郑丞良《试论绍熙内禅后中枢政局与权力转移》，《早期中国史研究》15，2023 年 12 月。

【书评】

1. 洪丽珠《制度与社会之间的距离——郑鹏〈制度与秩序——元代地方司法运作研究〉评介》，《法制史研究》40，2023 年 12 月。

六、明　　清

【专著】

1. 林晋葳《圣谕与教化——明代六谕宣讲文本〈圣训演〉探析》，秀威出版，2023 年 12 月。

【论文】

1. 蔡承豪《小地域的变貌：清代大直地区的地权转换与多元生业》，《台北文献》直字第 226 期，2023 年 12 月。

2. 蔡承豪《多方角力下的光绪十八年恒春半岛"射不力社事件"》，《故宫文物月刊》478，2023 年 1 月。

3. 陈昱宏《王振与明初宫廷礼仪制度关系之探析》，《华冈史学》10，2023 年 3 月。

4. 黄宥惟《经世理想与政治现实：陈梦林与十八世纪初台湾的地方行政区划议论》，《台湾文献季刊》74：1，2023 年 3 月。

5. 黄宥惟《郑尽心事件：康熙四十九年的海贼缉拿与清朝君臣的折冲》，《故宫学术季刊》，40：4，2023 年 6 月。

6. 林峻炜《清初儒者许三礼之天人关系论述与治理实践》，《政治科学论丛》95，2023 年 3 月。

7. 刘维瑛《旌表制度与地方社会：以台郡节妇颜刘氏受旌表为例》，《历史台湾》25，2023 年 5 月。

8. 彭皓《崇祯初年户部财政与西北秦晋边镇的军饷供应（1628—1633）》，《清华学报》53：4，2023 年 12 月。

9. 齐汝萱、许世融《云林地区行政区划沿革与两次设县比较》，《台湾文献季刊》74：1，2023 年 3 月。

10. 苏全正《清代台湾僧官制度之探讨——以嘉义市城隍庙为例》，《台湾文献季刊》74：1，2023 年 3 月。

11. 史煜飏《明代地方司法覆核制度考实》，《法制史研究》40，2023 年 12 月。

12. 王一樵《李光地、李清馥祖孙与明末清初闽地朱子学的乡里实践》，《思与言：人文与社会科学期刊》61：4，2023 年 12 月。

13. 王威《十八世纪清代台湾的民壮、乡勇、熟番与边区防卫（1725—1784）》，《台湾史料研究》61，2023 年 6 月。

14. 王威《清嘉道年间噶玛兰土地赋税制度之政治过程及其影响》，《台湾风物》73：4，2023 年 12 月。

15. 郑竣元《清代淡水厅"保"的行政区划与空间变迁——以芝兰保为核心》，《台湾风物》73：1，2023 年 3 月。

【书评】

1. 程实《什么是清代刑部？——读郑小悠〈人命关天：清代刑部的政务与官员（1644—1906）〉》，《法制史研究》40，2023 年 12 月。

2. 李佩蓁《160 年前的权力游戏：评黄宝雯〈打狗开港：条约、海关、地方的三角关系〉》，《高雄文献》13：1，2023 年 6 月。

3. 刘铮云《本年系何年——读〈清代官员履历档案全编〉一得》，《古今论衡》41，2023 年 12 月。

七、 近现代（1840—1949）

【专著】

1. George Henry Mason 著，卢依依译《中国刑罚》，暖暖书屋，2023 年

11 月。

2. Linda Colley 著，陈信宏译《枪炮、船舰与笔墨：战争及宪法所催生的现代世界》，卫城出版，2023 年 3 月。

3. 林玉茹《向海立生：清代台湾的港口、人群与社会》，联经出版，2023 年 3 月。

4. 吕芳上《擘划东亚新秩序：开罗会议中国代表团纪录汇编》，民国历史文化学社，2023 年 8 月。

5. 王裕华著，林资香译《兴衰：菁英网络演变与帝制中国》，日出出版，2023 年 9 月。

【论文】

1. 邓克腾《晚清〈公司律〉下的股东查阅权——以粤路公司为中心》，《法制史研究》40，2023 年 12 月。

2. 黄国铨《多才能臣伍廷芳——从其修律历程看中国刑律近代化》，《洄澜春秋》18，2023 年 12 月。

3. 李念祖《中华民国宪草及约法文本中的国体变化：宪法史的观察》，《东吴法律学报》34：4，2023 年 4 月。

4. 全定旺《公私观念的近代转向——基于梁启超戊戌时期思想的考察》，《哲学与文化》50：11，2023 年 11 月。

5. 宋尚诗《中国农村题材小说中的土地集体化（1949—1966）：以政治经济与空间为考察视角》，《清华中文学报》29，2023 年 6 月。

6. 项浩男《战后国共对峙下的基层政治秩序与县政运作实态——以黄体润的萧县县长经历为中心》，《台大历史学报》71，2023 年 6 月。

7. 詹康《郭嵩焘的政治思想》，《政治科学论丛》97，2023 年 9 月。

8. 张喆《1922 年取消"清室优待条件"的讨论》，《洄澜春秋》18，2023 年 12 月。

9. 佐藤仁史《山本英史，乡役と溺女：近代中国乡村管理史研究》，《汉学研究通讯》42：2，2023 年 5 月。

《中国古代法律文献研究》 第十九辑

2024 年，第 445~458 页

2023 年度国外中国法律史
研究论著目录

［日］吉永匡史 ［韩］金 珍 方金平
［德］施可婷 ［法］梅凌寒

一、 通 代

（一）日文

【专著】

1. 宫澤知之《中国前近代の貨幣と財政》，京都大学学术出版会，
2023 年。

2. 渡邊信一郎《中國古代國家論》，汲古書院，2023 年。

【论文】

1. 本野英一《清末民国初期の中英雇用・取引契約関係——上海共同
租界を中心に》，《歷史と経済》65 - 2，2023 年。

（二）英文

【专著】

1. Antonelli, Federico Roberto. *Chinese Law: From the Ancient to the New
Silk Road*. Padova, Italy: Libreriauniversitaria.it, 2023.

2. Lee, Haiyan. *A Certain Justice: Toward an Ecology of the Chinese Legal Imagination*. Chicago, IL: The University of Chicago Press, 2023.

【论文】

1. Niu, Zihan. "On the Rule of Virtue, Rule of Law, and Litigations Recorded in the Official History 'Biographies of Law-Abiding Officials'." *Frontier History of China*, vol.18, no.2, 2023, pp.135 – 152.

2. Ohnesorge, John. "Regulation of the Legal Profession in China: A Historical Overview." *China Law and Society Review* (Online), vol.8, no.1 – 2, 2023, pp.25 – 61.

（三）德文

【论文】

1. Wang Yinhong. "Rechtsgeschichte in China." ［中国的法律史］ in: *Zeitschrift für neuere Rechtsgeschichte* ［现代法律史期刊］ 45(2023), 页136—144.

二、先 秦

（一）英文

【专著】

1. Fech, Andrej. *Mad Rulers and Worthy Sons: A Translation and Analysis of the Newly Excavated Zhouxun 周訓*. First Three Pines Press edition. St Petersburg, FL: Three Pines Press, 2023.

【论文】

1. Jing Yu. "How to Realize the Idea of 'Virtuous Rule of Law': A Historical and Logical Research Based on Xunzi." *Frontier History of China*, vol.18, no.2, 2023, pp.153 – 176.

2. Milburn, Olivia. "Rape in Early China: Two Case Studies." *Bulletin of the School of Oriental and African Studies*, vol.86, no.2, 2023, pp.277 – 291.

3. Yang, Tang. "The Philosophically Revisionist Translation of Terms in

Mozi Taking the Translation of 'Fa' in Mozi as an Example." *Comparative Literature — East & West*, vol.7, no.2, 2023, pp.177 – 187.

三、 秦汉魏晋南北朝

（一）日文

【专著】

1. 宫宅潔編《嶽麓書院所藏簡〈秦律令（壹）〉譯注》，汲古書院，2023 年。

2. 町田隆吉《出土文献からみた魏晋・五胡十六国時代の河西》，桜美林大学出版会，2023 年。

3. 鄭雅如（榊佳子訳）《北魏の皇后・皇太后——胡漢文化の交流による制度の発展状況》，伴瀬明美・稲田奈津子・榊佳子・保科季子編《東アジアの後宮》，勉誠社，2023 年。

【论文】

1. 青木竜一《後漢・魏晋期の国制上における軍の位置づけの変化——将帥への斧鉞授与に注目して》，《東方学》145，2023 年。

2. 各務美穂《中国の刑罰——醢刑を中心に》，《中国言語文化研究》23，2023 年。

3. 章瀟逸《漢代賊捕掾考》，《歴史文化社会論講座紀要》20，2023 年。

4. 福永善隆《前漢後半期における御史制度の展開》，《九州大学東洋史論集》50，2023 年。

5. 水間大輔《『胡家草場漢簡「律令」と文帝刑制改革造』修訂》，《中央学院大学法学論叢》36 – 2，2023 年。

6. 劉聡《秦漢時代における官吏の犯罪——岳麓秦簡「為獄等状四種」案例六に着目して》，《岡山大学大学院社会文化学研究科紀要》55，2023 年。

【书评】

1. 飯田祥子《阿部幸信著『漢代の天下秩序と国家構造』》，《歴史評論》884，2023 年。

2. 石野智大《孫璐著『唐の医療制度に関する一考察』》，《法制史研究》72，2023 年。

3. 下田誠《渡邊信一郎著『中国古代国家論』》，《歴史評論》884，2023 年。

4. 陶安あんど《王蘇『「法」思想小考——統一秦の国家理論の一側面』》，《法制史研究》72，2023 年。

5. 戸川貴行《渡邊信一郎著『中国古代国家論』》，《史学雑誌》132－9，2023 年。

（二）韩文

【论文】

1. 방윤미（方允美）《秦·漢初司寇再考——女性司寇 문제를 중심으로（秦及汉初司寇再考——以女性司寇问题为中心）》，《中國古中世史研究》67，2023 年。

2. 오준석（吳峻錫）《遷刑에서 流刑으로-중국 고대 유배형의 변천과 특징（从迁刑到流刑——中国古代流放刑的变迁与特点）》，《中國史研究》143，2023 年。

3. 오준석（吳峻錫）《漢代 刑制改革과 贖刑·罰金刑의 변화（汉代形制改革与赎刑、罚金刑的变化）》，《中國古中世史研究》70，2023 年。

4. 임병덕（林炳德）《『荊州胡家草場西漢簡牘』과 漢文帝의 刑制改革（〈荆州胡家草场西汉简牍〉与汉文帝的形制改革）》，《中國史研究》143，2023 年。

5. 임병덕（林炳德）《『荊州胡家草場西漢簡牘』과 秦漢律의 司寇（〈荆州胡家草场西汉简牍〉与秦汉律的司寇）》，《中國學報》105，2023 年。

6. 장호영（張昊永）《殊死 관념의 분석을 통해 본 漢-魏晉시기 사형（通过分析殊死观念看汉晋之际的死刑）》，《史林》85，2023 年。

（三）英文

【论文】

1. Hafner, Arnd H. "The State of Research in Early Chinese Legal History: A Review of Two Important Recent Annotated Translations in English." *Bamboo and Silk*, vol.6, no.1, 2023, pp.103 – 157.

2. Korolkov, Maxim. "Building Empire, Creating Markets: Commercial Policies and Practices in Imperial Qin（221 – 207 BCE）." *Journal of the Economic and Social History of the Orient*, vol.66, no.1 – 2, 2023, pp.206 – 236.

3. Tong, Chun Fung. "The Reformation of Social Order in the Qin Empire." *Asia Major*, vol.36, part 1, 2023, pp.95 – 136.

4. Venters, Laurie. "Lightening Bonds: Servile Resistance in Early Imperial China." *The Historian*（Kingston）, vol.84, no.2, 2023, pp.262 – 289.

5. Yaozhong, Yan. "Relations between Statute Law and Judicial Practice in the Northern Wei Dynasty." *Frontiers of History in China*, vol.18, no.2, 2023, pp.177 – 195.

四、隋 唐 五 代

（一）日文

【专著】

1. 坂上康俊《唐法典と日本律令制》，吉川弘文館，2023 年。
2. 鳥居一康《唐宋軍政史研究》，汲古書院，2023 年。
3. 中村裕一《隋唐の詔勅》，汲古書院，2023 年。

【论文】

1. 小島浩之《唐・五代官人の行政実務と法令——官府別の法令集と「法令壁記」をめぐって》，氣賀澤保規編著《論集　隋唐仏教社会とその周辺》，汲古書院，2023 年。

【书评】

1. 松本保宣《千田豊著『唐代の皇太子制度』》，《東洋史研究》82 -
2，2023 年。

（二）英文

【论文】

1. Xie, Pan, and Zhou Li. "The Janus-Faced Clergy Crimes in the Judge
Dee Mysteries: A Pentadic Criticism." *Religions* (Basel, Switzerland)，vol.14,
no.2，2023，pp.136 - 149.

五、辽宋金元

（一）日文

【专著】

1. 久保田和男《宋都開封の成立》，汲古書院，2023 年。

【论文】

1. 青木敦《北宋特別法の収集と分析》，《青山学院大学文学部紀要》
64，2023 年。

2. 小野裕子《西夏の「軍 gjal」に関する一試論——西夏語文献『天
盛禁令』巻 4の条文に基づいて》，《岡山大学大学院社会文化学研究科紀
要》55，2023 年。

3. 與座良一《南宋の身丁税について——両浙東西路を中心に》，《唐
宋変革研究通訊》14，2023 年。

（二）韩文

【论文】

1. 전영섭（全永燮）《名公書判淸明集 「胡石壁書判」「戶婚
門」·「人倫門」에 보이는 天理·國法·人情의 작용과 관계 -
'一準乎禮에서 一準乎理로의 변천'을 중심으로（从〈名公书判清

明集·胡石壁书判〉的"户婚门""人伦门"看天理、国法、人情的作用与关系——以"从一准乎礼到一准乎理的变迁"为中心）》,《中國史研究》145，2023 年。

（三）英文

【专著】

1. Alyagon, Elad. *Inked: Tattooed Soldiers and the Song Empire's Penal-military Complex*. Harvard East Asian Monographs. Cambridge, Massachusetts: Harvard University Asia Center, 2023.

2. Hartman, Charles. *Structures of Governance in Song Dynasty China, 960 - 1279 Ce*. Cambridge: Cambridge University Press, 2023.

3. Landa, Ishayahu. *Marriage and Power in Mongol Eurasia: A History of the Chinggisid Sons-in-law*. Wiesbaden: Harrassowitz Verlag, 2023.

【论文】

1. Chaffee, John. "Governance, Lawlessness and Ethnic Difference in Coastal China during the Early Yuan: The Case of Zhu Qing and Zhang Xuan." *Journal of Song-Yuan Studies*, vol.52, no.1, 2023, pp.1 - 30.

2. De Pee, Christian. "Marriage and Sexuality in China, 960 - 1368 CE", *A Companion to Crime and Deviance in the Middle Ages*, ed. Hannah Skoda. A Companion to Crime and Deviance in the Middle Ages. Leeds: Arc Humanities Press, 2023, pp.102 - 118.

3. Hope, Michael. "El and Bulqa: Between Order and Chaos in the Formative Years of the Mongol Empire (1206 - 1259)." *A Companion to Crime and Deviance in the Middle Ages*, ed. Hannah Skoda. A Companion to Crime and Deviance in the Middle Ages. Leeds: Arc Humanities Press, 2023, pp.156 - 172.

4. Huarui, Li. "The Song Dynasty's Fiscal and Economic Policy and its Social Economy." *Social Sciences in China*, vol.44, no.3, 2023, pp.90 - 114.

5. Jianguo, Dai. "Formation of the Special Law in the Song Dynasty and its Relationship with the Code Pedigree in the Tang Dynasty." *Frontiers of History in China*, vol.18, no.2, 2023, pp.196 - 220.

六、明　清

（一）日文

【专著】

1. 鶴成久章《明代儒教思想の研究——陽明学・科挙・書院》，研文出版，2023 年。

2. 新村容子《アヘン戦争前夜》，汲古書院，2023 年。

3. 村上正和・相原佳之・豊岡康史・柳静我・李侑儒編《嘉慶維新研究——嘉慶四（1799）年上諭訳注》，汲古書院，2023 年。

4. 熊達雲《清末中国の法制近代化と日本人顧問——松岡義正と民事関係法の編纂をめぐって》，明石書店，2023 年。

【论文】

1. 史志強《清帝国の辺境支配と法——19 世紀の東北地方を中心として（1）》，《国家学会雑誌》136 - 7・8，2023 年。

2. 史志強《清帝国の辺境支配と法——19 世紀の東北地方を中心として（2）》，《国家学会雑誌》136 - 11・12，2023 年。

3. 荷見守義《崇禎 12 年の制勅房における勅書生成と呉三桂》，《中央大学アジア史研究》47，2023 年。

4. 前田尚美《明代の後宮制度》，伴瀬明美・稲田奈津子・榊佳子・保科季子編《東アジアの後宮》，勉誠社，2023 年。

5. 水越知《清代地方档案史料の「虚構」と「事実」——史料論的考察》，《人文論究》（関西学院大）72 - 4，2023 年。

【书评】

1. 赤城美恵子《王天馳「康熙朝における盛京地方内務府包衣の家族制度——『黒図档』の相続案件を中心に」》，《法制史研究》72，2023 年。

2. 髙見澤磨《キム・ハンバク著『配流刑の時代——清朝と刑罰』》，《中国研究月報》77 - 7，2023 年。

（二）韩文

【论文】

1. 김한밝（Kim, Hanbark）《清代　笞杖刑의　집행과　죄인의　사망（清代笞杖刑的执行与罪人的死亡）》，《東洋史學研究》162，2023 年。

2. 김한밝（Kim, Hanbark）《明代의　贖刑主義와　充軍의　팽창（明代赎刑主义与充军的扩张）》，《中國史研究》142，2023 年。

（三）英文

【专著】

1. Brown, Tristan G. *Laws of the Land: Fengshui and the State in Qing China*. Princeton, New Jersey: Princeton University Press, 2023.

2. Li, En. *Betting On the Civil Service Examinations: The Lottery in Late Qing China*. Harvard East Asian Monographs. Cambridge, Massachusetts: Harvard University Asia Center, 2023.

3. Whiteman, Stephen H. *Landscape and Authority in the Early Modern World*. Penn Studies In Landscape Architecture. First edition. Philadelphia: University of Pennsylvania Press, 2023.

【论文】

1. Chen, Zetao. "A Structure/Process Approach to Legitimacy: A Local Official's Selection and Legitimation of a Tax Policy in Mid-Late Ming Dynasty China." *Sociology Lens*, vol.36, no.3, 2023, pp.366 – 393.

2. Chevaleyre, Claude. "Status, Power, and Punishments: ' Household Workers' in Late Imperial China." *International Review of Social History*, vol.68, no.S31, 2023, pp.109 – 134.

3. Gao, Ming, et al. "The Long-Run Effects of the Imperial Bureaucracy: Two Tales Along the Great Wall of Ming China." *Asiapacific Economic History Review*, vol.63, no.2, 2023, pp.249 – 293.

4. Kang, Wonmook, "Between Misunderstanding and Distortion: The

European View on the First Ban on Christianity in Qing China." *Journal of Asian History*, vol.57 Issue 1 – 2, pp.263 – 289.

5. Kim, Hanbark. "Medical Treatment of Criminals in Premodern China Based on Qing Era Local Archives: Focusing on the Case of Ba County in the Late 18th Century." *Daehan Yisa Haghoeji*, vol.32, no.1, 2023, pp.321 – 353.

6. Li, Peiyuan. "The Sin of Words: Censorship and Self-Censorship in China during the Qing Dynasty (1644 – 1911)." *Asiapacific Economic History Review*, vol.63, no.2, 2023, pp.145 – 165.

7. Pan, Yiying. "The Short Life of a Statutory Label: War Mobilization and Underclass Migration in Eighteenth-Century Sichuan." *Late Imperial China*, vol.44, no.2, 2023, pp.67 – 105.

8. Peng Kaixiang, Lin Zhan. "The Amendment of Central Regulations and the Governance of the Qing Dynasty: An Analysis Based on The Great Qing Code and The Collected Statutes and Precedents." *Frontiers of History in China*, vol.18, no.2, 2023, pp.221 – 258.

9. Qian, Tony D. "Judicial Storytelling: Marriage Controversies in a Late Ming Case Collection." *Late Imperial China*, vol.44, no.1, 2023, pp.1 – 40.

10. Tian, Haihua. " Religion and Sexuality: Reading the Sixth Commandment ("You Shall Not Commit Adultery") in the Context of Late Ming China." *Religions* (Basel, Switzerland), vol.14, no.12, 2023, p.1552.

11. Wang, Guojun, and Guo Yingde. " Gender and Violence: The Multivalent Voices of a Cannibalized Concubine in Late Imperial Chinese Literature." *Journal of Chinese Literature and Culture*, vol. 10, no. 1, 2023, pp.267 – 293.

12. Wang, Youliang. "Comparison of Legal Culture in Ming and Qing Dynasties." *Voprosy Istorii*, vol.3, no.2, 2023, pp.222 – 229.

13. Xie, Xin-zhe. "Administration of Perception: Observing and Transcribing Dead Bodies in the Forensic Methodology of Qing China (1644 – 1912)." *Isis*, vol.114, no.1, 2023, pp.99 – 122.

14. Zhang, Jiarui, et al. "The Catholic and the Imperial Power Over Early

Chinese Translation of Western Law." *Perspectives, Studies in Translatology*, vol. ahead-of-print, no.ahead-of-print, 2023，pp.1 – 14.

15. Zhang, Lawrence, and Chong Li. "Shangyu Tiaoli and the Study of Qing Central Government Legislative Agendas." *Late Imperial China*，vol.44，no.2, 2023，pp.1 – 23.

16. Zurndorfer, Harriet. "Human Trafficking and Piracy in Early Modern East Asia: Maritime Challenges to the Ming Dynasty Economy, 1370 – 1565." *Comparative Studies in Society and History*，vol.65，no.4，2023，pp.908 – 931.

七、 近现代（1840—1949）

（一）日文

【专著】

1. 笹川裕史《中国戦時秩序の生成——戦争と社会変容　一九三〇～五〇年代》，汲古書院，2023 年。

【论文】

1. 易星星《共和制下における上海商業儲蓄銀行の創設と発展》，日本孫文研究会・神戸華僑華人研究会編《東アジア世界と共和の創生　孫中山記念会研究叢書Ⅷ——辛亥革命 110 周年記念国際学術シンポジウム論文集》，汲古書院，2023 年。

2. 久保茉莉子《訴追制度から考える「伝統」と「近代」——近現代中国の自訴制度に注目して》，《史潮》新 93，2023 年。

3. 篠崎香織《中華民国初期における議会の成立と華僑華人——華僑議員の派遣をめぐるペナンの華人の事例》，日本孫文研究会・神戸華僑華人研究会編《東アジア世界と共和の創生　孫中山記念会研究叢書Ⅷ——辛亥革命 110 周年記念国際学術シンポジウム論文集》，汲古書院，2023 年。

4. 西英昭《中華民国期中国法制史学管見》，《法政研究》（九州大学）89 – 4，2023 年。

（二）韩文

【论文】

1. 조병식（趙炳植）《20 세기 초 天津의 '治外法權'-混合裁判所 설립을 둘러싼 중외의 논쟁을 중심으로（20 世纪初天津之"治外法权"——以围绕建立混合裁判所中外之间纠纷为中心）》,《東洋史學研究》165, 2023 年。

（三）英文

【专著】

1. Cai, Yu. *A Chronicle of China's Notary History (1902 – 1979)*. Singapore: Springer Nature Singapore, 2023.

2. Jiang, Hao, and Pietro Sirena. *The Making of the Chinese Civil Code: Promises and Persistent Problems*. Cambridge: Cambridge University Press, 2023.

3. Mitchell, Ryan Martínez. *Recentering the World: China and the Transformation of International Law*. Cambridge: Cambridge University Press, 2023.

4. Shang, Yifan. *A Historical and Legal Comparison Between Tianxia Wei Gong and Quod Omnes Tangit*. Ius Gentium: Comparative Perspectives on Law and Justice. Cham: Springer International Publishing, 2023.

【论文】

1. Cao, Yin. "Chen Mengzhao's Storeroom in Park Street, Calcutta: Wartime India-China Smuggling, 1942 – 1945." *Modern Asian Studies*, vol.57, no.1, 2023, pp.196 – 221.

2. Chen, Helena. "Interpreting the Egyptian Code in Nineteenth-Century China: Pan Zuyin and His Circle of Antiquarians." *Nineteenth-Century Studies* (Charleston, S.C.), vol.35, 2023, pp.93 – 111.

3. Chiang, Cho K. "Beyond Legal Pluralism: Chinese Customs and Customary Laws in Colonial Hong Kong (1841 – 1997)." *Translocal Chinese: East Asian Perspectives* (Online), vol.17, no.1, 2023, pp.58 – 82.

4. Chow, Kai-wing. "Imperialism, Reform, and the End of Institutional Confucianism in the Late Qing." In *The Oxford Handbook of Confucianism*, ed. Oldstone-Moore, Jennifer. New York: Oxford University Press, 2023, pp.191 – 203.

5. Fujitani, James. "Sino-Portuguese Trafficking of Children during the Ming Dynasty." *Itinerario*, vol.47, no.3, 2023, pp.311 – 322.

6. Ginés-Blasi, Mònica. "The International Trafficking of Chinese Children and its Conflicting Legalities in Mid-Nineteenth Century Treaty-Port China." *Slavery & Abolition*, vol.44, no.1, 2023, pp.157 – 180.

7. Ip, Hung-yok. "Runaway Wives, Urban Crimes, and Survival Tactics in Wartime Beijing, 1937 – 1949, Written by Zhao Ma." *Journal of Chinese Military History*, vol.12, no.1, 2023, pp.97 – 100.

8. Lee, Jyh-An, and Yangzi Li. "Internationally Driven, but Domestically Aware, Legislation in Troubled Times: The First Copyright Statute in China." *The Chinese Journal of Comparative Law*, vol.11, no.1, 2023, pp.1 – 25.

9. Liu, Rui. "Chinese Wills in Hong Kong: George Jamieson's Translation of Qing Inheritance Law and the Hong Kong Judiciary's Understanding of Chinese Wills." *Perspectives, Studies in Translatology*, vol.31, no.4, 2023, pp.641 – 654.

10. Liu, Rui. "Maine's Comparative Jurisprudence in British Sinology: George Jamieson's Interpretation of China's Lack of Wills." *Journal of the Royal Asiatic Society*, vol.33, no.2, 2023, pp.297 – 316.

11. Liu, Rui. "The Translator's Imperial Experience and the Dual Role of Translation: The Reception of George Jamieson's Translation of the Qing Code." *Translation and Interpreting Studies*, vol.10, Issue 2, pp.260 – 277.

12. Luo, Wei. "Taming Violence: The Shanghai Green Gang and its Self-Legitimation Claims in the Early Twentieth Century." *Social Science History*, vol.47, no.4, 2023, pp.585 – 608.

13. Ma, Jinping. "Negotiating Shanghai Mercy Hospital: Philanthropy, Business and Control of Madness in Republican China." *Social History of Medicine: The Journal of the Society for the Social History of Medicine*, vol.36, no.2, 2023, pp.359 – 385.

14. Montgomery, Stephanie M. "'Almost None': Women Sociologists and the Study of Women's Crime in Early 20th-Century China and the U.S." *Social Science History*, vol.47, no.2, 2023, pp.275－297.

15. Qin, Fang. "Taking the Unfilial Son to the Police: Family Conflicts and State Intervention in Republican Beijing." *Journal of Family History*, vol.48, no.2, 2023, pp.179－199.

16. Wang, Peng, and Sharon I. Kwok. "Hong Kong Triads: The Historical and Political Evolution of Urban Criminal Polity, 1842－2020." *Urban History*, vol.50, no.3, 2023, pp.445－467.

17. Xu, Aymeric. "Criminalization of Abortion in Late Qing and Republican China." *Past & Present*, vol.258, no.1, 2023, pp.151－180.

（四）德文

【专著】

1. Wang Qiang. *Die erste Zivilrechtskodifikation China: Eine rechtswissenschaftliche und-dogmatische Untersuchung auf der Grundlage der deutschen Übersetzung und Kommentierung* ［中国第一部民法：基于德文译本的法理和教条分析］. Baden-Baden: Nomos, 2023.

【论文】

1. Manthe, Ulrich. "Das Recht der VR China von 1949 bis 1979." ［中华人民共和国的法律——从 1949 到 1979］ In: *Zeitschrift für Chinesisches Recht* ［中国法律期刊］ 30（3, 2023），页 145－157.

《中国古代法律文献研究》稿约

　　《中国古代法律文献研究》为中国政法大学法律古籍整理研究所所刊，于1999年创刊，自2010年始改版为年刊，2023年起改为半年刊。欢迎海内外同仁不吝赐稿。

　　《中国古代法律文献研究》以中国占代法律文献为主要研究对象，刊发原创性的学术论文、书评和研究综述。本刊以中文简体字出版，来稿以2万字以下为宜，同时请附300字以内的中文摘要、关键词与英文标题；如是外文稿件，请作者授予本刊中文版的首发权利。已经公开发表（包括网络发表）过的中文稿件，请勿投稿。本刊采取同行专家匿名评审制度，将在收到稿件后两个月内回复作者有关采用与否的信息。

　　有关投稿中的版权问题，请作者自行妥善解决。

　　来稿一经刊发，本刊将向作者寄赠该辑图书2册。

　　来稿请附作者简历、详细通讯地址、邮编、电子邮件等联系方式，以纸版或电子版形式，分别寄至：

（100088）　北京海淀区西土城路25号中国政法大学法律古籍整理研究所

　　电子邮箱：gdflwxyj@ outlook. com

　　　　　　　gdflwxyj@ 163. com

《中国古代法律文献研究》编辑部

Journal of Chinese Ancient Legal Literature Studies

The Journal of Chinese Ancient Legal Literature Studies is edited by the Institute for Chinese Ancient Legal Documents, China University of Political Science and Law. It was published for four times during the period of 1999–2007. The Institute starts to publish it annually from 2010. From 2023, it will be changed into a semi-annual journal. Submission of papers both from domestic and overseas is welcomed.

The Journal mainly focuses on the research of the legal literature in ancient China, publishing original academic papers and book reviews, each of which should be no more than 20, 000 words. The journal will be published in simplified Chinese, please submit your paper with a Chinese abstract no more than 300 words, keywords and an English title. If it is a paper in other language, the authorization for publication of its Chinese version in this journal for the very first time will be appreciated. If the paper in Chinese was published in any form including on Internet, please don't submit again. All the papers submitted will be reviewed and examined by the scholars in an anonymous manner. Whether it is accepted or not, the author will be informed within two months upon the receipt of the paper.

For copyright related matters, please properly address on your own in advance.

Once the paper is published, the contributors will receive two copies of the journal.

The paper for contribution, prepared in soft or hard copy, and supplied with a brief resume of the author and his/her detailed information for contact, such as the address, post code, and email etc., shall be sent to the following address:

Institute for the Research of Legal Literature in Ancient China, China University of Political Science and Law, Beijing (100088), China.

    E-mail: gdflwxyj@ outlook. com

             gdflwxyj@ 163. com

Institute for the Research of Legal Literature in Ancient China

China University of Political Science and Law

《中国古代法律文献研究》撰稿凡例

一、论文缮打格式

字体：中文请使用宋体简体字，英文请使用 Times New Roman。字号：正文五号字，注解小五号字。

二、标题层级

请依次使用 一、 （一） 1. （1） A. a.

三、标点

请使用新式标点，除破折号、省略号各占两格外，其他标点均占一格。书刊及论文名均请使用《 》。

四、数字表示

公元纪年使用阿拉伯数字，中国年号、古籍卷数使用中文数字（年号例如建武二十五年、贞观八年、乾隆三十五年，卷数例如卷一〇、卷二三、卷一五四）。第一次涉及年号者，请用（ ）配加公元纪年。

五、注释体例

请采取当页脚注、每页连续编码的方式。

注释号码采用阿拉伯数字表示，作①、②、③……，每页重新编号。

再次征引，不需出现来源书刊或论文的全部信息，采用"作者，书名/论文名，页码"的形式。

引用古籍，应依次标明作者、书名、卷数、版本，如（清）顾炎武著，黄汝成集释：《日知录集释》卷一五，清道光十四年嘉定黄氏刻本。

引用专著（包括译者）或新印古籍或古籍之点校整理本，应依次标明作者（包括译者）/整理者、书名、章/卷数、出版者、出版年代、版次（初版无需标明）、页码，如瞿同祖：《瞿同祖法学论著集》，中国政法大学出版社，1998，第50页；（清）黄宗羲著，全祖望补修，陈金生、梁运华点校：《宋元学案》第1册，中华书局，1986，第150页。

引用论文，应依次标明作者、论文名称、来源期刊/论文集名称、年代、卷次、页码，如徐世虹：《对两件简牍法律文书的补考》，载《中国古代法律文献研究》第2辑，中国政法大学出版社，2004，第90页；张小也：《明清时期区域社会中的民事法秩序——以湖北汉川汈汊黄氏的〈湖案〉为心》，《中国社会科学》2005年第6期，第190页。

引用外文文献，依常规体例，如 Brian E. McKnight, *Law and Order in Sung China*, Cambridge University Press, 1992, pp. 50 - 52。

图书在版编目（CIP）数据

中国古代法律文献研究. 第十九辑 / 中国政法大学
法律古籍整理研究所编 ； 马俊杰主编. -- 上海 ： 中西
书局， 2024. -- ISBN 978-7-5475-2332-2

Ⅰ. D929-53

中国国家版本馆 CIP 数据核字第 2024ZP5352 号

中国古代法律文献研究（第十九辑）

中国政法大学法律古籍整理研究所　编

马俊杰　主编

责任编辑	徐　衍
装帧设计	黄　骏
责任印制	朱人杰
出版发行	上海世纪出版集团 中西书局（www.zxpress.com.cn）
地　　址	上海市闵行区号景路 159 弄 B 座（邮政编码：201101）
印　　刷	浙江天地海印刷有限公司
开　　本	700 毫米×1000 毫米　1/16
印　　张	29.5
字　　数	453 000
版　　次	2024 年 11 月第 1 版　2024 年 11 月第 1 次印刷
书　　号	ISBN 978-7-5475-2332-2/D·107
定　　价	158.00 元

本书如有质量问题，请与承印厂联系。电话：0573-85509555